Wissensakquisition mithilfe maschineller Lernverfahren auf tiefen semantischen Repräsentationen

Tim vor der Brück

Wissensakquisition mithilfe maschineller Lernverfahren auf tiefen semantischen Repräsentationen

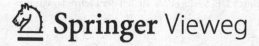

RESEARCH

Tim vor der Brück
Frankfurt am Main, Deutschland

Dissertation FernUniversität in Hagen, 2012

ISBN 978-3-8348-2502-5   ISBN 978-3-8348-2503-2 (eBook)
DOI 10.1007/978-3-8348-2503-2

Die Deutsche Nationalbibliothek verzeichnet diese Publikation in der Deutschen National-
bibliografie; detaillierte bibliografische Daten sind im Internet über http://dnb.d-nb.de
abrufbar.

Springer Vieweg
© Springer Fachmedien Wiesbaden 2012

Einbandentwurf: KünkelLopka GmbH, Heidelberg

Gedruckt auf säurefreiem und chlorfrei gebleichtem Papier

Springer Vieweg ist eine Marke von Springer DE. Springer DE ist Teil der Fachverlagsgruppe
Springer Science+Business Media
www.springer-vieweg.de

Danksagung

Ich danke Herrn Prof. Dr. Hermann Helbig für die Vergabe des interessanten Themas, für viele hilfreiche Diskussionen, Verbesserungsvorschläge sowie für die zahlreichen Vertragsverlängerungen, die diese Arbeit erst möglich gemacht haben. Zudem danke ich Herrn Dr. habil. Helmut Horacek für die Bereitschaft, als Zweitgutachter diese Arbeit zu begutachten sowie für viele hilfreiche Hinweise. Ferner danke ich den Mitarbeitern am Lehrstuhl *Intelligente Informations- und Kommunikationssysteme* für ihre Hilfsbereitschaft und Unterstützung und allen anderen, die mir bei meiner Arbeit geholfen haben, insbesondere (in alphabetischer Reihenfolge) Dr. Tiansi Dong, Dipl.-Ing. Christoph Doppelbauer, Christian Eichhorn, Dr. Ingo Glöckner, Dr. Sven Hartrumpf, Dipl.-Math. Tom Kollmar, Dr. Johannes Leveling, Dr. Rainer Osswald, Alexander Pilz-Lansley, M.A. Andy Lücking sowie meinen Eltern.

Inhaltsverzeichnis

Abbildungsverzeichnis

Tabellenverzeichnis

1. Einleitung

1.1. Motivation

Eine große Wissensbasis ist eine Voraussetzung für eine Vielzahl von Anwendungen im Bereich der automatischen Sprachverarbeitung, wie Frage-Antwort- oder Information-Retrieval-Systeme. Bei einem Frage-Antwort-System geht es beispielsweise darum, eine Frage des Benutzers automatisch zu beantworten. Gewöhnlich verwendet das System dazu eine gegebene Textsammlung. In vielen Fällen ist die Frage anders formuliert als die Textstelle, die die richtige Antwort enthält. Um trotzdem die richtige Antwort zu finden, ist eine große Menge von Weltwissen erforderlich. Ein Mensch hat sich das dazu erforderliche Wissen im Laufe seines Lebens angeeignet. Einem Computer dagegen muss dieses Wissen explizit mitgeteilt werden.

Um eine Wissensbasis, die eine ausreichende Abdeckung besitzt, manuell zu erstellen, ist ein beträchtlicher Arbeitsaufwand nötig. Weiterhin sind Experten in Linguistik, Künstlicher Intelligenz und Wissensrepräsentation erforderlich, die unter Umständen nicht in dem erforderlichen Umfang verfügbar sind (Flaschenhals bei der Wissensakquisition) [Wat86, Seite 182]. Aus diesen Gründen sind automatische Verfahren hierbei von großer Bedeutung.

Die Sprachverarbeitungsverfahren zur Wissensextraktion (auch Sprachverarbeitungsverfahren im Allgemeinen) können bezüglich der verwendeten linguistischen Repräsentationsformen in verschiedene Ebenen unterteilt werden. Die flachste Ebene ist die Oberflächenrepräsentation. Verfahren, die auf dieser Ebene angesiedelt sind, verwenden keinerlei Parsing und werden als flache Verfahren bezeichnet. Die nächsttiefere Ebene ist die Chunkrepräsentation, wo einzelne Konstituenten ohne Berücksichtigung ihrer inneren Struktur erkannt werden. Ein Chunk bezeichnet dabei eine Phrase, eine inhaltlich deutbare Gruppe von Wörtern. Beispiele für semi-tiefe Repräsentationsstrukturen sind Dependenzbäume und Konstituentenbäume, die den Satz vollständig in einer syntaktischen Struktur abbilden, aber weder nach Lesarten unterscheiden noch semantische Relationen enthalten. Die tiefste Struktur ist die tiefe semantische Repräsentation, die die Bedeutung eines Satzes auf einer logischen Ebene darstellt und auf Begriffen statt auf Wörtern basiert, d. h., es wird nach Lesarten unterschieden. Beispiele für eine solche Repräsentation sind Prädikatenlogik erster oder höherer Stufe, semantische Netze [Hel08] sowie Frames [Min74].

Die existierenden Verfahren zur Wissensakquisition sind überwiegend flach. Es existieren zwar einige semi-tiefe syntaktische Verfahren aber praktisch keine, die eine tiefe semantische Struktur verwenden. Zudem wird häufig auf Wörtern und nicht auf Begriffen basierendes Wissen extrahiert. Solches Wissen kann häufig zu fehlerhaften Inferenzen führen. Betrachte man beispielsweise die Fakten: *"Ein Schloss ist ein Teil der Tür."* und *"Schloss Sanssouci ist ein Schloss."* Ohne die Unterscheidung nach Lesarten von Wörtern könnte man ableiten, dass *Schloss Sanssouci* Teil einer Tür ist.

Praktisch allen vorhandenen Verfahren zur Wissensakquisition fehlt ein einheitliches Gebäude mit tiefem Parser, automatischem Beweiser und Anbindung an ein semantisches Lexikon, was für die Validierung und auch für die Extraktion des Wissens von großer Bedeutung ist. Auch von einer Wissensbasis und Axiomen machen diese Verfahren keinen Gebrauch. Durch baumbasierte syntaktische oder oberflächenbasierte Repräsentationen kann zudem die Bedeutung von Sätzen nicht formal adäquat beschrieben werden.

Im Folgenden wird ein Verfahren vorgestellt, das auf einer tiefen semantischen Repräsentation in Form semantischer Netze, die mithilfe eines linguistischen Parsers automatisch aus einem Textkorpus generiert werden, aufbaut. Es verwendet außerdem zur Validierung und Extraktion ein umfangreiches semantisches Lexikon und einen automatischen Beweiser mit Axiomen. Auf diese Weise können die Genauigkeit und der Umfang des extrahierten Wissens gegenüber flachen Ansätzen deutlich gesteigert werden.

1.2. Arten von Wissens

Eine Wissensbasis enthält typischerweise Repräsentationen folgender Arten von Wissen:
- lexikalisches Wissen
- syntaktisches Wissen
- semantisches Wissen

Im Folgenden werden einige Beispiele für diese Wissensarten untersucht. Das lexikalische Wissen enthält beispielsweise die Wortarten der im Satz vorkommenden Wörter. Sowohl dem lexikalischen als auch dem semantischen Wissen zugehörig sind Named-Entities. Der Subkategorisierungsrahmen, der die Argumente eines Verbs oder Nomens spezifiziert, gehört zum syntaktischen Wissen. Werden die Argumente um semantische Informationen angereichert, spricht man vom Valenzrahmen. Zu diesen semantischen Informationen gehören beispielsweise semantische Merkmale oder ontologische Sorten [Hel08]. Zudem sind der semantischen Ebene semantische Relationen wie Hyperonymie / Hyponymie (Ober- und Untertyp), Antonymie und Meronymie/Holonymie (Teil-Ganzes-Beziehungen) zugeordnet. Die Synonymie-Relation dagegen zählt zum lexikalischen Wissen. Neben semantischen und lexikalischen Relationen sind auch Entailments von großer Bedeutung für eine Wissensbasis. Ein *Entailment* ist in der Logik eine Folgerungsbeziehung zwischen zwei Formeln. In der natürlichen Sprache wird diese Relation meist nicht ganz so streng gehandhabt wie in der Logik. Man redet von einem Textual-Entailment zwischen zwei Textpassagen T_1 und T_2, wenn, falls die Aussage aus Text T_1 erfüllt ist, auch die Aussage aus Text T_2 fast sicher erfüllt ist. Textual-Entailments sind auf der Oberfläche definiert, während semantische Entailments auf der Bedeutungsrepräsentation von Sätzen aufbauen.

1.3. Vorteile der Nutzung von Wissen bei der natürlichsprachlichen Verarbeitung

Dieser Abschnitt soll einen kurzen Überblick geben, inwieweit eine große Wissensbasis bei der automatischen Sprachverarbeitung von Nutzen sein kann.

Das Wissen über den Valenzrahmen wird u. a. von linguistischen Parsern verwendet, um Mehrdeutigkeiten in der syntaktischen Struktur oder mehrdeutige Wörter (Polysemie) zu disambiguieren (Word-Sense-Disambiguation) [Har03].

Semantische und lexikalische Relationen sind für alle Bereiche der automatischen Sprachverarbeitung von großer Bedeutung, die Inferenzen beinhalten, wie z. B. für die Erkennung von Textual-Entailments [RDH+83, BM06]. Auf Anwendungsebene können sie für Frage-Antwort- oder Information-Retrieval-Systeme eingesetzt werden. Für Frage-Antwort-Systeme soll dies im Folgenden genauer ausgeführt werden.

Ein Frage-Antwort-System ist ein System, das in natürlicher Sprache gestellte Fragen eines Benutzers beantwortet. Normalerweise wird dazu ein gegebener Textkorpus (ggf. unterstützt durch weiteres Hintergrundwissen) verwendet.

Als Beispiel betrachte man folgende Frage: *"Wer ist der Chef der Daimler AG?"* Angenommen, der Textkorpus enthalte die Information, dass *"Dieter Zetsche der Vorstandsvorsitzende der Daimler AG"* ist. Wenn nun zusätzlich bekannt ist, dass *Vorstandsvorsitzender* ein Hyponym von *Chef* ist, kann die Frage korrekt mit *Dieter Zetsche* beantwortet werden.

Ein Beispiel, bei dem Meronymiebeziehungen hilfreich sein können, ist die folgende Frage: *"Welche aktuellen Fußballnationalspieler sind in Bayern geboren?"* Man nehme an, in der Datenbank des Frage-Antwort-Systems befinden sich folgende Sätze: *"Philipp Lahm wurde in München geboren. Philipp Lahm ist ein aktueller deutscher Fußballnationalspieler."* Wenn das System weiterhin die Information besitzt, dass München ein Meronym von Bayern ist, kann die Frage korrekt mit *Philipp Lahm* (und eventuell den Namen weiterer Spieler, die in Bayern geboren sind) beantwortet werden.

Auch Synonyme sind von großer Bedeutung für Frage-Antwort-Systeme. Betrachte man die Frage: *Wer ist der Präsident der USA?* Ein Text in der Datenbank des Frage-Antwort-Systems enthalte den Satz: *Barack Obama ist der Präsident der Vereinigten Staaten von Amerika.* Wenn nun bekannt ist, dass *USA* ein Synonym von *Vereinigte Staaten von Amerika* ist, dann kann die Frage mithilfe dieses Textes beantwortet werden.

Entailments sind ebenfalls für Frage-Antwort-Systeme von Bedeutung. Angenommen, der Benutzer stellt die Frage: *"Wann wurde Angela Merkel geboren?"* Ein Text der Korpus enthalte den Satz: *"Der Geburtstag von Angela Merkel ist der 17. Juli 1954."* Man nehme an, in der Wissensbasis ist das bidirektionale Entailment enthalten: *Der Geburtstag von X ist $Y \Leftrightarrow X$ ist am Y geboren.*, wobei das Entailment in einer Oberflächendarstellung wie angegeben oder in einer logischen Repräsentation, wie beispielsweise Prädikatenlogik, repräsentiert sein kann. In diesem Fall kann die Frage mithilfe des Entailments mit dem in der Wissensbasis enthaltenen Text in Bezug gebracht und somit die richtige Antwort *17. Juli 1954* ermittelt werden.

Eine Beispielfrage, bei der sich ein gerichtetes Entailment nützlich erweisen kann, ist *"Arbeitet Dieter Zetsche noch bei der Daimler AG?"*. Man nehme an, der Text enthalte die Information: *"Dieter Zetsche ist Vorstandsvorsitzender der Daimler AG"*. Wenn nun ein Entailment in der Wissensbasis existiert, dass jemand, der Vorstandsvorsitzender eines Unternehmens ist, auch dort arbeitet, dann kann diese Frage mit *ja* beantwortet werden.

Darüber hinaus ist eine gut ausgebaute Wissensbasis aber auch in vielen anderen Bereichen der automatischen Sprachverarbeitung von Vorteil. Beispielsweise kann ein Textgenerierungssystem, um Wortwiederholungen zu vermeiden, einen Begriff durch ein Synonym oder Hyperonym ersetzen [KD96]. Ein weiterer Anwendungsbereich ist das Erkennen von Duplikaten oder Beinahe-Duplikaten. So könnte ein Plagiator, um das Plagiat zu verschleiern, Wörter durch Synonyme, Hyperonyme, Hyponyme, Meronyme oder Holonyme austauschen. Zudem wären auch Umformulierungen ganzer Sätze durch Paraphrasen oder Textual-Entailments denkbar.

Semantische Relationen werden auch verwendet, um Bridging-Referenzen aufzulösen [GHH06a], was notwendig für die Assimilation (siehe Glossar in Abschnitt F) semantischer Netzwerke ist. Auch bei der Anaphernresolution ist eine Taxonomie hilfreich, um z. B. zu erkennen, auf welchen Antezedenten in einem Satz sich ein Ausdruck beziehen kann. Betrachtet man das Beispiel: "*Das Haus wurde schließlich abgerissen. Laut dem Baudezernenten war dieses Gebäude schon lange baufällig.*" Durch Verwendung einer Taxonomie kann man erkennen, dass sich der Ausdruck *dieses Gebäude* auf das *Haus* im Satz davor beziehen muss.

Die Verwendung von Wissen kann allerdings auch zu Problemen führen. So können Inkonsistenzen in der Wissensbasis dazu führen, dass sich jede Aussage ableiten lässt. Zudem ist es möglich, dass durch einige sehr zentrale fehlerhafte Fakten, riesige Mengen von inkorrekten Aussagen folgerbar ist. Im Prinzip können sich dadurch die Resultate des Sprachverarbeitungssystems auch verschlechtern. Wichtig bei der Verwendung von Wissen ist daher eine gute Validierung dieses Wissens. Ein weiteres Problem besteht in dem Aufwand, der nötig ist, um eine große Menge von Wissen zu erzeugen. Dabei hilfreich kann eine automatische Wissensakquisition sein, wie im nächsten Abschnitt beschrieben.

1.4. Vorteile einer automatischen Wissensakquisition

Die manuelle Erzeugung von großen Wissensbasen ist mit einem immensen Arbeitsaufwand verbunden. Zudem sind zur manuellen Erstellung von Wissensbasen meist Domänenexperten (beispielsweise Mediziner, Chemiker, Physiker, etc.) erforderlich, die evtl. nicht im gewünschten Maße verfügbar sind oder die nicht mit Wissensrepräsentationsformalismen sowie semantischen und lexikalischen Relationen vertraut sind. Daher wurde eine Vielzahl von Methoden entwickelt, das Wissen automatisch aus großen Textbeständen zu extrahieren. Große Textbestände zu erhalten, ist durch die zunehmende elektronische Speicherung von Texten sowie durch die Entwicklung des Internets sehr einfach geworden. Automatische Verfahren sind zudem meist leicht auf andere Domänen übertragbar. So muss man in vielen Fällen lediglich einen domänenspezifischen Korpus als Eingabe für ein automatisches Verfahren angeben und dieses Verfahren darauf neu anwenden, um eine neue Ontologie aufzubauen. Würde man dagegen die Wissensbasis manuell aufbauen, kann bei der Betrachtung neuer Domänen meist nur in sehr geringem Umfang Wissen von anderen Domänen wiederverwendet werden.

Allerdings erzeugen automatische Verfahren neben korrekten Wissenshypothesen normalerweise auch eine große Anzahl fehlerhafter Hypothesen. Das bedeutet, dass Validierungsverfahren entwickelt werden müssen, um solche Hypothesen herauszufiltern oder um einen Konfidenzwert zu berechnen, wobei idealerweise den korrekten Hypothesen ein sehr hoher und den fehlerhaften Hypothesen ein sehr geringer Wert zugewiesen werden sollte.

1.5. Einordnung der Arbeit

1.5.1. Thematische Einordnung der Arbeit

Thematisch ist diese Arbeit in die Bereiche der automatischen Sprachverarbeitung, des maschinellen Lernens und der Logik eingeordnet. Im Bereich der Sprachwissenschaft hat diese Arbeit Berührungspunkte mit Semantik (z. B. Paraphrasierungen), Computerlexikografie und Korpuslinguistik. Die hier eingesetzten maschinellen Lernverfahren konzentrieren sich in erster Linie auf graphbasierte Methoden, wie den Einsatz eines Graphkernels und das Lernen von Graphstrukturen. Logische Methoden werden verwendet um die Ontologie zu validieren und um Wissen zu extrahieren. Zudem wird das extrahierte Wissen in einem logischen Wissensrepräsentationsformalismus abgelegt.

1.5.2. Organisatorische Einordnung der Arbeit

Organisatorisch wurde diese Arbeit im Rahmen des DFG-Projektes *SemDupl: Semantische Duplikaterkennung mithilfe von Textual-Entailment*
(HE 2847/11-1) durchgeführt (siehe Abschnitt E.2), in dem es das Ziel war, Duplikate mithilfe einer tiefen semantischen Analyse unter Verwendung einer umfangreichen Wissensbasis zu identifizieren.

Das dieser Arbeit zugrunde liegende System verwendet viele der am Lehrgebiet *Intelligente Informations- und Kommunikationssysteme* entwickelten Softwarekomponenten, insbesondere

- Automatische Beweiser: Der automatische Beweiser *MultiNet-Beweiser* [Glö08] wird verwendet, um Wissen zu extrahieren. Der Beweiser *EKR-Hyper* [BFP07] kam für die Validierung zum Einsatz. Diese zwei Schritte sind weitgehend unabhängig voneinander realisiert.
- Tiefer Parser WOCADI[1] [Har03]: Die hier verwendeten Wissensakquisitionsverfahren setzen nicht direkt auf einer Oberflächenrepräsentation, sondern auf tiefen semantischen Strukturen in Form semantischer Netzwerke, auf. Um diese automatisch aus Text zu erzeugen, kommt der semantisch-syntaktische Parser WOCADI zum Einsatz.

Neben Anwendungssystemen werden auch verschiedene an oben erwähntem Lehrgebiet entwickelte Ressourcen verwendet. Diese sind:

- HaGenLex[2] [HHO03]: Das semantische Lexikon HaGenLex wird zur Wissensvalidierung herangezogen und zur Bestimmung der korrekten Unterrelation.
- Semantische Netzwerke: Aus verschiedene Textkorpora erzeugte semantische Netzwerke bilden die Grundlage für die Wissensakquisition.
- Axiome: Axiome werden zur Wissensakquisition und zur Wissensvalidierung verwendet. Ein Teil der Axiome stammt aus dem Buch von Helbig [Hel08], ein Teil wurde von Ingo Glöckner entwickelt und ein weiterer Teil wurde speziell für das hier beschriebene System SemQuire entworfen.

Eine genauere Beschreibung der eingesetzten Ressourcen erfolgt in
Abschnitt 3.2.

---

[1]WOCADI ist die Abkürzung für "**Wo**rd-**cla**ss based **di**sambiguating parser"
[2]HaGenLex ist die Abkürzung für **Ha**gen **Ger**man **Lex**icon

1.6. Zusammenfassung und Thesen

In dieser Arbeit wird ein Verfahren (SemQuire) beschrieben, das automatisch Wissen (semantische und lexikalische Relationen sowie Entailments) aus Texten extrahiert, wofür neben der Verwendung von linguistischem Wissen, Statistik (insbesondere maschineller Lernverfahren) logische Inferenzen eingesetzt werden. Die Texte werden dazu mithilfe eines tiefen linguistischen Parsers namens WOCADI in semantische Netzwerke gemäß dem MultiNet-Paradigma[3][Hel08] überführt. Aus diesen semantischen Netzen wird anschließend das Wissen extrahiert. Das extrahierte Wissen ist dabei begriffs- und nicht wortbasiert. Bezüglich des beschriebenen Verfahrens SemQuire werden in dieser Arbeit dabei die folgenden Thesen vertreten:

A Gesamterfolg

   1. Flache Verfahren sind ungeeignet für die zuverlässige Wissensextraktion. Durch die Basierung des Wissens auf Wörtern anstelle von Begriffen entstehen häufig Fehler. Zudem ist eine Validierung von solchem Wissen mithilfe logischer Verfahren nur sehr eingeschränkt möglich.

   2. Durch die Verwendung einer tiefen semantischen Repräsentation können die Qualität des Wissens und die Quantität von qualitativ hochwertigem Wissen deutlich gesteigert werden im Vergleich mit einem rein flachen Ansatz.

B Anwendbarkeit

   1. Der hier vorgestellte Ansatz ist auf Texte aus beliebigen Domänen anwendbar.

   2. Der hier vorgestellte Ansatz wird zwar auf auf ein Lexikon (Wikipedia) angewendet, ist aber unabhängig von der Textart.

C Beitrag der Komponenten

   1. Durch die Verwendung eines einheitlichen Gebäudes auf konzeptueller Ebene und in Bezug auf die eingesetzten Systeme kann der Wissensextraktionsprozess sehr leicht auf andere Sprachen portiert werden.

   2. Nur dadurch, dass der ganze Wissensextraktionsprozess in ein konzeptuelles Gebäude eingebettet ist (hier: eine MultiNet-Wissensbasis, eine Liste von Axiomen sowie ein semantisches Lexikon), ist eine zuverlässige und umfangreiche Wissensextraktion möglich.

---

[3]MultiNet ist die Abkürzung für "**Multi**layer Extended Semantic **Net**works"

3. Nur durch die Verwendung eines einheitlichen Gebäudes von Anwendungssystemen, das den automatischen Beweiser sowie den tiefen Parser WOCADI einschließt, ist eine zuverlässige und umfangreiche Wissensextraktion möglich.

4. Durch Verwendung eines automatischen Theorembeweisers sowohl zur Extraktion von Relationen als auch zur logischen Validierung kann sowohl die Qualität von Hypothesen als auch die Quantität von Hypothesen mit guter Qualität gesteigert werden.

5. Der Einsatz zusätzlicher lexikalischer Ressourcen, beispielsweise neue oder modifizierte Lexikoneinträge, können die Validierung in vielen Fällen automatisch verbessern.

D Hybrid-Anteil

1. Auch ein eher flaches, auf Tokenlisten (zur Erläuterung von Tokens siehe das Glossar in Abschnitt F) basierendes Verfahren kann durch Verwendung des MultiNet-Parsers WOCADI semantische Informationen ausnutzen und dadurch ebenfalls auf Begriffen basierendes Wissen extrahieren. Die Verwendung von flachen Verfahren ist notwendig, um auch aus Sätzen, die nicht parsbar sind, Wissen zu extrahieren.

2. Die hier vorgestellten Validierungskomponenten können auch für Wissen verwendet werden, das durch ein eher flaches, auf Tokenlisten basierendes Verfahren extrahiert wurde.

E Bootstrapping-Anteil

1. Die verschiedenen extrahierten Wissensarten können wechselseitig für die Validierung verwendet werden. Beispielsweise lässt sich durch zusätzliche Hyponyme automatisch die Qualität der Meronymhypothesen verbessern.

1.7. Aufbau der Arbeit

Bevor weiter ins Detail gegangen wird, soll die Kapiteleinteilung dieser Arbeit angegeben werden. Kapitel 2 beschreibt die Arten von Wissen, die in einer Wissensbasis vorhanden sein sollten. Kapitel 3 enthält einen Überblick über den MultiNet-Formalismus zur Wissensrepräsentation, auf dem in dieser Arbeit aufgebaut werden soll. Kapitel 4 erläutert verschiedene Methoden der automatischen Wissensextraktion, wie sie dem bisherigen Stand der Forschung entsprechen. In Kapitel 5 erfolgt eine Beschreibung der im Rahmen dieser Arbeit entwickelten Verfahren zum Wissensaufbau von semantischen und lexikalischen Relationen. In Kapitel 6 wird die Entailmentextraktion erläutert. Kapitel 7 enthält die Evaluation der in Kapitel 5 beschriebenen Verfahren. Kapitel 8 gibt einerseits eine Zusammenfassung der in dieser Arbeit erbrachten Leistungen, beschreibt aber auch mögliche Weiterentwicklungen. Der Anhang enthält schließlich die zur Wissensextraktion verwendeten Extraktionsregeln (siehe Kapitel 8.3) und Axiome (siehe Kapitel B), Listen extrahierter Hypothesen (siehe Kapitel C), listet die zur Entailmentextraktion verwendete Ankerliste auf (siehe Kapitel D) und gibt einen Überblick über weitere auf MultiNet basierende Anwendungssysteme (siehe Kapitel E), die Gebrauch von einer Wissensbasis machen wie das Lesbarkeitsbeurteilungssystem DeLite, das Duplikatserkennungssystem SemDupl und das Frage-Antwort-System LogAnswer. Schließlich enthält der Anhang ein Glossar mit in dieser Arbeit verwendeten Definitionen (siehe Kapitel F).

1.8. Typografische Konventionen

In dieser Arbeit werden unterschiedliche Arten von Textinhalten auf verschiedene Weise dargestellt, was die Lesbarkeit verbessern soll.

Natürlichsprachliche Ausdrücke, die in Beispielen auftauchen, werden in Kursivschrift dargestellt. Mathematische Variablen, Konstanten und Prädikate werden ebenfalls in kursiver Schrift dargestellt, wobei Mengen und Prädikate großgeschrieben, Variablen (ausgenommen Zufallsvariablen) und Konstanten dagegen kleingeschrieben werden. MultiNet-Relationen und -Funktionen werden mit Kapitälchen gesetzt (z. B. SUB). Begriffe werden entweder durch einen Zahlensuffix (z. B. *1.1*) oder durch eckige Klammern (<>) gekennzeichnet.

2. Typische Arten von Wissen

2.1. Synonymie

Als Synonymie bezeichnet man die Tatsache, dass unterschiedliche Ausdrücke die gleiche Bedeutung besitzen. Diese Ausdrücke sind in diesem Fall synonym zueinander [Lyo95]. Häufig werden damit Wörter in Beziehung gesetzt. Dies kann aber zu Problemen führen, wenn Wörter mehrere Lesarten besitzen. Betrachte man beispielsweise die Synonyme *Pferd* und *Gaul*. Es existiert eine Lesart von *Pferd*, die ein Sportgerät ist. Ohne Berücksichtigung von Lesarten lässt sich beispielsweise folgern, dass *Gaul* ein Sportgerät ist. Im Folgenden wird die Bezeichnung Synonymie nur für die Synonymie zwischen Begriffen verwendet. SYNO(*bündnis.1.1*, *allianz.1.1*) bedeutet beispielsweise, dass die Lesart 1.1 des Wortes *Bündnis* die gleiche Bedeutung hat wie Lesart 1.1 des Wortes *Allianz*. Grundsätzlich gilt: $\neg$SYNO(*wort.<reading_1>*, *wort.<reading_2>*) mit $reading_1 \neq reading_2$, d. h., zwei verschiedene Lesarten desselben Wortes können nicht synonym zueinander sein. Eine genauere Beschreibung der MultiNet-Lesarten findet man in Abschnitt 3.1.

Die Synonymie zwischen Wörtern wird dagegen als Wortsynonymie bezeichnet und folgendermaßen definiert:

Definition 2.1.1 *Es besteht eine Wortsynonymie zwischen zwei Wörtern w_1 und w_2, wenn mindestens eine Lesart von w_1 existiert, die synonym zu einer Lesart von w_2 ist.*

2.2. Subordination

Helbig fasst Hyponymie- und Instanzrelationen zur Subordination zusammen [Hel08]. Hyponymie ist gemäß Bußmann [Buß08] "der *Terminus für die semantische Relation der Unterordnung im Sinne einer inhaltsgemäßen Spezifizierung [...]. Bei Ausdrücken, die eine Extension haben, ergibt sich die Hyponymie-Relation als Teilmengenbeziehung. L_1 ist ein Hyponym von L_2 genau dann,* *wenn die Extension von L_1 enthalten ist in der Extension von L_2"* (MultiNet-Relation für Subordination: SUB0).

Beispielsweise ist *Hund* ein Hyponym von *Tier* und *Tier* ein Hyperonym von *Hund*. Es wird hier nicht der Definition von Lyons gefolgt [Lyo95], bei der die Synonymrelation bei der Hyponymrelation mit eingeschlossen ist, d. h., die Hyponymrelation ist asymmetrisch, sodass folgt: $\text{SUB0}(a, b) \rightarrow \neg\text{SUB0}(b, a)$.

Mit einer Instanzrelation wird angegeben, welchem Begriff eine individuelle Entität untergeordnet ist, d. h., eine Instanz ist Element der Extension des übergeordneten Begriffes. Beispielsweise ist *Deutschland* ein *Land*, d. h., die Instanz *Deutschland* ist in der Extension von *Land* enthalten.

Die Subordinationsrelation wird von Helbig [Hel08, Seite 529] in drei Unterrelationen unterteilt:

- Instanzrelation oder Hyponymie zwischen Begriffen, die keine Situationen oder Relationen repräsentieren. Diese Subordinationsunterrelation kommt in der Praxis am häufigsten vor.
  Beispiel: *Hund* ist ein Hyponym von *Tier*. MultiNet-Relation: SUB

- Instanzrelation, Hyponymie oder Troponymie zwischen Situationen. Beispiel: *Hochzeitsfeier* ist ein Hyponym von *Feier*, wobei die Ausdrücke *Hochzeitsfeier* und *Feier* jeweils Situationen kennzeichnen. MultiNet-Relation: SUBS

- Instanzrelation oder Hyponymie zwischen Relationen.
  Beispiel: *Geschwindigkeitsdifferenz* ist ein Hyponym von *Differenz*, wobei *Geschwindigkeitsdifferenz* und *Differenz* beides Relationen zwischen zwei Zahlen sind. MultiNet-Relation: SUBR

Da bei der automatischen Verarbeitung eine konkrete Subordinationsrelation aufgrund fehlenden Weltwissens nicht immer eindeutig einer der drei Unterrelationen zugeordnet werden kann, wurde von Helbig die MultiNet-Relation namens SUB0 eingeführt, die alle drei Unterrelationen umfasst.

Analog wie bei Synonymie wird die Bezeichnung Worthyponymie verwendet, die die Hyponymrelation auf Wörter überträgt. Dabei sollten mit Worthyponymen allerdings keine Inferenzen durchgeführt werden, da dadurch in vielen Fällen unsinnige Fakten abgeleitet werden können. Analog werden die Relationen *Wortmeronymie* und *Wortantonymie* verwendet.

2.3. Meronymie

Meronymie bezeichnet eine Teil-Ganzes- oder Element-Menge-Relation. Der Teil wird als Meronym des dieses enthaltenden Objektes, des sogenannten Holonyms, bezeichnet. Gemäß Winston kann die Meronymie-Relation in folgende Unterrelationen unterteilt werden [WCH87]:

- Komponente-Gesamtheit: eine Relation zwischen einem Objekt und einer seiner Komponenten. Laut Winston ist es dabei von Bedeutung, dass das Objekt und seine Komponente separat voneinander wahrgenommen werden können. Beispielsweise ist es möglich, ein Rad von dem dazugehörenden Auto zu unterscheiden. Diese ist auch in der Praxis die am häufigsten vorkommende Relation. Verwendete MultiNet-Relation: PARS

- Element-Menge: Diese Unterrelation repräsentiert die Mitgliedschaft in einer Menge. Beispiel: "*Ein **Fußballspieler** ist Teil einer **Fußballmannschaft**.*" MultiNet-Relation: ELMT

- Maßeinheiten-Portionen: Relationen, die Maßeinheiten-, Untereinheiten sowie Portionen betreffen. Beispiel: "*Ein **Stück Kuchen** ist Teil eines **Kuchens**.*"/ "*Ein **Meter** ist Teil eines **Kilometers**.*" MultiNet-Relation: PARS oder aber TEMP für Zeiteinheiten.

- Material-Objekt: Diese Unterrelation repräsentiert die chemische Zusammensetzung eines Objektes. Beispiel: "***Alkohol** ist Bestandteil des **Weins**.*" / "*Sauerstoff ist in Luft enthalten.*" / "*Der Tisch besteht aus Holz.*" MultiNet-Relation: PARS oder aber ORIGM^{-1}, falls es sich bei dem Holonym um ein diskretes Objekt und nicht um eine Substanz handelt. ORIGM^{-1} bezeichnet dabei die inverse Relation von ORIGM, d. h.,
$$\forall x, y : \text{ORIGM}(x, y) \Leftrightarrow \text{ORIGM}^{-1}(y, x)$$

- Merkmal-Aktivität: Aktivitäten können normalerweise in verschiedene Teilaktivitäten zerlegt werden. Beispiel: Die folgenden Teilaktivitäten gehören zu der Aktivität *Abendessen im Restaurant*: *Ein Restaurant besuchen*, *Bestellen*, *Essen* und *Bezahlen*. MultiNet-Relation: HSIT

Zusätzlich zu diesen Unterrelationen betrachtet Helbig [Hel08, Seite 530] die Teilmengenrelation als weitere Meronymie-Unterrelation (MultiNet-Relation: SUBM). Beispielsweise ist ein *Bataillon* eine Teilmenge und kein Element einer

Brigade. Tatsächlich sind sowohl die Elemente vom *Bataillon* als auch von *Brigade Soldaten.*

Da man bei der automatischen Verarbeitung eine konkrete Meronymierelation aufgrund fehlenden Weltwissens nicht immer eindeutig einer der obigen Unterrelationen zuordnen kann, hat Helbig zusätzlich als Hilfskonstrukt die MultiNet-Relation MERO eingeführt, die alle diese Unterrelationen zusammenfasst.

2.4. Entailments und Paraphrasen

Ein Textual-Entailment ist eine Relation zwischen zwei Textabschnitten von der Art, dass aus der Gültigkeit des einen Abschnittes die Gültigkeit des anderen fast sicher folgt. Eine Sonderform des Textual-Entailments ist die Paraphrase. Gemäß Fronkin, Rodman und Hymas sind zwei Texte Paraphrasen voneinander, wenn diese dieselbe Bedeutung haben [FRH02].

Beispiele für Entailments sind:

1. *Björn Borg besiegte im Wimbledonfinale 1980 John McEnroe.* ⇔ *John McEnroe verlor im Wimbledonfinale 1980 gegen Björn Borg.*

2. *Der Vater schenkte seinem Sohn eine Eisenbahn.* ⇒ *Der Sohn erhielt von seinem Vater eine Eisenbahn.*

3. *Herrn Franck gefiel sein Urlaub in den Alpen sehr gut.* ⇒ *Herr Franck reiste in seinem Urlaub in die Alpen.*

4. *Herr Franck reiste in seinem Urlaub in die Alpen.* ⇒ *Herr Franck wohnt nicht in den Alpen.*

5. *Boris Becker siegte gegen Stephan Edberg im Finale von Wimbledon.* ⇔ *Beckers Sieg gegen Stephan Edberg in Wimbledon*

Im ersten Beispiel gilt das Entailment in beide Richtungen, d. h., man kann aus dem ersten Satz den zweiten Satz folgern und umgekehrt. In diesem Fall spricht man bei Verwendung von Oberflächenrepräsentationen auch von Paraphrasen.

Im zweiten Beispiel dagegen gilt das Entailment nur in eine Richtung. Aus der Tatsache, dass der Vater seinem Sohn eine Eisenbahn geschenkt hat, kann man folgern, dass der Sohn diese auch erhalten hat, nicht aber unbedingt umgekehrt. Wenn nur der zweite Satz des Beispiels bekannt ist, könnte es unter Umständen auch sein, dass die Eisenbahn dem Sohn nur geliehen wurde.

Das dritte Beispiel ist eine Präsupposition. So macht die Aussage in dem ersten Satz des Beispiels nur Sinn, wenn Herr Franck tatsächlich in den Alpen war.

Das vierte Beispiel ist eine Implikatur. Aus der Aussage, dass Herr Franck für seinen Urlaub in die Alpen fährt, kann man folgern, dass er dort nicht wohnt.

Das fünfte Beispiel enthält eine Nominalisierung. Anhand der Tatsache, dass Becker gegen Edberg in Wimbledon gewann, lässt sich folgern, dass es einen Sieg Beckers gegen Edberg in Wimbledon gab und umgekehrt.

Alle die vier Arten sind für diese Arbeit relevant und sollen aus Texten extrahiert werden können.

Im Unterschied zu Textual-Entailments, die von praktisch allen aktuellen Entailmentlernverfahren erzeugt werden, wird in dieser Arbeit das Lernen von *semantischen Entailments* beschrieben. Diese setzen nicht auf der Oberflächenrepräsentation auf, sondern auf den Bedeutungsrepräsentationen der zu vergleichenden Sätze (hier in Form semantischer Netze).

3. Grundlagen

In diesem Kapitel werden einige grundlegende Begriffe und Verfahren eingeführt, auf die im Folgenden aufgebaut wird.

3.1. MultiNet

MultiNet ist ein von Helbig entwickelter Wissensrepräsentationsformalismus für die Semantik der natürlichen Sprache und beruht auf mehrschichtigen semantischen Netzen. Diese Repräsentation wird als Ausgangsbasis für die Extraktion von lexikalischen und semantischen Relationen (siehe Kapitel 5) sowie für die Erzeugung von Entailments (siehe Kapitel 6) verwendet. Im Folgenden werden einige Definitionen aus dem Buch [Hel08] genauer vorgestellt, da diese Arbeit darauf aufbaut.

Ein semantisches Netz ist ein gerichteter Graph, bei dem die Knoten Begriffe repräsentieren und die Kanten Beziehungen zwischen Begriffen oder Funktionen mit Begriffen als Argument und Resultat. Lexikalisierte Begriffe entsprechen dabei Wortlesarten. Zwei Arten von Mehrdeutigkeit sind Polysemie und Homografie. Bei Polysemie sind, im Gegensatz zur Homografie, die Wortbedeutungen häufig verwandt und die Wörter besitzen das gleiche morphosyntaktische Verhalten. In dieser Arbeit wird die Definition von Helbig [Hel08] verwendet, nach welcher Homografie und Polysemie disjunkte Konzepte sind. Ein Beispiel für Polysemie ist das Polysem *Birne*. Dieses besitzt mehrere Sememe, u. a., die Glühbirne und die Birne als Nahrungsmittel. Ein Beispiel für Homografie ist das Wort *See*. Die Homografen sind *die* See als Synonym zu Meer und *der* See wie *Bodensee* oder *Gardasee*. Beide Lesarten unterscheiden sich in ihrem Genus (feminin, maskulin). Die Begriffssuffixe eines Begriffsbezeichners (Beispiel: .1.1 für *tier.1.1*) geben die intendierte Lesart des Lexems an. Die erste Zahl dient zur Unterscheidung von Homografen, die zweite Zahl zur Unterscheidung von Sememen. Namen werden als formale Entität (fe) dargestellt und besitzen generell die Endung .0. Der Begriffsbezeichner abzüglich des Zahlensuffixes wird als Wortetikett des Begriffes bezeichnet. Beispielsweise ist *tier* das Wortetikett zu *tier.1.1.*

Für diese Arbeit relevante MultiNet-Relationen sind:
- AGT: kognitive Rolle einer Handlung: Agent (Handlungsträger)
- ANTO: Antonymrelation
- ATTR: Spezifikation eines Attributes
- ASSOC: beide Begriffe sind miteinander assoziiert
- CHEA: Änderung der Sorte (Ereignis - abstrakter Begriff, Derivation)
- CHPA: Änderung der Sorte (Eigenschaft - abstrakter Begriff, Derivation)
- ELMT: Elementrelation
- EQU: Relation, die die intensionale Gleichheit zum Ausdruck bringt
- HSIT: Relation, die eine Konstituente einer Hypersituation spezifiziert
- MERO: Meronymrelation
- OBJ: kognitive Rolle: neutrales Objekt
- ORIGM: Relation der materiellen Herkunft
- PARS: Teil-Ganzes-Relation außer ELMT, HSIT, ORIGM, SUBM und TEMP
- PRED: prädikativer Begriff, der eine Pluralität charakterisiert
- PROP: Relation zwischen Objekt und Eigenschaft
- SUB0: Relation der konzeptuellen Subordination (Hyponymie)
- SUB: Relation der konzeptuellen Subordination (außer SUBS und SUBR)
- SUBM: Teilmengenrelation
- SUBR: Relation der konzeptuellen Subordination für Relationen
- SUBS: Relation der konzeptuellen Subordination für Situationen
- SYNO: Synonymrelation
- TEMP: Relation, die die temporale Einbettung einer Situation beschreibt

In dieser Arbeit relevante MultiNet-Funktionen sind:
- *ALTN1: Funktion, die mehrere Begriffe zu einer Disjunktion zusammenfasst (inklusives "oder" im Sinne von ... *oder / und* ...)
- *ALTN2: Funktion, die mehrere Begriffe zu einer Disjunktion zusammenfasst (exklusives "oder" im Sinne von ... *entweder / oder* ...)
- *ITMS: Funktion, die mehrere Begriffe zu einer Menge zusammenfasst (ungeordnet)
- *TUPL: Funktion, die mehrere Begriffe zu einem Tupel zusammenfasst (geordnet)

Die Hierarchie der Relationen, deren Extraktion in dieser Arbeit beschrieben wird (Subordination, Meronymie und Synonymie), ist in Abbildung 3.1 angegeben.

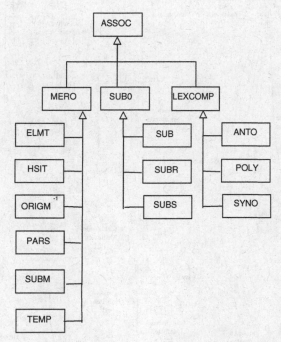

Abbildung 3.1.: Relationshierarchie für SUB0, MERO und LEXCOMP

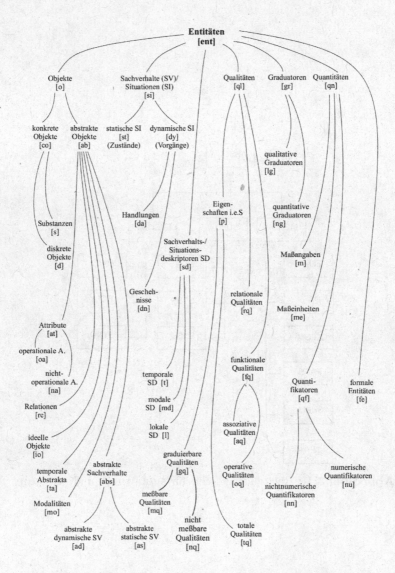

Abbildung 3.2.: Hierarchie der ontologischen Sorten (Kopie aus [Hel08, Seite 399])

Jedem Knoten in einem semantischen Netz sind eine oder mehrere sogenannte ontologische Sorten, eine Menge semantischer Merkmale sowie mehrere
Layer-Merkmale zugeordnet. Ontologische Sorten bilden eine Taxonomie, wobei eine solche Sorte allerdings nicht einem Lexikoneintrag entsprechen muss,
d. h., die Sorten sind nicht notwendigerweise wieder als Begriffe repräsentiert.
Die folgenden ontologischen Objekte sind in MultiNet definiert (aus [Hel08]):

- Objekte [o]: zugeordnete grammatische Kategorie: Nomen
  - Konkrete Objekte [co]: Diese Objekte haben eine physische Aus-
    dehnung.
    * Substanzen [s]: Substanzen haben eine kontinuierliche Ausdeh-
      nung. Sie können zerteilt werden, sind aber nicht zählbar. Bei-
      spiele: *Kaffee, Käse, Gold*
    * Diskrete Objekte [d]: Diskrete Objekte sind zählbar. Beispiele:
      Brot, Erbse, Gebäude
  - Abstrakte Objekte [ab]: Abstrakte Objekte existieren im Gegensatz
    zu konkreten Objekten lediglich in der menschlichen Vorstellung.
    * Situative Objekte [abs]: Diese repräsentieren Situationen, die
      durch Abstraktion den kognitiven Status von Objekten besit-
      zen. Sie werden unterteilt in:
      · Abstraktionen von dynamischen Situationen [ad]. Beispiele:
        Party, Raub
      · Abstraktionen von statischen Situationen [as]. Beispiele:
        Ruhe, Schlaf, Krankheit
    * Attribute [at]: Bei Attributen wird zwischen messbaren Attri-
      buten [oa] (Beispiele: *Größe, Länge*) und nichtmessbaren At-
      tributen [na] unterschieden (Beispiele: *Flexibilität, Liebe*)
    * Relationen [re]. Beispiele: *Grund, Ähnlichkeit, Differenz*
    * Ideelle Objekte [io]. Beispiele: *Religion, Gnade, Gerechtigkeit*
    * Temporale Abstrakta [ta]. Beispiele: *Ostern, Ferien*
    * Modalitäten. Beispiele: *Wahrscheinlichkeit, Vorhaben*
- Situationen [si]: Situationen spiegeln die Konstellation von Objekten wider, ihren Zustand oder ihre Änderung.
  - st: statische Sachverhalte [st]. Diese Sorte beinhaltet sowohl phy-
    sische als auch psychische Zustände. Beispiele: *Hunger haben, eine
    schwere Krankheit haben*
  - Dynamische Situationen [dy]. Diese Situationen werden in Aktionen
    und Ereignisse unterteilt.

* Aktionen [da]: dynamische Sachverhalte, die aktiv von einem Handlungsträger ausgeführt werden. Beispiele: *arbeiten, springen, laufen*
* Ereignisse [dn] Ereignisse, die Ursachen besitzen, aber nicht von irgendeinem Agenten ausgeführt worden sind. Beispiele: *regnen, fallen, explodieren*

- Situationsdeskriptoren [sd]: Situationen können auch mit Bezug auf ihre räumlich-temporäre Einbettung beschrieben werden oder in Bezug auf ihre Gültigkeit.
    - Temporale Situationsdeskriptoren [t]: Diese beinhalten temporale Angaben in Form von Momenten oder Zeitperioden. Beispiele: <Freitags>, <im Urlaub>, <Ostern 93>
    - Lokale Situationsdeskriptoren [l]: Beispiele: <auf dem Tisch>, <vor dem Schrank>
    - Modalisatoren [md]: Modalisatoren bezeichnen Begriffe, die Meinungen wiedergeben bezüglich der Gültigkeit bestimmter Aussagen. Beispiele: *wahrscheinlich, vielleicht, wünschenswert*
- Qualitäten [ql]:
    - Eigenschaften im engeren Sinn [p]: Diese beinhalten absolute Eigenschaften [tq] und graduierbare Eigenschaften [gq]. Die letzteren können wiederum in messbare/quantifizierbare [tq] (Beispiele: *groß, schnell*) oder nichtmessbare [gq] (beispielsweise: *freundlich, müde*) unterteilt werden.
    - Relationale Qualitäten [rq]: Diese beschreiben Beziehungen zwischen Begriffen. Beispiele: *äquivalent, invers, kongruent, . . .*
    - Funktionale Qualitäten [fq]: Diese Qualitäten erreichen ihre volle Bedeutung nur in Verbindung mit anderen Begriffen. Zusammen mit diesen bilden sie eine konzeptuelle Einheit. Es wird dabei unterschieden zwischen assoziativen Eigenschaften (Sorte: [aq], Beispiele: *philosophisch, chemisch*) und operativen Eigenschaften (Sorte: [oq], Beispiel: *durchschnittlich, dritte*
- Quantitäten [qn]:
    - Quantifikatoren [qf]: Diese beinhalten numerische Quantifikatoren (Beispiele: *eins, zwei, . . .*) und nicht-numerische Quantifikatoren (Beispiele: *alle*, <die meisten>)
    - Maßeinheiten [me]. Beispiele: *kg, g*
    - Maßangaben [m]. Beispiele: <3 kg>, <5 g>

- Graduatoren [gr]
  - Qualitative Graduatoren [lg]: Diese werden verwendet, um Begriffe graduell genauer zu beschreiben. Beispiele: *sehr, wenig, besonders*
  - Quantitative Graduatoren [ng]: Diese werden meistens für Fuzzy-Angaben von Quantitäten verwendet und sind häufig Teil eines Fuzzy-Quantors. Beispiele: *fast, ungefähr.*
- Formale Entitäten [fe]: Formale Entitäten repräsentieren außersprachliche Objekte (Beispiele: Formeln, Zeichnungen, Bilder, Namen, etc.)

Die komplette Sortenhierarchie ist in Abbildung 3.2 (aus [Hel08, Seite 399]) angegeben.

Semantische Merkmale sind bestimmte semantische Eigenschaften, die entweder erfüllt (+), nicht erfüllt (-) oder unterspezifiziert sind. Folgende semantische Merkmale sind in MultiNet definiert:

- ANIMAL Tier, Beispiele: +: *affe.1.1*, −: *haus.1.1*

- ANIMATE belebt, Beispiele: +: *pflanze.1.1*, −: *haus.1.1*

- ARTIF (artificial, deutsch: künstlich) Artefakt, Beispiele: +: *computer.1.1*, −: *baum.1.1*

- AXIAL mit ausgezeichneter Achse: Beispiele: +: *mensch.1.1*, −: *ball.1.1*

- GEOGR geografisches Objekt, Beispiele: +: *Alpen*, −: *computer.1.1*

- HUMAN Mensch, Beispiele: +: *polizist.1.1*, -: *computer.1.1*

- INFO Informationsträger, Beispiele: +: *buch.1.1*, −: *haus.1.1*

- INSTIT (institution, deutsch: Institution) Beispiele: +: *firma.1.1*, −: *computer.1.1*

- INSTRU (instrument, deutsch: Instrument) Beispiele: +: *schraubenzieher.1.1*, −: *idee.1.1*

- LEGPER (legal person, deutsch: juristische Person) Beispiele: +: *Firma*, −: *ball.1.1*

- MENTAL (mental) Beispiele: +: *freude.1.1*, −: *computer.1.1*

- METHOD (Methode) Beispiele: +: *verfahren.2.2*, −: *computer.1.1*

- MOVABLE (beweglich) Beispiele: +: *auto.1.1*, −: *haus.1.1*

- POTAG (potential agent, deutsch: potenzieller Agent) Beispiele: +: *motor.1.1*, −: *felsen.1.1*

- SPATIAL (deutsch: räumlich) Beispiele: +: *stuhl.1.1*, −: *angst.1.1*

- THCONC (theoretical concept, deutsch: theoretischer Begriff) Beispiele: +: *mathematik.1.1*, −: *computer.1.1*

In der oben angegebenen List wird für jedes semantische Merkmal ein Beispielkonzept angegeben, wo dieses Merkmal gesetzt ist (+) und eines, wo dieses nicht gesetzt ist (−).

Layer-Merkmale dienen dazu, Begriffe auf mehreren Ebenen genauer zu spezifizieren. Bis auf den Extensionalitätstyp handelt es sich nicht um fest im Lexikon verankerte Merkmale der Begriffe, sondern um Merkmale, die sich auf die konkrete Situation beziehen. Die folgenden Layer-Merkmale sind in MultiNet definiert (aus [Hel08]):

- der Generalisierungsgrad *gener* zur Unterscheidung von generischen und Individualbegriffen (beispielsweise *gener = gen* für den Sachverhalt: *"Ein Hund ist ein Tier."*),

- die Referenzbestimmtheit *refer*, um den Grad der Bestimmtheit anzugeben, mit dem ein Begriff eine referierte Entität festlegt (beispielsweise *refer = det* für den Begriff: <dieser Lehrer>,

- die Variabilität *varia*, die festlegt, ob ein Knoten ein festes Element repräsentiert (beispielsweise *varia = con* für <dieser Lehrer>) oder ein Element, das als variabel zu betrachten ist (beispielsweise *varia = var* für <jeder Lehrer>),

- die Faktizität *fact*, die angibt, ob ein Begriff real, hypothetisch oder nicht existierend ist. Letzteres schließt auch negierte Aussagen mit ein (beispielsweise *fact = nonreal* für den Sachverhalt: *"Die Steuern werden nicht gesenkt."*),

- den Extensionalitätstyp *etype*, der Knoten auf der präextensionalen Ebene beschreibt.

- die Quantifizierung, die die Kardinalität von Mengen auf der intensionalen Ebene angibt (beispielsweise *quant = viel* für <viele Lehrer>) und

- die Kardinalität *card*, die die Kardinalität von Mengen auf der extensionalen Ebene angibt (beispielsweise *card = 4* für den Begriff <vier Schüler>)

Der Skopus eines Quantors ist durch den Knoten gegeben, für den dieser Quantor (d. h. Layer-Merkmal QUANT und CARD) definiert ist. Um mehrere intensionale Begriffe anzugeben, die die gleiche Extension besitzen, müssen diese Begriffe durch die Relation EQU verknüpft werden.

Von den Layer-Merkmalen ist für diese Arbeit lediglich die Referenzdeterminiertheit (*refer*) und der Extensionalitätstyp (*etype*) von Bedeutung. Der Extensionalitätstyp kann folgende Werte annehmen:

nil : für Begriffe, die keine Extension besitzen. Beispiel: *schmerz.1.1*

0 : Repräsentant eines elementaren Extensionals, das keine Menge ist. Beispiele: Extensionen von *fahrrad.1.1*, *auto.1.1*

1 : Menge von Elementen des Typs 0. Beispiele: Extensionen von <mehrere Bäume>, <drei Stühle>, <eine Gruppe>

2 : Menge von Elementen des Typs 1. Beispiele: Extensionen von <drei Crews>, <mehrere Organisationen>

3 : Menge von Elementen des Typs 2. Beispiel: Extension von <vier Dachorganisationen>

Im Prinzip können Begriffe beliebig hohe Extensionalitätstypen haben. In der Praxis kommen aber normalerweise nur die Typen 0–3 sowie nil vor. Die Element-Relation wird in MultiNet mit ELMT bezeichnet. Eine Voraussetzung für das Vorliegen einer ELMT-Relation besteht darin, dass der Extensionalitätstyp des ersten Argumentes genau um eins niedriger ist als der Extensionalitätstyp des zweiten Arguments.

Ein Beispiel für ein semantisches Netz im MultiNet-Formalismus ist in Abbildung 3.3 angegeben. Dieses semantische Netz repräsentiert die Bedeutung des Satzes: *"Der Lehrer fährt mit dem Auto nach München"*. Der Knoten, der den durch den Satz beschriebenen Sachverhalt repräsentiert, ist $c4$. Der hier angegebene Sachverhalt findet in der Gegenwart statt, was durch die Relation TEMP($c4$, *present.0*) ausgedrückt wird. Das Prädikat SUBS bezeichnet eine Unterordnung einer Situation, d. h., die konkrete Fahrsituation $c4$ ist dem generischen Begriff *fahren.1.1* untergeordnet.

Das Instrument der Handlung ist durch INSTR($c4$, $c5$) spezifiziert, wobei $c5$ ein spezielles Auto ist, was dem generischen Begriff *auto.1.1* untergeordnet ist. Die Unterordnung wird durch SUB($c5$, *auto.1.1*) ausgedrückt. Der Agent

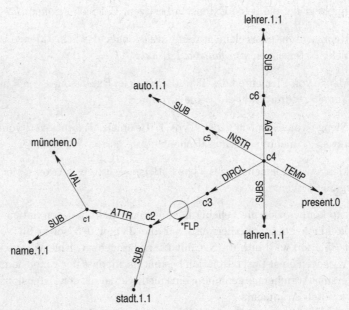

Abbildung 3.3.: Semantisches Netz zu dem Satz *"Der Lehrer fährt mit dem Auto nach München."*

der Handlung ist ein spezieller Lehrer, der dem generischen Begriff *lehrer.1.1* untergeordnet ist: AGT($c6$, *lehrer.1.1*). Die Richtung der Aktion ist durch die Relation DIRCL spezifiziert. *FLP ist eine Funktion, die aus einem Begriff eine Lokation erzeugt. Diese Lokation ist eine Stadt (SUB($c2$, *stadt.1.1*)) und trägt den Namen München, was durch ein Attribut-Wert-Paar ausgedrückt wird:

$$\text{ATTR}(c2, c1) \wedge \text{SUB}(c1, name.1.1) \wedge \text{VAL}(c1, münchen.0) \qquad (3.1)$$

Jeder Knoten eines semantischen Netzes repräsentiert ein Konzept und besitzt daher eine oder mehrere ontologische Sorten, semantische Merkmale sowie Layer-Merkmale. Für den Knoten *lehrer.1.1* in Abbildung 3.3 sind die Merkmale und Sorten folgendermaßen definiert:

- Semantische Merkmale
    - ANIMAL: -
    - ANIMATE: +
    - ARTIF: -
    - GEOGR: -
    - HUMAN: +
    - INFO: -
    - INSTIT: -
    - INSTRU: -
    - LEGPER: +
    - MENTAL: -
    - METHOD: -
    - MOVABLE: +
    - POTAG: +
    - SPATIAL: +
    - THCONC: -
- Ontologische Sorte: d (diskretes Objekt)
- Layer-Merkmale
    - Extensionalitätstyp: 0 (keine Menge)
    - Generalisierungsgrad: ge (generisch)
    - ...

Für den Knoten c4 sind die hier dargestellten Merkmale identisch bis auf den Generalisierungsgrad, der den Wert sp (speziell) annimmt.

Ein Begriff kann mehrere ontologische Sorten und semantische Merkmalsvektoren besitzen, wenn es sich bei dem Begriff um ein Bedeutungsmolekül handelt [Hel08], welches mehrere Facetten enthält. Jede Facette besitzt eine einzige ontologische Sorte und einen semantischen Merkmalsvektor. Ein Beispiel für ein solches Bedeutungsmolekül ist *schule.1.1* mit den Facetten *Gruppe von Schülern/Lehrern*, *Schule als Institution* und *das Gebäude der Schule*. Die semantischen Merkmale und ontologischen Sorten dieser Facetten sind folgendermaßen definiert (u=unterspezifiziert):

- Erste Facette (Gruppe von Leuten): sort d, ANIMAL -, ANIMATE +, ARTIF -, AXIAL +, GEOGR -, HUMAN +, INFO -, INSTIT -, INSTRU -, LEGPER u, MENTAL -, METHOD -, MOVABLE +, POTAG +, SPATIAL +, THCONC -
- Zweite Facette (Institution): sort io, MENTAL -, ANIMAL -, ANIMATE -, ARTIF +, AXIAL -, GEOGR -, HUMAN -, INFO -, INSTIT +, INSTRU -, LEGPER u, METHOD -, MOVABLE -, POTAG +, SPATIAL -, THCONC -
- Dritte Facette (Gebäude): sort d, MENTAL -, ANIMAL -, ANIMATE -, ARTIF +, AXIAL +, GEOGR -, HUMAN -, INFO -, INSTIT -, INSTRU -, LEGPER -, METHOD -, MOVABLE -, POTAG -, SPATIAL + THCONC -

Eine weitere Möglichkeit, dass einem Begriff mehrere ontologische Sorten und semantische Merkmale zugeordnet sein können, ist dann gegeben, wenn der Begriff unterspezifiziert ist. So kann beispielsweise der Begriff *abkomme.1.1* sowohl einen Mensch als auch ein Tier bezeichnen. Je nachdem, welche Möglichkeit ausgewählt wird, werden andere semantische Merkmale verwendet.

Ontologische Sorten und semantische Merkmale werden zu semantischen Sorten kombiniert. Der semantischen Sorte animal-object ist die ontologische Sorte d (diskretes Objekt) sowie eine Liste mit semantischen Merkmalen (u. a. mit animal: +) zugeordnet.

In MultiNet wird streng danach unterschieden, ob eine echte Meronymrelation zwischen zwei Begriffen besteht oder ob eine zusätzliche SUB-Relation eingezogen werden muss. Man betrachte dazu das Beispiel

PARS($autorad.1.1$, $auto.1.1$) In diesem Fall ist das *Autorad* ein echtes Meronym von *Auto*. Im Gegensatz dazu ist *Rad* kein echtes Meronym von *Auto*. In diesem Fall gilt: SUB(a, $rad.1.1$) $\land$ PARS(a, $auto.1.1$), d. h., es wird ein Begriff a eingeführt (hier: $a = autorad.1.1$), der $rad.1.1$ untergeordnet ist und für einen Teil eines Auto steht, was zu folgender Definition führt:

Definition 3.1.1 *Ein Begriff* $a1$ *ist ein in* SUB *eingebettetes Meronym eines Begriffes* $a2$, *wenn gilt:* SUB(a, $a1$) $\land$ PARS(a, $a2$)

Die SUB-Relation kann auch für Instanz-Relationen verwendet werden. Beispielsweise gibt

$$SUB(a, land.1.1) \land ATTR(a, b) \land$$
$$SUB(b, name.1.1) \land VAL(b, deutschland.0) \tag{3.2}$$

an, dass Deutschland ein Land ist. Das Vorliegen einer Instanzrelation kann auch daran erkannt werden, dass das Layer-Merkmal *gener* (generisch) bei der Instanz (in Formel 3.2 die Konstante a) auf *sp* (speziell) gesetzt ist.

Personen als Instanzen werden ebenfalls mithilfe von ATTR/VAL-Relationen repräsentiert. Beispielsweise gibt

$$SUB(a, politiker.1.1) \land ATTR(a, b) \land ATTR(a, c) \land$$
$$SUB(b, vorname.1.1) \land VAL(b, barack.0) \land \tag{3.3}$$
$$SUB(c, nachname.1.1) \land VAL(c, obama.0)$$

an, dass Barack Obama ein Politiker ist.

Um Kanten ASSOC(n_1, n_2, k_1, k_2) bezüglich ihres Wissenstyps zu klassifizieren, werden in MultiNet sogenannte K-Typen (k_1 und k_2) verwendet. k_1 bezieht sich auf den Begriff n_1, k_2 auf den Begriff n_2. Beispielsweise bedeutet PARS(*diskettenlaufwerk.1.1*, *computer.1.1*, *proto*, *ktype*), dass einem Disketenlaufwerk prototypisch ein Computer zugeordnet ist, umgekehrt gilt das aber nicht, da heutzutage viele Computer ohne Diskettenlaufwerk ausgeliefert werden. In diesem Fall ist der zweite K-Typ unterspezifiziert. Eine alternative Lösung besteht darin, den Begriff <Computer mit Diskettenlaufwerk> einzuführen, der dem allgemeinen Computer untergeordnet ist. Dieser spezielle Computer besitzt dann immer ein Diskettenlaufwerk, d. h., der zweite K-Typ ist categ (kategorisch).

Der hier vorgestellte MultiNet-Formalismus wird in vielen unterschiedlichen Sprachverarbeitungssystemen erfolgreich eingesetzt [GHH⁺07], unter anderem in den folgenden:

- Lesbarkeitsanalyse-System (DeLite): Aufbauend auf den aus Texten extrahierten semantischen Netzen werden diese Texte auf ihre Lesbarkeit überprüft [vor09a, vH07, vHH08b, vHH08a, vHL08, vL07, HHLO06]. DeLite wird genauer in Abschnitt E.1 beschrieben.

- Frage-Antwort-Systeme LogAnswer [GP09] und InSicht [Har04]

- Literaturrecherche-System [LH01]

- Duplikatserkennungssystem SemDupl [HvE10b, HvE10a] (siehe Abschnitt E.2)

3.2. Verwendete Ressourcen

3.2.1. Verwendete Korpora

Die folgenden Korpora wurden bei dieser Arbeit verwendet:

- Wikipedia 2006: Deutsche Wikipedia vom November 2006, die ca. 500 000 Artikel enthält. Die Sätze aus der Wikipedia sind in verschiedenen Repräsentationsformen verfügbar:

  – Oberflächenrepräsentation

  – Tokenliste

  – Dependenzbaum

  – Semantisches Netz

  Die deutsche Wikipedia wird zur Extraktion von Hyponymen, Meronymen und Synonymen eingesetzt.

- Wikipedia 2009: Deutsche Wikipedia von 2009 mit ca. einer Million Artikeln wird für die Extraktion von Synonymen verwendet. Dies hat den Hintergrund, dass Synonymextraktionsregeln insgesamt seltener anwendbar sind als Subordinations- und Meronymextraktionsregeln und trotzdem eine hinreichende Menge von Synonymrelationen erzeugt werden sollen.

- Internet: Mithilfe einer Suchmaschine (siehe Abschnitt 6.1) werden Sätze aus dem Internet extrahiert, um Entailments zu erzeugen.

- Newsfeed-Korpus: Das Newsfeed-Korpus besteht aus Nachrichtentexten und wird zum Lernen von Entailments eingesetzt. Das Newsfeed-Korpus liegt in der gleichen Repräsentation wie Wikipedia vor. Zusätzlich enthält es zu jedem Artikel den Veröffentlichungszeitpunkt.

3.2.2. Axiome

Es wird eine Liste von Axiomen verwendet, die auch für Frage-Antwort-Systeme eingesetzt werden. Einige dieser Axiome wurden von Helbig eingeführt und in seinem Buch dokumentiert [Hel08]. Zusätzliche Axiome stammen von Ingo Glöckner. Zudem wurde die Axiomliste auch durch eigene Axiome ergänzt. Axiome werden zum einen zur Extraktion von Hypothesen, zum anderen aber auch für deren Validierung eingesetzt. Die Axiomliste ist in Tabelle B.1 im Anhang angegeben. Die Axiome sind unterteilt in R-Axiome, die keine lexikalisierten Begriffsbezeichner enthalten, und B-Axiome, bei denen solche Bezeichner verwendet werden. R-Axiome definieren grundlegende Eigenschaften von Relationen, beispielsweise die Transitivität und Asymmetrie von Hyponymie oder die Unvereinbarkeit von Meronymie und Hyponymie für dasselbe Begriffspaar. Ein B-Axiom ist beispielsweise ein Axiom, das ausdrückt, dass jemand, der eine Organisation führt, auch dort Mitglied ist oder ein Axiom, das den Zusammenhang zwischen *geben* und *erhalten* oder zwischen *gewinnen* und *verlieren* beschreibt. Zurzeit werden 18 Axiome verwendet. Es existieren insgesamt deutlich mehr MultiNet-Axiome. Allerdings verlangsamen Axiome den Beweisprozess beträchtlich, sodass nur die vielversprechendsten auch eingesetzt werden.

3.2.3. HaGenLex

HaGenLex ist ein semantisches Lexikon [HHO03], das zu jedem Begriff u. a. folgende Informationen bereitstellt:
- Bedeutungsfacetten, wenn der Begriff ein Bedeutungsmolekül ist,
- semantische Sorten (type),
- ontologische Sorten (sort),
- lexikalische (beispielsweise Derivation und Synonymie) und semantische Relationen (beispielsweise Hyponymie und Meronymie),
- semantische Merkmale,
- ein Beispielsatz (example), der die Lesart genauer erläutert,
- Extensionalitätstypen (etype),
- grammatikalisches Geschlecht (GEND) und
- die ID der entsprechenden GermaNet-Synonymmenge (gid).

Ein (etwas vereinfachter) Beispieleintrag ist in Abbildung 3.4 angegeben.

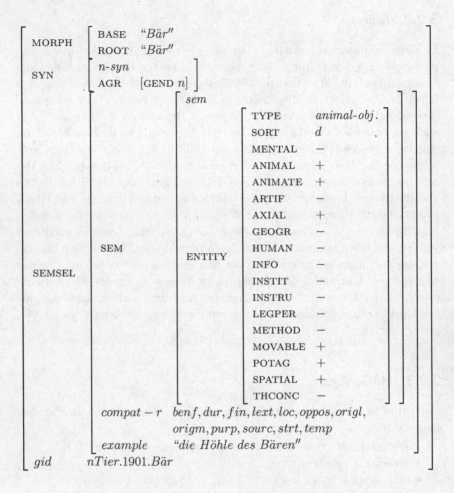

Abbildung 3.4.: Lexikoneintrag für den Begriff *bär.1.1*

Das Modifizieren der Lexikoneinträge kann entweder direkt durch einen Texteditor oder auch durch den Lexikoneditor LIA [HHO03] vorgenommen werden. LIA besitzt eine grafische Benutzeroberfläche und erlaubt das komfortable Anlegen neuer oder die Veränderung existierender Einträge. Um Fehleingaben weitgehend auszuschließen, bekommt der Benutzer in den meisten Fällen eine Liste der möglichen Alternativen für ein bestimmtes Lexikonmerkmal angezeigt und muss daraus nur noch die richtige Alternative selektieren. Fehleingaben und Inkonsistenzen bei der Eingabe semantischer Merkmale und ontologischer Sorten im Lexikon werden zudem dadurch reduziert, dass der Benutzer direkt die semantischen Sorten auswählt, denen spezielle semantische Merkmale und ontologische Sorten zugeordnet sind. Beispielsweise sind Lexikoneinträge, bei denen sowohl die Merkmale *animal* als auch *human* gesetzt sind, dadurch ausgeschlossen. Ganz unmöglich sind Fehleingaben natürlich nicht. Der Lexikoneditor könnte den falschen semantischen Typ auswählen oder der semantische Typ passt nicht hundertprozentig zum Lexem. Betrachte man als Beispiel den semantischen Typ "institution", dem das Lexem *schule.1.1* zugeordnet ist. Der semantische Typ "institution" impliziert das Setzen des semantischen Merkmals *legper*, obwohl in Deutschland eine Schule keine eigenständige juristische Person ist. Fehler bei semantischen Merkmalen können sich durchaus negativ auf den hier beschriebenen Vorgang der Wissensakquisition auswirken (siehe dazu die Abschnitte 5.2.6, 5.3.2 sowie 5.4.2). So können durch fehlerhafte Einträge inkorrekte Relationshypothesen in die Hypothesendatenbank aufgenommen oder korrekte Hypothesen zurückgewiesen werden. Zudem könnten Unterrelationstypen falsch bestimmt werden (siehe Abschnitte 5.2.11 und 5.3.4).

Über eine Serververbindung ist LIA fernsteuerbar, was die Anbindung an andere Systeme erleichtert. LIA wiederum besitzt eine direkte Anbindung an WOCADI und HaGenLex. So kann man sich für jedes Beispiel, das eine Lesart erläutert, mithilfe von WOCADI direkt ein Netz im Wissenseditor MWR [Gnö00] erzeugen lassen.

3.3. Evaluation

3.3.1. Evaluationsverfahren

Im Evaluationsteil dieser Arbeit (siehe Abschnitt 7) wird u. a. bestimmt, in wie vielen Fällen die Entscheidung für eine bestimmte semantische Relation oder das Vorliegen eines Entailments korrekt ist oder nicht, d. h., es handelt sich um ein binäres Klassifikationsproblem und ein Datensatz wird einer von zwei Klassen zugeordnet. Die hier verwendeten überwachten Lernverfahren werden dazu auf einer annotierten Beispielmenge trainiert. Die Evaluation eines solchen überwachten Verfahrens sollte auf einer zu der Trainingsmenge unterschiedlichen Menge erfolgen, da der Fehler bei der Klassifikation auf der Trainingsmenge normalerweise deutlich niedriger ist als auf zur Trainingsmenge unabhängigen Daten. Im Falle, dass nur eine geringe Menge annotierter Daten verfügbar ist, empfiehlt sich die Kreuzvalidierung. Dazu wird die Datenmenge in n Partitionen, sogenannte Folds, unterteilt. Eine dieser Partitionen wird als Evaluationsmenge ausgewählt, die restlichen $n - 1$ Partitionen werden zum trainieren verwendet. Dieses Verfahren wird n-mal wiederholt, wobei jede der Partitionen einmal als Testmenge zum Einsatz kommt. Insgesamt liegen so für die gesamte Datenmenge vom Lernverfahren bestimmte Klassifikationen vor. Die am häufigsten verwendete Anzahl von Folds ist 10 ($n = 10$).

3.3.2. Evaluationsmaße

Dieser Abschnitt beschreibt verschiedene Kennziffern (Maße), anhand derer die Qualität von Wissensextraktionsverfahren verglichen werden kann. In dieser Arbeit werden im Wesentlichen binäre Klassifikatoren evaluiert, d. h., Datensätze sollen einer von zwei Klassen zugeordnet werden. Eine dieser Klassen repräsentiert üblicherweise die Tatsache, dass eine bestimmte semantische Relations- oder Entailmenthypothese korrekt ist, die andere Klasse die Nichtkorrektheit dieser Hypothese (beispielsweise: Hyponym, Nicht-Hyponym). Zur Berechnung der hier beschriebenen Maße ist das Berechnen der Konfusionsmatrix erforderlich.

Eine Konfusionsmatrix ist eine quadratische $n \times n$-Matrix (siehe Tabelle 3.1). Die Zellen der Matrix enthalten die Anzahl der Elemente, für die die vorhergesagte Klasse der Spaltenbezeichnung entspricht und die tatsächliche Klasse der Zeilenbezeichnung (der umgekehrte Fall wird auch gelegentlich verwendet). Die Spalten und Zeilen sind so bezeichnet, dass in den Diagonalen immer die richtig vorhergesagten Elemente zu finden sind. Im hier betrachteten Fall der Hypothesenvalidierung handelt es sich um 2×2-Matrizen. Zudem sind die Zeilen und Spalten so angeordnet, dass die erste Zeile die Anzahl der Elemente enthält, bei denen die untersuchte Hypothese nicht korrekt ist, die erste Spalte die Anzahl derjenigen, bei denen vom Klassifikator geschätzt wird, dass diese Hypothese nicht korrekt ist. Die zweite Zeile enthält dagegen die Anzahl der Einträge, bei denen tatsächlich die untersuchte semantische Relation oder das Entailment vorliegt, d. h., bei denen die Hypothese korrekt ist, und die zweite Spalte die Anzahl der Elemente, bei denen vom Klassifikator vorhergesagt

	Klassifikator-entscheidung: Hypothese ist nicht korrekt	Klassifikator entscheidung: Hypothese ist korrekt
Hypothese inkorrekt	k11	k12
Hypothese korrekt	k21	k22

Tabelle 3.1.: Konfusionsmatrix

wurde, dass die Hypothese korrekt ist.

- Präzision: Die Präzision bezeichnet hier die relative Häufigkeit, mit der eine als korrekt klassifizierte Hypothese auch tatsächlich korrekt ist. Die Präzision kann auch direkt aus der Konfusionsmatrix $K = (k_{ij})_{i,j \in \{1,2\}}$ ermittelt werden:

  $precision = k_{22}/(k_{12} + k_{22})$.

- Recall: Der Recall bezeichnet hier die relative Häufigkeit, mit der eine korrekte Hypothese auch tatsächlich als korrekt klassifiziert wurde. Der Recall kann ebenfalls anhand der Konfusionsmatrix ermittelt werden:

  $recall = k_{22}/(k_{21} + k_{22})$

- F-Wert: Der F-Wert (genauer F_1-Wert) ist das harmonische Mittel aus Präzision und Recall [vR75]:

  $F = 2 * \frac{precision \cdot recall}{precision + recall}$

- Akkuratheit: Die Akkuratheit bezeichnet die relative Häufigkeit, mit der die Klassifikation in eine der beiden Klassen korrekt war. Sie kann ebenfalls aus der Konfusionsmatrix bestimmt werden: $accuracy = (k_{11} + k_{22})/(k_{11} + k_{12} + k_{21} + k_{22})$.

4. Stand der Forschung: automatische Lernverfahren für die Wissensakquisition

4.1. Extraktion von Synonymen und Wortsynonymen

In einer Vielzahl von Anwendungsgebieten im Bereich der automatischen Sprachverarbeitung, beispielsweise für Frage-Antwort- oder Information-Retrieval-Systeme, ist es von Bedeutung festzustellen, ob Begriffe (oder Wörter) semantisch ähnlich sind oder nicht. Fast alle Verfahren zur Bestimmung der semantischen Ähnlichkeit sind flach und basieren auf Wörtern statt auf Begriffen (Lesarten). Ausnahmen sind beispielsweise Verfahren, die eine semantische Ähnlichkeit von Begriffen aus Ontologien berechnen [LC98, WP94, Res95, BH01], da richtige Ontologien nicht auf Wörtern sondern auf Synsets oder Begriffen basieren.

Die semantische Ähnlichkeit wird normalerweise als numerischer Wert zwischen null und eins angegeben. Ein oft verwendetes Verfahren besteht darin, für beide Wörter eine Vektorrepräsentation aus ihrem textuellen Kontext zu erzeugen und beide Vektoren miteinander zu vergleichen. Solche Verfahren basieren auf der Annahme, dass Wörter semantisch ähnlich sind, wenn sie in gleichen (oder sehr ähnlichen) textuellen Kontexten vorkommen können [MS99, Har68].

Der textuelle Kontext eines Wortes ist durch benachbarte Wörter gegeben, oder Wörter, die in einer bestimmten grammatischen Beziehung zu dem betrachteten Wort stehen (Kopf-Modifizierer bei Ruge [Rug97] oder Prädikat-Argumentstrukturen bei Hindle [Hin90]).

Der textuelle Wortkontext $C(w)$ kann folgendermaßen durch Vektoren repräsentiert werden. Das Element x_i eines Vektors für das Wort w beschreibt die Frequenz eines anderen Wortes u_i, mit der dieses im textuellen Kontext $C(w)$

von w auftritt. Einige Verfahren bestimmen lediglich Binärwerte, d. h., $x_i = 1$, wenn die Zahl der Vorkommen oberhalb einer bestimmten unteren Schranke liegt. Die binäre Repräsentation kann leicht durch Mengen dargestellt werden. So gehört ein Wort u_i genau dann zu der Menge X der im Zusammenhang mit w vorkommenden Wörter, wenn gilt: $x_i = 1$. Die semantische Ähnlichkeit zwischen zwei Wörtern w_1 und w_2 kann dann durch den Vergleich zweier Mengen (hier X und Y genannt) geschätzt werden. Häufig gebrauchte Ähnlichkeitsmaße finden sich in Tabelle 4.1. Die Mehrzahl der dort angegebenen Ähnlichkeitsformeln erreichen den maximalen Wert eins, wenn beide Mengen identisch sind. Eine Ausnahme davon ist der Überlappungsindex, bei dem der maximale Wert dann erreicht wird, wenn die eine Menge eine Untermenge der anderen ist.

Ein Nachteil der auf binären Werten basierenden Methoden besteht darin, dass die tatsächliche Ähnlichkeit nur recht grob geschätzt werden kann und dass eine recht hohe Menge an Trainingsbeispielen für eine zuverlässige Ähnlichkeitsbeurteilung benötigt wird. Dieses kann durch die Verwendung von kontinuierlichen Werten verbessert werden. In diesem Fall wird häufig vorausgesetzt, dass die Vektoren normalisiert sind (d. h. $\|\mathbf{x}\| = 1$). Dadurch kann eine Vektorkomponente auch als die Wahrscheinlichkeit $\mathbf{x} := p(c|w)$ interpretiert werden, dass das Wort w den textuellen Kontext c besitzt.

Im Folgenden werden mehrere kontinuierliche Ähnlichkeitswerte vorgestellt, welche alle formal in Tabelle 4.2 (aus [MS99]) spezifiziert sind.

Eine der beliebtesten Methoden zur Schätzung der semantischen Ähnlichkeit ist die Kosinus-Methode, die auch auf binäre Vektorkomponenten anwendbar ist und auf kontinuierliche Komponenten verallgemeinert werden kann.

Ein weiteres oft verwendetes Ähnlichkeitsmaß ist die sogenannte P-Norm ($P = 1, \ldots, \infty$), wobei die P-Norm auf die Vektordifferenz angewandt wird. In der Praxis werden die 1-Norm und die 2-Norm am häufigsten verwendet [DLP97, GM98]. Im Falle von normalisierten Vektoren ergibt sich bei der Ordnung nach Ähnlichkeit dieselbe Reihenfolge bei Verwendung der 2-Norm und des Kosinusmaßes [MS99].

Ein mehr informationstheoretischer Ansatz ist die Kullback-Leibler-Divergenz (KL-Divergenz) $D(\mathbf{x}\|\mathbf{y})$ [KL51]. Ein Nachteil dieser Methode besteht darin, dass der Summand in $D(\mathbf{x}\|\mathbf{y})$ nicht definiert ist (oder unendlich, falls der Grenzwert betrachtet wird), wenn eine der Komponenten y_i null ist. Dieses Problem kann durch Verwendung der α-skewed-Variante behoben werden [Lee99]. Ein weiteres Problem der KL-Divergenz besteht darin, dass sie i. A.

nicht symmetrisch ist, d. h. $D(\mathbf{x}\|\mathbf{y}) \neq D(\mathbf{y}\|\mathbf{x})$. Daher wurde von Dagan, Lee und Pereira der sogenannte Informationsradius eingeführt, der dieses Problem behebt [DLP97].

Dagan, Lee und Pareira verglichen Informationsradius, 1-Norm und KL-Divergenz miteinander. Bei diesem Test ging es darum, die Wahrscheinlichkeit für das Auftauchen von Wortpaaren (w_1, w_2) zu schätzen, die nicht in der Trainingsmenge vorkommen. Dafür wurde untersucht, wie oft Wörter, die zu w_1 semantisch ähnlich sind, zusammen mit w_2 auftauchen. Die semantische Ähnlichkeit wurde mit allen drei Ansätzen alternativ geschätzt. Die Evaluation hat gezeigt, dass der Einsatz des Informationsradius zu deutlich geringeren Fehlern geführt hat als bei Verwendung der beiden anderen Methoden.

Weeds, Weir und McCarthy schlugen Ähnlichkeitsmaße vor, die den bekannten Evaluationsmaßen *Präzision, Recall* und *Harmonisches Mittel* (aus beiden) nachempfunden sind (siehe Tabelle 4.2) [WWM04] und basieren auf punktweiser gegenseitiger Information (Pointwise Mutual Information) zwischen einem der beiden Wörter und dem textuellen Kontext beider Wörter ($I(c, w)$). Die punktweise gegenseitige Information ist ein Maß der Assoziation zwischen zwei Zufallsvariablen.

Semantische Ähnlichkeitsmaße können verwendet werden, um Wortsynonym- oder Worthyponym-Relationen zwischen Wörtern (oder Begriffen) zu bestimmen. Allerdings ist die Unterscheidung zwischen Worthyponymen und Wortsynonymen oft recht schwierig, sodass eine Kombination mit anderen Verfahren notwendig ist.

Ein alternativer Ansatz zur Wortsynonymextraktion durch textuelle Kontextanalyse wurde von Biemann, Bordag und Quasthoff vorgeschlagen [BBQ03, BBQ04]. Dieser Ansatz basiert auf iterierten Kollokationen und zieht die Möglichkeit in Betracht, dass die vorhandene Wissensbasis bereits Wortsynonyme enthält und behandelt das Zusammenführen von bereits existierenden mit neu erzeugten Wortsynonymmengen (Synsets).

Eine Kollokation 1. Ordnung eines Wortes ist definiert als die Menge aller Wörter, welche im textuellen Kontext dieses Wortes vorkommen können. Die Kollokationsmenge 2. Ordnung eines Wortes bezeichnet dann die Menge aller Wörter, die mit diesem Wort zusammen in einer Kollokationsmenge 1. Ordnung vorkommen können. Dieser Prozess kann prinzipiell beliebig auf jeder Ebene wiederholt werden, womit dann Kollokationsmengen dritter, vierter, fünfter Ordnung, etc. gebildet werden können.

Nachdem die Kollokationsmengen gebildet wurden, müssen deren Elemente in die existierenden Wortsynonymmengen eingefügt werden. Dazu bestimmt man für jede Kollokationsmenge die ähnlichste Wortsynonymmenge, d. h., diejenige Menge, die mit der Kollokationsmenge am meisten gemeinsame Elemente besitzt. Die Elemente der Kollokationsmenge, die nicht in der Wortsynonymmenge vorkommen, sind potenzielle Aufnahmekandidaten. Dazu testet man die sogenannte semantische Homogenität dieser Elemente, die anhand nicht näher spezifizierter semantischer Eigenschaften gemessen wird. Falls eine ausreichend hohe Homogenität gegeben ist, werden die betrachteten Elemente der Wortsynonymmenge hinzugefügt. Ansonsten bildet man die Schnittmengen mit anderen Kollokationsmengen, die der verglichenen Wortsynonymmenge ebenfalls semantisch am nächsten sind, bis eine hinreichend hohe semantische Homogenität gegeben ist.

Ein weiteres auf Kollokationen basierendes Verfahren wurde von Edmonds entwickelt [Edm97]. Bei diesem Verfahren wird ein lexikalisches Kollokationsnetz aufgebaut, wobei ein Kante genau dann zwischen zwei Wörtern existiert, wenn beide Wörter häufig zusammen in Sätzen eines gegebenen Textkorpus auftreten. Der Signifikanzwert dafür, dass beide Wörter tatsächlich wortsynonym sind, ist definiert als:

$$sig(w_1, w_2) = \frac{1}{d^3} \sum_{q_i \in^S Q(w_1, w_2)} \frac{t(q_{i-1}, q_i)}{i} \tag{4.1}$$

wobei:

- $Q(w_1, w_2)$: die kürzeste Verbindung $q = (q_1, \ldots, q_d)$ im Kollokationsnetz von w_1 nach w_2 mit $q_1 = w_1$ und $q_d = w_2$
- d: die Länge der kürzesten Verbindung
- $t(q_{i-1}, q_i)$: Wert für den statistischen t-Test, der aussagt, dass die Kollokationen von q_{i-1} und q_i unabhängig voneinander sind oder nicht (siehe Church et al. [CGH+94])
- $\in^S$ ($a \in^S Q$): Relation, die erfüllt ist, wenn das Element a in der Sequenz Q auftritt

Der Signifikanzwert erreicht hohe Werte, wenn der Pfad zwischen beiden Wörtern recht kurz ist und der t-Wert der Pfadkomponente, der den Grad der Kollokation abschätzt, einen hohen Wert annimmt. Edmonds beschreibt ein Anwendungsszenario im Bereich der natürlichsprachlichen Generierung. Angenommen mehrere semantisch ähnliche Wörter kommen in Frage, um eine Textlücke auszufüllen. In diesem Fall sollte dasjenige Wort ausgewählt werden,

Ähnlichkeitsmaß	Definition
Matching-Koeffizient	$|X \cap Y|$
Dice-Koeffizient	$\frac{2|X \cap Y|}{|X|+|Y|}$
Jaccard-Tanimoto-Koeffizient	$\frac{|X \cap Y|}{|X \cup Y|}$
Überlappungs-Koeffizient	$\frac{|X \cap Y|}{min\{|X|,|Y|\}}$
Kosinus	$\frac{|X \cap Y|}{\sqrt{|X||Y|}}$

Tabelle 4.1.: Ähnlichkeitswerte für Binärvektoren aus Manning/Schütze [MS99]

Ähnlichkeitsmaß	Definition
Kosinus	$\cos(\mathbf{x}, \mathbf{y}) = \frac{\mathbf{x} \cdot \mathbf{y}}{|\mathbf{x}||\mathbf{y}|}$
P-Norm	$\|\mathbf{a}\|_p = (|a_1|^p + \ldots + |a_n|^p)^{1/p}$
KL-Divergenz	$D(\mathbf{x}\|\mathbf{y}) = \sum_{i=1}^{n} x_i \log_2 \frac{x_i}{y_i}$
α-skew	$D(\mathbf{x}\|(\alpha\mathbf{y} + (1-\alpha)\mathbf{x}))$
Informationsradius	$D(\mathbf{x}\|\frac{\mathbf{x}+\mathbf{y}}{2}) + D(\mathbf{y}\|\frac{\mathbf{x}+\mathbf{y}}{2})$
Präzision	$sim_p(w_2, w_1) = \frac{\sum_{c \in F(w_1) \cap F(w_2)} I(c,w_2)}{\sum_{c \in F(w_2)} I(c,w_2)}$
Recall	$sim_r(w_2, w_1) = \frac{\sum_{c \in F(w_1) \cap F(w_2)} I(c,w_1)}{\sum_{c \in F(w_1)} I(c,w_1)}$
Harmonisches Mittel	$sim_{hm}(w_2, w_1) = \frac{2 sim_p(w_2,w_1) sim_r(w_2,w_1)}{sim_p(w_2,w_1) + sim_r(w_2,w_1)}$

Tabelle 4.2.: Ähnlichkeitsmaß für kontinuierliche Werte, $\mathbf{x} = P(c|w_1)$, $\mathbf{y} = P(c|w_2)$, $F(w) = \{c|I(c,w) > h\}$, wobei h ein gegebener positiver Grenzwert ist.

das am besten in den textuellen Kontext des Satzes passt. Das heißt, für einen Satz S sollte genau das Wort w_b ausgewählt werden, für das gilt:

$$w_b = \underset{w'}{\operatorname{argmax}} \sum_{w \in S} sig(w', w) \tag{4.2}$$

wobei $\underset{w'}{\operatorname{argmax}}(e)$ denjenigen Wert für w' bezeichnet, der den anschließend angegebenen Ausdruck e maximiert. Zu beachten ist, dass die bisher vorgestellten Ansätze zur Schätzung der semantischen Ähnlichkeit alle nicht trainiert waren. Ein überwachtes Lernverfahren stammt von Nobuyuki Shimizu et al. [SHO+08]. Die Kontextvektoren $C(w_1)$ und $C(w_2)$ werden aus dem textuellen

Kontext der Wörter w_1 und w_2 bestimmt. Das Ähnlichkeitsmaß ist gegeben durch die Mahalanobis-Distanz: $d_A(w_1, w_2) = (C(w_1) - C(w_2))^\top \mathbf{A}(C(w_1) - C(w_2))$, wobei $\mathbf{A}$ eine Matrix ist. Die Komponenten der Matrix $\mathbf{A}$ werden durch ein Optimierungsproblem bestimmt, bei dem die Matrix $\mathbf{A}$ soweit wie möglich der Einheitsmatrix angenähert wird unter den weichen Nebenbedingungen, dass der Wert von d_A für Wortsynonyme einen bestimmten Grenzwert unter- und für Nichtwortsynonyme einen bestimmten Grenzwert überschreitet. Zur Matrixähnlichkeit wird dabei die von Davis [DD06] vorgeschlagene LogDet-Divergenz verwendet. Im Falle, dass die Matrix $\mathbf{A}$ der Einheitsmatrix entspricht, ist $d_A(w_1, w_2)$ identisch zur quadrierten euklidischen Distanz.

Neben den eben beschriebenen vektoriellen Maßen kann die semantische Ähnlichkeit auch graphbasiert bestimmt werden, indem auf eine vorhandene Ontologie zurückgegriffen wird. Dazu betrachtet man den Pfad, mit dem die beiden zu vergleichenden Begriffe in der Ontologie verbunden sind, wobei gewöhnlich Hyponym- und Hyperonymkanten berücksichtigt und durch Synonymkanten verbundene Begriffe durch Äquivalenzklassen zusammengefasst werden. Die einfachste Möglichkeit, die semantische Ähnlichkeit damit zu bestimmen besteht darin, die Anzahl der Hyponym- und Hyperonymkanten im Pfad zu zählen. Man betrachte das folgende Beispiel (Wegen der besseren Einheitlichkeit werden die Begriffe in MultiNet-Schreibweise angegeben):

$$\text{SUB}(\textit{auto.1.1}, \textit{fahrzeug.1.1}), \text{SUB}(\textit{fahrzeug.1.1}, \textit{gegenstand.1.1}) \qquad (4.3)$$

In diesem Fall ist die Distanz zwischen $\textit{auto.1.1}$ und $\textit{gegenstand.1.1}$ zwei, während die Distanz zwischen $\textit{auto.1.1}$ und $\textit{fahrzeug.1.1}$ eins ist, d. h., $\textit{auto.1.1}$ und $\textit{fahrzeug.1.1}$ sind sich semantisch näher als $\textit{auto.1.1}$ und $\textit{gegenstand.1.1}$. Begriffe, die sich nach einem solchen Ähnlichkeitsmaß sehr nahe sind, sind häufig Synonyme oder Fastsynonyme.

Das Maß von Hirst und St-Onge berücksichtigt bei der Pfadlänge noch die Anzahl der Richtungswechsel einer Hyponymkante im Pfad. Es ist definiert durch [HSO95]:

$$\underset{\textit{hso}}{sim}(c_1, c_2) := \begin{cases} C - pl(c_1, c_2) - kd, & \text{wenn ein Pfad von } c_1 \text{ nach } c_2 \\ & \text{existiert} \\ 0, & \text{sonst} \end{cases} \qquad (4.4)$$

wobei

- $pl(c_1, c_2)$: die Länge des Pfades von c_1 nach c_2

- d: die Zahl der Richtungswechsel
- k, C: Zwei Konstanten

Das Maß von Leacock-Chodorov [LC98] setzt die Pfadlänge dagegen in Bezug zur Gesamttiefe D der Taxonomie:

$$\operatorname*{sim}_{lc}(c_1, c_2) = -\log_2 \frac{pl(c_1, c_2)}{2D} \tag{4.5}$$

Ein weiteres Maß stammt von Wu und Palmer [WP94]. Es verwendet den sogenannten "least common subsumer" (LCS) (den am wenigsten allgemeinen gemeinsamen Subsumer) beider Begriffe. Der LCS ist der Begriff, der Hyperonym zu beiden Vergleichsbegriffen ist und es keinen Begriff gibt, der Hyponym des LCS ist und ebenfalls Hyperonym zu beiden Vergleichsbegriffen ist.

Definiert ist das Maß von Wu und Palmer durch:

$$\operatorname*{sim}_{wp}(c_1, c_2) = \frac{2\,dist(LCS, ROOT)}{dist(LCS, c_1) + dist(LCS, c_2) + 2\,dist(LCS, ROOT)} \tag{4.6}$$

wobei

- $dist(c_1, c_2)$: die Länge des Pfades von c_1 nach c_2
- $ROOT$: der Wurzelknoten der Ontologie

Am ähnlichsten sind die beiden Begriffe nach diesem Ähnlichkeitsmaß (d. h. hoher Wert dieses Maßes), wenn sie sich möglichst nah am LCS befinden und der Letztere weit von der Wurzel entfernt ist.

Beim Maß von Resnik [Res95] ist die semantische Ähnlichkeit bestimmt durch den Information Content des LCS von beiden Begriffen:

$$\operatorname*{sim}_{re}(c_1, c_2) = IC(LCS(c_1, c_2)) \tag{4.7}$$

In diesem Fall bedeutet ein kleiner Wert eine geschätzte hohe Ähnlichkeit. Der Information Content ist bestimmt durch

$$IC(c) = -\frac{\log_2 |U_c|}{\log_2 |U_{ROOT}|} \tag{4.8}$$

wobei U_x die Menge ist, die x sowie alle Hyponyme von x enthält.

Ebenfalls LCS und Information Content wird beim Maß von Lin [Lin98] verwendet. Allerdings in etwas anderer Weise:

$$\operatorname*{sim}_{lin}(c_1, c_2) = \frac{2IC(LCS(c_1, c_2))}{IC(c_1) + IC(c_2)} \tag{4.9}$$

Maß	M&C	R&G
Hirst und St-Onge	0,744	0,786
Jiang und Conrath	0,850	0,819
Leacock und Chodorow	0,816	0,838
Lin	0,829	0,819
Resnik	0,774	0,779

Tabelle 4.3.: Korrelationen der Ähnlichkeitsmaße mit einer menschlichen Beurteilung (M&C: Datensatz von Miller und Charles [MC91], R&G: Datensatz von Rubenstein und Goodenough [RG65]

Dieses Maß ist ganz ähnlich dem von Jiang-Conrath [JC97], bei dem Zähler und Nenner aus der Formel von Lin voneinander subtrahiert werden:

$$\underset{jco}{sim}(c_1, c_2) = 2IC(LCS(c_1, c_2)) - (IC(c_1) + IC(c_2)) \qquad (4.10)$$

Die Ähnlichkeitsmaße wurden durch Budanitsky und Hirst [BH01] mit durch Testpersonen annotierten Daten verglichen, indem die Korrelationen der Maße mit den Annotationen berechnet wurden. Dabei wurden die von Rubenstein und Goodenough (R&G) [RG65] sowie von Miller und Charles (M&C) [MC91] erzeugten annotierten Datensätze verwendet. Die Ergebnisse dieser Vergleiche sind in Tabelle 4.3 angegeben.

Auch regelbasierte Verfahren kommen zur Synonymextraktion zum Einsatz. So extrahiert Yu aus einem Textkorpus Synonyme anhand von Schlüsselausdrücken [Yu01]. Die folgenden Regeln wurden dazu definiert:

- SYNO($a1, a2$) ← $a1$ ... synonym (Synonym) ... $a2$
- SYNO($a1, a2$) ← $a1$ ... called (genannt) ... $a2$
- SYNO($a1, a2$) ← $a1$ ... known as (bekannt als) ... $a2$

wobei $a1$ und $a2$ die nächsten Nominalphrasen sind, die diese Schlüsselausdrücke umgeben.

4.2. Extraktion von Wortsubordinationen

Automatische Methoden zur Extraktion von Wortsubordinationen (Worthyponymie + Wortinstanzrelationen) basieren gewöhnlich auf Textmining in großen

Textkorpora oder auf Textmining in Wörterbüchern, wobei entweder die syntagmatischen oder paradigmatischen Relationen zwischen Wörtern betrachtet oder Dokumente geclustert werden. Syntagmatische Relationen sind Beziehungen zwischen Wörtern desselben Satzes. Paradigmatische Relationen sind Beziehungen zwischen Wörtern, die in einem Satz gegeneinander ausgetauscht werden können (beispielsweise *der wohlhabende/reiche/arme/nette Mann*). Diese drei Möglichkeiten der Wortsubordinationsextraktion sollen im Folgenden genauer untersucht werden.

4.2.1. Extraktion von Wortsubordinationen durch Betrachtung syntagmatischer Relationen

Das Verfahren von Hearst extrahiert Wortsubordinationshypothesen[1] zwischen Wörtern durch Betrachtung syntagmatischer Relationen [Hea92]. Es wendet die folgenden Muster an, um Wortsubordinationen zwischen Substantiven in englischen Texten zu extrahieren:

1. such NP_0 as $\{NP_{2,\ldots,n}\}^*$ (or|and) NP_1
   (solche NP_0 wie $\{NP_{2,\ldots,n}\}^*$ (oder|und) NP_1)
   $\Rightarrow hyponym(NP_i, NP_0)\ i \in \{1, \ldots, n\}$
   Beispiel: *works by such authors as Herrick, Goldsmith and Shakespeare.*
   (Arbeiten von solchen Autoren wie Herrick, Goldsmith und Shakespeare.)

2. $NP_1\{, NP_{2,\ldots,n}\}^*$ or other NP_0
   ($NP_1\{, NP_{2,\ldots,n}\}^*$ oder andere NP_0)
   $\Rightarrow hyponym(NP_i, NP_0)\ i \in \{1, \ldots, n\}$
   Beispiel: *Bruises, wounds, broken bones or other injuries (Wunden, gebrochene Knochen oder andere Verletzungen)*

3. $NP_1\{, NP_{2,\ldots,n}\}^*$ and other NP_0
   ($NP_1\{, NP_{2,\ldots,n}\}^*$ und andere NP_0)
   $\Rightarrow hyponym(NP_i, NP_0)\ i \in \{1, \ldots, n\}$
   Beispiel: *... temples, treasuries, and other important civic buildings.*
   (Tempel, Schatzkammern und andere wichtige staatliche Gebäude)

4. NP_0, including $\{NP_{2,\ldots,n}\}^*$ and/or NP_1
   (NP_0, einschließlich $\{NP_{2,\ldots,n}\}^*$ und/oder NP_1)

---

[1]Genau genommen extrahiert das Verfahren von Hearst Wortpaare, die Hypothesen für Wortsubordinationsrelationen sind. Der Einfachheit halber wird hier und auch im Rest der Arbeit die etwas verkürzte Ausdrucksweise: *"Extraktion von Hypothesen"* verwendet.

$\Rightarrow hyponym(NP_i, NP_0) \; i \in \{1, \ldots, n\}$

Beispiel: *All common-law countries, including Canada and England ...*
(Alle Common-Law-Staaten einschließlich Kanada und England ....)

5. NP_0, especially $\{NP_{2,\ldots,n}\}^*$ and/or NP_1
   (NP_0, insbesondere $\{NP_{2,\ldots,n}\}^*$ and/or NP_1)
   $\Rightarrow hyponym(NP_i, NP_0) \; i \in \{1, \ldots, n\}$

   Beispiel: *most European countries, especially France, England and Spain*
   ... (die meisten europäischen Länder, insbesondere Frankreich, England
   und Spanien ...)

Hearst-Muster werden auch zur Extraktion von Instanzrelationen eingesetzt
(siehe Beispiel zu Muster 1).

Die Zahl der mithilfe der Hearst-Muster extrahierten Relationen hängt dabei
naturgemäß von der Größe des Textkorpus ab, d. h., auf einem kleinen Textkorpus werden voraussichtlich auch nur eine kleine Zahl von Hyponymen zu finden
sein. Zudem kann das Vokabular eines Textkorpus stark auf eine bestimmte
Domäne eingeschränkt sein, d. h., bestimmte Arten von Wortsubordinationen
können dort unter Umständen gar nicht gefunden werden. Beispielsweise wird
man bei einem juristischen Textkorpus wohl kaum viele Worthyponyme von
Tieren extrahieren können. Cimiano et al. [CPSTS05] haben dieses Verfahren
daher dahin gehend erweitert, dass sie das gesamte von einer Suchmaschine
indizierte Internet als Textkorpus verwenden und Suchanfragen generieren, indem sie bestimmte Terme (Nominalphrasen) t_1 und t_2 in der Worthyponym-
und Worthyperonymposition des Musters einsetzen. Die Wahrscheinlichkeit,
dass eine Worthyponymrelation zwischen zwei Termen t_1 und t_2 besteht, wird
geschätzt durch die relative Häufigkeit der Suchresultate dividiert durch die
Anzahl der Treffer für t_1. Die Evaluation dieses Verfahrens ergab einen F-Wert
von 0,1758, eine Präzision von 0,1612 und einen Recall von 0,1934.

Zusätzlich haben Cimiano et al. Worthyponyme aus Ausdrücken extrahiert,
die aus mehreren Worten bestehen und mit einem Adjektiv beginnen. Ein solcher Ausdruck ist gewöhnlich ein Worthyponym des Ausdrucks ohne Berücksichtigung des Adjektivs. Beispiel: *international conference (internationale)*
(Konferenz) ist ein Hyponym von *conference (Konferenz)*.

Es existieren verschiedene Verfahren, Extraktionsregeln wie die Hearst-Muster automatisch durch Textmining zu lernen. Ein solches oberflächenbasiertes
Verfahren wurde beispielsweise von Morin und Jaquemin entwickelt [MJ04].
Dazu untersuchen sie Textsequenzen von bekannten Worthyperonymen und
Worthyponymen. Alle diese Sequenzen werden in sogenannte *lexiko-syntakti-*

sche Ausdrücke konvertiert, wobei alle NPs und Listen von NPs durch spezielle Symbole ersetzt werden, z. B. *NP find in NP such as LIST (NP findet in NP solche wie LIST)*. Ein Ähnlichkeitsmaß zwischen zwei lexiko-syntaktischen Ausdrücken ist definiert als die maximale Länge der gemeinsamen Teilzeichenketten für das maximale Textfenster vor, zwischen und nach dem Worthyponym/Worthyperonym-Paar. Alle Sätze werden geclustert gemäß diesem Ähnlichkeitsmaß. Das repräsentative Muster (genannt das *Kandidatenmuster*) ist definiert als das Muster mit dem geringsten quadratischen Fehler (Abweichung) zu den Ähnlichkeitswerten aller anderen Mitglieder des Clusters. Die Muster, die für die Worthyponymextraktion verwendet werden, sind genau die Kandidatenmuster der Ähnlichkeitscluster. Die Evaluation ergab eine Präzision von 0,82, einen Recall von 0,56 und einen F-Wert von 0,66. Wie der Recall berechnet wurde, geht aus dem Artikel nicht hervor und bleibt unklar.

Snow, Jurafsky und Ng [SJN05] haben ein auf Dependenzbäumen[2] operierendes Verfahren zur Musterextraktion entwickelt. Sie betrachten dazu ebenfalls Sätze mit bekannten Worthyponym- und Worthyperonympaaren. Diese Sätze werden dazu durch einen Dependenzparser analysiert. Anschließend wird der Pfad im Dependenzbaum extrahiert, der beide Nomen miteinander verbindet. Um bestimmte Schlüsselwörter wie *solche* (siehe Hearst-Muster) zu berücksichtigen, fügt das Verfahren zusätzlich noch die Verbindungen zu den Wörtern vor und nach dem Worthyponym und Worthyperonym zu dem Pfad hinzu. Häufig auftauchende Pfade werden dann als Muster für die Worthyponymextraktion verwendet.

Ein Problem, das bei der Verwendung von Mustern auftreten kann, besteht darin, dass die durch diese Muster extrahierten Relationen oft entweder eine hohe Präzision oder einen hohen Recall besitzen, aber nicht beides gleichzeitig. Daher konzentrieren sich die meisten Anwendungen auf Muster mit einer hohen Präzision (bezüglich der extrahierten Relationen), um Fehler möglichst zu vermeiden. Dahingegen verwendet das Verfahren ESPRESSO von Pantel und Pannachiotti auch Muster mit geringer Präzision, sogenannte generische Muster [PP06]. Zu beachten ist, dass ESPRESSO geeignet ist, beliebige Arten von semantischen Relationen zwischen Objekten zu extrahieren und nicht bloß Worthyponyme oder Wortinstanzrelationen. Um die geringere Zuverlässigkeit generischer Muster zu kompensieren, wird ein Termpaar $t_i := (t_{i_1}, t_{i_2})$, das durch ein bestimmtes Muster extrahiert wurde, nur als eine bestimmte seman-

---

[2]Die Kanten eines Dependenzbaumes stellen die grammatischen Abhängigkeiten zwischen den Wörtern eines Satzes dar [uCE01].

tische Relation klassifiziert, wenn der Konfidenzwert, der mit diesem Wortpaar assoziiert ist, einen bestimmten Grenzwert überschreitet. Der Konfidenzwert für ein Termpaar t_i ist folgendermaßen definiert:

$$S(i) = \sum_{p \in P_R} S_p(i) \cdot \frac{r(p)}{T} \tag{4.11}$$

wobei:

- P_R: Muster, das als zuverlässig erkannt wurde
- $S_p(i)$: punktweise gegenseitige Information zwischen einem Muster p und einem Termpaar $t_i = (t_{i_1}, t_{i_2})$
- $r(p)$: Zuverlässigkeit eines Musters p
- T: Die Summe der Konfidenzwerte aller zuverlässigen Muster

Die punktweise gegenseitige Information ist definiert als:

$$S_p(i) = pmi(i, p) = \log_2 \frac{|*, *, *| \cdot |t_{i_1}, p, t_{i_2}|}{|t_{i_1}, *, t_{i_2}| \cdot |*, p, *|} \tag{4.12}$$

wobei $|t_{i_1}, p, t_{i_2}|$ die Anzahl der Matches eines Musters p in einem Textkorpus angibt und die Lücken des Musters durch t_{i_1} und t_{i_2} instanziiert werden "*" ist der Wildcard-Operator, der durch jeden beliebigen Ausdruck ersetzt werden kann. Der Faktor $|*, *, *|$ fehlt in der zitierten Version, sollte aber aufgrund der Definition der punktweisen gegenseitigen Information auftauchen.

Die Zuverlässigkeit eines Musters wird bestimmt durch Analysieren der punktweisen gegenseitigen Information zwischen der Anwendbarkeit dieses Musters und den Vorkommen von Wortpaaren, die sich in der betrachteten semantischen Relation aufeinander beziehen. Eine hohe gegenseitige Information drückt eine starke Assoziation zwischen Muster und Wortpaar aus.

Ein anderes Verfahren, das zur Extraktion beliebiger Arten semantischer Relationen zwischen Objekten geeignet ist, stammt von Gliozzo [Gli06]. Im Unterschied zu ESPRESSO basiert dieser Ansatz auf der Tatsache, dass in vielen Fällen die semantische Relation (beispielsweise Worthyponymie oder Wortmeronymie) zwischen dem Subjekt und dem Objekt eines Satzes durch das Verb ausgedrückt wird.

Beispiele:

1. *Der Hammer **ist** ein Werkzeug. Hammer* ist ein Worthyponym von *Werkzeug.*

2. *Das Buch **enthält** zahlreiche Seiten. Seite* ist ein Wortmeronym von *Buch.*

Gliozzo nimmt dabei an, dass eine durch das Verb v vorgegebene Relation zwischen einem Subjekt w_1 und einem Objekt w_2 wahrscheinlich vorliegt, wenn alle drei Ausdrücke (Subjekt, Objekt und Verb) eine Kollokation bilden. Daher ist der Konfidenzwert gegeben durch:

$$score(w_1, v, w_2) = \frac{\frac{F(w_1,v,w_2)}{\min\{F(w_1,*,*),F(*,*,w_2)\}}}{\frac{F(w_1,v,*)}{F(w_1,*,*)} + \frac{F(*,v,w_2)}{F(*,*,w_2)}} \tag{4.13}$$

wobei $F(w_1, v, w_2)$ die Anzahl der Vorkommen des Tripels $(w1, v, w_2)$ im Textkorpus angibt, w_1 das Subjekt ist, v das Verb und w_2 das Objekt (der Ausdruck $*$ kann durch jeden beliebigen Term ersetzt werden). Diese Tripel werden extrahiert durch einen Matcher für reguläre Ausdrücke auf der Ausgabe eines flachen Parsers. Für dieses Verfahren war keinerlei Evaluation angegeben. Wie bei den meisten hier vorgestellten Verfahren werden Subordinationshypothesen zwischen Wörtern (d. h. Wortsubordinationshypothesen) und nicht zwischen Begriffen extrahiert, was zu zahlreichen Problemen führen kann, falls diese in Sprachverarbeitungssystem eingesetzt werden (siehe dazu auch Abschnitt 4.7).

Auch Kernel-Funktionen werden häufig zur Extraktion semantischer Relationen eingesetzt. Eine Kernel-Funktion ist dabei ein Ähnlichkeitsmaß, das genutzt werden kann um Vektoren, Zeichenketten, Sequenzen, Bäume oder Graphen miteinander zu vergleichen. Zum Einsatz kommen die Kernel-Funktionen in maschinellen Lernverfahren wie beispielsweise Support-Vektor-Maschinen oder Nearest-Neighbor-Verfahren. Der klassische Ansatz zur Klassifikation bei diesen maschinellen Lernverfahren besteht darin, dass zuerst für beide zu vergleichenden Elemente verschiedene Merkmale berechnet und zu Merkmalsvektoren zusammengefasst wurden. Um nun zwei Merkmalsvektoren zu vergleichen, wird das Skalarprodukt zwischen diesen gebildet (sogenanntes Kosinusmaß). Dieses Skalarprodukt wird heutzutage häufig durch eine Kernelfunktion ersetzt, die eine Verallgemeinerung des Skalarproduktes ist, d. h., das Skalarprodukt ist eine spezielle Kernelfunktion. Bedingung für eine Kernelfunktion ist, dass die Matrix der Kernelwerte $(k_{ij})_{i=1,...,n;j=1,...,n}$ symmetrisch und positiv semi-definit ist. Charakteristisch bei Kernelfunktionen ist die Tatsache, dass auf eine explizite Bestimmung von Merkmalen häufig verzichtet wird und die betrachteten Datensätze direkt verglichen werden. Dies ist besonders sinnvoll bei strukturierten Objekten wie Bäumen, Graphen oder Sequenzen, weil deren Ähnlichkeit durch Merkmalsvergleich nur sehr ungenau geschätzt werden kann.

Annahme: Der in einem bestimmten Satz vorkommende Relationskandidat $R_1 = R(a1, a2)$ soll mit dem Relationskandidaten $R_2 = R(a1', a2')$ aus einem zweiten Satz verglichen werden. Folgende Kernelfunktionen kommen häufig zur Relationsextraktion zum Einsatz:

- Argument-Kernel: Die Argumente $a1$ mit $a1'$ sowie $a2$ und $a2'$ werden auf Übereinstimmung bezüglich der Oberflächenrepräsentation, des lexikalischen Kopfes und des Typs getestet [ZG05]. Bei dem Typ handelt es sich um eine semantische Klassifizierung, die jedem Named-Entity zugeordnet wird. Die folgenden Typen sind definiert: *Person, Organisation, Einrichtung, Geografisch-Politische Einheit, Lokation, Waffe* und *Fahrzeug*.

- Bigramm/Trigramm-Kernel: Bi- und Trigramme, die in der Oberflächenrepräsentation zwischen $a1$ und $a2$ sowie $a1'$ und $a2'$ auftreten, werden verglichen [ZG05].

- Link-Sequenz: Der Dependenzpfad von Argument $a1$ bis $a2$ wird mit dem Dependenzpfad von $a1'$ nach $a2'$ verglichen, d. h., das i-te Token des ersten Pfades wird mit dem i-ten Token des zweiten Pfades verglichen. Getestet wird dabei auf Übereinstimmung der Oberflächenrepräsentationen, der lexikalischen Köpfe sowie der Typen [BM05, ZG05, RKP09].

- Bezeichner der Dependenzpfade: Die Anzahl aller übereinstimmenden Bezeichnungen der Dependenzpfade von $a1$ nach $a2$ und von $a1'$ nach $a2'$ [ZG05] wird bestimmt.

- Lokale Dependenz: Die Übereinstimmung in den direkt mit den Argumenten $a1$ und $a2$ (bzw. $a1'$ und $a2'$) verbundenen Dependenzrelationen wird ermittelt. Diese kann auch bestimmt werden, wenn keine Verbindung zwischen den Argumenten hergestellt werden konnte.

- Teilbaum-Vergleich: Vergleiche die minimalen Teilbäume, die beide Argumente enthalten [CS04, RKP09].

Außer aus freiem Text werden Worthyponyme auch häufig aus Wörterbüchern extrahiert. Wörterbücher können entweder ein- oder mehrsprachig sein. Ein mehrsprachiges Wörterbuch enthält Übersetzungen für jedes Wort in eine andere Sprache, während ein einsprachiges Wörterbuch die Bedeutung eines Wortes in einer kurzen Textpassage erläutert. Charakteristisch an einer solchen Beschreibung ist, dass in dieser häufig eine Hyponymrelation ausgedrückt wird, was vom Verfahren von Claramunt [Cla98] ausgenutzt wird. Ein Beispiel einer solchen Definition (von Miller [Fel98, Seite 24]) ist: **bird**: *warm-blooded egg-laying **animal** having feathers and forelimbs modified as wings*

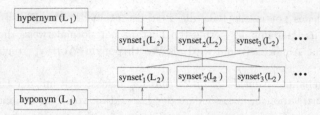

Abbildung 4.1.: Worthyponymextraktion unter Verwendung eines bilin-
gualen Wörterbuches. Worthyponym und Worthype-
ronym einer Sprache L_1 werden beide zu Synsets in
Sprache L_2 übersetzt.

(Deutsche Übersetzung: *Vogel: warmblütiges, Eier legendes Tier, das Federn
und zu Flügeln mutierte Vordergliedmaßen besitzt.*)

Claramunt identifiziert zuerst den sogenannten *Genusterm*, das der definierenden Nominalphrase zugrunde liegende Nomen, das meist auch das erste
Wort überhaupt nach dem definierten Wort (Eintragsterm) in der Definition
ist. Claramunt verwendet eine spezielle Grammatik, um den Genusterm zu bestimmen. Eine Word-Sense-Disambiguation wird angewandt, um die richtige
Lesart des Genusterms zu ermitteln. In obigem Beispiel ist das zu definierende Wort *bird (Vogel)* und der Genusterm *animal (Tier)*. Die *Differentia*,
die das definierte Wort von anderen Wörtern mit demselben Genusterm unterscheiden, sind in diesem Fall *warm-blooded egg-laying, having feathers and
forelimbs modified as wings (warmblütiges, Eier legendes, das Federn und zu
Flügeln mutierte Vordergliedmaßen besitzt).*

Zu beachten ist, dass ein Genusterm unter Umständen auch ein Wortsynonym des Worthyponymkandidaten sein kann, was zu Zyklen in der Taxonomie
führen kann. Beispiel: Die Definition des Wortes *Notebook* könnte das Wort
Laptop enhalten und umgekehrt. Daher werden die Zyklen identifiziert und
die entsprechenden Wörter als Synonyme betrachtet.

Nachdem die Taxonomien für die ausgewählten Sprachen (bei Claramunt:
Englisch und Spanisch) voll konstruiert wurden, verwendet Rigau ein bilingua-
les Lexikon um Informationen zu komplettieren, die in einer Sprache vorhanden
sind, aber in der anderen fehlen. Dafür werden alle Synsets der Sprache L_2 identifiziert, welche Übersetzungen des Worthyperonyms bzw. des Worthyponyms
sind (siehe Abbildung 4.1). Anschließend muss das korrekte Paar von Synsets
gefunden werden, bei dem eine Worthyponymrelation besteht. Dazu ermittelt

man für jedes potenzielle Paar die Pfaddistanz in der WordNet-Taxonomie [Fel98]. Das Paar mit der geringsten Distanz hat normalerweise die höchste semantische Ähnlichkeit und wird als Worthyponym/Worthyperonym identifiziert.

Die sogenannte *Named-Entity-Recognition* befasst sich mit der Extraktion von Instanzrelationen, insbesondere der Extraktion von Personennamen, Datumsangaben, Zeitangaben, Organisationsnamen, Substanzen oder geografischen Lokationen. Dieses kann entweder durchgeführt werden, um bestehende lexikalische Ressourcen zu erweitern (offline) oder um diese Informationen unmittelbar in einer natürlichsprachlichen Anwendung zu verwenden (online). Das erste Anwendungsszenario gehört zu dem Bereich der Wissensakquisition.

Drei grundlegende Probleme müssen bei der Named-Entity-Recognition gelöst werden:

- Erkennen, welche Token zu welchen Named-Entities gehören,

- Start- und Endtoken eines Named-Entities zu identifizieren,

- ein Named-Entity einer bestimmten Klasse (in MultiNet: semantische Sorte) zuzuweisen (z. B. *Person, Zeit, Lokation*).

Die Named-Entitiy-Recognition erfolgt normalerweise durch Verwendung generativer Sequenz-Modelle wie Markov-Ketten [Mar13] oder diskriminativer Modelle wie Maximum-Entropy-Modelle [MFP00] und Conditional-Random-Fields [LMP01]. Diese Modelle haben gemeinsam, dass sie den Text als Graphen (Tokenliste im einfachsten Fall) repräsentieren. Ein wichtiger Vorteil von Conditional-Random-Fields besteht darin, dass entfernte Abhängigkeiten zwischen Entitäten berücksichtigt werden können, beispielsweise, die Tatsache, dass ein Named-Entity, wenn es mehrfach im Text vorkommt, jedes Mal derselben Klasse zugeordnet sein sollte [SM07].

4.2.2. Extraktion von Wortsubordinationen durch Betrachtung paradigmatischer Relationen

Neben den beschriebenen syntagmatischen Verfahren sind auch paradigmatische Verfahren bei der Wortsubordinationsextraktion von Bedeutung, wie beispielsweise das Verfahren von Cimiano et al. [CPSTS05]. Dieses Verfahren untersucht den textuellen Kontext von potenziellen Worthypo- und Worthyperonymen und geht davon aus, dass Wörter, die im textuellen Kontext

eines Worthyponyms vorkommen können, auch bei dem zugehörigen Worthyperonym auftauchen können, nicht aber notwendigerweise umgekehrt.

Die Wahrscheinlichkeit, dass zwischen zwei Ausdrücken eine Worthyponymrelation besteht, kann daher geschätzt werden durch:

$$hyponym(t_1, t_2) = \frac{|features(t_1) \cap features(t_2)|}{|features(t_1)|} \qquad (4.14)$$

wobei t_1 und t_2 die beiden zu vergleichenden Terme sind und $features(t_1)$
und $features(t_2)$ die entsprechenden Merkmalsvektoren. Die von Cimiano et
al. verwendeten Merkmale sind Vorkommen von

- modifizierenden Adjektiven, z. B. *a nice city (eine schöne Stadt)* ⇒
  nice ∈ *features(city)* (*schön* ∈ *features(stadt)*)
- Modifizierer von Präpositionalphrasen, z. B. *a city near the river (eine
  nahe am Fluss gelegene Stadt)*
  ⇒ *near_river* ∈ *features(city)* (*nahe_fluss* ∈ *features(stadt)*)
- Possessiv-Modifizierer, z. B. *the city's center/(das Zentrum der Stadt)*
  ⇒ *has_center* ∈ *features(city)* (*hat_zentrum* ∈ *features(stadt)*)
- Nominalphrasen in Subjekt oder Objektposition eines Verbs, z. B. *the city
  offers an exciting nightlife (die Stadt bietet ein aufregendes Nachtleben)*
  ⇒ *offer_subj* ∈ *features(city)* (*bieten_subj* ∈ *features(stadt)*)

Die Evaluation dieses Verfahrens ergab einen F-Wert von 0,0178, eine Präzision
von 0,092 und einen Recall von 0,2783.

Die Merkmale *modifizierende Adjektiven* und *Modifizierer von Präpositionalphrasen* sind weniger für die Validierung von Instanzrelationen geeignet, da Namen eher selten durch Adjektive (z. B. "das *heutige Deutschland*") oder durch
Präpositionalphrasen modifiziert werden. Die Merkmale *Possessiv-Modifizierer*
und *Nominalphrasen in Subjekt- oder Objektposition eines Verbs* sind dagegen zur Validierung von Instanzrelationen durchaus geeignet. So sind entsprechende Ausdrücke mit Namensangaben wie "*das Zentrum von Frankfurt*"
(Possessiv-Modifizierer) oder "*Frankfurt bietet eine Vielzahl von Sehenswürdig-
keiten.*" (Namen als Verbargument) durchaus üblich.

4.2.3. Extraktion von Wortsubordinationen durch Dokumentclustering

Eine weitere Art der Wortsubordinationsextraktion beruht auf dem Clustern
von Dokumenten [KRTS05]. Bei dem Verfahren von Kshyap et al. werden alle

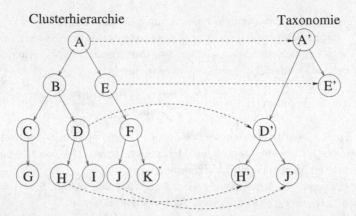

Abbildung 4.2.: Aufbau einer Taxonomie mithilfe von Textmining. Einige der Cluster werden für Taxonomieknoten ausgewählt.

Dokumente durch eine Matrix **M** repräsentiert, wobei das Matrixelement M_{ik} die relative Häufigkeit angibt, mit der ein Term t_k in Dokument d_i vorkommt. Die Dimension dieser Matrix wird mithilfe einer Singulärwertzerlegung reduziert, ähnlich wie bei LSA (Latent Semantics Analysis) [LFL98]. (Zusätzlich wurde auch eine Methode ohne LSA getestet, die aber zu schlechteren Ergebnissen geführt hat.) Alle Dokumente werden hierarchisch in Clustern gemäß ihrer LSA-transformierten Frequenzvektoren angeordnet. Anschließend werden bestimmte Cluster ausgewählt, die dann die Taxonomieknoten bilden, wobei sich die Subordinationsrelationen aus der Clusterhierarchie ergeben. Die zugehörige lexikalisierte Bezeichnung eines Taxonomieknotens ergibt sich dabei aus den Häufigkeitsvektoren der Dokumente im zugehörigen Cluster. Genauer gesagt wird derjenige Term ausgewählt, für den der LSA-transformierte Anfragevektor die geringste Distanz vom Zentroid des Clusters besitzt.

Ein alternatives Verfahren zum Dokumentclustern, das auf Fuzzy-Theorie und formaler Begriffsanalyse beruht, wurde von Thanh Tho Quan et al. entwickelt [QHFC04].

Eine Fuzzy-Menge $\varphi(G)$ über einer Menge G ist eine Menge, bei der jedem Element g ein bestimmter Grad der Zugehörigkeit[3] $\mu(g)$ zugeordnet ist, nor-

---

[3]Genau genommen existiert für jede Fuzzy-Menge eine gesonderte Zugehörigkeitsfunktion μ_φ. Dieser Index wird aber zur besseren Lesbarkeit bei der Funktion μ nicht explizit mitangegeben.

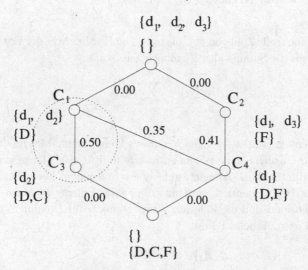

Abbildung 4.3.: Beispiel einer Begriffshierarchie aus Quan et al[QHFC04]. Ein Begriffsknoten besteht aus einer Dokument- und einer Begriffsmenge. Kanten zwischen Begriffen signalisieren Begriffs-Subsumption und sind bezeichnet mit den Ähnlichkeitswerten der zugehörigen Begriffe.

	D	C	F
d_1	0,8	0,12	0,61
d_2	0,9	0,85	0,13
d_3	0,1	0,14	0,87

Tabelle 4.4.: Beispiel-Term-Dokument-Matrix für die formale Fuzzy-Begriffsanalyse für die Dokumentenmenge $G = \{d_1, d_2, d_3\}$ und Termmenge $M = \{D, C, F\}$.

malerweise eine reelle Zahl von null bis eins. Die Kardinalität der Fuzzy-Menge ist definiert als die Summe aller Zugehörigkeitsgrade:

$$|\varphi(G)| = \sum_{g \in G} \mu(g) \tag{4.15}$$

In einem ersten Schritt erzeugen Quan et al. eine Fuzzy-Menge $I = \varphi(G \times M)$, wobei G eine Dokumentmenge und M eine Menge von Termen bezeichnet, die für die Dokumente relevant sein können. Diese Fuzzy-Menge kann als Matrix repräsentiert werden, wobei jeder Eintrag I_{ij} einen Wert von null bis eins besitzt und die Relevanz eines Terms t_j für Dokument d_i angibt. Ein Beispiel ist in Tabelle 4.4 mit

$$\begin{aligned} G &= \{d_1, d_2, d_3\} und \\ M &= \{C(lustering), D(ataMining), F(uzzy)\} \end{aligned} \tag{4.16}$$

angegeben. Der Relevanzwert I_{ij} wird durch den Quotienten der Anzahl der Dokumente, die ein Dokument d_i zitieren und in denen t_j vorkommt durch die Anzahl aller Dokumente, die d_i zitieren, geschätzt. Zugehörigkeitsgrade, die einen bestimmten Grenzwert unterschreiten, werden ignoriert und aus der Fuzzy-Menge entfernt.

Im nächsten Schritt wird jedem Dokument ein Zugehörigkeitsgrad zugeordnet, der durch das Minimum der Begriffszugehörigkeitsgrade für dieses Dokument gegeben ist, d. h., für Dokument d_i ist dieser Wert das Minimum aller Elemente der i-ten Zeile der Matrix I, die nicht den Grenzwert h unterschreiten.

Ein Begriff ist definiert als ein Paar $(\varphi(G'), M')$ von einer Fuzzy-Dokumentmenge $\varphi(G')$ und Termen M' mit $G' \subseteq G$, $M' \subseteq M$, wobei G' die Menge aller

Dokumente ist, in denen alle Terme aus M' vorkommen (d. h. mit einem Zugehörigkeitsgrad über dem Grenzwert h). Ein Begriff wird für jede potenzielle
Termmenge erzeugt, für die dessen Dokumentenmenge nicht leer ist. Zusätzlich enthält diese Menge immer das Paar $(G, \{\})$. Man betrachte beispielsweise
die Fuzzymenge, die in Tabelle 4.4 angegeben ist. Falls der Grenzwert h auf
0,5 festgelegt wurde, wird im Beispiel kein Begriff für die Termmenge {C,F}
angelegt, da kein Dokument existiert, bei dem sowohl für C als auch für F der
Zugehörigkeitsgrad von 0,5 nicht unterschritten wird.

Eine hierarchische Ordnung wird auf der Begriffsmenge in der Art definiert,
dass ein Begriff C_1 als kleiner als ein Begriff C_2 angesehen wird, wenn die zu
C_2 zugehörige Termmenge die von C_1 subsumiert. Die Begriffsordnung wird in
Abbildung 4.3 illustriert. Ein Ähnlichkeitsmaß ist definiert auf zwei Begriffen
durch den Jaccard-Tanomoto-Koeffizienten (siehe Abschnitt 4.2.2): $\frac{|X \cap Y|}{|X \cup Y|}$.
Zu beachten ist, dass X und Y Fuzzy-Mengen sind, d. h., alle Mengenoperatio-
nen sind gemäß der Fuzzymengentheorie anzuwenden. Beispiel für die Begriffe
C_2 und C_4 (Definition von $C2$ und $C4$ gemäß Abbildung 4.3):

$$sim(C_2, C_4) = \frac{|\varphi(\{d_1\})|}{|\varphi(\{d_1, d_3\})|} = \frac{0,61}{0,61 + 0,87} = 0,41 \qquad (4.17)$$

Alle Begriffe, die eine hohe Ähnlichkeit zueinander haben (d. h. einen Ähnlichkeitswert oberhalb eines bestimmten Grenzwertes), werden miteinander zu
einem einzigen komplexen Begriff vereinigt. Die resultierende Hierarchie repräsentiert die Begriffs-Taxonomie. Zurzeit erfolgt noch keine automatische
Zuordnung zu einem Lexikonknoten, was aber für die Zukunft geplant ist.

4.2.4. Logische Validierung

Eine Möglichkeit, Fehler in extrahierten Relationshypothesen (u. a. Hyponym
und Meronym) zu lokalisieren, besteht in der Verwendung einer logikbasierten
Validierung. Für MultiNet-Ontologien existierte bisher kein logisches Validierungsverfahren. Allerdings gibt es solche durchaus für andere Formalismen wie
beispielsweise OWL [Gro09]. Die Ontologievalidierung beschäftigt sich entweder mit der Qualität der Ontologie als Ganzes (sogenannte Metriken) [TAS07]
oder damit, Inkonsistenzen aufzudecken, was hier in dieser Arbeit genau untersucht werden soll.

Arpinar [AGAM06] hat eine logische Validierungsmethode entwickelt, um
Inkonsistenzen in Ontologien durch in RuleML geschriebene Regeln [BTW01]

zu lokalisieren. Es werden auch einige domänenspezifische Validierungsregeln angegeben, allerdings keine, die allgemein zu verwenden wären. Corcho et al. [CGpGSf04] konzentrieren sich auf Zyklenerkennung, Partitionsfehler und Redundanzerkennung. Dazu verwendeten sie allerdings keinen automatischen Theorembeweiser, was den Ansatz sehr limitiert macht. Die Verwendung beliebiger Validierungsregeln ist damit nicht möglich. Schlobach und Cornet [SC03] untersuchten, wie ein Theorembeweiser angepasst werden kann, um logische Widersprüche zu lokalisieren. Ji et al. [JHQ+09] betrachten Netze von Ontologien anstatt einer einzelnen Ontologie. Schließlich beschreiben Parsia et al. [PSK05, KPSH05] ein grafisches Benutzerinterface, um Widersprüche geeignet anzuzeigen.

In der vorliegenden Arbeit sollen im Unterschied zu den oben vorgestellten Verfahren allgemeine Regeln zur Validierung entwickelt werden und diese mit statistischen Methoden kombiniert werden. Außerdem konzentrieren sich die obigen Verfahren auf Description-Logic, während der MultiNet-Formalismus die ganze Ausdruckskraft von Prädikatenlogik erster Stufe nutzt und sogar noch durch die Verwendung von Fuzzy-Quantoren darüber hinaus geht.

4.3. Extraktion von Meronymen und Wortmeronymen

Meronyme werden, ähnlich wie Hyponyme, häufig mithilfe von Mustern extrahiert. Von Girju, Badulescu und Moldovan [GBM06] vorgeschlagene Muster sind in Tabelle 4.5 angegeben. Konstituenten, die mithilfe dieser Muster aus Texten extrahiert werden können, stehen häufig aber nicht immer in einer Meronymrelation zueinander. Dabei existieren große Unterschiede in der Akkuratheit der extrahierten Meronymhypothesen abhängig von dem verwendeten Muster. Beispielsweise ist das Muster "NP_{mero} is part of NP_{holo} (NP_{mero} ist Teil von NP_{holo})" recht zuverlässig. Anders sieht es dagegen mit dem Muster "NP_1 of NP_2" ("NP_1 von / der /des NP_2") aus. Dieses Muster ist auf den Satz "The owner of the car is missing. (Der Besitzer des Autos wird vermisst.)" anwendbar, obwohl keine Meronymrelation zwischen dem Besitzer und seinem Auto existiert.

Daher ist eine nachträgliche Validierung der gefundenen Meronymkandidaten unerlässlich, wofür Girju, Badulescu und Moldovan die WordNet-Taxonomie [Fel98] hinzuziehen. Eine Taxonomie kann für die Entscheidung, ob zwei

Nr.	Muster	Beispiel	
1	NP_{mero} is part of NP_{holo}	The **engine** is part of the **car**.	Der **Motor** ist Teil eines **Autos**.
2	NP_{mero}'s NP_{holo}	**girl**'s **mouth**	**Mädchens Mund**
3	NP_{mero} of NP_{holo}	**eyes** of the **baby**, **doors** of **cars**	**Augen** des **Babys** **Türen** des **Autos**
4	NP_{holo} verb:have NP_{mero}	The **table** has four **legs**.	Der **Tisch** hat vier **Beine**.
5	NP_{holo} P NP_{mero}	A **bird** without **wings** cannot fly.	Ein **Vogel** ohne **Flügel** kann nicht fliegen.
6	NP_{mero} P NP_{holo}	A **room** in the **house**.	Ein **Raum** in dem **Haus**
7	$NP(N_{holo}N_{mero})$ **door knob**	**Türknauf**	
8	$NP(N_{mero}N_{holo})$ **turkey pie**	**Truthahnauflauf**	

Tabelle 4.5.: Von Girju, Badulescu und Moldovan vorgeschlagene Muster zur Extraktion von Meronymen; (Indizes: 1=Meronym, 2=Holonym). 7+8 sind Kompositaregeln.

extrahierte Begriffe tatsächlich in einer Meronymrelation stehen, sehr nützlich sein. Angenommen, es ist aufgrund der Taxonomie bekannt, dass die zwei betrachteten Begriffe Hyponyme von *Mensch* sind, kann ein Vorhandensein einer Meronymrelation zurückgewiesen werden. Wenn beide Begriffe dagegen Artefakte sind, dann ist eine Meronymrelation durchaus möglich.

Betrachten wir das Vorgehen von Girju, Badulescu und Moldovan etwas genauer. Gegeben sei ein Begriffspaar (c_1, c_2), dass mithilfe eines Musters extrahiert wurde. Ein solches Beispiel wird entweder als *ja* klassifiziert, wenn tatsächlich eine Meronymrelation vorliegt oder als *nein*, falls dies nicht der Fall ist. Ein einzelnes Beispiel besteht daher aus einem Tupel $(s_1, s_2, ja/nein)$. Zu Beginn sind s_1 und s_2 die allgemeinsten Begriffe in der Taxonomie, die jeweils c_1 und c_2 subsumieren. Diese Beispiele werden verwendet, um einen Entscheidungsbaum zu trainieren. Alle Beispiele, für die keine eindeutige Entscheidung *ja* oder *nein* möglich ist, werden gesammelt. In diesen Beispielen werden die Hyperonyme (oder alternativ Hyponyme) schrittweise weiter spezialisiert, d. h., ein Beispiel $(s_1, s_2, ja/nein)$ wird ersetzt durch $(s'_1, s_2, ja/nein)$ wobei s'_1 der allgemeinste Begriff ist, der von s_1 subsumiert wird. Dazu muss natürlich die Zuordnung von s_1 zu dem entsprechenden Begriff c_1 repräsentiert sein. Der Entscheidungsbaum wird mit den neuen Daten neu erstellt. Dieser Prozess wird so lange iteriert, bis alle Beispiele korrekt klassifiziert werden oder eine weitere Spezialisierung nicht mehr möglich ist. Zu beachten ist, dass dieses Verfahren nicht auf Wörter, sondern auf Begriffen (Lesarten) angewandt wird, wobei eine Lesarten-Disambiguierung (Word-Sense-Disambiguation) eingesetzt wird, um von allen Wörtern die korrekten Lesarten zu bestimmen. Die Evaluation dieses Verfahrens ergab einen Recall von 0,84 und eine Präzision von 0,79. Dieses Verfahren könnte prinzipiell auch verwendet werden, um beliebige semantische Relation zu validieren oder auch um zwischen verschiedenen semantischen Relationen die korrekte zu finden.

Ebenfalls musterbasiert ist das Verfahren von Berland und Charniak [BC99]. Die Validierung der extrahierten Hypothesen erfolgt hier aufgrund einiger statistischer Merkmale, die zum einen das für die Extraktion verwendete Muster als auch die bedingte Wahrscheinlichkeit, dass eine Wortholonymhypothese abhängig von einer gegebenen Wortmeronymhypothese auftaucht. Das Verfahren ist im Gegensatz zu der Methode von Girju, Badulescu und Moldovan nicht überwacht, d. h., es wird keine Annotation von Daten benötigt.

Ein weiteres Taxonomie-basiertes Verfahren zur Validierung von semantischen Relationen stammt von Costello [Cos07]. Im Gegensatz zu Girju, Badulescu und Moldovan beschränkt sich dieses Verfahren auf aus zwei aufeinanderfolgenden Wörtern bestehende englische Komposita und versucht die semantische Relation zwischen den beiden Wörtern zu bestimmen. Zudem differenziert es nicht nach Wortarten, sondern betrachtet Wörter. Außerdem wird bei diesem Verfahren keine ja/nein-Entscheidung getroffen, sondern die korrekte semantische Relation (einschließlich Wortmeronymie) ausgewählt, die zwischen den beiden Wörtern des Kompositums besteht. In der Trainingsphase werden eine große Anzahl von Wortpaaren, die innerhalb eines Kompositums vorkommen, mit ihrer semantischen Relation annotiert. Anschließend werden für jedes annotierte Wortpaar auch Elemente des kartesischen Produktes aller Worthyperonyme und Wortsynonyme des Wortpaares mit der entsprechenden Relation annotiert. Um nun ein neues Wortpaar zu klassifizieren, werden ebenfalls alle Elemente des kartesischen Produktes betrachtet. Die am häufigsten für ein solches Element annotierte Relation wird ausgewählt. Die Evaluation ergab einen F-Wert von 0,717 bis 0,750 für die Teil-Ganzes-Relation und 0,594 bis 0,738 für Content-Container. Getestet wurde auf dem SemEval-2007-Trainingskorpus.

Ein weiteres Validierungskriterium für ein Wortmeronym ist die physikalische Größe eines Objektes. So ist ein Meronym immer kleiner als das zugehörige Holonym. Das Verfahren von Aramaki et al. [AIMO07] bestimmt die Größe eines Objektes durch Suchmaschinenanfragen mit mehreren Mustern. Wenn das durch die Wortmeronymhypothese repräsentierte Objekt gemäß der Größenbestimmung kleiner bzw. größer als das durch die Wortholonymhypothese repräsentierte Objekt ist, wird zur Kennzeichnung ein bestimmtes Merkmal gesetzt. Eines der größten Probleme, mit denen Aramaki et al. konfrontiert waren, besteht darin, dass die Größe von Objekten mit demselben Oberbegriff stark variieren kann. So kann z. B. das Wort *Auto* auch ein Modellauto bezeichnen, was eine deutlich geringere Größe besitzt als ein reales Auto. Die Wortmeronymiehypothesen wurden dabei mit ähnlichen Mustern extrahiert wie bei Girju, Badulescu und Moldovan (siehe oben). Wenn ein Wortmeronym mit einem bestimmten Muster extrahiert wurde, wird dafür ein entsprechendes Mustermerkmal auf eins gesetzt, auf null andernfalls. Alle Merkmale werden mithilfe einer Support-Vektor-Maschine kombiniert. Eine Support-Vektor-Maschine ist ein überwachtes Lernverfahren, bei dem die Merkmalsvektoren durch eine Hyperebene getrennt werden, sodass alle Merkmalsvektoren, die auf der gleichen Seite liegen, gleich klassifiziert werden. Der Abstand der Ebene zu den am nächsten liegenden Merkmalsvektoren (den sogenannten Support-Vektoren) wird dabei maximiert [Vap98]. Die Evaluation ergab für das Verfahren von Aramaki bei der Teil-Ganzes-Relation einen F-Wert von 0,55, eine Präzision von 0,45 und einen Recall von 0,70. Für Content-Container ergab sich ein F-Wert von 0,49, eine Präzision von 0,63 und einen Recall von 0,40. Getestet wurde ebenfalls auf dem SemEval-2007-Testkorpus.

4.4. Lernen von ontologischen Sorten und semantischen Merkmalen

Im semantischen Lexikon HaGenLex sind für jedes Lexem ontologische Sorten und semantische Merkmale angegeben (siehe Kapitel 3). Diese alle von Hand zu spezifizieren, ist mit einem enormen Aufwand verbunden. Socher, Biemann und Osswald [SBO07] beschreiben eine Methode, um ontologische Sorten und semantische Merkmale für Objekte (nominale Begriffe) mithilfe von Textmining zu lernen. Im ersten Schritt werden dazu komplexe semantische Sorten erzeugt, die aus einer ontologischen Sorte und einer Menge von semantischen Merkmalen bestehen. Die Hierarchie dieser semantischen Sorten ergibt sich dabei aus der Hierarchie der zugeordneten ontologischen Sorten.

Das von Socher, Biemann und Osswald entwickelte Verfahren leitet nun die semantische Sorte eines Begriffes durch Betrachtung der assoziierten modifizierenden Eigenschaft ab, falls diese existiert. Zusätzlich versuchen sie die Sorte, falls der Begriff ein Verbargument ist, aus den Sorten der anderen Argumenten und dem Verbbegriff zu lernen. Dieses Vorgehen basiert auf der Annahme, dass eine bestimmte Eigenschaft oder ein bestimmter Valenzrahmen häufig im Zusammenhang mit nominalen Begriffen auftreten, die ähnliche ontologische Sorten oder Merkmale besitzen. Man betrachte beispielsweise die Eigenschaft *charmant.1.1.* Für den davon modifizierten Begriff sollte normalerweise das semantische Merkmal HUMAN auf wahr gesetzt sein.

Das Verfahren bestimmt nun für jeden nominalen Begriff die ontologische Sorte sowie die semantischen Merkmale, die mit der höchsten Wahrscheinlichkeit bei einem bestimmten Verbbegriff oder einer Eigenschaft (Adjektivlesart) auftauchen, was durch eine Frequenzanalyse geschätzt wird. Mithilfe dieser Information wird nun die speziellste semantische Sorte bestimmt, die bezüglich ihrer ontologischen Sorten und semantischen Merkmale mit dieser Information kompatibel ist. Die darin enthaltenen Sorten/Merkmale werden dann dem Lexikoneintrag des Begriffs zugeordnet. Durch die Verwendung der (komplexen) semantischen Sorten wird verhindert, dass Inkonsistenzen entstehen, beispielsweise ist *human-object* ein Eintrag mit Sorte *diskretes Objekt / d* und HUMAN: +.

Die Evaluation ergab eine Präzision von 0,98 und einen Recall bezogen auf die vorhandenen Lexikoneinträge von 0,147 von (aufgrund der im Korpus vorkommenden Begriffe) maximal Möglichen 0,36, da für nicht im Korpus vorkommende Lexikoneinträge keine ontologischen Sorten und semantischen Merkmale bestimmt werden können.

4.5. Lernen von Entailments und Bedeutungspostulaten

Dieser Abschnitt beschreibt das Lernen von Textual-Entailments. Eine besondere Form des Textual-Entailments ist die Paraphrase, die einem Textual-Entailment in beiden Richtungen entspricht, d. h., beide betrachteten Texte lassen sich auseinander folgern und sind daher äquivalent. Eine Paraphrase ist daher eine Umschreibung eines Textes mit anderen Worten.

Es existieren verschiedene Verfahren, um solche Paraphrasen automatisch

aus Texten zu lernen. Alle diese Methoden bestimmen als Resultat des Lern-
prozesses sogenannte Templates. Ein solches Template besteht aus mehreren
Slots, die durch variable Ausdrücke gefüllt werden können. Beispiel: x *ist der*
Autor von y ↔ x *hat* y *geschrieben.*
Die Templates sind gewöhnlich durch Oberflächendarstellungen [RH02, BL03],
Prädikatargumentstrukturen [LP01] oder Teilbäume [SSG03] repräsentiert.

Das Verfahren von Ravichandran und Hovy geht von einer Liste von ober-
flächenorientierten Ausdrücken (sogenannten Ankern) aus. Diese Anker wurden einer Kollektion von Frage-Antwort-Paaren entnommen und sind dadurch
charakterisiert, dass sie in einer bestimmten Relation zueinanderstehen.
Beispiel: Ein Frage-Antwort-Paar bestehe aus dem Satz: "Wer erfand den Computer?" und der Antwort "Zuse". Zwischen *Computer* und *Zuse* besteht die
Relation *erfinden*, da Zuse den Computer erfunden hatte. Sätze, in denen die
beide Ausdrücke *Zuse* und *Computer* vorkommen, enthalten daher vermutlich
dieselbe Information, d. h., sie sind häufig Paraphrasen voneinander.

Das Verfahren geht nun so vor, dass Sätze, die beide Ausdrücke enthalten,
mithilfe einer Suchmaschine extrahiert werden. Anschließend werden häufig
vorkommende Zeichenketten in diesen Sätzen identifiziert. Templates werden
nun dadurch erzeugt, dass die in diesen Zeichenketten vorkommenden Anker (im Beispiel *Zuse* und *Computer*) durch Slotvariablen ersetzt werden. Die
Templates können nun wiederum auf einen Textkorpus angewandt werden, um
neue Anker zu finden (Bootstrapping). Mithilfe dieser Anker können dann wieder zusätzliche Templates gefunden werden, sodass dieser Prozess im Prinzip
beliebig lang iteriert werden kann.

Ein Nachteil dieser Bootstrapping-Methode besteht darin, dass nur Templates desselben Typs gefunden werden können (beispielsweise Templates für
Geburtstage). Daher müssen, um eine gute Abdeckung zu erreichen, Paare
vieler verschiedener Arten angegeben werden. Aus diesem Grund wurde das
Verfahren durch Szpektor und Tanev dahin gehend erweitert, dass die Anker
automatisch bestimmt werden (TE/ASE-System, [STDC04]).

Die Eingabe dieses Verfahrens besteht lediglich aus einer Wortliste, die sogenannte Pivot-Elemente enthält. Mithilfe dieser Pivot-Elemente sollen die Anker aus einem gegebenen Textkorpus extrahiert werden. Die Pivot-Elemente
werden dadurch charakterisiert, dass ihnen bestimmte Valenzinformationen
zugeordnet sind (im Falle von Verben das Subjekt sowie weitere Argumente).
Wenn Pivot-Element und Argumente häufig zusammen vorkommen, dann werden diese Argumente als Anker verwendet. Das weitere Vorgehen entspricht in

etwa dem von Ravichandran und Hovy, wobei hier allerdings die Templates auf Dependenzbäumen gelernt werden, und zwar wird der minimale aufspannende Baum erzeugt, der die Anker enthält. Die Evaluation dieses Verfahrens ergab eine Präzision von 0,44 und eine Ausbeute (Zahl der Templates per eingesetztem Pivotelement) von 5.5.

Szpektor und Dagan erhöhten den Recall des TE/ASE-Systems um 6 % (relativ 10 %) durch das Vorverarbeiten der Sätze. Der Vorverarbeitungsschritt besteht darin, Passivsätze in Aktivsätze umzuwandeln sowie Abkürzungen durch ihre ausgeschriebene Form zu ersetzen und Appositionen und Konjunktionen zu vereinfachen [SD07].

Bei den bisher betrachteten Verfahren werden mehrere Nominalphrasen konstant gehalten und die Verbindungen auf Oberflächen- oder Dependenzbaumebene zwischen diesen untersucht. Darüber hinaus existieren auch Verfahren, Paraphrasen zu entdecken, bei denen beide Nominalphrasen variiert werden, wovon im Folgenden einige vorgestellt werden.

Häufig werden in Paraphrasen die Oberflächenausdrücke nur leicht abgewandelt (beispielsweise *ist der Erfinder vom, ist der Erfinder des*). Daher identifiziert Sekine häufig vorkommende Schlüsselwörter in Zeichenketten zwischen zwei Named-Entities (beispielsweise das Wort *Erfinder* für die Phrase "*Erfinder vom*"). Diese Schlüsselwörter entsprechen dem wichtigsten Teil, d. h. semantisch relevanten Teil dieser Ausdrücke. Diese Zeichenketten (Phrasen) mit Platzhaltern für die Named-Entities (beispielsweise *A ist der Erfinder vom B*) werden nun geclustert nach diesen Schlüsselwörtern. Nun ist es aber so, dass auch Phrasen aus unterschiedlichen Clustern dieselbe Bedeutung ausdrücken können. Sekine versucht daher verschiedene Cluster miteinander in Verbindung zu bringen, indem er untersucht, welche Named-Entities mit welchen Phrasen verwendet werden, d. h., ein Named-Entity-Paar, das besonders häufig mit Phrasen aus zwei verschiedenen Clustern auftritt, deutet darauf hin, dass diese beiden Cluster in Bezug auf die repräsentierte Bedeutung der Elemente äquivalent sind. Wenn beispielsweise *Zuse* und Computer sowohl häufig mit Phrasen aus dem Cluster mit dem Schlüsselwort *erfinden* und mit Phrasen aus dem Cluster mit Schlüsselwort *Erfinder* auftreten, ist das ein Hinweis dafür, dass Phrasen aus diesen Clustern die identische Bedeutung ausdrücken könnten. Die Präzision der so bestimmten Cluster bewegte sich zwischen 0,73 und 0,99. Die Präzision der Links, mit denen verschiedene Cluster mit identischer Bedeutung verbunden wurden, variierte von 0,73 bis 0,86.

Bei dem Verfahren von Lin und Pantel wird angenommen, dass zwei Dependenzpfade eine ähnliche Bedeutung ausdrücken, wenn sie in etwa die gleichen Nomen verbinden [LP01]. Dazu werden jedem Pfad zwei Vektoren zugeordnet, die die Anzahl der Vorkommen von Nomen angeben, mit denen diese bei diesem Pfad in einem gegebenen Textkorpus vorkommen. Zur Berechnung der Ähnlichkeit zweier Pfade wird eine Distanzfunktion auf Vektorpaaren definiert. Dabei werden normalerweise selten auftretende Nomen stärker gewichtet als häufig vorkommende Nomen. Die 40 ähnlichsten Pfade wurden evaluiert. Für diese ergab sich eine Präzision zwischen 0,35 (Pfad: *ask x for y / (fragt x nach y)*) und 0,925 (Pfad: *x manufactures y / (x stellt y her)*) für dieses Verfahren.

Die bisher beschriebenen Methoden ermitteln Paraphrasen auf Ausdrücken, die normalerweise keine ganzen Sätze sind. Paraphrasen von Sätzen werden dagegen durch das Verfahren von Barzilay und Lee bestimmt [BL03]. Dazu wurden Sätze aus unterschiedlichen Zeitungskorpora betrachtet. Die Sätze werden zuerst nach identischen Wortsequenzen geclustert (n-gram-Overlap). Anschließend wird für jedes Cluster mittels MSA (Multiple-Sentence-Alignment) ein Muster erzeugt. Dieses Muster enthält mehrere Slot-Variablen, die den stark variierten Ausdrücken in diesem Cluster entsprechen. Im letzten Schritt werden diesem Muster andere Muster zugeordnet, für die die Slot-Variablen ähnlich belegt und die zugehörigen Artikel zu einem ähnlichen Zeitpunkt veröffentlicht wurden. Die Evaluation wurde von zwei Annotatoren durchgeführt und ergab eine Präzision von 0,814 und 0,78.

Auch bilinguale Korpora werden für Paraphrasenerkennung ausgenutzt [BM01]. Das Verfahren von Barzilay und McKeown basiert auf der Tatsache, dass zwei unabhängige Übersetzer Übersetzungen mit identischem Inhalt, aber unterschiedlichen Wörtern, erzeugen, d. h., solche Übersetzungen sollten eine Vielzahl von Paraphrasen enthalten. Barzilay und McKeown richten zuerst die Sätze durch Identifikation von Satzpaaren mit identischen Wörtern aneinander aus. Anschließend werden aus diesen Satzpaaren Textfragmente extrahiert, wodurch ebenfalls gemeinsam verwendete Wörter herangezogen werden. Diese Fragmente werden nun als Paraphrasen betrachtet. Insgesamt wurden 9483 Paare von Paraphrasen extrahiert mit einer Präzision von 0,916, wenn den Annotatoren der Kontext des Paraphrasenpaares mit angegeben wurde, sonst 0,86.

Zhao, Zhou und Liu konzentrieren sich auf eine spezielle Art von Paraphrasen, und zwar Paraphrasen von Fragen [ZZL07]. Dazu analysierten sie die Logdateien der Online-Enzyklopädie Encarta[4], die das Stellen der Fragen in natürlicher Sprache erlaubt. Im ersten Schritt werden Fragen gemäß ihren sogenannten Fragetypen geclustert. Der Fragetyp gibt einen Hinweis auf die Klasse der Antwort. Verwendete Fragetypen sind u. a. *Tier, Farbe, Erklärung, Definition, Land, Berg.* Anschließend werden die Elemente eines solches Clusters anhand der vorkommenden Wörter noch mal in Untercluster eingeteilt. Jede Frage wird mit jeder anderen Frage desselben Unterclusters verglichen. Mithilfe des PAUM-Algorithmus (Perceptron algorithm with uneven margins) [LZHST02] wird nun gelernt, ob es sich bei zwei Fragen desselben Unterclusters um Paraphrasen handelt oder nicht. Die dafür zum Einsatz kommenden Merkmale sind:

- Kosinus-Ähnlichkeitsmaß zwischen Inhaltswörtern
- Named-Entity-Überlappungs-Merkmal (NEF): Überlappungsrate zwischen Named-Entities, berechnet durch eine Variante des Überlappungs-Koeffizienten (siehe Tabelle 4.1).
- Benutzerklick-Präferenz: Vergleiche Mausklicks. Dieses Merkmal basiert auf der Annahme, dass Fragen ähnlich sind, wenn sie zu ähnlichem Mausklickverhalten bezüglich der aufgerufenen Internetseiten führen, d. h. beispielsweise, wenn ein Benutzer nach *USA* sucht, der andere nach *Amerika* werden vermutlich beide dieselbe Lexikonseite anklicken.
- WordNet-Synonym-Merkmal: Überlappungsrate zwischen Synonymen.

Die Evaluation ergab für dieses Verfahren eine Präzision von 0,7760 und einen Recall von 0,7177.

Die obigen Verfahren beschränken sich alle auf Paraphrasen. Eine Methode, die tatsächlich auch gerichtete Entailments lernt, stammt von Zanzotto und Moschitti [ZM06]. Als Trainingsbeispiele kommen Textual-Entailment-Paare aus der *Pascal Textual Entailment Challenge* [GMDD07] zur Anwendung. Dieses Verfahren basiert auf Lernen durch Analogie und betrachtet immer Paare von Textual-Entailment-Paaren. Ein einzelnes Textual-Entailmentpaar besteht aus einer Hypothese und einem Basistext. Für einen Teil der Paare ist bereits annotiert, ob eine Textual-Entailment-Relation vorliegt, d. h., ob die Hypothese aus dem Basistext gefolgert werden kann oder nicht, bei den übrigen Textpaaren soll diese Entscheidung automatisch getroffen werden. Die Methode basiert auf den folgenden zwei Schritten:

- Im ersten Schritt werden sogenannte Anker ermittelt, und zwar diejeni-

---

[4]URL: http://de.encarta.msn.com/

gen Wörter aus Basistext und Hypothese, die miteinander in Verbindung gebracht werden können, d. h. entweder identisch sind oder aber eine ähnliche Bedeutung besitzen. Die Anker werden durch Platzhaltervariablen ersetzt.

- Im zweiten Schritt wird für ein gegebenes Textual-Entailment-Paar t_1 das annotierte Textual-Entailment-Paar t_2 ermittelt, das t_1 am ähnlichsten ist. Dazu werden alle möglichen Ankerzuordnungen beider Textual-Entailment-Paare probiert und mithilfe einer Baum-Kernelfunktion die Ähnlichkeit der beiden resultierenden Strukturen bestimmt.

Ob es sich nun bei t_1 wirklich um ein Textual-Entailment-Paar handelt, kann durch die vorhandene Annotation von t_2 geschätzt werden. Die Evaluation dieses Verfahrens ergab eine Akkuratheit von 0,6250.

Außer aus freiem Text können Textual-Entailment-Relationen auch aus Lexikon-Glossen extrahiert werden. Solche Glossen enthalten verbale Beschreibungen für Lexikoneinträge, beispielsweise: *Boxen: Jemanden mit der Faust schlagen.*
Das Verfahren von Glöckner, Hartrumpf und Osswald [GHO05] parst dazu die Erklärung eines Wortes in GermaNet mit dem tiefen syntaktisch-semantischen Parser WOCADI und legt die resultierende semantische Repräsentation der Erklärung zusammen mit dem definierten Begriff in der Wissensbasis als logisch äquivalente Formeln ab, d. h., es besteht ein logisches Entailment in beide Richtungen.

Zusammenfassend betrachtet, basieren bis auf eine Ausnahme [GHO05] alle existierenden Verfahren auf einer Oberflächenrepräsentation oder einer syntaktischen Baumstruktur, was verschiedene Nachteile im Vergleich zu einer tiefen semantischen Repräsentation besitzt. So existieren sehr viele verschiedene Oberflächenrepräsentationen (oder Konstituentenbäume), um denselben Sachverhalt auszudrücken, was zu einer enormen Menge von Mustern führt. Bei einer tiefen semantischen Repräsentation werden viele verschiedene Oberflächenstrukturen (Konstituentenbäume) in dieselbe semantische Repräsentation überführt, was die Anzahl der gelernten Entailment-Templates beträchtlich verringern kann.

4.6. Weitere Arten der Wissensakquisition

In diesem Abschnitt werden Verfahren zur Extraktion sonstigen Wissens beschrieben, auf die allerdings nur kurz eingegangen wird, da sie für diese Arbeit nur eine untergeordnete Rolle besitzen.

Antonyme: Antonyme sind in vielen Bereichen der automatischen Sprachverarbeitung von Bedeutung. Es soll hier ein Beispiel in Zusammenhang mit Textual-Entailment betrachtet werden, da Textual-Entailments in zahlreichen Anwendungen für automatische Sprachverarbeitung wie Information-Retrieval- oder Frage-Antwort-Systemen eine Rolle spielen. Man betrachte beispielsweise das folgende Textual-Entailment-Problem:

Basistext: *Das Auto von Dr. Peters ist langsam.*

Hypothesentext: *Das Auto von Dr. Peters ist schnell.*

Wenn nun bekannt ist, dass *schnell* ein Antonym von *langsam* ist, kann erkannt werden, dass die Hypothese aus dem Basistext nicht inferierbar ist. Antonyme sind daher häufig ein Indikator dafür, dass ein Entailment nicht vorliegt.

Lucero, Pinto und Jiménez-Salazar erkennen Antonyme durch Kombination der folgenden drei Verfahren:

- Antonyme werden durch bestimmte Textmuster identifiziert, welche unten angegeben sind [5]
    - $anto_1$ * aber/sondern * $anto_2$
    - $anto_1$ * aber/sondern eher * $anto_2$
    - von * $anto_1$ zu * $anto_2$
    - $anto_1$ und * $anto_2$
    - $anto_1$ oder * $anto_2$

  wobei "*" eine beliebige Folge von Wörtern bezeichnet. Beispielsweise kann mithilfe des Musters "*$anto_1$* sondern *$anto_2$*" das Antonympaar *gut / schlecht* aus dem folgenden Satz extrahiert werden: *Das Lied war nicht gut, sondern schlecht.*

- Distanz zwischen beiden Antonymen: Antonyme treten in einem Satz meist nahe zueinander auf.

- Synonymcheck: Überprüfe, ob es sich nicht um Synonyme handelt. Dazu wird das Verfahren von Edmonds (siehe Abschnitt 4.1) eingesetzt.

Der Gesamtkonfidenzwert für eine vorhandene Antonymierelation ergibt sich aus der Summe der drei Einzelwerte, die wie oben beschrieben ermittelt wurden.

---

[5] Die Textmuster sind aus dem Spanischen ins Deutsche übersetzt.

Sonstiges Allgemeinwissen: Allgemeinwissen kann noch deutlich mehr enthalten als nur Mengen von den oben angegebenen semantischen Relationen,
wie beispielsweise Folgerungsbeziehungen oder typische Eigenschaften von Objekten (*Gras ist normalerweise grün*).

Eine Methode, beliebiges Allgemeinwissen mithilfe von Textmining zu lernen, wurde von Suh und anderen vorgeschlagen [SHK06]. Dieses Verfahren
extrahiert alle Fakten, die in generischen Sätzen vorkommen, beispielsweise
Bienen produzieren Honig. Dabei nutzt das Verfahren aus, dass in solchen
Sätzen meistens Allgemeinwissen angegeben ist. Ob ein Satz generisches Wissen enthält, wird mithilfe mehrerer Heuristiken bestimmt (beispielsweise feh-
lende Artikel oder keine Orts- oder Zeitangaben). Die Evaluation dieser Methode ergab eine Präzision von 0,657, ein Wert für den Recall war nicht angegeben.

4.7. Nachteile bisheriger Verfahren und Vorteile tiefer Verfahren

Im Folgenden sollen die Nachteile der bisher beschriebenen und überwiegend
flachen Verfahren untersucht und die Vorteile einer tiefen semantischen Verarbeitung betrachtet werden.

Die im Stand der Forschung beschriebenen Wissensakquisitionsverfahren
sind bis auf die ontologiebasierten Ähnlichkeitsmaße, die aber in der Evaluation nur einen sehr geringen F-Wert erreichten (siehe Abschnitt 7.3), alle
oberflächen- oder syntaxbasiert, verwenden keine tiefe semantische Repräsentation und kein Hintergrundwissen. Im Folgenden soll durch einige Beispiele
gezeigt werden, inwiefern Hintergrundwissen die Extraktion von semantischen
Relationen verbessern kann.

Man betrachte die Extraktionsregel:

$$\text{MERO}(x, y) \leftarrow x \text{ ist ein Mitglied von } y$$

Diese Extraktionsregel sagt aus, dass, wenn ein Satz die Aussage enthält, dass
x ein Mitglied von y ist, dann ist x ein Meronym (Element) von y. Diese
Extraktionsregel kann auf den Satz *"Dr. Peters ist ein Mitglied von AT&T."*
angewendet werden um die Meronymrelation

$$\text{NAME}(a, dr.\_peters.0) \wedge \text{NAME}(b, at\&t.0) \wedge \text{MERO}(a, b) \tag{4.18}$$

zu extrahieren. Man betrachte nun den Satz "*Dr. Peters ist der Leiter von AT&T.*" Auf diesen Satz ist die Extraktionsregel nicht anwendbar.

Allerdings kann, wenn eine große Menge Hintergrundwissen eingesetzt wird, aus der Tatsache, dass Dr. Peters der Leiter von AT&T ist, gefolgert werden, dass er auch ein Mitglied von AT&T ist, wodurch die Extraktionsregel anwendbar wird. Das heißt, durch eine große Wissensbasis kann die Anzahl der Extraktionsregeln erheblich reduziert werden und somit auch die Arbeit für den Entwickler von solchen Extraktionsregeln. Zudem kann eine solche Wissensbasis auch für viele andere Anwendungen eingesetzt werden, d. h., eine solche Axiomsammlung ist sehr viel universeller einsetzbar als die Extraktionsregeln zur Relationsextraktion. In obigem Beispiel kann mithilfe logischer Inferenzen der Recall verbessert werden. Zusätzlich erlaubt die Verwendung von Axiomen auch die Erhöhung der Präzision. Man betrachte einen Satz, auf den die Extraktionsregel

$$\text{MERO}(x, y) \wedge \text{MERO}(x, z) \leftarrow x \text{ ist eine Mischung aus } y \text{ und } z \qquad (4.19)$$

angewendet werden kann, beispielsweise der Satz: *Apfelsaftschorle ist eine Mischung aus Mineralwasser und Apfelsaft.* Aus diesem Satz können die beiden Meronymrelationen $\text{MERO}(y, x)$ und $\text{MERO}(z, x)$
(hier: $\text{MERO}(apfelsaft.1.1, apfelsaftschorle.1.1)$) und
$\text{MERO}(mineralwasser.1.1, apfelsaftschorle.1.1)$) extrahiert werden. Allerdings kann das Wort *Mischung* auch im übertragenen Sinn verwendet werden wie in dem Satz: *Seine Einstellung ist eine Mischung von Enthusiasmus und Energie.* Um nun zu verhindern, dass die inkorrekten Meronymiehypothesen
$\text{MERO}(enthusiasmus.1.1, einstellung.1.2)$ sowie
$\text{MERO}(energie.1.2, einstellung.1.2)$ erzeugt werden, kann man eine logische Bedingung definieren, die besagt, dass sowohl y/z als auch x ein Hyponym von *Substanz* sein muss, was normalerweise eine (mehrfache) Anwendung des Transitivitätsaxioms der Hyponymierelation voraussetzt. Dieses Beispiel ist genauer in Abschnitt 5.3.1 beschrieben und zeigt, dass flache Verfahren sowohl niedrigeren Recall als auch niedrigere Präzision als tiefe semantische Verfahren, die Hintergrundwissen einsetzen, besitzen.

Ein weiterer Vorteil des hier beschriebenen Ansatzes ergibt sich aus der von WOCADI durchgeführten Normalisierung. WOCADI bildet nämlich häufig Sätze mit unterschiedlicher Oberflächendarstellung und syntaktischer Struktur auf ein und dasselbe semantische Netz ab, wenn diese Sätze dieselbe Bedeutung besitzen. Hierdurch kann ebenfalls die Anzahl der Extraktionsregel gegenüber flachen Verfahren reduziert werden.

Flache Verfahren unterscheiden zudem nicht nach Wortlesarten und bekommen daher Probleme durch Mehrdeutigkeiten. Man betrachte beispielsweise das Wort *Raum*, das einerseits ein Zimmer, andererseits aber auch einfach ein Gebiet bezeichnen kann. Angenommen eine Wort-basierte Wissensbasis würde folgende Fakten beinhalten:

- Raum ist ein Synonym zu Zimmer.
- Der Weltraum ist ein Raum.
- Ein Zimmer ist ein Gebäudeteil.

Dadurch könnte beispielsweise abgeleitet werden, dass der Weltraum ein Gebäudeteil ist. Logische Inferenzen sind daher auf Wortebene nicht sinnvoll durchführbar, was die Verwendung wortbasierten Wissens stark einschränkt.

Zudem setzen die im Stand der Forschung betrachteten flachen Verfahren kein semantisches Lexikon ein. Aufgrund der in einem solchen Lexikon enthaltenen Information können jedoch in vielen Fällen bestimmte semantische Relationen zwischen Wörtern oder Begriffen bereits ausgeschlossen werden.

Letztlich verwenden die betrachteten flachen Verfahren keine Sprachverarbeitung auf allen linguistischen Ebenen, d. h., unter Einbeziehung von Morphologie, Lexik, Syntax, Semantik und Logik. Dadurch ist die Validierung des extrahierten Wissens nur unzureichend und recht oberflächlich möglich.

In den folgenden Kapiteln werden die hier angegebenen Vorteile tiefer semantischer Verfahren noch genauer betrachtet.

4.8. Verwendung und Anpassung von Verfahren aus dem Stand der Forschung

Die im folgenden Kapitel beschriebene Extraktion von semantischen und lexikalischen Relationen ist musterbasiert und eine Übertragung der Verfahren von Hearst [Hea92] sowie von Girju, Badulescu und Moldovan [GBM06] auf semantische Netze. Das Lernen der Regeln ist vergleichbar mit dem Dependenzbaumbasierten Verfahren von Snow, Jurafsky und Ng [SJN05] mit dem Unterschied, dass hier statt Dependenzbäumen semantische Netze gelernt werden. Die Validierung mit Graph-Kernel-Funktionen orientiert sich an den kernelbasierten Relationsextraktionsverfahren von Zhao, Grishman [ZG05], Bunescu, Mooney [BM05] sowie von Reichartz und Korte [ZG05, RKP09] sowie von Culotta und

Sorenson [CS04] mit dem Unterschied, dass hier Graphkernel statt Baumkernel betrachtet werden. Der Graphkernel ist dabei eine Weiterentwicklung des Common-Walk-Kernels von Gärtner, Driessens und Ramon [GDR03]. Kontextuelle Verfahren zur Validierung von Hyponymen und Synonymen sind angelehnt an die Verfahren von Cimiano et al. [CPSTS05] und der von Dagan, Lee und Pereira eingeführte Informationsradius [DLP97]. Die hier verwendeten flachen Extraktionsverfahren, die eine gute Robustheit garantieren, sind ebenfalls musterbasiert und bauen auch auf den Methoden von Hearst [Hea92] und Girju, Badulescu und Moldovan [GBM06] auf. Die flache Validierung basiert auf dem von Schölkopf und Smola [SS02] beschriebenen Stringkernel.

Die in Kapitel 6 beschriebenen Entailmentlernverfahren basieren auf dem Prinzip des Verfahrens von Ravichandran und Hovy [RH02] sowie der Erweiterung von Szpektor und Dagan [STDC04]. Die Unterschiede bestehen in der Tatsache, dass bei der hier beschriebenen Methode semantische Netze statt Oberflächenrepräsentationen und Dependenzstrukturen gelernt werden sowie dem zusätzlichen Einsatz eines Clusterings.

5. Relationsextraktion basierend auf einer tiefen semantischen Wissensrepräsentation

In dieser Arbeit wird ein wissensbasierter Prozess der Extraktion semantischer Relationen vorgestellt, der im System SemQuire (ac**quire** knowledge **sem**antic-based) realisiert ist und auf einer tiefen semantischen Repräsentation beruht. Durch das Verwenden einer tiefen Semantik können eine bereits vorhandene Wissensbasis und logische Axiome angewendet werden, wodurch Qualität und Quantität (letztere verbunden mit einer guten Qualität) der extrahierten Relationen im Vergleich mit einem rein flachen Ansatz gesteigert werden. Die durch SemQuire extrahierten Relationen sind Subordination (Instanzrelationen und Hyponymie), Meronymie und Synonymie.

Die Extraktion der Relationen erfolgt durch Textmining in mehreren aufeinander aufbauenden Schritten. Sie basiert auf der Ausgabe des tiefen semantischen Textanalysesystems WOCADI und verwendet als Grundlage sowohl die von WOCADI erzeugte Tokenliste (zur Beschreibung von Tokens siehe Abschnitt F im Glossar) als auch die semantischen Netze. Zur Extraktion werden tiefe und flache Regeln angewendet und die extrahierten Relationshypothesen anschließend validiert. Die Validierung erfolgt dabei auf allen linguistischen Ebenen außer Syntax, einschließlich Morphologie, Lexik und Semantik sowie unter dem Einsatz von Logik.

Dazu werden die folgenden externen Systeme verwendet:

- der Parser WOCADI zum Erzeugen der semantischen Netze und der Tokenliste aus dem Wikipedia-Korpus,
- die Lexikonschnittstelle, zum Auslesen der Lexikoninformation zur lexikalischen Validierung der Relationshypothesen,
- der automatische Beweiser zum Anwenden der tiefen Extraktionsregeln und zur logikbasierten Validierung,

- ein Datenbanksystem, um die extrahierten Hypothesen in einer Datenbank abzulegen.

5.1. Vorgehen

Die einzelnen Schritte sind folgende (siehe Abbildung 5.1):

- Parsen des Korpus durch WOCADI und Erzeugung von semantischen Netzen, Dependenzbäumen[1] und Tokenlisten
- Lernen von tiefen Extraktionsregeln (siehe Abschnitt 5.2.3)
- Anwendung der tiefen Extraktionsregeln auf die durch WOCADI erzeugten semantischen Netze und Extraktion von Relationshypothesen (für Hyponyme: Abschnitt 5.2, für Meronyme: Abschnitt 5.3.1, für Synonyme: Abschnitt 5.4.1)
- Anwendung der flachen Extraktionsregeln auf die durch WOCADI ermittelte Tokenliste und Extraktion semantischer Relationshypothesen (siehe Abschnitt 5.2.2 für Hyponyme; für Meronyme und Synonyme existiert kein extra Abschnitt, da die flachen Extraktionsregeln analog aufgebaut sind)
- Validierung der semantischen Relationen anhand ontologischer Sorten und semantischer Merkmale, wobei für die Validierung auf das semantische Lexikon zurückgegriffen wird, das für jeden Begriff ontologische Sorten und semantische Merkmale enthält (für Hyponyme: Abschnitt 5.2.6, für Meronyme: Abschnitt 5.3.2, für Synonyme: Abschnitt 5.4.2)
- Ablegen der Hypothesen in der Hypothesen-Datenbank, falls die Validierung erfolgreich war
- Berechnung eines Konfidenzwertes für alle Relationshypothesen in der Datenbank unter Verwendung einer Support-Vektor-Maschine [Vap79, CL01]. Dieser Wert gibt an, mit welcher Wahrscheinlichkeit eine Hypothese als korrekt angesehen wird (siehe Abschnitt 5.2.8 für die Validierung von Hyponymiehypothesen, 5.3.3 für die Validierung von Meronymiehypothesen und 5.4.3 für die Validierung von Synonymiehypothesen)
- Bestimmung der korrekten Unterrelation für Hyponyme (siehe Abschnitt 5.2.11) und Meronyme (siehe Abschnitt 5.3.4)

---

[1]Die Kanten eines Dependenzbaumes stellen die grammatischen Abhängigkeiten zwischen den Wörtern eines Satzes dar [uCE01].

- Selektion der besten Hypothesen und Speicherung derselben in der Wissensbasis. Die Selektion kann entweder manuell erfolgen oder automatisch, indem alle Hypothesen zur Wissensbasis hinzugefügt werden, deren Konfidenzwert eine bestimmte Schranke überschreitet. Zusätzlich könnten alle Hypothesen mit Konfidenzwert unterhalb 0,5 entfernt werden.

Alle im Zusammenhang mit dieser Arbeit entwickelten Komponenten sind in Abbildung 5.1 mit dunklem Hintergrund dargestellt, während die übrigen Komponenten, die bereits zu einem früheren Zeitpunkt in der Arbeitsgruppe IICS[2] entstanden sind, mit weißem Hintergrund dargestellt sind.

5.2. Extraktion von Subordinationsrelationen

Im Folgenden wird beschrieben, wie Subordinations-Extraktionsregeln gelernt und angewendet, wie Subordinationshypothesen validiert und wie die korrekten Subordinationsunterrelationen ausgewählt werden. Viele der Verfahren werden analog für Meronym- und Synonymhypothesen verwendet und daher in den Abschnitten für Meronym- und Synonymextraktion nicht mehr gesondert beschrieben. Dabei wird zwischen tiefen und flachen Subordinations-Extraktionsregeln unterschieden.

5.2.1. Tiefe Extraktionsregeln

Eine tiefe Subordinationsextraktionsregel besteht aus einer Konklusion $\text{SUB0}(a1, a2)$ (Ausnahme: Namens-Extraktionsregeln) und einer Prämisse P in Form eines semantischen Netzes, wobei sowohl $a1$ als auch $a2$ in der Prämisse auftauchen müssen. Im Falle der Verwendung eines Pattern-Matchers erfolgt die Anwendung einer Extraktionsregel in der Weise, dass die Prämisse der Extraktionsregel mit dem semantischen Netz, das die Bedeutung eines Satzes des betrachteten Textkorpus repräsentiert, in Übereinstimmung gebracht wird, wobei Variablen mit beliebigen Knoten (abgesehen von $a1$ und $a2$ werden Variablen normalerweise nicht lexikalisierten Knoten zugewiesen) belegt werden können. Man betrachte das etwas formaler. Sei $R : C \leftarrow P$ eine Regel mit Prämisse P und Konklusion C. Der Pattern-Matcher sucht eine Substitution σ, sodass $P \cdot \sigma$ isomorph zu einem Teilgraphen des den Satz repräsen-

---

[2]IICS ist die Abkürzung für Intelligente Informations- und Kommunikationssysteme

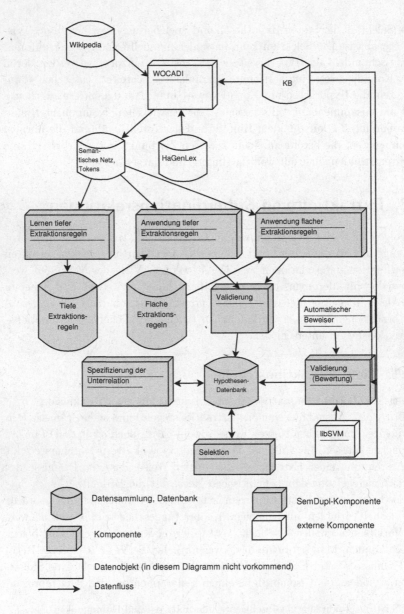

Abbildung 5.1.: Architektur der Relationsextraktion von SemQuire

tierenden semantischen Netzes ist. Angenommen a_1 sei durch die Substitution σ mit dem Begriff c_1 belegt, d. h., $a_1 \cdot \sigma = c_1$, und a_2 mit c_2, dann kann SUB0(c_1, c_2) als Subordinationshypothese extrahiert werden. Das Matching ist immer vollständig, d. h. das Weglassen von Relationen aus der Regelprämisse ist nicht zulässig. Bei dem hier zur Relationsextraktion verwendeten Wikipedia-Korpus werden eine hohe Anzahl von Hypothesen durch die Regeln erzeugt, sodass eine weitere Steigerung durch Relaxationsverfahren, die zudem die Qualität der Hypothesen verschlechtern würde, auch nicht erforderlich scheint. Alternativ zu dem Pattern-Matcher ist auch die Verwendung eines automatischen Beweisers möglich, was auf Seite 86 beschrieben wird. Dies hat den Vorteil, dass Axiome verwendet werden können.

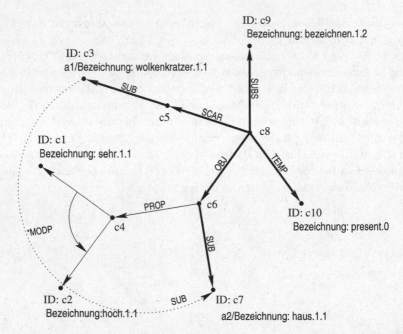

Abbildung 5.2.: Beispiel eines semantischen Netzes zu dem Satz *"Ein Wolkenkratzer bezeichnet ein sehr hohes Haus."* Die fett gedruckten Kanten sind diejenigen, die mit der Prämisse der Extraktionsregel *DH9* (siehe Tabelle 5.1 auf Seite 78) in Übereinstimmung gebracht werden konnten. Die gestrichelte Kante bezeichnet die gefolgerte Subordinations-Relation. (Die IDs (c...) sind auch für lexikalisierte Knoten angegeben, da diese IDs eine bessere Darstellung in Abbildungen 5.10 und 5.11 ermöglichen.)

Man betrachte das in Abbildung 5.2 angegebene semantische Netz. Dieses semantische Netz repräsentiert die Bedeutung des Satzes *"Ein Wolkenkratzer bezeichnet ein sehr hohes Haus."* Die in dem Satz repräsentierte Aktion *bezeichnen.1.2* wird durch die Relation SUBS (Subordination für Situationen) mit dem zentralen Satzknoten (c8) verbunden. Der Träger des Zustandes wird durch die Relation SCAR ausgedrückt, hier der "Wolkenkratzer". Die Definition *"sehr hohe Haus"* ist als neutrales Objekt definiert (OBJ). Das *"sehr hohe Haus"* ist dem Begriff *haus.1.1* untergeordnet (Relation: SUB) und besitzt die Eigenschaft *"sehr hoch"* (Relation: PROP für *property*). Die Eigenschaft *"sehr hoch"* wird dadurch gebildet, dass der Begriff *hoch.1.1* durch den Ausdruck *sehr.1.1* modifiziert wird (Funktion: *MODP). Es handelt sich um eine Aussage in der Gegenwart, was durch die Relation TEMP($c6, present.0$) ausgedrückt wird. Der Satz ist eigentlich generisch gemeint. Daher hätte die SUB-Kante von c5 nach *wolkenkratzer.1.1* streng genommen nicht erzeugt werden dürfen. Allerdings ist es in der Praxis recht schwierig, zwischen generischen und nicht-generischen Sätzen zu unterscheiden. Da eine nichtgenerische Interpretation den Normalfall darstellt, geht der Parser praktisch immer von einer solchen aus. Für das Verfahren ist dies aber in der Praxis kein Problem, da die Extraktionsregeln an die WOCADI-Ergebnisse angepasst sind, auch wenn diese Ergebnisse manchmal von der theoretisch korrekten MultiNet-Repräsentation abweichen. Auf dieses semantische Netz wird nun folgende Extraktionsregel angewendet:

$$\text{SUB0}(a1, a2) \leftarrow \text{SUBS}(c, bezeichnen.1.2) \wedge \text{SCAR}(c, d) \wedge \text{SUB}(d, a1) \wedge$$
$$\text{OBJ}(c, e) \wedge \text{SUB}(e, a2) \tag{5.1}$$

Zuerst wird die Prämisse in Form eines semantischen Netzes mit dem semantischen Netz, das den Satz aus dem Textkorpus repräsentiert, in Übereinstimmung gebracht. Die miteinander identifizierten Kanten sind in Abbildung 5.2 fett gedruckt. Wie man sieht, werden durch diesen Abbildungsprozess der Knoten *a1* der Extraktionsregel mit dem Knoten *wolkenkratzer.1.1* und der Knoten *a2* der Extraktionsregel mit dem Knoten *haus.1.1* identifiziert, d. h., *a1* wird an *wolkenkratzer.1.1* gebunden und *a2* an *haus.1.1*. Dadurch kann die instanziierte Konklusion SUB0(*wolkenkratzer.1.1, haus.1.1*) gefolgert werden, die durch eine gestrichelte Linie in der Abbildung 5.2 dargestellt wird. Die korrekte Unterrelation SUB, SUBR oder SUBS (siehe Abschnitt 2.2) wird in einem nachgelagerten Prozess bestimmt (siehe Abschnitt 5.2.11).

Man betrachte als Nächstes die folgende Subordinations-Extraktionsregel:

$$\text{SUB0}(a1, a2) \leftarrow \text{SUB}(c, a1) \wedge \text{PRED}(e, a2) \wedge$$
$$[d = *\text{ITMS}(c, e)] \wedge \text{PROP}(e, ander.1.1) \tag{5.2}$$

Diese Extraktionsregel entspricht auf der Oberflächenebene in etwa dem

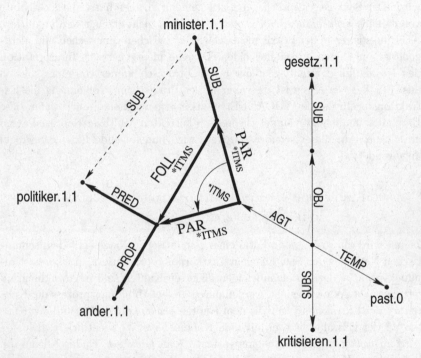

Abbildung 5.3.: Beispiel eines semantischen Netzes zu dem Satz "*Der Minister und andere Politiker kritisierten das Gesetz.*"

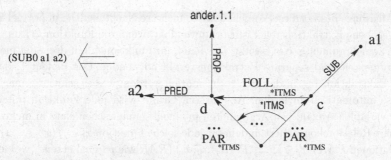

Abbildung 5.4.: Tiefe Extraktionsregel zur Subordinationsextraktion
(Prämisse ist gegeben als semantisches Netz)

Hearst-Muster:
$NP_1\{, NP_{2,...,n}\}^*$ and other NP_0 ($NP_1\{, NP_{2,...,n}\}^*$ und andere NP_0).

Angenommen diese Extraktionsregel soll auf das in Abbildung 5.3 angegebene semantische Netz angewandt werden. Dieses semantische Netz repräsentiert die Bedeutung des Satzes: *Der Minister und andere Politiker kritisierten das Gesetz.* Die Agenten dieser Handlung, ausgedrückt durch die MultiNet-Relation AGT, sind *der Minister* sowie einige nicht weiter spezifizierte andere Politiker. Die den Minister und die anderen Politiker repräsentierenden Begriffsknoten sind in einer Konjunktion vereinigt, was in MultiNet durch die *ITMS-Funktion ausgedrückt wird. Disjunktionen werden dagegen mithilfe der Funktion *ALTN1/2 ausgedrückt. Der hier gemeinte spezielle Minister ist eine Instanz des generischen Begriffs *minister.1.1*, was durch die Relation SUB spezifiziert wird. Die Politiker werden durch die Pseudo-Eigenschaft *anders* beschrieben (MultiNet-Relation: PROP). Zudem ist jedes Element dieser Politikermenge ein Hyponym von *Politiker* (MultiNet-Relation: PRED). (Streng genommen ist dieses von WOCADI erzeugte semantische Netz nicht ganz korrekt. Stattdessen müsste der Ausdruck *andere Politiker* durch Subordination von der Menge aller Politiker erzeugt werden, aus der der hier genannte konkrete Minister entfernt wird und nicht durch Angabe der Eigenschaft *ander.1.1*).

Bei Anwendung der in Formel 5.2 angegebenen Extraktionsregel wird *a1* instanziiert zu *minister.1.1*, *a2* zu *politiker.1.1* und *c*, *d* und *e* zu nicht lexikalisierten Begriffen. Die instanziierte Konklusion
SUB0(*minister.1.1, politiker.1.1*) wird in der Abbildung 5.3 durch eine gestrichelte Linie dargestellt.

Allerdings besitzt diese Vorgehensweise mehrere Nachteile. Die in Formel 5.2 angegebene Extraktionsregel ist nur anwendbar, wenn die Funktion *ITMS genau zwei Argumente (c,e) besitzt. Das heißt, für Funktionen mit drei oder mehr Argumenten sind separate Extraktionsregeln notwendig. Das bedeutet, dass die Exktraktionsregeln dadurch recht speziell werden, was es schwierig macht, diese automatisch zu lernen. Aus diesem Grund wird jede Funktion mit einer variablen Anzahl von Argumenten in einem semantischen Netz in mehrere binäre Relation konvertiert, indem für jede solche Funktion $x_p = f(x_1, \ldots, x_l)$ l Relationen $PAR_f(x_p, x_1), \ldots, PAR_f(x_p, x_l)$ (PAR wie *parent*) erzeugt werden, die die Vater-Kind-Relation zwischen dem Resultat x_p und den Argumenten repräsentiert und $(l \cdot (l-1))/2$ Relationen, um die Reihenfolge der Argumente anzugeben: $FOLL_f(x_i, x_j) \Leftrightarrow i < j$ ($FOLL$ wie *follows*). Alternativ könnten auch nur $l - 1$ Relationen für die direkten Nachbarn $FOLL_f(x_i, x_{i+1})$ für $i = 1, \ldots, l - 1$ eingeführt werden und zusätzlich ein Transitivitätsaxiom definiert werden:

$$\forall x, y, z : FOLL_f(x, z) \leftarrow FOLL_f(x, y) \wedge FOLL_f(y, z) \qquad (5.3)$$

Allerdings verlangsamen zusätzliche Axiome den Beweis deutlich und sind auch nicht durch den Pattern-Matcher verwendbar, sodass hier der erste Ansatz bevorzugt wird.

Ein Beispielausdruck $res = $ *ITMS(a_1, a_2, a_3) kann dann durch die folgenden Relationen ersetzt werden:

$$PAR_{*\text{ITMS}}(res, a_1) \wedge PAR_{*\text{ITMS}}(res, a_2) \wedge PAR_{*\text{ITMS}}(res, a_3) \wedge$$
$$FOLL_{*\text{ITMS}}(a_1, a_2) \wedge FOLL_{*\text{ITMS}}(a_1, a_3) \wedge FOLL_{*\text{ITMS}}(a_2, a_3) \qquad (5.4)$$

Die Extraktionsregel ändert sich damit zu:

$$\text{SUB}(a1, a2) \leftarrow \text{SUB}(c, a1) \wedge \text{PRED}(e, a2) \wedge$$
$$PAR_{*\text{ITMS}}(d, c) \wedge PAR_{*\text{ITMS}}(d, e) \wedge FOLL_{*\text{ITMS}}(c, e) \wedge \text{PROP}(e, ander.1.1)$$
$$(5.5)$$

Die zwei Relationen $PAR_{*\text{ITMS}}(d, c)$ und $PAR_{*\text{ITMS}}(d, e)$ sind in diesem Fall redundant und können auch weggelassen werden. Grafisch ist die Extraktionsregel in Abbildung 5.4 dargestellt. Die tiefe semantische Repräsentation erlaubt die einfache Extraktion von Instanzrelationen, die Anthroponyme (Personennamen) beinhalten, wie beispielsweise die Tatsache, dass *Barack Obama* ein Politiker ist, wobei die Extraktion von Namen, die aus mehreren Wörtern bestehen, bei flachen Extraktionsregeln nicht trivial ist. Im semantischen Netz werden Anthroponyme durch den tiefen linguistischen Parser bereits identifiziert und durch Attribut-Wert-Paare (MultiNet-Relationen: ATTR und VAL) ausgedrückt (siehe Abbildung 5.5), was ein ähnliches Vorgehen zur Extraktion von generischen Hyponymen erlaubt. Im Gegensatz zu generischen Begriffen werden Instanzrelationen mit Anthroponymen (Personennamen) nicht als binäre Relationen, sondern als komplexere Ausdrücke, repräsentiert. Beispiel:

$$N := \text{ATTR}(a, f) \wedge \text{SUB}(f, nachname.1.1) \wedge \text{VAL}(f, g) \wedge$$
$$\text{ATTR}(a, h) \wedge \text{SUB}(h, vorname.1.1) \wedge \text{VAL}(h, i)$$
$$DH11 : N \wedge \text{SUB}(a, b) \leftarrow N \wedge \text{PRED}(e, b) \wedge \underset{*\text{ITMS}}{PAR}(d, a) \wedge \tag{5.6}$$
$$\underset{*\text{ITMS}}{PAR}(d, e) \wedge \underset{*\text{ITMS}}{FOLL}(a, e) \wedge \text{PROP}(e, ander.1.1)$$

Die Teilformel N beinhaltet die formale Nachnamen- und Vornamensangabe und taucht sowohl in der Prämisse als auch in der Konklusion auf. Wenn die obige Extraktionsregel (*DH11*) auf das in Abbildung 5.6 angegebene semantische Netz angewendet wird (Dieses semantische Netz repräsentiert den Satz: *Barack Obama und andere Politiker kritisierten das Gesetz.*) werden die Relationen

$$\text{ATTR}(c_1, c_2) \wedge \text{SUB}(c_2, nachname.1.1) \wedge \text{VAL}(c_2, obama.0) \wedge \text{ATTR}(c_1, c_3) \wedge$$
$$\text{SUB}(c_3, vorname.1.1) \wedge \text{VAL}(c_3, barack.0) \wedge \text{SUB}(c_1, politiker.1.1)$$
$$\tag{5.7}$$

extrahiert, die aussagen, dass Barack Obama eine Instanz des Begriffs *politiker.1.1* ist.

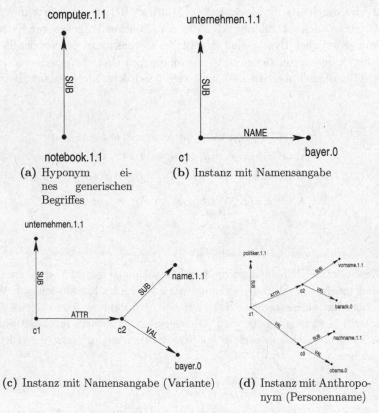

(a) Hyponym eines generischen Begriffes

(b) Instanz mit Namensangabe

(c) Instanz mit Namensangabe (Variante)

(d) Instanz mit Anthroponym (Personenname)

Abbildung 5.5.: Darstellung von Hyponymen und Instanzrelationen mit Namensangabe

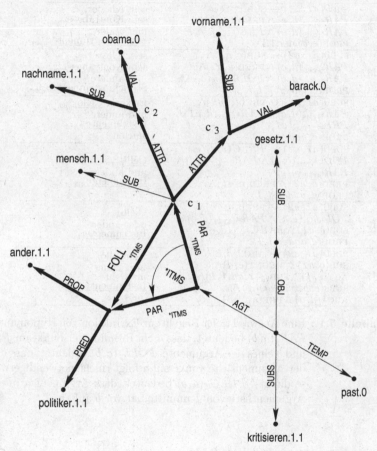

Abbildung 5.6.: Beispiel eines semantischen Netzes zu dem Satz "*Barack Obama und andere Politiker kritisierten das Gesetz.*"

ID	Regel	Beispiel
DH1	$SUB0(a1, a2) \leftarrow SUB(c, a1) \wedge$ $PAR_{*\text{ITMS}}(d, c) \wedge PRED(e, a2) \wedge$ $PAR_{*\text{ITMS}}(d, e) \wedge FOLL_{*\text{ITMS}}(c, e) \wedge$ $PROP(e, ander.1.1) \wedge \neg ATTCH(f, c)$	$Cello_{hypo}$, $Geige_{hypo}$ und andere $Instrumente_{hyper}$
DH2	$SUB0(a1, a2) \leftarrow SUB(c, a1) \wedge$ $PAR_{*\text{ITMS}}(d, c) \wedge PRED(e, a2) \wedge$ $PAR_{*\text{ITMS}}(d, e) \wedge PREC_{*\text{ITMS}}(c, e) \wedge$ $PROP(e, ander.1.1)$	sein Klavier, sein $Kontrabass_{hypo}$ und andere $Streichinstrumente_{hyper}$
DH3	$SUB0(a1, a2) \leftarrow SUB(c, a1) \wedge$ $PAR_{*\text{ITMS}}(d, c) \wedge PRED(e, a2) \wedge$ $PAR_{*\text{ITMS}}(d, e) \wedge FOLL_{*\text{ITMS}}(c, e) \wedge$ $PROP(e, ander.1.1)$	sein $Klavier_{hypo}$, sein $Kontrabass_{hypo}$ und andere $Streichinstrumente_{hyper}$
DH4	$SUB0(a1, a2) \leftarrow PRED(c, a2) \wedge$ $PAR_{*\text{ITMS}}(d, c) \wedge PAR_{*\text{ITMS}}(d, a1) \wedge$ $PREC_{*\text{ITMS}}(a1, c) \wedge$ $PROP(c, ander.1.1)$	Er kann $Cello_{hypo}$ und andere $Instrumente_{hyper}$ spielen
DH5	$SUB0(a1, a2) \leftarrow PREC(c, d) \wedge$ $FOLL_{*\text{ITMS}}(c, d) \wedge PAR_{*\text{ITMS}}(g, d) \wedge$ $PAR_{*\text{ITMS}}(g, c) \wedge$ $PRED(d, a2) \wedge PRED(c, a1) \wedge$ $PROP(d, ander.1.1)$	$Celli_{hypo}$ und andere $Instrumente_{hyper}$
DH6	$SUB0(a1, a2) \leftarrow PRED(c, a2) \wedge$ $FOL_{*\text{ITMS}}(e, c) \wedge PAR_{*\text{ALTN1}}(d, c) \wedge$ $SUB(e, a1) \wedge PAR_{*\text{ALTN1}}(d, e) \wedge$ $PROP(c, ander.1.1)$	$Cello_{hypo}$ oder andere $Instrumente_{hyper}$
DH7	$SUB0(a1, a2) \leftarrow ARG2(d, c) \wedge$ $SUB(c, a1) \wedge MCONT(e, d) \wedge$ $AGT(e, f) \wedge SUB(f, man.1.1) \wedge$ $SUBS(e, bezeichnen.1.1) \wedge$ $ARG1(d, g) \wedge PRED(g, a2)$	Als $Cello_{hypo}$ bezeichnet man ein $Instrument_{hyper}$, dass ...

Tabelle 5.1.: Eine Auswahl tiefer Regeln zur Extraktion von Hyponymen. $PAR_f(a, b)$ bedeutet, dass a ein Resultat der Funktion f ist und b eines der Argumente. $FOLL_f(a, b)$ bedeutet, dass b in der Argumentliste von f auf a folgt (nicht notwendigerweise direkt). $PREC_f(a, b)$ bedeutet, dass Argument a in der Argumentliste von f unmittelbar vor b auftritt.

Eine Auswahl der Subordinations-Extraktionsregeln findet man in Tabelle 5.1. Die komplette Liste findet sich im Anhang: Tabelle A.1.

Alternativ zum Patternmatcher können tiefe semantische Extraktionsregeln R auch durch einen automatischen Beweiser angewendet werden. In diesem Fall können Axiome berücksichtigt werden. Um eine Extraktionsregel $SUB0(a1, a2) \leftarrow premiss$ anzuwenden, müssen die Variablenbelegungen σ für

ID	Regel	Beispiel
DH8	$\text{SUB0}(a1, a2) \leftarrow \text{SCAR}(c, d) \wedge$ $\text{SUB}(d, a1) \wedge \text{SUBS}(c, bezeichnen.1.2) \wedge$ $\text{OBJ}(c, e) \wedge \text{SUB}(e, a2)$	Ein Cello$_{hypo}$ bezeichnet ein Instrument$_{hyper}$, dass ...
DH9	$\text{SUB0}(a1, a2) \leftarrow \text{ARG1}(d, e) \wedge$ $\text{ARG2}(d, f) \wedge \text{SUBR}(d, equ.0) \wedge$ $\text{SUB}(e, a1) \wedge \text{SUB}(f, a2)$	Dieses Haus$_{hypo}$ ist das größte Bauwerk$_{hyper}$ in der Stadt.
DH10	$\text{SUB0}(a1, a2) \leftarrow \text{PRED}(c, a2) \wedge$ $PAR_{*\text{ITMS}}(d, c) \wedge PAR_{*\text{ITMS}}(d, e) \wedge$ $PREC_{*\text{ITMS}}(e, c) \wedge \text{PROP}(c, ander.1.1) \wedge$ $\text{ATTR}(e, f) \wedge \text{SUB}(f, name.1.1) \wedge$ $\text{VAL}(f, a)$	die Toten Hosen$_{hypo}$ und andere Popgruppen$_{hyper}$
DH11	$\text{ATTR}(h, g) \wedge sub(g, vorname.1.1) \wedge$ $\text{VAL}(g, c) \wedge attr(h, f) \wedge$ $\text{SUB}(f, nachname.1.1) \wedge \text{VAL}(f, a1) \wedge$ $\text{SUB}(h, a2) \leftarrow \text{ATTR}(h, g) \wedge$ $sub(g, vorname.1.1) \wedge \text{VAL}(g, c) \wedge$ $\text{SUB}(f, nachname.1.1) \wedge \text{VAL}(f, a1) \wedge$ $\text{ATTR}(h, f) \wedge PAR_{*\text{ITMS}}(d, h) \wedge$ $\text{PRED}(e, b) \wedge PAR_{*\text{ITMS}}(d, e) \wedge$ $PREC_{*\text{ITMS}}(h, e) \wedge \text{PROP}(e, ander.1.1)$	Barack Obama$_{hypo}$ und andere Politiker$_{hyper}$

Tabelle 5.1.: Eine Auswahl tiefer Regeln zur Extraktion von Hyponymen (Fortsetzung).

$a1$ und $a2$ gefunden werden, sodass die folgende Formel eine Tautologie ergibt:

$$\text{SUB0}(a1 \cdot \sigma, a2 \cdot \sigma) \leftarrow (R \cdot \sigma \wedge SNX)$$
$$\Leftrightarrow \text{SUB0}(a1 \cdot \sigma, a2 \cdot \sigma) \leftarrow ((\text{SUB0}(a1 \cdot \sigma, a2 \cdot \sigma) \leftarrow premiss \cdot \sigma) \wedge SNX) \tag{5.8}$$

wobei $SNX = SN \wedge KB$ (KB: Wissensbasis, SN: semantisches Netz). Die Wissensbasis enthält dabei Axiome, sowie lexikalische und semantische Relationen. Wenn solche Variablenbelegungen gefunden werden konnten, wird $\text{SUB0}(a1 \cdot \sigma, a2 \cdot \sigma)$ als Hypothese extrahiert. Der Beweis wird durch Resolution gefunden. Dazu wird ein Widerspruch (die leere Klausel) aus dem negierten Ausdruck von Formel 5.8 hergeleitet:

$$\bot \equiv (((\text{SUB0}(a1 \cdot \sigma, a2 \cdot \sigma) \leftarrow premiss \cdot \sigma) \wedge SNX) \wedge$$
$$\neg \text{SUB0}(a1 \cdot \sigma, a2 \cdot \sigma) \qquad \text{(Distributivgesetz und}$$
$$A \leftarrow B \equiv \neg B \vee A) \tag{5.9}$$
$$\Leftrightarrow \bot \equiv \neg premiss \cdot \sigma \wedge SNX \wedge \neg \text{SUB0}(a1 \cdot \sigma, a2 \cdot \sigma)$$
$$\Leftarrow \bot \equiv \neg premiss \cdot \sigma \wedge SNX$$

Da der triviale Fall, dass die Hypothese bereits aus der Wissensbasis oder dem semantischen Netz folgt, nicht berücksichtigt wird, muss ein Widerspruch aus $\neg premiss \cdot \sigma \wedge SNX$ hergeleitet werden. Das erfolgt dadurch, dass der Beweiser die leere Klausel aus $\neg premiss \cdot \sigma \wedge SNX$ ableitet.

5.2.2. Flache Extraktionsregeln

Dieser Abschnitt beschreibt die Definition und die Anwendung von flachen Extraktionsregeln [vor09b]. Die flachen Extraktionsregeln werden statt auf semantische Netze auf Tokenlisten angewandt. Sie zeichnen sich dadurch aus, dass sie anwendbar sind, unabhängig davon, ob ein Satz geparst werden konnte oder nicht. Die flachen Extraktionsregeln erzeugen ebenfalls Relationen zwischen Begriffen und nicht zwischen Wörtern. Daher könnte das Verfahren auch als "semi-flach" bezeichnet werden. Der Einfachheit halber und zur besseren Abgrenzung gegenüber dem tiefen Verfahren wollen wir dieses Verfahren aber im Folgenden als *flach* bezeichnen. Die von WOCADI für ein einzelnes Token bereitgestellte Information enthält folgende Angaben (siehe Abbildung 5.7):

- word: Wort (Oberflächendarstellung des Tokens)
- word-id: die Tokennummerierung
- char-id: die Position des ersten Zeichens des Tokens innerhalb des Satzes
- cat: die grammatische Kategorie des Tokens
- lemma: eine Liste möglicher Lemmata für das Wort
- reading: eine Liste möglicher Begriffe für das Wort
- parse-reading: ein durch die Word-Sense-Disambiguation von WOCADI bestimmter Begriff. Der gewählte Begriff muss in der Begriffsliste (reading) enthalten sein. Die Begriffe sind durch ein oder zwei angehängte Zahlen (beispielsweise *haus.1.1* oder *peter.0*) indiziert.
- parse-lemma: ein durch die Word-Sense-Disambiguation von WOCADI bestimmtes Lemma.

Eine Extraktionsregel wird durch eine Prämisse und die Konklusion SUB0($a1, a2$) definiert. Die Prämisse besteht aus einem regulären Ausdruck, der Variablen und Attribut-Wert-Paare beinhaltet, wobei die erlaubten Variablen auf diejenigen beschränkt sind, die in der Prämisse vorkommen.

Das Hintereinanderschreiben von Ausdrücken bedeutet eine Verkettung der Ausdrücke. Ein Fragezeichen ("?") markiert einen Ausdruck als optional:

$$match(a^? \, c, b) :\Leftrightarrow (match(a, b[1]) \wedge match(c, tail(b))) \vee match(c, b) \quad (5.10)$$

wobei

- $match \subset R \times T^*$ die Relation, die dann erfüllt ist, wenn der reguläre Ausdruck $r \in R$ mit der Tokenliste $t \in T^*$ in Übereinstimmung gebracht werden konnte
- $tail : T^* \to T^*$ die Teilliste bestimmt, die alle Elemente der Argumentliste bis auf das erste Element enthält
- T: Menge von Tokens
- $b[1]$: Der erste Ausdruck einer Tokenliste oder eines regulären Ausdrucks b

Ein Stern ("*") kennzeichnet, dass beliebig viele Vorkommen (einschließlich null) eines Ausdruckes erlaubt sind.

$$match(a^* \, c, b) :\Leftrightarrow (match(a, b[1]) \wedge match(a^* \, c, tail(b))) \vee match(c, b) \quad (5.11)$$

Beispiel: (([(word „,")])* ([(cat (art))])? *a1*). Dieser Ausdruck kann mit beliebig vielen durch Kommas separierten Begriffsbezeichnern in Übereinstimmung gebracht werden, die an die Variable *a1* gebunden werden. Jedem Begriff kann ein optionaler Artikel vorangestellt sein.

Das Symbol "$\vee$" bezeichnet eine Disjunktion, d. h., einer der beiden damit verknüpften Ausdrücke ist zulässig.

$$match([a \vee b]c, e) :\Leftrightarrow (match(a, e[1]) \wedge match(c, tail(e))) \vee \\ (match(b, e[1]) \wedge match(c, tail(e))) \quad (5.12)$$

Ein Beispielausdruck dafür ist: ((((word "und")) $\vee$ ((word "oder"))))
Ausdrücke können beliebig verschachtelt sein, d. h., innerhalb eines Wildcardausdruckes mit vorangestelltem Stern können beliebig viele weitere Ausdrücke mit Stern auftauchen.

Eine Beispielextraktionsregel ist in Abbildung 5.8 angegeben. Die Variablen werden mit nominalen Begriffsbezeichnern aus der von WOCADI bereitgestellten Tokenliste instanziiert (parse-lemma). Es wird dabei versucht, die Attribut-Wert-Paare aus den flachen Extraktionsregeln mit den Attribut-Wert-Paaren der Tokenliste zu unifizieren. Da alle Variablen der Konklusion in der Prämisse vorkommen müssen, sind die Variablen der Konklusion voll instanziiert nach der erfolgreichen Anwendung einer Extraktionsregel. Die instanziierte Konklusion wird dann als Subordinationshypothese extrahiert. Allerdings kann es passieren, dass die Einträge parse-reading leer sind, falls ein Parse nicht erfolgreich war und somit auch keine Word-Sense-Disambiguation durchgeführt werden konnte. In diesem Fall wird die Lesart aus der Liste für das Attribut *reading* ausgewählt, die im Korpus am häufigsten vorkommt. An diesem Punkt ist noch Verbesserungspotenzial vorhanden. Hier könnte eine statistische Word-Sense-Disambiguation zum Einsatz kommen, die die Lesart anhand von im Kontext vorkommenden Wörtern auswählt.

Die gesamte Vorgehensweise ist in Abbildung 5.9 illustriert. Wenn eine Variable mehrmals in der Prämisse auftaucht, wird sie mit mehreren Konstanten gebunden und, im Falle, dass die Unifikation der flachen Extraktionsregel mit der Tokenliste erfolgreich war, wird das kartesische Produkt aller möglichen Variablenbindungen für die zwei Variablen als Menge von Relationshypothesenpaaren extrahiert. Man betrachte den folgenden Beispielsatz: *"Der Bundeskanzler, der Minister und andere Politiker kritisierten das Gesetz."*
Wenn die in Abbildung 5.8 angegebene Extraktionsregel auf den oben angegebenen Satz angewendet wird, kann die Variable *a1* sowohl an *bundeskanzler.1.1* als auch an *minister.1.1* gebunden werden. Daher können die beiden Relationen
SUBO(*bundeskanzler.1.1, politiker.1.1*) und SUBO(*minister.1.1, politiker.1.1*) extrahiert werden.

Insgesamt werden 20 verschiedene Extraktionsregeln verwendet, die in Tabelle ?? im Anhang angegeben sind.

5.2.3. Lernen der Extraktionsregeln

In diesem Abschnitt wird beschrieben, wie Extraktionsregeln durch ein überwachtes maschinelles Lernverfahren gelernt werden können, das dem Minimum-Description-Length-Prinzip folgt [vor10c, vor10b]. Dieses Prinzip sagt aus, dass die beste Hypothese für einen gegebenen Datensatz diejenige ist, die die Länge der Beschreibung der Daten minimiert [Ris89], d. h. die die Daten am stärksten komprimiert. Im Wesentlichen wird hier die Graphlernmethode von Cook und Holder [CH94] eingesetzt.

Gemäß dieser Methode berechnet sich die zu minimierende Länge der Beschreibung des Graphen aus der Anzahl von Bits, die notwendig sind, diesen Graphen mithilfe eines Teilgraphen zu komprimieren. In dem Falle, dass der Teilgraph an vielen Stellen im zu komprimierenden Gesamtgraphen vorkommt und daher mit vielen Knoten des Gesamtgraphen in Übereinstimmung gebracht werden kann, wird die Beschreibungslänge recht klein.

Für dieses Lernszenario wird eine Menge von semantischen Netzen als Trai-

```
  (analysis-ml (
((word "Der") (word-id 1) (char-id 0) (cat (art dempro)) (lemma
("der")) (reading ("der.1" "der.4.1") (parse-lemma "der")
(parse-reading "der.1")))

((word "Bundeskanzler") (word-id 2) (char-id 4) (cat (n)) (lemma
("Bundeskanzler")) (reading ("bundeskanzler.1.1")) (parse-lemma
"bundeskanzler") (parse-reading "bundeskanzler.1.1"))

((word "und") (word-id 3) (char-id 18) (cat (conjc)) (lemma ("und"))
(reading ("und.1")))

((word "andere") (word-id 4) (char-id 22) (cat (a indefpro)) (lemma
("ander")) (reading ("ander.1.1""ander.2.1")) (parse-lemma "ander")
(parse-reading "ander.1.1"))

((word "Politiker") (word-id 5) (char-id 29) (cat (n)) (lemma
("Politiker")) (reading ("politiker.1.1")) (parse-lemma "politiker")
(parse-reading "politiker.1.1"))

((word "kritisierten") (word-id 6) (char-id 39) (cat (a v))
(lemma ("kritisieren""kritisiert")) (reading ("kritisieren.1.1"))
(parse-lemma "kritisieren") (parse-reading "kritisieren.1.1"))

((word "das") (word-id 7) (char-id 52) (cat (art dempro))
(lemma ("der")) (reading ("der.1""der.4.1")) (parse-lemma "der")
(parse-reading "der.1"))

((word "Gesetz") (word-id 8) (char-id 59) (cat (n)) (lemma
("Gesetz")) (reading ("gesetz.1.1")) (parse-lemma "Gesetz")
(parse-reading "gesetz.1.1"))

((word ".") (word-id 9) (char-id 67) (cat (period)) (lemma ("."))
(reading ("period.1")))))
```

Abbildung 5.7.: Tokens für den Satz *"Der Bundeskanzler und andere Politiker kritisierten das Gesetz."* wie vom WOCADI-Parser zurückgegeben

```
(((SUB0 a1 a2))
( a1
( ((word ","))
 (((cat (art))))?
 a1)*
((word "und"))
(((cat (art))))?
((word "andere"))
(((cat (a))))?
a2))
```

Abbildung 5.8.: Eine flache Extraktionsregel, die verwendet wird, um
Subordinationshypothesen zu extrahieren. Sie ent-
spricht dem Hearst-Muster $[a1,]*$ $a1$ und andere $a2$.

ningsmenge aus den Wikipedia-Netzen extrahiert, die die Hyponym- und Hyperonymkomponente einer Hyponymierelation enthalten. Zur Identifikation
dieser Paare werden Hyponymiesammlungen aus Wiktionary, HaGenLex und
GermaNet [HF97] eingesetzt. Anschließend werden Hyponym und Hyperonym
in den Netzen durch fixe Variablen (z. B. $a1$ für das Hyponym und $a2$ für das
Hyperonym) ersetzt, da die gelernten Extraktionsregeln allgemein anwendbar
sein sollen. Eine Extraktionsregel (gegeben durch die Konklusion $SUB0(a1, a2)$
und eine Prämisse, die ein Teilgraph des Gesamtgraphen ist), die diese Menge
gut komprimiert, ist voraussichtlich auch gut geeignet, um Hyponymiehypothesen zu extrahieren. Die Konklusion der Extraktionsregel ist einfach durch
$SUB0(a1, a2)$ gegeben.

Man betrachte zuerst die Bestimmung der Anzahl der Bits, die notwendig
sind, einen Graphen (hier semantisches Netz) zu codieren. Ein Graph kann
durch eine Adjazenzmatrix zusammen mit einer Menge von Knoten- und Kantenbezeichnungen repräsentiert werden. Die Adjazenzmatrix für das semantische Netz in Abbildung 5.2 ist in Abbildung 5.10 angegeben. Da die Komponenten einer Adjazenzmatrix Nullen oder Einsen sind, ist sie gut geeignet für
eine binäre Codierung. Für den Codierungsprozess werden nicht die Knoten-
/Kantenbezeichnungen direkt codiert, sondern stattdessen ihre Nummerierung
bei Annahme einer gegebenen Ordnung auf den Knoten- und Kantenbezeichnungen (z. B. alphabetisch).

Um alle Bezeichnungszuordnungen zu codieren, müssen die Anzahl der Kno-

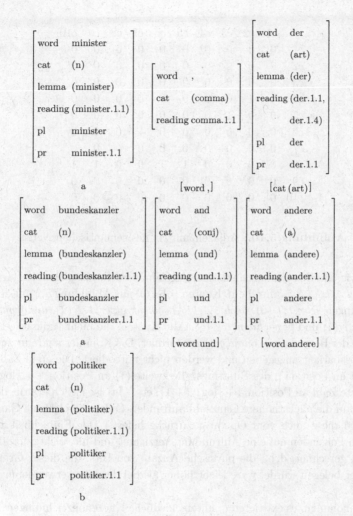

$$
\begin{bmatrix}
\text{word} & \text{minister} \\
\text{cat} & \text{(n)} \\
\text{lemma} & \text{(minister)} \\
\text{reading} & \text{(minister.1.1)} \\
\text{pl} & \text{minister} \\
\text{pr} & \text{minister.1.1}
\end{bmatrix}
\qquad
\begin{bmatrix}
\text{word} & , \\
\text{cat} & \text{(comma)} \\
\text{reading} & \text{comma.1.1}
\end{bmatrix}
\qquad
\begin{bmatrix}
\text{word} & \text{der} \\
\text{cat} & \text{(art)} \\
\text{lemma} & \text{(der)} \\
\text{reading} & \text{(der.1.1,} \\
 & \text{der.1.4)} \\
\text{pl} & \text{der} \\
\text{pr} & \text{der.1.1}
\end{bmatrix}
$$

a   [word ,]   [cat (art)]

$$
\begin{bmatrix}
\text{word} & \text{bundeskanzler} \\
\text{cat} & \text{(n)} \\
\text{lemma} & \text{(bundeskanzler)} \\
\text{reading} & \text{(bundeskanzler.1.1)} \\
\text{pl} & \text{bundeskanzler} \\
\text{pr} & \text{bundeskanzler.1.1}
\end{bmatrix}
\quad
\begin{bmatrix}
\text{word} & \text{and} \\
\text{cat} & \text{(conj)} \\
\text{lemma} & \text{(und)} \\
\text{reading} & \text{(und.1.1)} \\
\text{pl} & \text{und} \\
\text{pr} & \text{und.1.1}
\end{bmatrix}
\quad
\begin{bmatrix}
\text{word} & \text{andere} \\
\text{cat} & \text{(a)} \\
\text{lemma} & \text{(andere)} \\
\text{reading} & \text{(ander.1.1)} \\
\text{pl} & \text{andere} \\
\text{pr} & \text{ander.1.1}
\end{bmatrix}
$$

a   [word und]   [word andere]

$$
\begin{bmatrix}
\text{word} & \text{politiker} \\
\text{cat} & \text{(n)} \\
\text{lemma} & \text{(politiker)} \\
\text{reading} & \text{(politiker.1.1)} \\
\text{pl} & \text{politiker} \\
\text{pr} & \text{politiker.1.1}
\end{bmatrix}
$$

b

Abbildung 5.9.: Die Prämisse einer flachen Extraktionsregel wird mit der Tokenliste unifiziert. Die Prämisse ist unterhalb der Tokens angegeben. Jede Variable in der Prämisse der Extraktionsregel wird auf den Wert des *parse-reading*-Attributes (*pr=parse-reading*, *pl=parse-lemma*) der entsprechenden Tokenstruktur gesetzt.

	c1	c2	c3	c4	c5	c6	c7	c8	c9	c10
c1	0	0	0	0	0	0	0	0	0	0
c2	0	0	0	0	0	0	0	0	0	0
c3	0	0	0	0	0	0	0	0	0	0
c4	1	1	0	0	0	0	0	0	0	0
c5	0	0	1	0	0	0	0	0	0	0
c6	0	0	0	0	0	0	1	0	0	0
c7	0	0	0	0	0	0	0	0	0	0
c8	0	0	0	0	1	1	0	0	1	1
c9	0	0	0	0	0	0	0	0	0	0
c10	0	0	0	0	0	0	0	0	0	0

Abbildung 5.10.: Adjazenzmatrix des semantischen Netzes

ten sowie alle Bezeichnungsindizes angegeben werden, beispielsweise *10,0,1,2,3,3,3,4,3,5,3* für die 10 Knoten (c1-c10) aus Abbildung 5.2 mit den Bezeichnungen *sehr.1.1* (0), *hoch.1.1* (1), *wolkenkratzer.1.1* (2), *anon(ym)* (3), *haus.1.1* (4) und *bezeichnen.1.2* (5). Alle Knoten, die nicht lexikalisiert sind, werden der Bezeichnung *anon(ym)* zugeordnet. Die Kommas sind nur zur besseren Lesbarkeit angegeben und werden nicht mitcodiert. Die erste Zahl (10) beginnt an Position 0 des Bitstrings, die zweite (1) an Position $4 = \lceil \log_2 10 \rceil$, die dritte Zahl an Position $4 + \lceil \log_2 5 + 1 \rceil$, etc. ($\lceil a \rceil$ ist ein Operator, der die Zahl a auf die nächsthöhere Ganzzahl aufrundet. Falls a bereits eine Ganzzahl ist, wird diese auch vom Operator zurückgeliefert.) Der Einfachheit halber wird im Folgenden auf eine Aufrundung verzichtet und mit nichtganzzahligen Werten gerechnet, d. h., die physische Anzahl von Bits, die dieser Graph im Speicher belegen würde, wäre leicht höher als bei der hier verwendeten Rechnung.

Angenommen, es existieren l_u unterschiedliche Knotenbezeichnungen. Dann werden zur Codierung eines Knotens insgesamt $\log_2(l_u)$ Bits benötigt. Die Gesamtanzahl ergibt sich damit durch:

$$vbits = \log_2(v) + v \log_2(l_u) \tag{5.13}$$

wobei v die Anzahl der Knoten angibt.

Im nächsten Schritt wird die Adjazenzmatrix codiert, wobei jede Zeile separat behandelt wird. Ein naiver Ansatz bestände darin, einfach v Bits pro Zeile zu verwenden, d. h. ein Bit für jede Spalte. Allerdings ist die Anzahl der Nullen normalerweise deutlich größer als die der Einsen, was bedeutet, dass eine bessere Kompression erreicht werden kann, wenn diese Tatsache ausgenutzt wird. Man betrachte den Fall, dass eine Zeile genau m Einsen enthält. Dann existieren $\begin{pmatrix} v \\ m \end{pmatrix}$ Möglichkeiten die Einsen in die einzelnen Zellen zu verteilen. Alle möglichen Kombinationen können in einer Liste spezifiziert werden. In diesem Fall ist es nur noch notwendig, die Position in dieser Liste anzugeben, um eine Zeile eindeutig zu identifizieren. Sei $b = \mathrm{argmax}_i\{k_i\}$, wobei k_i die Anzahl der Einsen in Zeile i ist. Dann kann die Zahl von Einsen in einer Zeile codiert werden mit $\log_2(b+1)$ Bits. $\log_2 \begin{pmatrix} v \\ k_i \end{pmatrix}$ Bits sind notwendig, die Verteilung der Einsen in einer Zeile zu codieren. Zusätzlich sind $\log_2(b+1)$ Bits notwendig um b zu codieren, was allerdings nur einmal pro Matrix notwendig ist.

Man betrachte die Adjazenzmatrix mit zehn Zeilen und Spalten, die in Abbildung 5.10 angegeben ist und die zu dem semantischen Netz aus Abbildung 5.2 gehört, wobei jede Zeile höchstens vier Einsen enthält. Um die Zeile für den Knoten c_4 zu codieren, die zwei Einsen enthält, werden $\log_2(4) + \log_2 \begin{pmatrix} 10 \\ 2 \end{pmatrix} = 7.49$ Bits benötigt, was kleiner ist als zehn Bits, die für den naiven Fall notwendig wären. Die Gesamtlänge *rbits* der Codierung ist gegeben durch:

$$
\begin{aligned}
rbits &= \log_2(b+1) + \sum_{i=1}^{v} [\log_2(b+1) + \log_2 \begin{pmatrix} v \\ k_i \end{pmatrix}] \\
&= (v+1)\log_2(b+1) + \sum_{i=1}^{v} \log_2 \begin{pmatrix} v \\ k_i \end{pmatrix}
\end{aligned}
\tag{5.14}
$$

Schließlich müssen noch die Kanten codiert werden. Sei $e(i,j)$ die Anzahl der Kanten zwischen den Knoten i und j im Graphen. $m := max_{i,j}e(i,j)$. $\log_2(m)$ Bits werden benötigt für die Kantenbezeichnungen (aus einer Menge von l_e Elementen). Dann ergibt sich die Gesamtzahl der Bits durch (e ist die Anzahl der Kanten im Graphen):

$$
ebits = \log_2(m) + \sum_{i=1}^{v} \sum_{j=1}^{v} [a_{ij} \log_2(m) + e(i,j) \log_2(l_e)]
$$

$$
= \log_2(m) + e \log_2(l_e) + \sum_{i=1}^{v} \sum_{j=1}^{v} a_{ij} \log_2(m)
$$

$$
= e \log_2(l_e) + (K+1) \log_2(m)
$$

(5.15)

wobei K die Anzahl der Einsen in der Adjazenzmatrix angibt.

Die Gesamtbeschreibungslänge des Graphen ist dann gegeben durch:

$$
vbits + rbits + ebits
$$

Nun muss daraus noch die Beschreibungslänge des komprimierten Graphen bestimmt werden. Im Original-Algorithmus von Cook und Holder wird der Graph durch den Teilgraphen t so modifiziert, dass alle im Graphen gefundenen Teilgraphen, die zu t isomorph sind, durch einen einzelnen Knoten ersetzt werden. Die Beschreibungslänge des komprimierten Graphen ergibt sich dann durch die Summe der Beschreibungslänge des Teilgraphen und der Beschreibungslänge der mit diesem Teilgraphen komprimierten Graphen.

Bei dem hier verwendeten Verfahren werden zwei Hauptunterschiede im Vergleich zu dem Verfahren von Cook und Holder eingeführt.

Zum einen wird nicht ein einzelner Graph komprimiert, sondern eine Menge von Graphen. Zum anderen ist beim Verfahren von Cook und Holder nicht bekannt, mit welchem Knoten des Teilgraphen ein Graphknoten tatsächlich verbunden ist. Daher ist die Beschreibung nicht komplett und der Originalgraph könnte bei gegebenem Teilgraphen und damit komprimiertem Gesamtgraphen nicht rekonstruiert werden. Um die Beschreibung komplett zu machen, werden daher zusätzlich die Variablenbindungen der Teilgraphknoten zu den Gesamtgraphknoten codiert. Die Generalisierung des Cook-und-Holder-Algorithmus' zu einer Menge von Graphen ist recht einfach zu realisieren. Die Gesamtbeschreibungslänge einer Menge von Graphen wird bestimmt durch die Beschreibungslänge des Teilgraphen (hier Prämisse der Extraktionsregel) addiert zu der Summe der Beschreibungslängen jedes Graphen komprimiert durch den Teilgraphen (der Prämisse der Extraktionsregel).

Zusätzliche Bits werden benötigt, um die Knotenbindungen zu codieren. Zuerst wird die Anzahl der Bindungen bin codiert ($0 \leq bin \leq v_p$, 0=keine Bindung möglich, v_p: Anzahl der nicht lexikalisierten Knoten, die in einer

Prämisse einer Extraktionsregel auftauchen), wozu $\log_2(v_p + 1)$ Bits benötigt werden. Die Anzahl der Bits, die notwendig sind, um eine einzelne Bindung zu repräsentieren, ist gegeben durch $\log_2(v_p) + \log_2(v)$ (Knotenindizes: $[0, v_p - 1]$ zu $[0, v - 1]$). Die Gesamtanzahl der Bits ist daher gegeben durch:

$$binbits = bin(\log_2(v_p) + \log_2(v)) + \log_2(v_p + 1) \qquad (5.16)$$

Zu beachten ist, dass nicht alle Bindungen codiert werden müssen. Insbesondere können lexikalisierte Knoten nur einmal mit derselben Bezeichnung im Graphen auftauchen und müssen daher nicht gebunden werden. Die Anzahl der benötigten Bindungen kann wie im Folgenden beschrieben bestimmt werden. Zuerst werden alle Bindungen für nicht lexikalisierte Teilgraphknoten bestimmt. Danach werden alle Zellen der Adjazenzmatrix des semantischen Netzes, die eine Eins beinhalten und auch in der Adjazenzmatrix der Prämisse der Extraktionsregel enthalten sind, auf null gesetzt. Knoten, die in der Adjazenzmatrix nach dieser Modifikation sowohl in Zeilen und Spalten nur Nullen enthalten, können aus dem Graphen und der Adjazenzmatrix entfernt werden. Die Kanten von und zu diesem Knoten können komplett aus dem Teilgraphen hergeleitet werden. Da semantische Netze, die sich nur durch die IDs (nicht Bezeichnungen) nicht lexikalisierter Knoten unterscheiden, identisch sind, ist die Angabe von Bindungen für diese Knoten nicht notwendig.

Zusätzlich ist die modifizierte Adjazenzmatrix des Graphen, die wie oben beschrieben ermittelt wird, das Resultat der Kompression durch die Extraktionsregelprämisse, d. h., *vbits*, *rbits* und *ebits* werden von der modifizierten Adjazenzmatrix, beziehungsweise von dem modifizierten Graphen bestimmt, wenn die Extraktionsregelprämisse erfolgreich mit dem semantischen Netz in Übereinstimmung gebracht werden konnte.

Man betrachte beispielsweise die Extraktionsregel *LH4* (siehe Tabelle 7.1).

$$
\begin{aligned}
\text{SUB0}(a1, a2) \leftarrow \\
\text{SUB}(f, a2) \wedge \text{SUBS}(e, bezeichnen.1.1) \wedge \\
\text{TEMP}(e, present.0) \wedge \text{OBJ}(e, f) \wedge \\
\text{SCAR}(e, d) \wedge \text{SUB}(d, a1)
\end{aligned}
\qquad (5.17)
$$

Diese soll auf das semantische Netz in Abbildung 5.2 angewendet werden soll. Die folgenden Bindungen wurden ermittelt:

- a1 → c3 (a1)

	$c1$	$c2$	$c3$	$c4$	$c5$	$c6$	$c7$	$c8$	$c9$	$c10$
$c1$	0	0	0	0	0	0	0	0	0	0
$c2$	0	0	0	0	0	0	0	0	0	0
$c3$	0	0	0	0	0	0	0	0	0	0
$c4$	1	1	0	0	0	0	0	0	0	0
$c5$	0	0	×	0	0	0	0	0	0	0
$c6$	0	0	0	0	0	0	×	0	0	0
$c7$	0	0	0	0	0	0	0	0	0	0
$c8$	0	0	0	0	×	×	0	0	×	×
$c9$	0	0	0	0	0	0	0	0	0	0
$c10$	0	0	0	0	0	0	0	0	0	0

Abbildung 5.11.: Adjazenzmatrix des komprimierten semantischen Netzes. Die Zeilen und Spalten für Knoten, deren Verbindungen vollständig durch die Extraktionsregelprämisse gegeben sind, werden entfernt, d. h., diese Elemente werden auf null gesetzt. Eine durch die Extraktionsregelprämisse gefolgerte Verbindung wird in der Abbildung durch × gekennzeichnet.

- $e \rightarrow c8$
- $f \rightarrow c6$
- $d \rightarrow c5$
- $a2 \rightarrow c7$ (a2)

Die Bindungen für $a1$ und $a2$ brauchen dabei nicht repräsentiert zu werden, da alle Hyponyme vor der Komprimierung zu $a1$ und alle Hyperonyme zu $a2$ umbenannt werden, um das Lernen von hinreichend allgemeinen Extraktionsregeln zu ermöglichen. Die Zellen der Adjazenzmatrix, die den Kanten SCAR($c8, c5$), SUB($c5, a1$), OBJ($c8, c6$), SUBS($c8, c9$) und TEMP($c8, c10$) zugeordnet sind, werden auf null gesetzt (markiert durch ein Kreuz in Abbildung 5.11), da diese Kanten auch durch die Extraktionsregelprämisse herleitbar sind. Die Zeilen und Spalten für $c3$, $c5$, $c7$ und $c9$ der modifizierten Graph-Adjazenzmatrix enthalten nur noch Nullen und können daher in dem Graphen entfernt werden.

Das Bestimmen der optimalen Extraktionsregeln wird kompositionell durch einen Strahlensuch-Algorithmus [Mit97] bewerkstelligt. Die Strahlensuche ex-

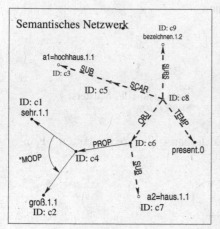 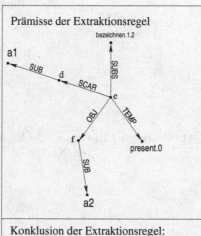

Abbildung 5.12.: Kompression eines semantischen Netzwerkes durch eine Extraktionsregelprämisse. Die durch die Kompression redundant gewordenen Knoten sind durch gestrichelte Linien markiert, die redundanten Knoten durch nicht ausgefüllte Kreise.

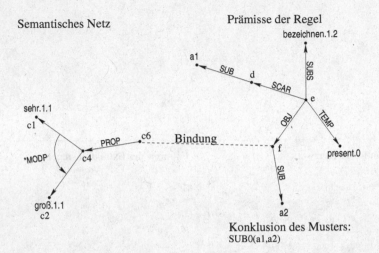

Abbildung 5.13.: Graph nach Entfernen der redundanten Kan-
ten/Knoten

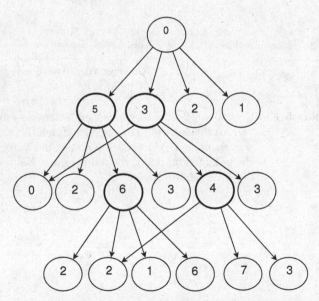

Abbildung 5.14.: Beispiel für Strahlensuche

pandiert in jeder Iteration im Suchgraphen die Knoten mit den k besten lokalen Knotenbewertungen. Alle anderen Knoten bleiben unberücksichtigt. Im nächsten Schritt werden für die expandierten Knoten wieder lokale Knotenbewertungen erzeugt und ebenfalls die k besten weiterexpandiert. Die Strahlensuche ist in Abbildung 5.14 mit $k = 2$ illustriert. (Bei dem hier betrachteten Regellernszenario wurde $k = 14$ gewählt.) Die Abbildung zeigt einen Suchgraphen, wobei die Knoten des Graphen mit ihren lokalen Bewertungen annotiert sind. Auf der ersten Ebene haben die Knoten mit den Bewertungen 4 und 6 die höchsten Bewertungen, d. h. nur diese werden weiterexpandiert. Die k besten Knoten jeweils werden durch fett gedruckte Begrenzungskreise markiert. Auf der nächsten Ebene werden die Knoten mit den Bewertungen 6 und 4 weiterverfolgt.

Die Strahlensuche ist beim Regellernen recht beliebt, da sie ein guter Kompromiss aus Effizienz und Qualität ist. Sie verfolgt in jedem Schritt mehrere Möglichkeiten gleichzeitig und kann somit auch optimale Lösungspfade im Suchgraphen finden, bei denen in den ersten Schritten lokal suboptimale Pfade verfolgt werden mussten. Auf der anderen Seite vermeidet sie aber eine zeitaufwendige Rekursion wie bei der vollständigen Tiefensuche.

Im Folgenden soll betrachtet werden, wie diese Prämissen mithilfe der Strahlensuche gelernt werden können. Zuerst beginnt das Lernverfahren mit Extraktionsregelprämissen, die nur aus einer einzigen Kante bestehen. Anschließend werden diese Extraktionsregeln durch das sukzessive Hinzufügen von Kanten erweitert, wobei Kanten bevorzugt werden, die zu einer geringen Beschreibungslänge der komprimierten Graphen bzw. semantischen Netze führen. Zu beachten ist, dass nur Extraktionsregeln zugelassen werden, bei denen die Knoten in den Prämissen vollständig verbunden sind, d. h. beispielsweise, dass $\mathrm{SUB}(a, c) \wedge \mathrm{SUB}(e, f)$ keine zulässige Extraktionsregelprämisse ist.

Zwei Listen kommen während der Suche zum Einsatz, $local\_best_i$, um den Suchprozess zu steuern und $global\_best$, um die bisher besten Extraktionsregeln zu speichern:

- $local\_best_i$: Die k Extraktionsregeln mit Prämissen der Länge i mit der geringsten Beschreibungslänge
- $global\_best$: Die k besten (d. h. es kommen möglichst viele der Konklusionsvariablen $a1$, $a2$ vor und die Beschreibungslänge ist möglichst gering) Extraktionsregeln mit Prämissen beliebiger Länge.

Alle Extraktionsregelprämissen in der Liste $local\_best_{i-1}$ werden durch eine zusätzliche Kante expandiert und nur die k besten in der Liste $local\_best_i$

abgelegt. Die Liste *global_best* wird nach jeder Berechnung von *local_best*$_{i-1}$ aktualisiert. Dieser Prozess wird so lange iteriert, wie die Gesamtbeschreibungslänge der komprimierten Graphen weiter reduziert werden kann, d. h. $DL(local\_best_{i+1}[1]) < DL(local\_best_i[1])$, wobei $DL : Rule \rightarrow \mathbb{R}$ die Beschreibungslänge der mit dieser Regel komprimierten semantischen Netze bezeichnet und $Li[1]$ den ersten Ausdruck der Liste Li selektiert.

Die Liste *global_best* enthält am Schluss die k Extraktionsregeln mit der geringsten Gesamtbeschreibungslänge (der komprimierten semantischen Netze), die alle Konklusionsvariablen enthalten. Zu beachten ist allerdings, dass es oft nicht sinnvoll ist, alle Extraktionsregeln dieser Liste zu verwenden, da es oft der Fall ist, dass die Prämisse mancher Extraktionsregeln aus anderen in dieser Liste gefolgert werden kann und daher die Kombination beider Extraktionsregeln die Beschreibungslänge häufig nicht verringert.

Der folgende iterative Algorithmus wird daher verwendet, um solche abhängigen Extraktionsregeln auszuschließen:

1. Beginne mit dem ersten Eintrag der globalen Liste:
   depend_best := { *global_best*[1] }
2. Setze i:=2
3. Berechne die kombinierte (komprimierte) Beschreibungslänge von *depend_best* und { *global_best*[i] }
4. Wenn die kombinierte Beschreibungslänge reduziert wurde, füge *global_best*[i] zu *depend_best* hinzu, lasse andernfalls *depend_best* unverändert
5. Wenn $i \geq length(global\_best)$, dann beende die Berechnung und gebe *depend_best* zurück.
6. Erhöhe i um 1
7. Gehe zurück zu Schritt 3

Wenn eine solche Berechnung erfolgreich durchgelaufen ist, werden alle Trainingsbeispiele, auf die die gelernten Extraktionsregeln anwendbar sind, aus der Trainingsmenge entfernt und der Algorithmus auf den verbleibenden Trainingsdaten erneut angewendet und zwar so lange, bis die Trainingsmenge auf die Art nicht mehr weiter reduziert werden kann. Die Anzahl der dabei benötigten Iterationen ist ein Kriterium für die Güte der Extraktionsregel, die beispielsweise bei der Entailment-Erzeugung, wo dieses Lernverfahren ebenfalls eingesetzt wird, verwendet wird.

Auswahlkriterium für Kanten

Aufgrund der hohen Anzahl von Konstanten (alle möglichen Lexeme der deutschen Sprache) ist es aus Gründen der Laufzeit nicht möglich, alle in der Trainingsmenge enthaltenen Kanten auch durchzuprobieren, um eine Extraktionsregel zu erweitern. Daher muss hier eine Auswahl getroffen werden. Zurzeit werden hierfür die Merkmale *Auftrittshäufigkeit* und *Abstand* verwendet.

Auftrittshäufigkeit: Das Merkmal *Auftrittshäufigkeit* berechnet sich aus der Anzahl der Vorkommen einer Kante in der Trainingsmenge, wobei nicht lexikalisierte Knoten alle auf denselben Bezeichner *anon* (für anonymisiert) abgebildet werden. Die Auftrittshäufigkeit wird mit dem höchsten vorkommenden Wert normalisiert.

Abstand: Zur Definition dieses Merkmals ist es erforderlich, zuerst den Abstand einer Kante zu einem Pfad im semantischen Netz zu definieren.

Definition 5.2.1 *Der Abstand $dist(e, p)$ einer Kante e zu einem Pfad p im semantischen Netz ist definiert als minimaler Abstand der zu dieser Kante gehörenden Knoten zu diesem Pfad, d. h.,*
$$dist(e, p) = \min\{dist(v_1, p), dist(v_2, p) | e = (v_1, v_2)\}$$

Das Merkmal *Abstand* bezeichnet den Abstand einer Kante zu einem direkten Pfad vom Hyponym zum Hyperonym (oder Meronym zum Holonym). Die Idee des Verfahrens besteht darin, dass Konstanten, die sich nahe an einem Pfad vom Hyponym zum Hyperonym befinden, eher Bestandteil einer Extraktionsregelprämisse sein sollten als weit entfernte. Die Existenz der Hyponym- und Hyperonymknoten ist durch die Auswahl der Trainingsnetze sichergestellt.

Im Folgenden soll vorgestellt werden, wie dieses Merkmal effizient berechnet werden kann. Dazu wird zuerst ein Überblick über den dafür verwendeten Dijkstra-Algorithmus gegeben [Dij59]. Der Dijkstra-Algorithmus ist ein Verfahren, um den kürzesten Pfad zwischen zwei Knoten in einem Graphen zu bestimmen. Er ist folgendermaßen definiert:

1. Jedem Knoten wird die Eigenschaft *Vorgänger* und *Distanz* (zum Startknoten) zugeordnet. Die Distanz wird zu Beginn für den Startknoten auf null gesetzt und für alle anderen Knoten auf unendlich. Dieser Wert ist der im aktuellen Berechnungsschritt gültige Abstand dieses Knotens vom Startknoten. Er wird im Laufe des Algorithmus verringert und ist immer eine obere Schranke des tatsächlichen Abstandes. Das Vorgängermerkmal wird bei allen Knoten leer gelassen.

2. Der Startknoten wird in die Menge der besuchten Knoten aufgenommen.
3. Der Startknoten wird als aktueller Knoten gesetzt.
4. Falls der aktuelle Knoten der Zielknoten ist, wird der Algorithmus abgebrochen.
5. Es wird ein beliebiger noch nicht besuchter Knoten ausgewählt, der ein Nachbar des aktuellen Knotens ist.
6. Das Kantengewicht der Kante, die den aktuellen Knoten mit dem Nachbarn verbindet, wird zu dem Distanzwert des aktuellen Knotens addiert.
7. Ist diese Summe kleiner als der Distanzwert im Nachbarknoten, so ersetze diesen durch diese Summe und trage den aktuellen Knoten als Vorgänger ein.
8. Der Knoten mit dem geringsten Distanzwert, der noch nicht besucht wurde, wird als aktueller Knoten gesetzt und in die Liste der besuchten Knoten aufgenommen.
9. Es wird zu Schritt 4 gesprungen.

Dieser Algorithmus wird durch Abbildung 5.15 illustriert. Der aktuelle Knoten ist A, seine Distanz zum Starknoten beträgt 2. Die Distanz von A zu B ist 2, die Distanz von A zu C 1. Die Länge des Weges vom Startknoten über D zu B beträgt 5. Der Weg vom Startknoten über A zu B ist allerdings kürzer und beträgt nur 4 (2+2). Daher wird die in B abgelegte Distanz zu 4 geändert (siehe Abbildung 5.16). Der Knoten C wurde bisher noch nicht untersucht. Daher beträgt dessen aktuelle Distanz zum Startknoten ∞. Im nächsten Schritt würde diese Distanz zu 3 geändert werden. Da damit C der noch nicht besuchte Knoten mit der geringsten Distanz zum Startknoten ist, würde C im nächsten Schritt der aktuelle Knoten werden.

Den Weg vom Startknoten zum Zielknoten kann nun dadurch gefunden werden, dass man sich vom Zielknoten mithilfe des Vorgängermerkmals bis zum Startknoten zurückbewegt. Die Länge des Pfades ergibt sich durch den Wert des Distanzmerkmals im Zielknoten.

Das benötigte Abstandsmerkmal wird in zwei Schritten berechnet. Im ersten Schritt wird der kürzeste Pfad zum Hyponym- und Hypernym ermittelt. Im zweiten Schritt wird der Abstand jedes Knoten zu diesem Pfad berechnet. Die Berechnung erfolgt mithilfe des Dijkstra-Algorithmus auf folgende Weise:

- Das Hyponym wird als Startknoten gesetzt.
- Das Hyperonym wird als Zielknoten gesetzt.
- Das Kantengewicht für alle Kanten wird auf eins gesetzt. Ausnahme sind SUB-Kanten zwischen zwei lexikalisierten Begriffen. Diese dürfen

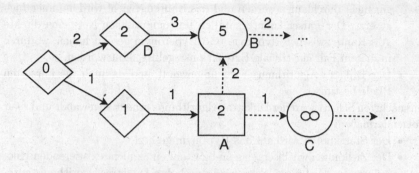

Bereits besuchter Knoten

Noch nicht besuchter Knoten

Aktueller Knoten

Bearbeitete Kante

Noch zu bearbeitende Kante

Abbildung 5.15.: Berechnung des kürzesten Pfades gemäß dem Dijkstra-Algorithmus

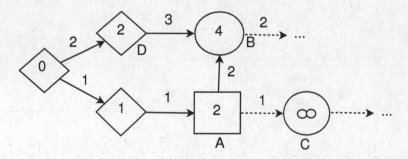

Abbildung 5.16.: Berechnung des kürzesten Pfades gemäß dem Dijkstra-Algorithmus (2)

gar nicht durchlaufen werden und das Kantengewicht wird auf unendlich gesetzt. Der Parser könnte nämlich im semantischen Netz eine direkte SUB-Kante zwischen Hyponym und Hyperonym gesetzt haben, wodurch in diesem Fall nur triviale Extraktionsregeln gelernt würden.

- Der Dijkstra-Algorithmus wird angewandt und dadurch die kürzesten Pfade bestimmt.

Im nächsten Schritt wird der Dijkstra-Algorithmus erneut angewandt und zwar folgendermaßen:

- Der Startknoten wird auf das Hyponym gesetzt.
- Der Zielknoten wird leergelassen bzw. auf einen nicht existierenden Knoten gesetzt. Auf diese Weise wird durch den Dijkstra-Algorithmus automatisch die Länge der Pfade zu allen Knoten im Netz berechnet.
- Für alle Kanten auf den kürzesten Hyponym-/Hyperonympfaden wird das Kantengewicht auf null gesetzt.
- Für alle anderen Kanten wird das Kantengewicht auf eins gesetzt.
- Der Dijkstra-Algorithmus wird erneut angewandt.

Als Ergebnis des Dijkstra-Algorithmus wurde für alle Knoten der Abstand zu den kürzesten Pfaden bestimmt. Der Abstand einer Kante zu diesem kürzesten Pfad ist dann definiert als minimaler Abstand der der Kante zugeordneten Knoten zu diesem Pfad. Die Distanzberechnung für die Kanten ist in Abbildung 5.17 illustriert. Die fett gedruckte Kante ist die kürzeste Verbindung zwischen $a1$ und $a2$. Alle Kanten auf diesem Pfad haben die Distanz null. Bei der Kante PROP($c6$, $c4$) liegt der Knoten $c6$ direkt auf dem Pfad, daher ist der Abstand hier ebenfalls null.

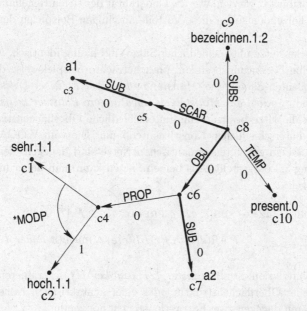

Abbildung 5.17.: Distanz der Kanten zum kürzesten Pfad. Der kürzeste Pfad ist fett gedruckt. Jede Kante ist mit ihrem Abstand zu diesem Pfad annotiert.

5.2.4. Vorteile und Nachteile tiefer Extraktionsregeln gegenüber flachen

Die Verwendung tiefer Extraktionsregel hat eine Reihe von Vorteilen gegenüber der ausschließlichen Verwendung von flachen Regeln. So sind tiefe Regel allgemeiner anwendbar, sodass weniger tiefe als flache Regeln notwendig sind. Zudem kann die Anwendung tiefer Regeln mit dem Anwenden von logischen Axiomen kombiniert werden, was die Generalität der tiefen Regeln noch weiter erhöht. Im Folgenden sollen diese Vorteile an einigen Beispielen demonstriert werden.

Semantische Netze unterschiedlicher Sätze sind häufig identisch, wenn diese Sätze dieselbe Bedeutung besitzen. Man betrachte beispielsweise die semantisch äquivalenten Sätze *"Der Minister und andere Politiker kritisierten das Gesetz."* und *"Sowohl der Minister als auch andere Politiker kritisierten das Gesetz."* Beide Sätze besitzen eine unterschiedliche Oberflächenstruktur und auch einen unterschiedlichen Konstituentenbaum. Die vom WOCADI-Parser aus diesen Sätzen erzeugten semantischen Netze sind dagegen identisch und in Abbildung 5.3 dargestellt. Aus beiden Sätzen kann man daher mit der Extraktionsregel:

$$DH3 : \text{SUB}(a1, a2) \leftarrow \text{SUB}(c, a1) \wedge \text{PRED}(e, a2) \wedge \underset{*\text{ITMS}}{PAR}(d, c) \wedge$$
$$\underset{*\text{ITMS}}{PAR}(d, e) \wedge \underset{*\text{ITMS}}{FOLL}(c, e) \wedge \text{PROP}(e, ander.1.1) \tag{5.18}$$

die Hyponymrelation: $\text{SUB0}(minister.1.1, politiker.1.1)$ extrahieren. Bei Verwendung einer Oberflächenstruktur oder einer syntaktischen Konstituentenstruktur wären dagegen zwei Extraktionsregeln notwendig.

Ein anderes Beispiel, das die Vorteile tiefer Extraktionsregeln verdeutlicht, ist der Satz:

"Bajonett bezeichnet eine auf den Gewehrschaft aufsteckbare Stoßwaffe." Die Oberflächenextraktionsregel *"a1 bezeichnet ein(e) [Adj]* a2"* kann bei diesem Satz nicht verwendet werden, um die Relation $\text{SUB0}(bajonett.1.1, stoßwaffe.1.1)$ zu extrahieren, da die Textpassage *"auf den Gewehrschaft"* nicht von der Extraktionsregel abgedeckt wird. Die tiefe Extraktionsregel

$$D_3 : \text{SUB0}(a1, a2) \leftarrow \text{SCAR}(c, d) \wedge \text{SUB}(d, a1) \wedge$$
$$\text{SUBS}(c, bezeichnen.1.2) \wedge \text{OBJ}(c, e) \wedge \text{SUB}(e, a2) \tag{5.19}$$

liefert dagegen das gewünschte Ergebnis SUBO(*bajonett.1.1, stoßwaffe.1.1*). Ein ähnliches Beispiel ist: *"Sein Geburtshaus in Marktl ist dasselbe Gebäude, in dem auch Papst Benedikt XVI. zur Welt kam."* In diesem Fall verhindert die zusätzliche Präpositionalphrase *in Marktl*, dass die Oberflächenextraktionsregel *"X ist [cat: Artikel] Y"* zur Anwendung kommt. Um alle solche Fälle oder allgemein alle äquivalenten Paraphrasierungen abzudecken, müsste eine riesige Menge von Oberflächenextraktionsregeln definiert werden.

Bei dem Satz *"Auf jeden Fall sind nicht alle Vorfälle aus dem Bermudadreieck oder aus anderen Weltgegenden vollständig geklärt."* scheitert die Anwendung des Hearst-Musters *"x oder andere y"* daran, dass das Wort *aus* zwischen den Wörtern *oder* und *anderen* vorkommt. Auch hier wäre ein zusätzliche flache Extraktionsregel notwendig. Auch bei einer Konstituentenbaum-basierten Repräsentation wäre das der Fall. In diesem Fall liegt das daran, dass nicht *"Bermudadreieck"* und *"Weltgegenden"* koordiniert sind, sondern *"aus dem Bermudadreieck"* und *"aus anderen Weltgegenden"*. Die Koordination von *"Bermudadreieck"* und *"Weltgegenden"* ist nicht auf syntaktischer sondern nur auf semantischer Ebene vorhanden. Ein Teil dieser Probleme könnte auf syntaktischer Ebene vermieden werden, wenn eine Dependenzstruktur der Sätze erzeugt würde. Dies ist dadurch begründet, dass viele Dependenzparser einige semantisch-orientierte Normalisierungen, insbesondere von Koordinationen, durchführen (beispielsweise der Stanford-Parser [dMM08]).

Aber auch die Normalisierung durch einen Dependenzparser ist in vielen Fällen nicht so weitgehend wie die auf MultiNet-Repräsentationen basierende Normalisierung von WOCADI.

Man betrachte beispielsweise die folgenden Sätze:

- *"Er verkauft alle gebräuchlichen Streichinstrumente außer Celli."* / *"(He sells all common string instruments except for celli.)"*
- *"Er verkauft alle gebräuchlichen Streichinstrumente bis auf Celli."* / *"(He sells all common string instruments aside from celli.)"*
- *"Er verkauft alle gebräuchlichen Streichinstrumente ausgenommen Celli."* / *"(He sells all common string instruments excluding celli.)"*

Alle drei Sätze besitzen unterschiedliche Dependenzbäume, was durch Anwendung des Stanford Parsers [dMM08] auf die englischen Übersetzungen getestet wurde. Zu diesem Zweck sind die englischen Übersetzungen bei obiger Aufzählung mit angegeben.

Allerdings sind die semantischen Netze aller drei Sätze identisch (siehe Abbildung 5.18), d. h., die in Abbildung 5.19 angegebene Extraktionsregel kann

angewendet werden, um die Hyponymrelation
SUB0(*cello.1.1*, *string_instrument.1.1*) aus allen drei Sätzen zu extrahieren,
wofür drei verschiedene Extraktionsregeln notwendig wären, wenn die Extraktionsregeln auf Dependenzstrukturen aufsetzen würden. Im semantischen Netz
ist der Ausdruck *alle gebräuchlichen Streichinstrumente außer / bis auf / aus-*
genommen Celli dadurch repräsentiert, dass von der Menge aller gebräuchlichen Streichinstrumente die Celli abgezogen werden (Funktion: *DIFF), wobei
die Menge der Celli eine Teilmenge der Menge der Streichinstrumente ist, was
durch die Relation SUBM ausgedrückt wird. Sowohl *Celli* als auch *Streichin-*
strumente bezeichnen eine Pluralität, die mithilfe der Relation PRED mit dem
generischen Begriff *cello.1.1* bzw. *streichinstrument.1.1* verbunden wird.

Dieses Beispiel zeigt, dass durch die Verwendung einer tiefen semantischen
Repräsentation die Anzahl der benötigten Extraktionsregeln im Vergleich zu
einer Oberflächendarstellung oder auch einer syntaktischen Repräsentation,
reduziert wird.

Auf der anderen Seite besitzen flache Verfahren auch einige Vorteile gegenüber tiefen. Die hier verwendeten flachen Verfahren benötigen lediglich eine
Tokenliste, die immer generiert werden kann. Sie sind daher auch anwendbar,
wenn die tiefe semantische Analyse eines Satzes nicht erfolgreich war. Zudem
sind sie wenig sensitiv gegenüber Parserfehlern.

5.2.5. Fehlerquellen bei der Anwendung der tiefen Extraktionsregeln

Obwohl tiefe Extraktionsregeln viele Vorteile gegenüber flachen Extraktionsregeln besitzen, kann es trotzdem vorkommen, dass die extrahierte Hypothese
inkorrekt ist. Dies kann zahlreiche Ursachen haben. Zum einen werden durch
die Extraktion einer Hypothese aus dem semantischen Netz zahlreiche Knoten
weggelassen, die aber von großer Bedeutung für die extrahierte Hyponymhypothese oder Hyperonymhypothese sein können. Man betrachte den Beispielsatz:
"*Sein Vater und andere Polizisten ...*" Das semantische Netz dieses Satzes ist
in Abbildung 5.20 dargestellt. Wenn man auf das daraus erzeugte semantische
Netz die Extraktionsregel:

$$DH3 : \text{SUB0}(a1, a2) \leftarrow \text{SUB}(c, a1) \wedge PAR_{*\text{ITMS}}(d, c) \wedge$$
$$\text{PRED}(e, a2) \wedge PAR_{*\text{ITMS}}(d, e) \wedge FOLL_{*\text{ITMS}}(c, e) \wedge \qquad (5.20)$$
$$\text{PROP}(e, ander.1.1)$$

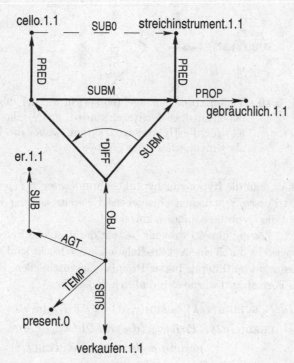

Abbildung 5.18.: Anwendung einer tiefen Extraktionsregel auf das semantische Netz zu dem Satz *"Er verkauft alle gebräuchlichen Streichinstrumente außer Celli."* Die miteinander identifizierten Kanten sind fett gedruckt, die gestrichelte Linie symbolisiert die gefolgerte Kante.

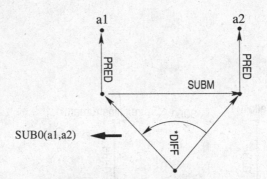

Abbildung 5.19.: Tiefe Extraktionsregel (entspricht auf der Oberflächenebene in etwa der Regel: SUB($a1$, $a2$) ← alle $a2$ außer
$a1$) für die Hyponymextraktion, wobei die Prämisse
als semantisches Netz gegeben ist

anwendet, erhält man die Hyponymiehypothese SUB0(*vater.1.1*, *polizist.1.1*).
Die durch das Possessivpronomen angegebene Referenz ist hier nicht mehr
vorhanden und die Hypothese daher inkorrekt.

Eine mögliche Lösung dieses Problems besteht darin, solche Referenzen, die
in MultiNet meistens durch eine ATTCH-Relation ausgedrückt sind, durch Verwendung eines negierten Literals in der Prämisse auszuschließen. Die Extraktionsregel aus Formel 5.20 würde sich dadurch ändern zu:

$$DH1 : \text{SUB0}(a1, a2) \leftarrow \text{SUB}(c, a1) \wedge PAR_{*\text{ITMS}}(d, c) \wedge$$
$$\text{PRED}(e, a2) \wedge PAR_{*\text{ITMS}}(d, e) \wedge FOLL_{*\text{ITMS}}(c, e) \wedge \qquad (5.21)$$
$$\text{PROP}(e, ander.1.1) \wedge \neg\text{ATTCH}(f, c)$$

Durch die Angabe von ¬ATTCH(f, c) kann diese Extraktionsregel nun nicht
mehr auf den oben genannten Satz angewendet werden, dafür aber beispielsweise auf "*Vier Polizisten und zwei andere Personen hielten den Verdächtigen
fest.*" woraus korrekterweise die Hyponymrelation

$$\text{SUB0}(polizist.1.1, person.1.1)$$

extrahiert würde[3]. Eine alternative Vorgehensweise besteht darin, die Referenzdeterminiertheit, (ein MultiNet-Layer-Merkmal) des Hyponymkandidaten

---

[3]Dieses Vorgehen ist nur möglich unter Annahme der Closed-World-Assumption,
d. h., für ein nichtbeweisbares Literal kann die Negation angenommen werden.

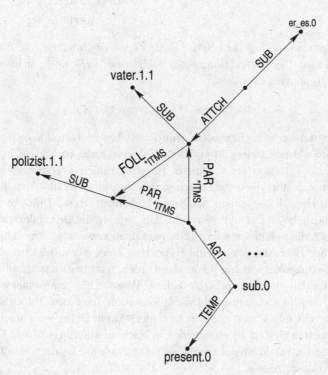

Abbildung 5.20.: Semantisches Netz zu dem Satz: *"Sein Vater und andere Polizisten ..."*

zu betrachten. Die Regel sollte nur anwendbar sein, wenn die Referenz unterspezifiziert oder nicht determiniert ist.

$$DH1' : \text{SUB0}(a1, a2) \leftarrow \text{SUB}(c, a1) \wedge PAR_{*\text{ITMS}}(d, c) \wedge$$
$$\text{PRED}(e, a2) \wedge PAR_{*\text{ITMS}}(d, e) \wedge FOLL_{*\text{ITMS}}(c, e) \wedge$$
$$\text{PROP}(e, ander.1.1) \wedge \tag{5.22}$$
$$\neg \text{REFER}(c, det)$$

Allerdings würde aus dem Satz *"Seine Geige und andere gute Instrumente..."* mithilfe der Extraktionsregeln *DH1'* und *DH3* auch nicht mehr die korrekte Hyponymiehypothese

$$\text{SUB0}(geige.1.1, instrument.1.1)$$

extrahiert werden können, was ein grundsätzliches Problem dieses regelbasierten Ansatzes demonstriert. Modifiziert man eine Extraktionsregel in der Art, dass sich die Präzision der von dieser Regel extrahierten Hypothesen erhöht, verringert sich aber meist gleichzeitig der Recall, d. h., die Anzahl der extrahierten Hypothesen nimmt ab. Eine Möglichkeit, dieses Problem zu lösen, besteht darin, beide Extraktionsregeln, d. h., sowohl die Originalextraktionsregel als auch die modifizierte Extraktionsregel, zu verwenden. Die Information, von welcher Extraktionsregel eine Hypothese erzeugt wurde, kann dann von der Validierungskomponente verwendet werden, um abzuschätzen, ob eine Hypothese korrekt ist oder nicht. Auf diese Weise erhält man einerseits einen höheren Recall, andererseits geht die Information, dass diese Hypothese eventuell inkorrekt sein könnte aber auch nicht verloren. Daher wird auch bei dem hier evaluierten System so verfahren. Ein Nachteil allerdings bleibt: Durch die zusätzliche Extraktionsregel erhöht sich natürlich die Laufzeit des Hypothesenextraktionsprozesses.

Ein anderes Problem entsteht durch die starke Ambiguität der natürlichen Sprache. Man betrachte die Extraktionsregel (DH3):

$$\text{SUB0}(a1, a2) \leftarrow \text{SUB}(c, a1) \wedge PAR_{*\text{ITMS}}(d, c) \wedge$$
$$\text{PRED}(e, a2) \wedge PAR_{*\text{ITMS}}(d, e) \wedge FOLL_{*\text{ITMS}}(c, e) \wedge \tag{5.23}$$
$$\text{PROP}(e, ander.1.1)$$

Diese Regel soll angewendet werden auf den Satz *"Er kaufte Fleisch, Butter und andere Milchprodukte"*. Das diesen Satz repräsentierende semantische Netz ist in Abbildung 5.21 dargestellt. Dabei gibt es eine strukturelle Mehrdeutigkeit. Der Begriff <andere Milchprodukte> bezieht sich nicht auf alle vorhergehenden Begriffe in der Aufzählung, sondern nur auf den direkten Vorgänger. Daher würde man mit der Extraktionsregel in Formel 5.23 fälschlicherweise die Hyponymiehypothese SUB0(*fleisch.1.1, milchprodukt.1.1*) extrahieren. Um dies zu verhindern, kann man neben den Prädikaten *PAR* (parent) und *FOLL* (follows) noch ein Prädikat *SUCC* (successor) einführen, das nur für direkte Nachfolger innerhalb einer *ITMS oder *ALTN1/2-Liste erfüllt ist.

Betrachtet man eine Aufzählung: $[res = {}^{*}\text{ITMS}(a_1, \ldots, a_n)]$, dann würden die folgenden $n - 1$ zusätzlichen Relationen eingeführt:

$$SUCC(a_1, a_2), \ldots, SUCC(a_{n-1}, a_n) \tag{5.24}$$

Die Extraktionsregel aus Formel 5.23 müsste daher folgendermaßen angepasst werden:

$$\begin{aligned}
&\text{SUB0}(a1, a2) \leftarrow \text{SUB}(c, a1) \wedge PAR_{{}^{*}\text{ITMS}}(d, c) \wedge \\
&\text{PRED}(e, a2) \wedge PAR_{{}^{*}\text{ITMS}}(d, e) \wedge SUCC_{{}^{*}\text{ITMS}}(c, e) \wedge \\
&\text{PROP}(e, ander.1.1)
\end{aligned} \tag{5.25}$$

Ähnlich wie bei dem vorigen Fall steigert sich hier die Präzision, dafür fällt aber der Recall. Mit der in Formel 5.25 angegebenen Extraktionsregel wäre es beispielsweise nicht mehr möglich, die Relation SUB0(*affe.1.1, tier.1.1*) aus dem Satz *Im Zoo sah er Affen, Pinguine und viele andere Tiere.* zu extrahieren. Es existiert zudem noch eine weitere mögliche Ambiguität. Die Eigenschaft *ander.1.1* kann sich statt auf die anderen Begriffe der Konjunktion auch auf das Subjekt beziehen.

Beispiel: *"Der Mathematiklehrer kritisiert die Schüler und die anderen Lehrer."*

Aus diesem Satz würde mithilfe der Extraktionsregeln *DH1–DH4* die inkorrekte Hyponymiehypothese SUB0(*schüler.1.1, lehrer.1.1*) erzeugt werden.

Um in allen oben angegebenen Fällen immer die richtigen Subordinationsrelationen zu extrahieren, müsste man diese eigentlich schon kennen, d. h., man müsste wissen, dass Fleisch kein Milchprodukt, ein Mathematiklehrer kein Schüler und dass Affen und Pinguine Tiere sind. Gerade diese Information soll aber extrahiert werden.

Zusammenfassend betrachtet kann es durchaus sinnvoll sein, um einen hohen Recall zu erreichen, recht allgemeine und dadurch häufig anwendbare Regeln zu

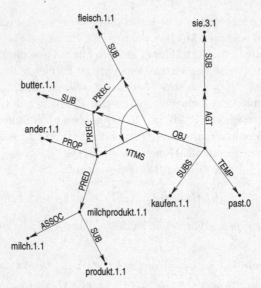

Abbildung 5.21.: Semantisches Netz zu Satz *"Sie kauften Fleisch, Butter und andere Milchprodukte."*

verwenden und die inkorrekten Hypothesen anschließend durch die Validierung zu identifizieren.

5.2.6. Filtern anhand ontologischer Sorten und semantischer Merkmale

Tiefe und flache Extraktionsregeln extrahieren unter Umständen Begriffspaare als Oberbegriff / Unterbegriff, die nicht in einer Subordinationsrelation zueinander stehen. Deshalb wird ein zweistufiger Mechanismus vorgeschlagen, um solche Begriffspaare zu identifizieren. Im ersten Schritt werden solche Begriffspaare herausgefiltert, bei denen die den Begriffen zugeordneten Sorten und Merkmale nicht bestimmte Bedingungen erfüllen. Im zweiten Schritt werden verschiedene numerische Merkmale für die nicht herausgefilterten Hypothesen berechnet und durch die Verwendung einer Support-Vektor-Maschine [Vap98] zu einem Konfidenzwert kombiniert.

Ein Hyponym ist eine Spezialisierung des zugehörenden Hyperonyms. Das bedeutet, die ontologische Sorte des Hyperonyms sollte die des Hyponyms subsumieren (Gleichheit ist auch erlaubt) und das Hyponym sollte alle semantischen Merkmale des Hyperonyms mit identischem Wert besitzen. Falls ein Wert beim Hyperonym unterspezifiziert ist, kann dieser beim Hyponym beliebig gesetzt sein.

Beispiele:

- *giraffe.1.1* (animal:+) kann kein Hyponym sein von *haus.1.1* (animal:-)
- *haus.1.1* (d/diskretes Objekt) kann kein Hyponym sein von *ärger.1.1* (as/abstraktes Objekt)
- *ding.1.1* (movable: unterspezifiziert) kann kein Hyponym sein von *fahrzeug.1.1* (movable:+), umgekehrt dagegen schon
- *milch.1.1* (s/Substanz) und *banane.1.1* (d/diskretes Objekt) sind Hyponyme von *lebensmittel.1.1* (co / konkretes Objekt)
- *sessel.1.1* (d/diskretes Objekt) ist ein Hyponym von *möbel.1.1* (co / konkretes Objekt)

Dieses Vorgehen ist aber nur zulässig, wenn die Ontologie monoton ist bezüglich der verwendeten semantischen Merkmale. Das prominenteste Beispiel für Nichtmonotonie ist der Pinguin. Er kann nicht fliegen, obwohl dem Hyperonym *Vogel* die Eigenschaft "*kann fliegen*" zugeordnet ist (Diese Eigenschaft ist übrigens momentan kein semantisches Merkmal von MultiNet). Um solche Effekte und gelegentliche Fehler bei den Lexikoneinträgen zu berücksichtigen, wird eine Abweichung bei einem einzigen semantischen Merkmal noch toleriert.

Ein besonderes Problem stellen Bedeutungsmoleküle dar. Diese sind Begriffe, die dadurch charakterisiert sind, dass sie aus mehreren Bedeutungsfacetten bestehen [Hel08, Seite 292] (siehe Seite 28). Ein Beispiel eines solchen Bedeutungsmoleküls ist: *Schule*, die eine Gruppe von Personen (Lehrern/Schülern), eine Institution oder ein Gebäude bezeichnen kann. Wenn ein Begriff ein Bedeutungsmolekül ist, sind diesem mehrere Facetten zugeordnet. Jede Facette besitzt eigene ontologische Sorten und einen eigenen Vektor semantischer Merkmale. In diesem Fall wird überprüft, ob mindestens ein Facette aus der Hyponymhypothese existiert, die für eine Facette aus der Hyperonymhypothese die obige Subsumptions-Bedingung für Sorten und semantische Merkmale erfüllt.

Das semantische Lexikon enthält mehr als 27 000 tiefe Einträge. Trotzdem kann es in manchen Fällen vorkommen, dass eine Hyponym- oder Hyperonymhypothese nicht im tiefen Teil des Lexikons vorhanden ist, was eine Überprüfung mit semantischen Merkmalen und ontologischen Sorten unmöglich macht. Wenn ein Begriff durch ein Kompositum bezeichnet wird, kann das

Problem dadurch gelöst werden, dass die semantischen Merkmale und ontologischen Sorten des Grundbegriffes betrachtet werden. Dieser Grundbegriff ist folgendermaßen definiert:

Definition 5.2.2 (Grundbegriff) *Der zu einem Kompositum gehörende Grundbegriff ist derjenige Begriff, der dem Grundwort des Kompositums als Bedeutung zugrunde liegt.*

Dieser Grundbegriff wird anhand der morphologischen Analyse des Parsers bestimmt. Unterschiedliche Vorgehensweisen werden gewählt abhängig davon, ob das Hyperonym oder das Hyponym nicht im Lexikon gefunden werden kann, aber das Lexikon den Grundbegriff enthält. Wenn das Hyperonym b nicht im Lexikon enthalten ist, genügt es zu zeigen, dass der Grundbegriff c von b kein Hyperonym von a ist, um zu folgern, dass $\text{SUB0}(a, b)$ nicht erfüllt sein kann, was zu folgendem Theorem führt.

Theorem 5.2.1 (Grundbegriff) *Man nehme an, c ist Grundbegriff und Hyperonym von b. Außerdem gelte: $\neg\text{SUB0}(a, c)$. Dann folgt: $\neg\text{SUB0}(a, b)$*

Beweis durch Widerspruch:
Man nehme daher an, dass $\text{SUB0}(a, b)$ gilt. Zudem ist $\neg\text{SUB0}(a, c)$ bekannt. Die Tatsache, dass c der Grundbegriff von b ist, impliziert normalerweise $\text{SUB0}(b, c)$. Durch die Transitivität der SUB0-Relation gilt $\text{SUB0}(a, c)$. Dieses ist aber laut Beweisannahme gerade nicht zutreffend, woraus die Behauptung folgt. Q.e.d. Der Beweis ist in Abbildung 5.23 illustriert.
Beispiel: Es soll untersucht werden, ob *tier.1.1* ein Hyponym von *hochhaus.1.1* sein kann. Angenommen, *hochhaus.1.1* wäre nicht im tiefen Lexikon enthalten und daher auch keine Informationen über ontologische Sorten und semantische Merkmale für diesen Begriff vorhanden. Da das Wort *Hochhaus* ein Kompositum ist mit Grundwort *Haus*, ist es ausreichend, die semantischen Merkmale des Grundbegriffs *haus.1.1* von *hochhaus.1.1* mit denen von *Tier* zu vergleichen. Sowohl *animate* als auch *animal* sind bei Tier gesetzt, nicht aber bei Haus. Daher ist eine Unterordnungsrelation von *tier.1.1* zu *hochhaus.1.1* ausgeschlossen. Verdeutlicht ist dieses Vorgehen in Abbildung 5.22.

Im Fall, dass das potenzielle Hyponym a nicht gefunden wurde, wird ein anderer Ansatz verfolgt. Bei angenommener Baumstruktur der Ontologie gilt, dass, wenn a ein Hyponym von b ist, muss der Grundbegriff c von a entweder ein Hyperonym oder Hyponym von b sein. Wenn beide diese Fälle ausgeschlossen

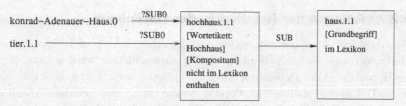

Abbildung 5.22.: Vergleich einer Hyponymhypothese mit einem Begriff, der als Wortetikett ein Kompositum besitzt.

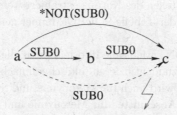

Abbildung 5.23.: Widerspruchsbeweis Subordination. Die durch die Transitivität von SUB0 gefolgerte Kante ist gestrichelt dargestellt.

werden können, was durch eine Überprüfung mit Sorten und Merkmalen auf Subsumption möglich ist, dann kann auch SUB0(a, b) ausgeschlossen werden. Beispiele:

- a:=*bauarbeiter.1.1*, b=*mensch.1.1*, c=*arbeiter.1.1*. a (*bauarbeiter.1.1*) ist ein Hyponym von b (*mensch.1.1*) und der Grundbegriff c (*arbeiter.1.1*) von a ist ebenfalls ein Hyponym von b.
- a:=*bauarbeiter.1.1*, b=*handwerker.1.1*, c=*arbeiter.1.1*. a (*bauarbeiter.1.1*) ist ein Hyponym von b (*handwerker.1.1*), aber diesmal ist der Grundbegriff c (*arbeiter.1.1*) von a ein Hyperonym von b.

Theoretisch könnte dieser Ansatz zu falschen Ergebnissen führen, wenn die Ontologie nicht als Baum, sondern als allgemeiner azyklischer Graph aufgebaut ist. Allerdings wurden in der Praxis mit diesem Vorgehen Probleme mit fehlerhaften Sorten/Merkmalen bisher nicht festgestellt.

5.2.7. Ablegen der Relation in der Datenbank

Wenn anhand der Überprüfung von ontologischen Sorten und semantischen Merkmalen eine Hyperonymrelation nicht ausgeschlossen werden kann, wird die Hypothese in der Datenbank abgelegt. Insbesondere erfolgen dazu Einträge in den Datenbanktabellen RELATION, der die extrahierte Relationshypothese beschreibt und die Tabelle SOURCE, deren Einträge die Stellen angeben, aus der eine Hypothese extrahiert wurde (siehe Abbildung 5.24).

Ein Eintrag der Tabelle RELATION kann mehreren Einträgen der Tabellen SOURCE zugeordnet sein, da eine bestimmte semantische oder lexikalische Relation aus mehreren Stellen des Korpus extrahiert werden kann. Umgekehrt bezieht sich ein Eintrag der Tabelle SOURCE immer genau auf einen Eintrag der Tabelle RELATION.

Die Tabelle RELATION enthält alle Informationen, die nötig sind, die Hyponymierelation eindeutig zu identifizieren und schnell nach verschiedenen Kriterien zu indizieren. Diese wird auch für Meronymie und Synonymie verwendet. Statt die Tabelle in den Abschnitten für Meronymie und Synonymie nochmals zu beschreiben, werden die Unterschiede hier kurz dargestellt.

Die folgenden Felder sind für die Tabelle RELATION definiert:

- RID: Eindeutiger numerischer Primärschlüssel
- NAME: Name der Unterrelation (d. h. SUBS, SUBR oder SUB für Subordinationen, siehe Abschnitt 2.2). Bei Meronymen sind die Werte ELMT, ORIGM^{-1}, HSIT, PARS und TEMP möglich, bei Synonymen nur SYNO.
- HYPERREL: Name der verallgemeinerten Relation, immer SUB0 für Subordination. Für Meronymie ist dieser Eintrag MERO und für Synonymie SYNO.
- CONCEPT1: erster Begriffsbezeichner der binären Relation, in diesem Fall die Hyponymhypothese bzw. der Name der Instanzhypothese (bzw. Meronym- oder erste Synonymhypothese)
- CONCEPT2: zweiter Begriffsbezeichner der binären Relation, in diesem Fall die Hyperonymhypothese oder die Oberbegriffshypothese (bzw. Holonym- oder erste Synonymhypothese)
- PRIMARY_CONCEPT1: Grundbegriff von CONCEPT1. Dieses Feld ist NULL[4] falls kein solcher Grundbegriff existiert.
- PRIMARY_CONCEPT2: Grundbegriff von CONCEPT2. Dieses Feld ist

---

[4]Der Datenbankwert NULL bezeichnet einen leeren, d. h. nicht gesetzten Feldinhalt. NULL ist keinesfalls identisch mit der Zahl null.

NULL, falls kein solches Grundbegriff existiert.

- LOGFORM (logische Form): MultiNet-Ausdruck der extrahierten Relation als Zeichenkette.
  Beispiel: SUB(*notebook.1.1*, *computer.1.1*, *categ*, *categ*)

- CORRECT: eins, wenn die Subordinationshypothese korrekt ist, null, wenn sie nicht korrekt ist und NULL, wenn die Hypothese noch nicht annotiert wurde.

- LOGVAL: Enthält das Ergebnis des automatischen Beweisers, falls diese Hypothese einen Widerspruch in der Wissensbasis verursacht

- SCORE: Konfidenzwert als reelle Zahl. Bester Wert ist eins, schlechtester Wert ist null

- FEATURES: Enthält die Werte mehrerer Merkmale, die von der Support-Vektor-Maschine verwendet werden, um abzuschätzen, ob eine Subordinationsrelation tatsächlich vorliegt (siehe Abschnitt 5.2.8)

- ANNOTATOR: Name der Person, die die Korrektheit der Hypothese intellektuell beurteilt hat oder NULL, wenn diese Hypothese noch nicht annotiert wurde.

Die Relation SOURCE enthält Informationen darüber, woher die Hypothese stammt.

- SID: eindeutiger numerischer Primärschlüssel
- RID: Fremdschlüssel der Tabelle RELATION
- NAME: der Name der Quelle (beispielsweise Wikipedia)
- FILENAME: der Name der von WOCADI erzeugten Datei. Im Falle von WIKIPEDIA enthält eine solche Datei jeweils einen Artikel.
- SENTENCE_INDEX: der Index (von null beginnend) des semantischen Netzes bzw. des dazugehörigen Satzes in der Datei.
- PATTERN: der Name der Extraktionsregel, mit dessen Hilfe die Relation extrahiert wurde
- DEEP: die Information, ob eine tiefe (1) oder flache (0) Extraktionsregel zur Extraktion verwendet wurde
- FIRST_SENTENCE: die Information, ob die Hypothese aus dem ersten Satz (1) eines Wikipedia-Artikels extrahiert wurde oder nicht (0)

5.2.8. Validierung von Subordinationshypothesen

Die Validierung der Hypothesen erfolgt mithilfe verschiedener Merkmale [vor10a]. Die Merkmale sind so gewählt, dass ein hoher Merkmalswert auf eine

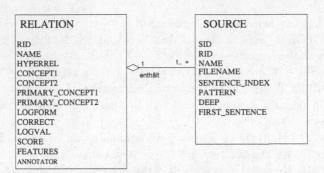

Abbildung 5.24.: Verwendetes Datenmodell für das Ablegen von extrahierten Subordinationsrelationen in der Datenbank

korrekte Hypothese hindeutet, ein niedriger Merkmalswert (nahe null) dagegen
auf eine fehlerhafte Hypothese.

Die Kombination der einzelnen Merkmale erfolgt mithilfe einer Support-
Vektor-Maschine. Eine Support-Vektor-Maschine ist ein Verfahren, einen gegebenen Datensatz $\{x_1, \ldots, x_n\}$, der durch Vektoren in einem Vektor-Raum
repräsentiert ist, durch eine Hyperebene in der Art zu teilen, dass den Vektoren auf derselben Seite die gleiche Klasse zugeordnet ist. Zudem wird die
Größe des Randes der Hyperebene maximiert.

Der Rand der Hyperebene ist durch die Vektoren gegeben, die den geringsten
Abstand von dieser Ebene besitzen. Diese Vektoren werden auch als Support-
Vektoren bezeichnet. Eine Klassifizierung mit einer Support-Vektor-Maschine
ist ein überwachtes Lernverfahren, d. h., es wird ein Trainingskorpus benötigt,
in dem die Vektoren durch einen menschlichen Annotator einer von zwei Klassen (hier: Korrektheit und Nichtkorrektheit der extrahierten Hypothesen) zugeordnet wurden.

Ein Vektor, der nicht zur Trainingsmenge gehört, wird nun einfach dadurch
von der Support-Vektor-Maschine klassifiziert, indem untersucht wird, auf welcher Seite der Hyperebene sich dieser befindet. Da die Annahme, dass die Daten
perfekt separierbar sind, in der Praxis nicht realistisch ist, wird normalerweise
ein Klassifikator verwendet, bei dem eine geringe Anzahl von Fehlklassifizierun-
gen erlaubt ist. Normalerweise wird die Support-Vektor-Klassifizierung durch
Lösen des dualen Optimierungsproblems gelöst [SS02], wofür ein Maß benötigt
wird, dass die Ähnlichkeit von Instanzen abschätzt. In früheren Versionen der

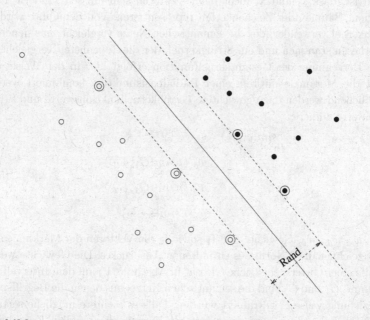

Abbildung 5.25.: Klassifizierung mithilfe einer Support-Vektor-Maschine. Eine Hyperebene teilt den Datensatz in zwei Bereiche ein.

Support-Vektor-Klassifizierung wurde als Maß immer das Skalarprodukt $\mathbf{x_i} \cdot \mathbf{x_j}$ der zugehörigen Merkmalsvektoren $\mathbf{x_i}$ und $\mathbf{x_j}$ (genannt linearer Kernel) verwendet. Heutzutage wird dagegen die Ähnlichkeit durch eine Kernelfunktion angegeben, die deutlich mehr Flexibilität erlaubt. Die einzige Einschränkung, die eine solche Funktion besitzt, ist die, dass die Matrix der Kernelwerte (ker_{ij}) mit $ker_{ij} = K(\mathbf{x}_i, \mathbf{x}_j)$ symmetrisch und positiv semi-definit sein muss. Zu beachten ist, dass $\mathbf{x_i}$ und $\mathbf{x_j}$ nicht mehr Vektoren sein müssen sondern häufig Graphen, Bäume oder Zeichenketten repräsentieren. Von SemQuire wird ein Graphkernel verwendet, der die semantischen Netze vergleicht, aus denen die Hypothesen stammen und ein Stringkernel, der die Tokenlisten vergleicht.

Die Berechnung der Gesamtkernelfunktion erfolgt hier in der Weise, dass zuerst die Merkmale mithilfe einer Radialbasisfunktion kombiniert werden. Anschließend werden dazu gewichtete Graphkernelfunktionswerte und Stringkernelwerte addiert:

$$
\underset{total}{csim}(c_1, c_2) = w_s e^{-\beta \|\mathbf{f_1} - \mathbf{f_2}\|^2} +
$$
$$
w_{d_1}(\underset{a1 \wedge a2}{nsim}(G_1, G_2)) +
$$
$$
w_{d_2}(\underset{a1 \vee a2}{nsim}(G_1, G_2)) + \qquad (5.26)
$$
$$
w_s(\underset{sk}{nsim}(s_1, s_2))
$$

wobei w_s, w_{d_1}, w_{d_2} Gewichte und $\mathbf{f_1}$ sowie $\mathbf{f_2}$ die Vektoren der Merkmale sind. $\|.\|$ bezeichnet die 2-Norm des enthaltenen Ausdruckes. Die Gewichte werden mithilfe einer Gittersuche (siehe Glossar in Abschnitt F) auf dem Intervall [0,1] bestimmt. G_1 und G_2 sind die semantischen Netze, aus denen die Begriffspaare $c1$ beziehungsweise $c2$ extrahiert wurden. Falls es mehrere mögliche semantische Netze gibt, dann wird der maximale Kernelwert aus allen Kombinationen verwendet, wobei aus Gründen der Laufzeit höchstens zwei semantische Netze pro Relation verwendet werden. β ist schließlich eine Konstante, die unabhängig von den betrachteten Begriffen, festgelegt wird. Diese Festlegung erfolgte hier automatisch durch eine Gittersuche auf dem Intervall [0,2]. Die Bedeutung und Berechung von den zwei Graphkerneln $w_{d_1}(nsim_{a1 \wedge a2}(G_1, G_2))$ und $w_{d_2}(nsim_{a1 \vee a2}(G_1, G_2))$ wird im folgenden Kapitel erläutert.

Graphkernel

Ein Graphkernel wird in dieser Arbeit verwendet, um die Ähnlichkeit zwischen den zwei semantischen Netzen zu schätzen, aus denen die Subordinationshypothesen (analog für Meronym- und Synonymhypothesen) extrahiert wurden. Das hier beschriebene Verfahren [Tv10] basiert im Wesentlichen auf der von Gärtner, Driessens und Ramon eingesetzten Methode [GDR03], das die Ähnlichkeit zweier Graphen durch das Zählen der Anzahl der gewichteten gemeinsamen Wege schätzt. Dieses Vorgehen basiert auf der Annahme, dass zwei Graphen mit vielen gemeinsamen Wegen auch ähnlich sind. Ein Beispiel eines gemeinsamen Weges von zwei semantischen Netzen von den Hyponymhypothesen zu den Hyperonymhypothesen ist geben durch: (siehe auch Abbildung 5.26)

$$a1 \xleftarrow{\text{SUB}} anon \xleftarrow{PAR_{*\text{ITMS}}} anon \xrightarrow{PAR_{*\text{ITMS}}} anon \xrightarrow{\text{PRED}} a2$$

anon bezeichnet dabei einen nicht lexikalisierten Knoten. Bei den hier betrachteten Wegen darf eine Kante auch mehrfach betreten werden, d. h., ein anderer gemeinsamer Weg wäre:

$$a1 \xleftarrow{\text{SUB}} anon \xrightarrow{sub} a1 \xleftarrow{\text{SUB}} anon \xleftarrow{PAR_{*\text{ITMS}}}$$
$$anon \xrightarrow{PAR_{*\text{ITMS}}} anon \xrightarrow{\text{PRED}} a2$$

Es sind auch gemeinsame Wege gegen die Kantenorientierung erlaubt sind, da andernfalls die Länge der gemeinsamen Wege recht kurz und ein gemeinsamer Weg sonst kaum Hyponyme (bzw. Instanzen, Meronyme oder Synonyme) und Hyperonyme (bzw. Oberbegriffe, Holonyme oder Synonyme) verbinden könnte. Allerdings muss die Richtung der miteinander identifizierten Kanten in beiden Graphen identisch sein, damit sie für einen gemeinsamen Weg verwendet werden können.

Es folgt ein kurzer Überblick über den Graphkernel-Algorithmus und eine Beschreibung, wie dieser Ansatz auf semantische Netze im MultiNet-Formalismus angewendet werden kann. Ein gerichteter Graph G ist definiert als ein Paar (V, E) aus einer Knotenmenge V und einer Kantenmenge E, wobei $V = \{v_1, \ldots, v_n\}$ und $E \subseteq V \times V$. Allen Knoten und Kanten werden alphanumerische Bezeichnungen zugeordnet.

Der erste Schritt des Graph-Kernel-Algorithmus besteht darin, dass der Produktgraph $PG = (PV, PE)$ der zwei zu vergleichenden Graphen, genannt Faktorgraphen, bestimmt wird. Seien $G_1 = (V_1, E_1)$ und $G_2 = (V_2, E_2)$ die beiden Faktorgraphen. Dann ist der Produktgraphen definiert durch $PG = (PV, EV)$ mit

- $PV = V_1 \times V2$ und

- $PE = PV \times PV$.

Jeder Knoten im Produktgraphen ist ein Paar von Knoten. Die erste Komponente dieses Paares ist ein Knoten des ersten Graphen, die zweite Komponente ein Knoten des zweiten Graphen.

$$(v_1, v_2) \in PV_{(G_1,G_2)} : \Leftrightarrow v_1 \in V_1 \wedge v_2 \in V_2 \wedge label(v_1) = label(v_2) \qquad (5.27)$$

wobei $G_1 = (V_1, E_1)$ und $G_2 = (V_2, E_2)$. Für das Szenario der semantischen Netze werden zwei Knoten der zu vergleichenden Graphen dann miteinander identifiziert, wenn sie entweder beide nicht lexikalisiert sind oder mit dem identischen lexikalischen Begriff assoziiert sind.

Zwischen zwei Knotenpaaren des Produktgraphen existiert eine Kante genau dann, wenn eine Kante zwischen den beiden ersten Komponenten im ersten und zwischen den beiden zweiten Komponenten im zweiten Faktorgraphen besteht und wenn die assoziierten Kantenbezeichnungen identisch sind.

$$((v_1, v_2), (w_1, w_2)) \in PE(G_1, G_2) :\Leftrightarrow$$
$$(v_1, w_1) \in E_1 \wedge (v_2, w_2) \in E_2 \wedge \qquad (5.28)$$
$$label(v_1, w_1) = label(v_2, w_2)$$

Bei den hier betrachteten semantischen Netzen reicht diese von Gärtner, Driessens und Ramon verwendete Definition allerdings nicht immer aus, da zwei Knoten auch durch mehrere Kanten in derselben Richtung verbunden sein können. Eine äquivalente Repräsentation besteht darin, dass es zwar nur eine Kante geben darf, diese aber eine Menge von Bezeichnungen besitzen kann. In diesem Fall muss daher gelten:

$$((v_1, v_2), (w_1, w_2)) \in PE(G_1, G_2) :\Leftrightarrow$$
$$(v_1, w_1) \in E_1 \wedge (v_2, w_2) \in E_2 \wedge \qquad (5.29)$$
$$labels(v_1, w_1) \cap labels(v_2, w_2) \neq \emptyset$$

Eine Kante im Produktgraphen entspricht einem gemeinsamen Weg der Länge eins in den beiden betrachteten Faktorgraphen. Die Adjazenzmatrix ist definiert wie folgt:

$$A_{PG} = (a_{ij})_{i=1\dots n, j=1\dots n} \text{ mit}$$
$$a_{ij} := \begin{cases} 1, & (u_i, u_j) \in PE \vee (u_j, u_i) \in PE \\ 0, & \text{andernfalls} \end{cases} \qquad (5.30)$$

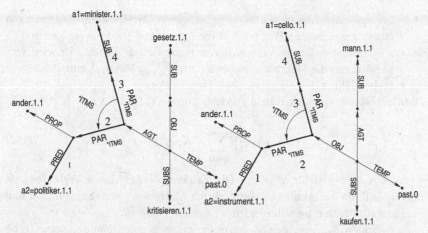

Abbildung 5.26.: Gemeinsamer Pfad in zwei semantischen Netzen der
Länge vier. Die beiden semantischen Netze repräsentieren die Sätze (links) *"Der Minister und andere Politiker kritisierten das Gesetz"* sowie (rechts) *"Er kaufte
ein Cello und andere Instrumente."*

$(u_i, u_j) \in PE \vee (u_j, u_i) \in PE$ drückt die Tatsache aus, dass gemeinsame Wege
auch gegen die Kantenrichtung verfolgt werden können. Dies ist eine Variation
des Originalalgorithmus von Gärtner, Driessens und Ramon.

Ein Eintrag i, j der Adjazenzmatrix $\mathbf{A_{PG}}$ ist eins (1), wenn ein gemeinsamer
Weg der Länge eins zwischen den entsprechenden Knoten in den Knotenpaaren
i und j existiert. Analog gibt es l gemeinsame Wege der Länge m zwischen
den entsprechenden Knoten der Knotenpaare i und j, wenn $\mathbf{A_{PG}}^m(i,j) = l$.
Die Ähnlichkeit zweier Graphen G_1 und G_2 wird dann geschätzt durch:

$$sim(G_1, G_2) = \iota^\top (\sum_{k=0}^{\infty} \lambda^k \mathbf{A_{PG}}^k)\iota \qquad (5.31)$$

mit

- k Potenzierung mit k
- $\mathbf{A_{PG}}^0 = I$ (Identitätsmatrix)
- $\lambda < 1$ ist eine Konstante, die so ausgewählt werden muss, dass die oben
  angegebene Summe konvergiert. Da $\lambda < 1$ ist, haben lange gemeinsame
  Wege ein geringeres Gewicht als kurze. Allerdings impliziert ein langer

gemeinsamer Weg viele kürzere gemeinsame Wege, sodass insgesamt ein langer gemeinsamer Weg auch stärker gewichtet wird als ein kurzer.

- $\iota := (1 \ldots 1)^\top$ ist ein Vektor, der nur aus Einsen besteht. Er wird verwendet, um die Matrixkomponenten aus $\sum_{k=0}^{\infty} \lambda^k \mathbf{A_{PG}}^k$ aufzuaddieren.
- $\iota^\top$ bezeichnet den zu ι transponierten Vektor.

Die Graphähnlichkeit wird dann geschätzt durch $\iota^\top (I - \lambda \mathbf{A}_{PG})^{-1} \iota$ [GDR03], da

$$(I - \lambda \mathbf{A_{PG}})(\sum_{k=0}^{\infty} \lambda^k \mathbf{A_{PG}}^k) = I \qquad (5.32)$$

wenn $\lambda^k \mathbf{A}_{PG}^k \to \mathbf{0}$ für $k \to \infty$. Die Zeitkomplexität dieses Verfahrens ist polynomiell, da der Ähnlichkeitswert durch Matrixinversion, Subtraktion und Skalarmultiplikation berechnet wird.

Zu beachten ist, dass, gemäß der oben angegebenen Definition, ein Graph nur binäre Relationen enthalten kann. Da der MultiNet-Formalismus dagegen Funktionen erlaubt, die eine beliebige Anzahl von Argumenten haben können[5], muss jede Funktion dieser Art zuerst in binäre Relationen umgewandelt werden, bevor dieser Graphkernel-Algorithmus wie oben beschrieben angewendet werden kann (siehe Abschnitt 5.2).

Der oben beschriebene Originalalgorithmus von Gärtner, Driessens und Ramon besitzt den folgenden Hauptnachteil für die hier beschriebene Anwendung: Alle gemeinsamen Wege werden gleich behandelt und zwar unabhängig davon, ob sie die Hyponym- oder Hyperonymknoten (analog mit Instanz-, Meronym- und Holonymknoten bzw. die beiden Synonymknoten) passieren. Das ist nicht sinnvoll, denn gemeinsame Wege, die in Beziehung zu den Hyponym- oder Hyperonymknoten stehen, besitzen normalerweise eine stärkere Relevanz in Bezug auf die Klassifikation. Daher wird ein modifizierter Algorithmus verwendet, der Hyponym- und Hyperonymknoten speziell berücksichtigt [Tv10].

Dieser Ansatz verwendet zwei Graphkernel-Funktionen. Der erste betrachtet alle gemeinsamen Wege, die sowohl die Hyponym- als auch die Hyperonymknoten passieren. Die zweite Graphkernel-Funktion betrachtet dahingegen alle gemeinsamen Wege, die entweder die Hyponym- oder die Hyperonymknoten oder beide passieren.

Im ersten Schritt werden die Hyponymknoten durch die Variable *a1* und die Hyperonymknoten durch die Variable *a2* ersetzt. Dies erlaubt gemeinsame We-

---

[5]Ein Beispiel einer solchen Funktion ist *ITMS, die mehrere Begriffe in einer Konjunktion kombiniert.

ge, die sowohl die Hyponyme als auch die Hyperonyme beinhalten, selbst wenn die Hyponyme (oder Hyperonyme) der beiden Faktorgraphen nicht identisch sind.

Im nächsten Schritt wird die Anzahl der gemeinsamen Wege, die nicht die Hyponyme (Variable $a1$) passieren, bestimmt. Die Anzahl der gemeinsamen Wege, die nicht die Hyperonyme und die gemeinsamen Wege, die weder Hyponyme noch Hyperonyme passieren, wird auf ähnliche Weise ermittelt.

Wir wollen zunächst der Fall betrachten, dass die Kernelfunktion der gemeinsamen Wege, die nicht die Hyponyme passieren, berechnet werden soll. In der Adjazenzmatrix des assoziierten Produktgraphen werden alle Verbindungen der Knoten von und zu $a1$ entfernt (auf null gesetzt).

$$a_{\neg a1,ij} = \begin{cases} 1, & a_{ij} = 1 \wedge \\ & u_i = (v_1, v_2) \wedge u_j = (w_1, w_2) \wedge \\ & v_1 \neq a1 \wedge w_1 \neq a1 \wedge \\ & v_2 \neq a1 \wedge w_2 \neq a1 \\ 0, & \text{andernfalls} \end{cases} \tag{5.33}$$

wobei u_i den i-ten Knoten im Produktgraphen bezeichnet (u_j ist analog definiert). Die Graphkernel-Funktion für die gemeinsamen Wege ausgenommen diejenigen, die $a1$ passieren, ist dann einfach gegeben durch:

$$sim_{\neg a1}(G_1, G_2) = \iota^\top (\sum_{k=0}^{\infty} \lambda^k \mathbf{A_{PG,\neg a1}}^k) \iota \tag{5.34}$$

wobei: $\mathbf{A_{PG,\neg a1}} := (a_{\neg a1,ij})_{i=1...n, j=1...n}$. Die Graphkernel-Funktion für die gemeinsamen Wege ausschließlich derjenigen, die $a2$ passieren, kann analog bestimmt werden. Die Verbindungen zu und von $a1$ und $a2$ müssen aus der Adjazenzmatrix entfernt werden, um die Graphkernel-Funktion für diejenigen gemeinsamen Wege zu bestimmen, die weder $a1$ noch $a2$ passieren.

$$a_{\neg(a1 \vee a2),ij} = \begin{cases} 1, & a_{\neg a1,ij} = 1 \wedge a_{\neg a2,ij} = 1 \\ 0, & \text{andernfalls} \end{cases} \tag{5.35}$$

Die Graphkernelfunktion für die gemeinsamen Wege, die $a1$ und/oder $a2$ passieren (nicht notwendigerweise dort beginnen oder enden) ist dann dadurch gegeben, dass der Graphkernel für die gemeinsamen Wege, die weder $a1$ oder *a2* passieren von dem Graphkernel für alle möglichen gemeinsamen Wege abgezogen wird.

$$\operatorname*{sim}_{a1 \vee a2}(G_1, G_2) = sim(G_1, G_2) - \operatorname*{sim}_{\neg(a1 \vee a2)}(G_1, G_2) \tag{5.36}$$

Die Graphkernelfunktion für die gemeinsamen Wege, die sowohl *a1* als auch *a2* passieren, kann ähnlich bestimmt werden:

$$\begin{aligned}\operatorname*{sim}_{a1 \wedge a2}(G_1, G_2) = sim(G_1, G_2) - \operatorname*{sim}_{\neg a1}(G_1, G_2) - \\ \operatorname*{sim}_{\neg a2}(G_1, G_2) + \operatorname*{sim}_{\neg(a1 \vee a2)}(G_1, G_2)\end{aligned} \tag{5.37}$$

Zu beachten ist hierbei, dass $sim_{\neg(a1 \vee a2)}(G_1, G_2)$ zu der rechten Seite der Gleichung 5.37 addiert werden muss, da andernfalls die gemeinsamen Wege, die weder *a1* noch *a2* passieren doppelt abgezogen würden. Die Berechnung des Produktgraphen ist recht zeitkritisch. Abbildung. 5.27 zeigt einen effizienten Algorithmus, der unnötige Berechnungen vermeidet und Zwischenresultate so weit wie möglich verwendet.

Zu beachten ist, dass die Anzahl der gemeinsamen Wege bei großen Graphen normalerweise größer ist als bei kleinen. Eine Normalisierung mit der Graphgröße ist daher zu empfehlen (siehe [Hau99]). Die normalisierte Graphkernelfunktion ist dann gegeben durch

$$nsim(G_1, G_2) := \frac{sim(G_1, G_2)}{\sqrt{sim(G_1, G_1) \cdot sim(G_2, G_2)}} \tag{5.38}$$

Unter Umständen kann es der Fall sein, dass mehrere semantische Netze mit einem der zu vergleichenden Hyponympaare c_1 und c_2 assoziiert sein können. In diesem Fall werden diejenigen Graphen ausgewählt, die den Kernelfunktionswert maximieren. Zu beachten ist, dass die Maximumfunktion nicht generell positiv-semidefinit ist, d. h., dass die durch die Support-Vektor-Maschine gefundene Lösung unter Umständen nur ein lokales Optimum ist [Haa05, BTF04].

```
PG:=berechne_Produktgraph(G_1,G_2)
Berechne sim(G_1,G_2) durch PG
PG2:=kopiere(PG)
PG_NOT_a1:=Setze alle Einträge der
  Adjazenzmatrix von PG
  auf null, bei der Quell- oder
  Zielknotenpaar a1 enthält
PG_NOT_a2:Berechne analog mit
  a2 und PG2
Berechne sim_¬a1(G_1,G_2) durch
  PG_NOT_a1
Berechne sim_¬a2(G_1,G_2) durch
  PG_NOT_a2
PG_NOT_a1,a2: Setze alle Einträge der
  Adjazenzmatrix von PG_NOT_a1
  auf null, bei dem das Quell- oder Zielknotenpaar
  a2 enthält
Berechne sim_¬(a1∨a2)(G_1,G_2) bei Verwendung von
  PG_NOT_a1,a2
Berechne sim_a1∨a2(G_1,G_2) und
  sim_a1∧a2(G_1,G_2) durch
  kombiniere sim(G_1,G_2),sim_¬a2(G_1,G_2),
  sim_¬a2(G_1,G_2), und sim_¬(a1∨a2)(G_1,G_2)
  so wie oben beschrieben.
```

Abbildung 5.27.: Pseudocode für die Berechnung von $sim_{a1 \vee a2}(G_1, G_2)$ und $sim_{a1 \wedge a2}(G_1, G_2)$

Verwendung von Synonymen und Hyponymen

Der Produktgraph PG (wie in Abschnitt 5.2.8 definiert) enthält lediglich Knotenpaare mit identischen Bezeichnungen, d. h., die Knoten in einem Paar sind entweder nicht lexikalisiert oder aber mit demselben Begriff assoziiert. Der Nachteil dieses Vorgehens besteht darin, dass Knoten, die zwar unterschiedliche Bezeichnungen besitzen, bei denen die den Bezeichnungen zugeordneten Begriffe aber semantisch ähnlich sind, nicht miteinander identifiziert werden können. Das hier vorgestellte Verfahren wurde daher dahin gehend erweitert, dass Synonym- und Hyponymrelationen ausgenutzt werden. Im Gegensatz zu der in Formel 5.27 angegebenen Definition werden auch unterschiedlich bezeichnete Knoten miteinander identifiziert, wenn eine Synonym- oder Hyponymrelation zwischen diesen besteht.

$$
\begin{aligned}
(v_1, v_2) \in PV_{(G_1,G_2)} :&\Leftrightarrow v_1 \in V_1, v_2 \in V_2 \wedge \\
&(label(v_1) = label(v_2) \vee \\
&\text{SYNO}(label(v_1), label(v_2)) \vee \\
&\text{SUBO}(label(v_1), label(v_2)) \vee \\
&\text{SUBO}(label(v_2), label(v_1)))
\end{aligned}
\tag{5.39}
$$

Zudem wird ein Ähnlichkeitsmaß für Knoten des Produktgraphen definiert. Dieses Maß schätzt die semantische Ähnlichkeit der mit einem Knotenpaar assoziierten Begriffe.

$$
dsim : PV \to [0,1] \text{ with}
$$
$$
dsim(v_1, v_2) = \begin{cases}
1, & label(v_1) = label(v_2) \\
1, & \text{SYNO}(label(v_1), label(v_2)) \\
s, & \text{SUBO}(label(v_1), label(v_2)) \vee \\
& \text{SUBO}(label(v_2), label(v_1)) \\
0, & \text{andernfalls}
\end{cases}
\tag{5.40}
$$

wobei $0 < s < 1$; eins entspricht maximaler Ähnlichkeit und null überhaupt keiner Ähnlichkeit (in der Evaluation wurde $s := 0,5$ verwendet). Zu beachten ist, dass aus Gründen der Effizienz keine ausgefeilteren Ähnlichkeitsmaße wie beispielsweise die von Hirst und St-Onge [HSO95], Jiang Conrath [JC97], Lin [Lin93] oder von Leacock und Chodorow [LC98] zum Einsatz kommen (siehe

Abschnitt 4.1), was allerdings sinnvoll sein könnte, wenn genügend Rechner-
leistung zur Verfügung stehen würde. (Siehe [BH01] für einen Vergleich der
verschiedenen Ähnlichkeitsmaße.) Zur Verwendung solcher Ähnlichkeitsmaße
bietet sich der Einsatz einer Hashtabelle an, die für ein gegebenes Begriffspaar
die Ähnlichkeitswerte für verschiedene Maße zurückliefert. Bei der Verwendung einer Hashtabelle gibt es einen Tradeoff zwischen Speicherverbrauch und
Geschwindigkeit. Bei einer sehr großen Hashtabelle ist der Zugriff annähernd
konstant, bei einer kleinen dagegen annähernd linear.

Die modifizierte Adjazenzmatrix ist gegeben durch:

$$\mathbf{A'_{PG}} = (a'_{ij})_{i=1\ldots n, j=1\ldots n} \text{ with}$$

$$a'_{ij} := \begin{cases} dsim(v_i) \cdot dsim(v_j), & (v_i, v_j) \in PE \vee \\ & (v_j, v_i) \in PE \\ 0 & \text{, andernfalls} \end{cases} \tag{5.41}$$

Zu beachten ist, dass $\mathbf{A'_{PG}}$ keine Adjazenzmatrix im strikten mathematischen
Sinne darstellt, da ihre Einträge nicht auf null und eins beschränkt sind, sondern dagegen beliebige reelle Zahlen aus dem Intervall [0,1] annehmen können.

Eine zusätzliche Verbesserung könnte darin bestehen, auch Knoten miteinander zu identifizieren, bei denen die assoziierten Begriffe Kohyponyme von-
einander sind, d. h., $\exists s : \text{SUB0'}(v_1, s) \wedge \text{SUB0'}(v_2, s) \Rightarrow (v_1, v_2) \in PV_{(G_1, G_2)}$
wobei SUB0' die Hyponymrelation bezeichnet, die direkt in der Wissensbasis
repräsentiert ist, d. h. ohne Bilden der transitiven Hülle. Zusätzlich könnten
Knoten miteinander identifiziert werden, bei denen die zugehörigen Begriffe
mithilfe Derivation (MultiNet-Relationen CHEA (Derivation vom Verb) und
CHPA (Derivation vom Adjektiv) entstanden sind.

Effizienzgesichtspunkte

Dieser Abschnitt behandelt, wie die im letzten Abschnitt beschriebenen Graph-
kernelfunktionen effizient berechnet werden können. Wie zuvor beschrieben,
kann
$S := \iota^\top \sum_{k=0}^{\infty} \lambda^k \mathbf{A}_{PG}{}^k \iota$ durch den Ausdruck $\iota^\top (I - \lambda \mathbf{A}_{PG})^{-1} \iota$ berechnet
werden. In diesem Abschnitt wird ein alternatives Verfahren vorgestellt, den
Ausdruck S zu bestimmen, was eine bessere Nutzung von Zwischenresultaten
ermöglicht und für welchen die zeitaufwendige Matrizeninversion nicht notwendig ist. Diese Methode profitiert von Hardware-beschleunigter Matrizen-
multiplikation, wie sie häufig in aktuellen Rechnern anzutreffen ist und erlaubt

eine gleitende Verbesserung der Performance bei gleichzeitiger Reduktion der Genauigkeit.

S kann auch durch $\iota^\top \sum_{k=0}^{m} \lambda^k \mathbf{A}_{PG}{}^k \iota$ (angenähert) für einen hinreichend großen Wert[6] für m angenähert werden. Während sowohl die Berechnung von $\iota^\top \mathbf{M} \iota$ (die Summe aller Elemente einer gegebenen Matrix $\mathbf{M}$) als auch die Addition von Matrizen quadratische Zeitkomplexität besitzt, hat eine Matrixmultiplikation kubische Zeitkomplexität. Die Anzahl der Matrixmultiplikationen sollte daher so weit wie möglich reduziert werden. Eine offensichtliche Optimierung besteht darin, das Matrizenprodukt der vorhergehenden Summe wiederzuverwenden, um den k-ten Summand in $\sum_{k=0}^{m} \lambda^k \mathbf{A_{PG}}{}^k$ zu berechnen, indem die Tatsache verwendet wird, dass gilt:

$$\mathbf{A_{PG}}{}^k = \mathbf{A_{PG}} \cdot (\mathbf{A_{PG}})^{k-1} \tag{5.42}$$

Weiterhin sollten $sim_{a1 \vee a2}$ und $sim_{a1 \wedge a2}$ nicht unabhängig voneinander berechnet werden, da sim sowie $sim_{\neg(a1 \vee a2)}$ für beide Ähnlichkeitsmaße bestimmt werden müssen. Allerdings können $sim_{a1 \vee a2}$ und $sim_{a1 \wedge a2}$ unter Umständen unterschiedliche Werte für λ verwenden. Die Werte von sim in den beiden Ähnlichkeitsmaßen können daher unterschiedlich sein (analog für $sim_{\neg(a1 \vee a2)}$). Trotzdem ist eine komplette Neuberechnung normalerweise nicht notwendig.

Angenommen, $\iota^\top (\sum_{k=0}^{m} \lambda^k \mathbf{A_{PG}}{}^k) \iota$ ist zu bestimmen und $\iota^\top (\sum_{k=0}^{m} \lambda'^k \mathbf{A_{PG}}{}^k) \iota$ ist gegeben. Dann ist:

$$
\begin{aligned}
S &= \iota^\top \Big(\sum_{k=0}^{m} \lambda^k \mathbf{A_{PG}}{}^k \Big) \iota \\
&= \iota^\top \Big(\sum_{k=0}^{m} (\lambda' \frac{\lambda}{\lambda'})^k \mathbf{A_{PG}}{}^k \Big) \iota \\
&= \sum_{k=0}^{m} [\iota^\top (\lambda' \frac{\lambda}{\lambda'})^k \mathbf{A_{PG}}{}^k \iota] \\
&= (\iota^\top (\lambda')^0 \mathbf{A_{PG}}{}^0 \iota, \ldots, \iota^\top (\lambda')^m \mathbf{A_{PG}}{}^m \iota)^\top \cdot \\
&\quad \quad ((\frac{\lambda}{\lambda'})^0, \ldots, ((\frac{\lambda}{\lambda'})^m)) \\
&= \mathbf{w}^\top \cdot \mathbf{v}
\end{aligned}
\tag{5.43}
$$

---

[6] m=8 hat in der Evaluation zu recht akkuraten Ergebnissen geführt.

S kann als Skalarprodukt zweier Vektoren repräsentiert werden (genannt **w** und **v**). Statt S direkt zu berechnen, wird zuerst der Vektor **w** berechnet und anschließend S für unterschiedliche Werte λ durch eine simple Skalarmultiplikation bestimmt. Dadurch kann die Anzahl der benötigten Matrixmultiplikationen für *sim* von $2(m-1)$ auf $m-1$ reduziert werden, analog für $sim_{\neg(a1 \vee a2)}$.

Zu beachten ist, dass es theoretisch auch möglich wäre, den Vektor **w** ohne den Faktor λ' zu berechnen und anschließend einfach S durch eine Multiplikation von **w** und $(\lambda^0, \ldots, \lambda^m)$ zu bestimmen. Allerdings ist diese Vorgehensweise nicht empfehlenswert, da die Anzahl der gemeinsamen Wege exponentiell mit m ansteigt.

Stringkernel

Die Graphkernelfunktion kann nur sinnvoll angewendet werden, wenn tatsächlich vollständige semantische Netze für beide Relationshypothesen verfügbar sind. Das ist allerdings nicht immer der Fall. Als Fall-Back-Strategie wird daher zusätzlich ein Stringkernel angewendet (bei Meronymen und Synonymen ebenfalls), der auf der Begriffs-Tokenliste operiert um übereinstimmende Sequenzen von Begriffen zu identifizieren. Das heißt, die Vergleichseinheiten sind in diesem Fall nicht Buchstaben wie häufig beim Stringkernel sondern Begriffsbezeichner. Falls ein Wort nicht disambiguiert werden konnte, wird derjenige Begriff ausgewählt, der in der Liste der möglichen Begriffe für das Wort am häufigsten im Textkorpus vorkommt. Die Hyponym- und Hyperonymkomponenten der Hypothesen werden durch zwei fixe Variablen ersetzt (z. B. *a1* für die Hyponym- und *a2* für die Hyperonymkandidaten).

Die hier betrachtete Stringkernelfunktion (Gemeinsamer Teilsequenz-Stringkernel, siehe [SS02, 412–414]) ist definiert als die gewichtete Anzahl aller gemeinsamen Teilzeichenketten, wobei Lücken vorkommen dürfen, aber zu geringeren Ähnlichkeitswerten führen. Die Anzahl der gewichteten Teilzeichenketten in w und v mit Länge n ist gegeben durch:

$$K_n(w,v) = \sum_{u \in A^n} \sum_{\mathbf{a}: u = w[\mathbf{a}]} \sum_{\mathbf{b}: u = v[\mathbf{b}]} \lambda^{l(\mathbf{a}) + l(\mathbf{b})} \qquad (5.44)$$

mit:

- A: ein gegebenes Alphabet
- λ: ein positiver Gewichtungsfaktor mit $0 < \lambda < 1$

- $\mathbf{a} \in \mathbb{N}^n$: ein Vektor bestehend aus sortierten Indizes, die Zeichen in w referenzieren
- $\mathbf{b} \in \mathbb{N}^n$: ein Vektor bestehend aus sortierten Indizes, die Zeichen in v referenzieren
- $l : \mathbb{N}^n \to \mathbb{N}$: eine Funktion, die die Länge des durch die Indizes überspannten Intervalls angibt $(l(a) = a[n] - a[1] + 1)$
- C: hier eine Menge von Begriffen

Die Gesamtkernelfunktion ist durch $sim_{sk}(w, v) = \sum_{i=1}^{min\{|w|,|v|\}} K_i$ gegeben. Da $\lambda < 1$ wird (ähnlich wie beim Graph-Kernel) eine längere gemeinsame Teilzeichenkette immer weniger stark gewichtet als eine kürzere. Das mag auf den ersten Blick unlogisch erscheinen. Allerdings impliziert eine längere gemeinsame Teilzeichenkette auch mehrere gemeinsame kürzere Teilzeichenketten, sodass insgesamt die längeren Teilzeichenketten auch stärker berücksichtigt werden.

Anbei ein Beispiel mit Sequenzen von Zeichen:

$$
\begin{aligned}
K_3(HABCE, GABCD) &= \lambda^3 \lambda^3 + \dots & (u = \text{``}ABC\text{``}) \\
K_2(HABCE, GABCD) &= \lambda^3 \lambda^3 + \dots & (u = \text{``}AC\text{``}) \\
K_3(HABCE, GABCD) &= \lambda^1 \lambda^1 + \dots & (u = \text{``}A\text{``})
\end{aligned}
\tag{5.45}
$$

Zu beachten ist in diesem Beispiel, dass der Exponent drei und nicht zwei bei K_2 beträgt, da zwar die Länge der Zeichenkette u den Wert zwei besitzt, die Länge des überdeckte Intervalls bei den beiden Wörtern $HABCE$ und $GABCD$ aber den Wert drei annimmt.

Die Berechnung dieser Kernelfunktion kann durch Verwendung durch Rekursion recht effizient erfolgen [SS02, 412–414]. Man betrachte dazu zuerst die Funktion $K'(w, v)$, die die Anzahl der gewichteten Teilzeichenketten zurückgibt, wobei statt $l(w)$ bzw. $l(v)$ immer die Länge des Intervalls vom Anfang der Sequenz bis zum Ende der Zeichenkette w bzw. v verwendet wird.

$$
K_i'(w, v) = \sum_{u \in A^n} \sum_{\mathbf{a}:u=w[\mathbf{a}]} \sum_{\mathbf{b}:u=v[\mathbf{b}]} \lambda^{|w|+|v|-a_1-b_1+2}
\tag{5.46}
$$

Mithilfe von $K'(w, v)$ kann nun eine rekursive Definition von $K(w, v)$ hergeleitet werden. Dabei unterscheidet man die zwei Fälle, dass das letzte Zeichen von v in w vorkommt oder nicht, d. h., dass die gemeinsame Teilzeichenkette das letzte Zeichen von v enthält oder nicht.

$$K'_0(w,v) = 1, \text{ für alle } w, v,$$

$K'_i(w,v) = 0, \text{ wenn } \min(|w|, |v|) < i$ (Teilzeichenkette länger als eine der beiden Vergleichszeichenketten)

$$K_i(w,v) = 0, \text{ wenn } \min(|w|, |v|) < i$$

$$K'_i(sx,v) = \lambda K'_i(s,v) + \sum_{j:v_j=x} (w, v[1:j-1])\lambda^{|v|-j+2},$$

$$i = 1, \ldots, n-1$$

$$K_n(sx,v) = K_n(s,v) + \sum_{j:v_j=x} K'_{n-1}(s, v[1:j-1])\lambda^2$$

$$(5.47)$$

Da die Zahl der gemeinsamen Teilzeichenketten für Paare von langen Zeichenketten normalerweise größer ist als für Paare von kurzen, wird $sim_{gk}(w,v)$ auf Werte von null bis eins normiert durch:

$$\underset{sk}{nsim}(w,v) = \frac{sim_{sk}(w,v)}{\sqrt{sim_{sk}(v,v)\, sim_{sk}(w,w)}} \qquad (5.48)$$

Im konkreten Fall des Vergleichs von Relationshypothesen sind die Komponenten der Zeichenketten, auf denen der Stringkernel operiert, nicht Zeichen, sondern Begriffsbezeichner.

5.2.9. Validierungsmerkmale

Zusätzlich zu Graph- und Stringkernel werden verschiedene Validierungsmerkmale bestimmt, die durch eine Radial-Basis-Funktion miteinander kombiniert werden. Das Resultat dieser Berechnung wird dann in einem zweiten Schritt über eine gewichtete Summe mit den Werten für Graph- und Stringkernel kombiniert. Im Folgenden werden die einzelnen Validierungsmerkmale für Hyponymiehypothesen beschrieben.

MH1: Extraktionsregelverwendung

Für jede Extraktionsregel wird ein binäres Merkmal angelegt mit dem Werten eins, falls die Hypothese durch diese Extraktionsregel erzeugt wurde, und null sonst. Auf diese Weise kann berücksichtigt werden, ob eine Hypothese durch eine zuverlässige oder eher unzuverlässige Regel extrahiert wurde. Dieses Merkmal kommt auch zur Validierung von Meronym- und Synonymiehypothesen zur Anwendung.

MH2: Grad der Tiefe

Das Merkmal *Grad der Tiefe* untersucht, ob eine Hypothese sowohl durch flache als auch durch tiefe Extraktionsregeln (1) extrahiert wurde oder nur von einem von beiden (0). Dieses Merkmal wird bei Meronym- und Synonymiehypothesen ebenfalls angewendet.

MH3: Korrektheitsrate

Das Merkmal *Korrektheitsrate* berücksichtigt, dass die Hyperonym-/Oberbegriffskomponente (analog zur Hyponym- oder Instanzkomponente) einer Hypothese alleine schon eine Abschätzung ermöglicht, ob die betrachtete Hypothese korrekt ist. Beispielsweise sind Hypothesen mit einer Hyperonymkomponente *Flüssigkeit* oder *Person* häufig korrekt. Bei abstrakten Begriffen wie *Religion*, *Einstellung* sieht das wiederum gänzlich anders aus.

Dieses Merkmal bestimmt, wie oft eine Hyponymiehypothese tatsächlich korrekt ist, wenn ein bestimmter Begriff in der ersten (Hyponymie / Instanz) oder zweiten (Hyperonymie / Oberbegriff) Position auftaucht. Formal ausgedrückt soll die folgende Wahrscheinlichkeit bestimmt werden:

$$p = P(H \mid arg1_r = a_1 \wedge arg2_r = a_2) \tag{5.49}$$

Hierbei bezeichnet

- $arg1_r$ den ersten Begriff (das angenommene Hyponym / die angenommene Instanz) in einer gegebenen Relation r;
- $arg2_r$ den zweiten Begriff (das angenommene Hyperonym / der angenommene Oberbegriff) in einer gegebenen Relation r;
- $H(yponymie)$ bezeichnet die Tatsache, dass eine Hyponymrelation besteht.

Die Wahrscheinlichkeit p kann aber nur in dem Fall angegeben werden, dass diese Hypothese bereits annotiert ist. Ist diese Hypothese als korrekt annotiert, ist $p = 1$, ansonsten $p = 0$. Um auch Aussagen für nicht annotierte Hypothesen machen zu können, müssen einige vereinfachte Annahmen getroffen werden, die im Folgenden ausgeführt werden. Gemäß dem Theorem von Bayes lässt sich aus Gleichung 5.49 ableiten, dass gilt:

$$p = P(H) \cdot \frac{P(arg1_r = a_1 \wedge arg2_r = a_2 | H)}{P(arg1_r = a_1 \wedge arg2_r = a_2)} \tag{5.50}$$

Für eine bessere Generalisierung wird angenommen, dass die Ereignisse $arg1_r = a_1$ und $arg2_r = a_2$ sowie $(arg1_r = a_1 | H)$ als auch $(arg2_r = a_2 | H)$ unabhängig voneinander sind. Unter diesen Voraussetzungen kann Gleichung 5.50 folgendermaßen umgeschrieben werden:

$$
\begin{aligned}
p \approx p' &= P(H) \cdot \frac{P(arg1_r = a_1 | H)}{P(arg1_r = a_1)} \cdot \frac{P(arg2_r = a_2 | H)}{P(arg2_r = a_2)} \\
&= \frac{P(arg1_r = a_1 \wedge H)}{P(arg1_r = a_1)} \cdot \frac{P(arg2_r = a_2 \wedge H)}{P(H) \cdot P(arg2_r = a_2)} \\
p' &= \frac{1}{P(H)} \cdot P(H | arg1_r = a_1) \cdot P(H | arg2_r = a_2)
\end{aligned}
\tag{5.51}
$$

Im Falle, dass a_1 nur selten in einer Hyponym-/Instanzposition auftaucht, wird p durch
$P(H | arg2_r = a_2)$ approximiert, analog für selten auftauchende Begriffe in der Hyperonym-/Oberbegriffsposition. Wie gewöhnlich werden die Wahrscheinlichkeiten durch relative Häufigkeiten geschätzt, wobei annotierte Subordinationshypothesen zur Verwendung kommen.

Beispiel: Man nehme an, dass das Hyponymhypothesenpaar (c_1, c_2) gegeben ist und der Begriff c_1 in 90 annotierten Hyponymiehypothesen als angenommenes Hyponym vorkommt, 45 von diesen seien korrekt. Der Begriff c_2 komme in 100 Hypothesen als angenommenes Hyperonym vor, wovon 30 korrekt sind. Die geschätzte Wahrscheinlichkeit, dass eine Hyponymiehypothese korrekt ist, sei 0.2. Dann ist der Merkmalswert gegeben durch: $(1/0.2) \cdot 0.5 \cdot 0.3 = 0.75$. Zu beachten ist, dass dieses Merkmal in analoger Form auch zur Validierung von Meronymiehypothesen verwendet wird.

MH4: Semantischer Kontextvergleichswert

Das Merkmal *Semantischer Kontextvergleichswert* geht von der Annahme aus, dass Begriffe, die im Kontext eines Hyperonyms auftauchen können, auch bei dem zugehörigen Hyponym auftauchen können, d. h. gerade umgekehrt zu dem

Verfahren von Cimiano et al. [CPSTS05] (siehe Abschnitt 4.2.2). Man betrachte als Beispiel *Rose*. *Rose* ist ein Hyponym von *Blume*. *Stachelig* kommt häufig als modifizierende Eigenschaft von *Rose* vor, nicht aber von *Blume*. Dagegen treten *schöne Blume* und *schöne Rose* ungefähr gleich häufig auf. Im Gegensatz zu oberflächenbasierten oder syntaktischen Verfahren wird hier der semantische Kontext betrachtet, genauer gesagt die Begriffe, die mit einem nominalen Begriff (ontologische Sorte: Objekt) über eine PROP-Relation verbunden sind. Dies hat den Vorteil, dass eine Word-Sense-Disambiguation bereits durchgeführt wurde und dass die Assoziation zwischen der Eigenschaft und dem nominalen Begriff bereits durch den Parser bestimmt wurde, was häufig nicht trivial ist, wenn das die Eigenschaft charakterisierende Adjektiv prädikativ verwendet wird.

Die Wahrscheinlichkeit, dass zwischen zwei Begriffen c_1 und c_2 eine Hyponymrelation besteht, kann daher geschätzt werden durch:

$$sim_{sem\_context}(c_1, c_2) = \frac{|features(t_1) \cap features(t_2)|}{|features(t_2)|} \qquad (5.52)$$

wobei c_1 und c_2 die beiden zu vergleichenden Begriff sind und $features(c_1)$ sowie $features(c_2)$ die entsprechenden Merkmals-Vektoren, deren Komponenten die normierte Anzahl der Vorkommen der den Begriff t_i modifizierenden Eigenschaften angibt. Dieses Merkmal wird in ähnlicher Form auch zur Validierung von Synonymiehypothesen verwendet. Allerdings kommt dort statt dem hier verwendeten Ähnlichkeitsmaß der Informationsradius zur Anwendung.

MH5: Enthaltensein im Lexikon

Wenn Begriffe (oder deren Grundbegriffe) nicht im tiefen Lexikon enthalten sind, ist keine Überprüfung anhand ontologischer Sorten und semantischer Merkmale möglich. Da das tiefe Lexikon nicht sämtliche deutschen Begriffe enthält und auch semantische Relationen zwischen Begriffen ermittelt werden sollen, die nicht im Lexikon enthalten sind, werden solche Hypothesen trotzdem in der Datenbank abgelegt. Die Information, ob eine Überprüfung von semantischen Merkmalen/ontologischen Sorten erfolgt ist, wird durch ein Merkmal abgebildet, das sogenannte Merkmal *Enthaltensein im Lexikon*. Der Wert dieses Merkmals ergibt sich aus der gewichteten Summe:

$$S = w \cdot score_{lex}(a1) + (1 - w) score_{lex}(a2) \qquad (5.53)$$

wobei *a1* die Hyponymkomponente der Hypothese, *a2* die Hyperonymkomponente der Hypothese und $score_{lex}$ der Lexikonwert für ein einzelnes Lexem ist, der folgendermaßen ermittelt wird:

- *a*, wenn das Lexem im tiefen Lexikon enthalten ist.
- *b*, wenn das Lexem zwar nicht im tiefen Lexikon enthalten ist, der zugehörige Grundbegriff aber existiert und im tiefen Lexikon enthalten ist, wobei gilt: $b < a$.
- *c*, falls weder das Lexem noch der Grundbegriff (falls vorhanden) im tiefen Lexikon enthalten sind, aber das Lexem oder der Grundbegriff im flachen Lexikon enthalten ist, wobei gilt $c < b$.
- 0, andernfalls

Der Lexikonwert wird anschließend linear mit dem höchstmöglichen Wert $wa + (1 - w)a = wa + a - wa = a$ normalisiert. Zur Extraktion von Meronymiehypothesen wird dieses Merkmal ebenfalls verwendet.

MH6: Frequenz

Das Merkmal *Frequenz* betrachtet den Quotienten aus den Vorkommenshäufigkeiten der Unterbegriffshypothese und der Vorkommenshäufigkeit der Oberbegriffshypothese in allen extrahierten Hypothesenpaaren. Dieses Merkmal basiert auf folgenden zwei Annahmen. Die erste Annahme besteht darin, dass allgemeine Begriffe öfter in einem großen Textkorpus vorkommen als spezielle [JS07]. Zweitens wird angenommen, dass ein Oberbegriff mehr Unterbegriffe besitzt als umgekehrt. Man betrachte beispielsweise den Begriff *stadt.1.1*. Dieser Begriff hat eine riesige Menge von Unterbegriffen. Eine einzelne dieser Millionen von Städten kommt naturgemäß durchschnittlich recht selten in einem großen Textkorpus vor, obwohl es natürlich einige wenige Städte gibt wie *London*, *Paris* etc., die häufig vorkommen. Dagegen kommt der Begriff *stadt.1.1* in einem großen Textkorpus gewöhnlich häufig vor. Darüber hinaus besitzt eine spezielle Stadt nur recht wenige Oberbegriffe wie *stadt.1.1* und *gebiet.1.1*. Ein anderes Beispiel ist das Hyperonym *tier.1.1*. Es gibt eine enorme Anzahl verschiedener Tierarten, d. h., die Anzahl der Hyponyme ist sehr hoch. Dagegen ist die Anzahl der Hyperonyme einer speziellen Tierart eher gering.

Dieses Merkmal sollte sich dem Wert 1 annähern, wenn die Frequenz des Unterbegriffs gegenüber der des Oberbegriffs verschwindend gering ist. Es sollte ungefähr 0.5 sein, wenn beide Frequenzen gleich häufig auftreten, weil in diesem Fall keine genaue Aussage möglich ist. Wenn dagegen die Frequenz des Unterbegriffs die des Oberbegriffs deutlich übersteigt, sollte sich der Merkmalswert gegen null bewegen. Er ist daher folgendermaßen definiert:

$$freq(lower, upper) := \begin{cases} 0.5 + (0.5 \cdot (1- \\ \quad \frac{\#_{lower}(lower)}{\#_{upper}(upper)})) \qquad , \text{für } \#_{lower}(lower) < \\ \qquad\qquad\qquad\qquad\qquad \#_{upper}(upper) \\ 0.5 \cdot \frac{\#_{upper}(uper)}{\#_{lower}(lower)} \qquad , \text{sonst} \end{cases} \qquad (5.54)$$

wobei der Operator $\#_{lower/upper} : Concepts \to \mathbb{N}$ die Häufigkeit des Auftretens eines Begriffs als Unter-(Oberbegriffs-)Komponente in einer Subordinationshypothese ermittelt.

MH7: Auftauchen in erstem Satz

Ein erster Satz eines Wikipedia-Artikels enthält häufig eine Begriffsdefinition und beschreibt daher in vielen Fällen auch eine Subordinationsrelation. Das Merkmal *Auftauchen in erstem Satz* nimmt den Wert eins an, wenn die Subordinationshypothese aus dem ersten Satz eines Wikipedia-Artikels extrahiert wurde, ansonsten den Wert null. Dieses Merkmal ist das einzige Wikipedia spezifische Merkmal.

5.2.10. Auswahl der Merkmale

Aus den hier definierten Merkmalen werden automatisch die geeignetsten ausgewählt. Im ersten Schritt werden für alle Merkmale deren Korrelationen zur Relationskorrektheit berechnet. Nicht korrelierte Merkmale werden ausgeschlossen. Ebenfalls nicht berücksichtigt werden negativ korrelierte Merkmale, da alle Merkmale so ausgesucht werden, dass ein hoher Wert für eine Korrektheit der Hypothese spricht. Eine negative Korrelation ist somit auch ein Zeichen für eine Nichtkorreliertheit des Merkmals. Im nächsten Schritt wird für alle Merkmale deren Güte [Gem04] $G : M \to \mathbb{R}$ berechnet, die für den betrachteten Fall der Hypothesenvalidierung folgendermaßen definiert ist:

$$G(v) = \frac{(\mu_{v1} - \mu_{v0})^2}{\sigma_{v1}^2 + \sigma_{v0}^2} \qquad (5.55)$$

wobei
- M: Menge aller Merkmale

- μ_{v0}: Mittelwert für Merkmalswert v und alle nichtkorrekten Hypothesen
- μ_{v1}: Mittelwert für Merkmalswert v und alle korrekten Hypothesen
- σ_{v0}: Stichprobenvarianz für Merkmalswert v und alle nichtkorrekten Hypothesen
- σ_{v1}: Stichprobenvarianz für Merkmalswert v und alle korrekten Hypothesen

Falls die Korrektheit stark von dem Merkmalswert abhängt, ist der Zähler der obigen Formel hoch, während der Nenner niedrig ist, d. h., die Güte nimmt einen hohen Wert an. Jetzt werden alle Merkmale bezüglich der Güte geordnet, beginnend mit dem niedrigsten Wert. Nun wird sukzessive ein Merkmal nach dem anderen entfernt und der F-Wert durch Kreuzvalidierung berechnet bis sich der F-Wert verringert. Die Merkmale, die bei der vorigen Iteration verwendet wurden, bilden dann die optimale Menge.

5.2.11. Wahl der korrekten Unterrelation

In MultiNet wird zwischen verschiedenen Arten von Subordination unterschieden (siehe Abschnitt 2.2). Es ist daher noch die Wahl der korrekten Unterrelation zu treffen. Die Entscheidung für eine bestimmte Unterrelation fällt abhängig von den ontologischen Sorten (siehe Abschnitt 3). Da hier davon ausgegangen wird, dass eine Hyponymrelation besteht, muss die ontologische Sorte des Oberbegriffs die des Unterbegriffs subsumieren. Andernfalls wäre die Hypothese gar nicht in die Hypothesenwissensbasis aufgenommen worden, d. h., es reicht, wenn ontologische Sorten von entweder Unterbegriff oder Oberbegriff angegeben sind. Die Entscheidungsfindung ist in Tabelle 5.2 illustriert. Unter Umständen ist ein Begriff nicht im semantischen Lexikon enthalten. In diesem Fall wird auf die ontologische Sorte des Grundbegriffs ausgewichen, sofern mithilfe der Kompositumanalyse ein Grundbegriff identifiziert werden konnte.

5.2.12. Erkennung von Eigennamen

Subordinationsrelationen zwischen generischen Begriffen und einer mit einem Eigennamen versehenen Instanz zu dem übergeordneten Oberbegriff werden in MultiNet unterschiedlich repräsentiert (siehe Abbildung 5.5 auf Seite 84). Während zwei generische Begriffe durch ein einfaches SUB miteinander verbunden werden, wird für eine Instanzrelation zusätzlich eine Attribut-Wert-

Prämisse	Entscheidung
$sort(hyper) \sqsubseteq si \vee sort(hypo) \sqsubseteq si$	SUBS($hypo, hyper$)
$sort(hyper) \sqsubseteq abs \vee sort(hypo) \sqsubseteq abs$	SUBS($hypo, hyper$)
$sort(hyper) \sqsubseteq re \vee sort(hypo) \sqsubseteq re$	SUBR($hypo, hyper$)
andernfalls	SUB($hypo, hyper$)

Tabelle 5.2.: Bestimmung der korrekten Subordinationsunterrelation. $a \sqsubseteq b :\Leftrightarrow b$ subsumiert a, si=Situation, abs=Abstraktion einer Situation, re=Relation

Darstellung für die Namensangabe verwendet, d. h., dem Begriff wird das Attribut *name.1.1* (bei Personennamen *vorname.1.1* und *nachname.1.1*) zugeordnet, dem als Wert der Name der Instanz zugeordnet wird. Zum Ausdrücken der Instanzenrelation wird ebenfalls die SUB-Relation verwendet, d. h., bezüglich der verwendeten MultiNet-Relation wird nicht zwischen Hyponym und Instanz unterschieden.

Beispiel 1 (zwei generische Begriffe):
Ein Auto$_{hypo}$ ist ein Fahrzeug$_{hyper}$:

$$\text{SUB}(auto.1.1, fahrzeug.1.1) \tag{5.56}$$

Beispiel 2 (Instanz, generischer Begriff)
Deutschland$_{hypo}$ ist ein Land$_{hyper}$.:

$$\text{SUB}(a, land.1.1) \wedge \text{ATTR}(a, b) \wedge$$
$$\text{SUB}(b, name.1.1) \wedge \text{VAL}(b, deutschland.0) \tag{5.57}$$

Der WOCADI-Parser identifiziert häufig nicht alle Namen, d. h., genau genommen ist der Parser nur in der Lage, Namen zu erkennen, die sich schon in seinem Namenslexikon befinden, was häufig aber nicht der Fall ist.

Dadurch entsteht das Problem zu erkennen, ob ein als generisch markierter Begriff eigentlich ein Name ist. Der Bezeichner eines generischen Begriffs besitzt ein aus zwei Zahlen bestehendes Suffix (beispielsweise *.1.1*), während ein Name immer das Suffix *.0* besitzt. Zudem ist ein Name mithilfe eines Attribut-Wert-Ausdruckes dem beschriebenen Begriff zugeordnet. Beispiel: Angenommen, vom Parser wird beim Analysieren eines Satzes statt des korrekten Ausdrucks

$$\text{ATTR}(c1, c2) \wedge \text{SUB}(c2, name.1.1) \wedge \text{VAL}(c2, rhein.0) \tag{5.58}$$

der inkorrekte Ausruck $\text{SUB}(c1, rhein.1.1)$ als Bestandteil des semantischen Netzes erzeugt. Dadurch könnte eine Hypothese $\text{SUB}(rhein.1.1, fluss.1.1)$ anstatt der korrekten Hypothese

$$\text{ATTR}(c1, c2) \wedge \text{SUB}(c2, name.1.1) \wedge$$
$$\text{VAL}(c2, rhein.0) \wedge \text{SUB}(c1, fluss.1.1) \tag{5.59}$$

erzeugt werden. Das hier verfolgte Vorgehen besteht nun darin, eine vom Parser als generisch erkannte Unterbegriffskomponente einer Subordinationshypothese als Namen einer Instanz aufzufassen, wenn diese weder im tiefen noch im flachen Lexikon vorkommt und eines der folgenden semantischen Merkmale in der Oberbegriffskomponente dieser Hypothese gesetzt ist:

- human +: Personenname oder Firmenname
- instit +: Organisationsname
- geogr (geographical) +: geografische Bezeichnung, beispielsweise: Orts- oder Flussname
- info +: Informationsträger, beispielsweise Film- oder Romanname

Begriffe mit diesen Merkmalen sind häufig durch Namen gekennzeichnet. Umgekehrt wird ein Begriff als generisch erkannt, wenn obige Bedingungen nicht erfüllt sind und er zusätzlich vom Parser nicht als Name identifiziert wurde.

Leider sind die semantischen Merkmale nicht durchgängig bei allen Begriffen spezifiziert. Bei nominalen Lexikoneinträgen im flachen Lexikon ist oftmals nur Objekt [o] als ontologische Sorte angegeben. Daher wird zusätzlich noch eine Liste häufig vorkommender Oberbegriffe verwendet, die oftmals Instanzen mit Namen als Unterbegriff besitzen d. h., wenn die Oberbegriffshypothese einem Begriff dieser Liste entspricht, wird, vorausgesetzt die Unterbegriffshypothese befindet sich weder im tiefen noch im flachen Lexikon, ebenfalls von einer Instanzrelation mit Namensangabe bei der betrachteten Subordinationshypothese ausgegangen.

5.3. Extraktion von Meronymrelationen

Die Extraktion von Meronymen [vH10] erfolgt ähnlich zu der im vorigen Abschnitt beschriebenen Hyponymextraktion. Die Extraktionsregeln werden im Prinzip auf dieselbe Art gelernt, sodass dieses Vorgehen im Folgenden nicht mehr beschrieben wird. Bei der Anwendung der gelernten Extraktionsregeln und der Validierungsmethoden ergeben sich allerdings einige Unterschiede, die hier vorgestellt werden.

ID	Axiom
A_1	$\forall p, q, s, x(\text{SUB}(x, s) \leftarrow \text{SUB}(x, p) \wedge$ $*\text{PMOD}(p, q, s) \wedge sort(q) = oq)$
A_2	$\forall x, y, z(\text{SUB}(x, z) \leftarrow \text{SUB0}(x, y) \wedge \text{SUB}(y, z))$
A_3	$\forall a, c, e \exists d(PAR_{*\text{ITMS}}(a, d) \wedge \text{PRED}(d, c) \leftarrow$ $\text{PRED}(a, c) \wedge \neg PAR_{*\text{ITMS}}(e, a))$
A_4	$\text{SUBS}(x, z) \leftarrow \text{SUBS}(x, y) \wedge$ $\text{SUBS}(y, z)$
A_5	$\forall a, e, l, s(\text{ATTCH}(a, e) \leftarrow \text{LOC}(e, l) \wedge$ $\{*\text{IN}(l, a) \vee *\text{AT}(l, a)\} \wedge$ $\{\text{SUBS}(e, s) \vee \text{PREDS}(e, s)\})$
A_6	$\forall p, q, s, x(\text{PRED}(x, s) \leftarrow \text{PRED}(x, p) \wedge$ $*\text{PMOD}(p, q, s) \wedge sort(q) = oq)$
A_7	$\forall a, c, e, s(\text{SUB}(a, s) \leftarrow \{\text{AGT}(e, a) \vee \text{EXP}(e, a) \vee$ $\text{MEXP}(e, a)\} \wedge \text{CTXT}(e, c) \wedge \text{SUB}(c, s))$
A_8	$\forall l, o, p(\text{SUB}(l, o) \wedge \text{ATTCH}(l, p) \wedge$ $\text{SUB}(p, mitglied.1.1) \leftarrow$ $\text{SUB}(p, leiter.1.1) \wedge \text{SUB}(o, organisation.1.1) \wedge$ $\text{ATTCH}(o, p))$

Tabelle 5.3.: Ausgewählte MultiNet-Axiome

5.3.1. Anwendung der Extraktionsregeln

Im Gegensatz zu der Anwendung der Hyponymextraktionsregeln werden bei
der Meronymieextraktion logische Beweisverfahren und Axiome verwendet
[vH10], die im Folgenden genauer beschrieben werden (siehe hierzu Tabelle 5.4)
.

Verwendung logischer Axiome

Die Verwendung eines automatischen Beweisers zusammen mit dem axioma-
tischen MultiNet-Hintergrundwissen hat den Vorteil, dass die Anzahl der Extraktionsregeln beträchtlich reduziert werden kann. Die verwendeten Axiome
sind in Tabelle 5.3 aufgeführt. (Sie sind nach Anzahl ihrer Verwendungen in
Relationsextraktionsprozessen sortiert.) Die einzelnen Axiome werden im Folgenden genauer erläutert.

A_1 aus Tabelle 5.3 wird am häufigsten angewendet. Die Funktion *PMOD
wird im MultiNet-Formalismus verwendet, um aus einem konzeptuellen Objekt

ID	Tiefe Extraktionsregel	Beispiel
DM1	$\text{MERO}(a1, a2) \leftarrow$ $\text{SUBS}(d, bestehen.1.1) \wedge \text{ARG1}(d, e)\wedge$ $\text{SUB}(e, a2) \wedge \text{ARG2}(d, f)\wedge$ $PAR_{*\text{ITMS}}(f, g) \wedge \text{PRED}(g, a1)$	Ein $\underline{\text{Auto}}_{holo}$ besteht aus $\underline{\text{Rädern}}_{mero}$,....
DM2	$\text{MERO}(a1, a2) \leftarrow \text{SUB}(c, a1)\wedge$ $\text{ATTCH}(d, c) \wedge \text{SUB}(d, a2)$	$\underline{\text{Rad}}_{mero}$ eines $\underline{\text{Wagens}}_{holo}$
DM3	$\text{MERO}(a1, a2) \leftarrow \text{ARG1}(e, d)\wedge$ $\text{SUB}(d, a2) \wedge \text{ARG2}(e, f)\wedge$ $\text{SUB}(f, mischung.1.1)\wedge$ $\text{ATTCH}(g, f) \wedge PAR_{*\text{ITMS}}(g, h)\wedge$ $\text{SUB}(h, a1) \wedge \text{SUBR}(e, sub)\wedge$ $(\text{SUB}(a2, substanz.1.2)\vee$ $\text{SUB}(a1, substanz.1.2)$ $a2 \neq mischung.1.1$	$\underline{\text{Apfelsaftschorle}}_{holo}$ ist eine Mischung aus $\underline{\text{Mineralwasser}}_{mero}$ und $\underline{\text{Apfelsaft}}_{mero}$.
DM4	$\text{MERO}(a1, a2) \leftarrow \text{ARG1}(c, d)\wedge$ $\text{ATTR}(d, e) \wedge \text{SUB}(e, name)\wedge$ $\text{VAL}(e, a1) \wedge \text{ARG2}(c, f)\wedge$ $\text{SUB}(f, teil.1.1) \wedge \text{ATTCH}(g, f)\wedge$ $\text{ATTR}(g, h) \wedge \text{SUB}(h, name.0)\wedge$ $\text{VAL}(h, a2) \wedge \text{SUBR}(c, sub.0)$	$\underline{\text{Deutschland}}_{mero}$ ist Teil von $\underline{\text{Europa}}_{holo}$.
DM5	$\text{MERO}(a1, a2) \leftarrow \text{ARG1}(d, e)\wedge$ $PAR_{*\text{ITMS}}(e, f) \wedge \text{SUB}(f, a1)\wedge$ $\text{ARG2}(d, g) \wedge \text{PRED}(g, teil.1.1)\wedge$ $\text{ATTCH}(h, g) \wedge \text{SUB}(g, a2)\wedge$ $\text{SUBR}(d, equ.0)$	$\underline{\text{Räder}}_{mero}$, $\underline{\text{Fenster}}_{mero}$ und ein $\underline{\text{Dach}}_{mero}$ sind Teile eines $\underline{\text{Autos}}_{holo}$.
DM6	$\text{MERO}(a1, a2) \leftarrow \text{SUB}(d, mitglied.1.1)\wedge$ $\text{ATTCH}(e, d) \wedge \text{SUB}(e, a2) \wedge \text{ARG2}(f, d)\wedge$ $\text{ARG1}(f, g) \wedge \text{EQU}(g, d) \wedge \text{SUB}(g, a1)$	Ein $\underline{\text{Torwart}}_{mero}$ ist Mitglied eines $\underline{\text{Fußballteams}}_{holo}$.

Tabelle 5.4.: Auswahl von tiefen Meronym-Extraktionsregeln im MultiNet-Formalismus.

($PAR_f(x, y)$ bezeichnet die Tatsache, dass x das Resultat der Funktion f ist, wobei y eines der Argumente von f ist.)

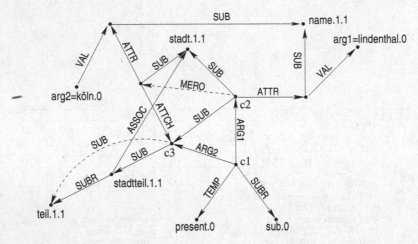

Abbildung 5.28.: Anwendung der tiefen Extraktionsregel *DM4* auf das
semantische Netz zu dem Satz *"Lindenthal ist ein
Stadtteil von Köln"*. Gefolgerte Kanten werden durch
eine gestrichelte Linie dargestellt. SUBR($c1$, *sub*) signa-
lisiert, dass die Argumente $c2$ und $c3$ von $c1$ (Zielbe-
griffe von ARG1 und ARG2) durch eine SUB-Relation
miteinander verbunden sind.

s mit einer operationellen Eigenschaft, die durch q in Axiom A_1 bezeichnet
wird, ein spezielleres Objekt p zu erzeugen. Operationelle Eigenschaften mit
Sorte oq und assoziative Eigenschaften stehen im Gegensatz zu Eigenschaften
im engeren Sinne, die durch die MultiNet-Relation PROP angebunden werden.
Axiom A_1 wird beispielsweise verwendet, um zu folgern, dass *der erste Versuch*
ein *Versuch* ist.

Ein weiteres Beispiel, das die Nützlichkeit von Axiomen verdeutlicht, ist
A_2 (siehe Tabelle B.1). Dieses Axiom definiert die Transitivität der Hyponymrelation. Man betrachte beispielsweise eine Wissensbasis, die die Fakten
SUBR(*stadtteil.1.1*, *teil.1.1*) sowie SUBR(*stadtbezirk.1.1*, *teil.1.1*) enthält. Gegeben sei das in Abbildung 5.28 dargestellte semantische Netz. Dieses semantische Netz repräsentiert den Satz *"Lindenthal ist ein Stadtteil von Köln"*.
Es wird in diesem Satz eine Hyponymrelation zwischen *lindenthal.0* ($c2$) und

<Stadtteil von Köln> (c3) ausgedrückt, was in Formel 5.60 dargestellt wird.

$$\text{SUBR}(c1, sub.0) \wedge \text{ARG1}(c1, c2) \wedge \text{ARG2}(c1, c3) \wedge \text{SUB}(c2, c3) \qquad (5.60)$$

Das erste Argument dieser Hyponymrelation (ARG1) ist das Hyponym $c2$, das zweite Argument (ARG2) ist das Hyperonym $c3$. Sowohl Köln als auch Lindenthal sind durch eine Attribut-Wert-Struktur repräsentiert mit Attribut *name.1.1* und Wert (VAL) *köln.0* bzw. *lindenthal.0*. Da im Namenslexikon nicht nach Stadtteilen und Städten unterschieden wird, wird Lindenthal fälschlicherweise vom Parser als Hyponym von *stadt.1.1* angesehen. Der Knoten $c3$ (Stadtteil von Köln) ist ein Hyponym von *stadtteil.1.1*. Durch das Transitivitätsaxiom kann gefolgert werden, dass $c3$ ebenfalls ein Hyponym von *teil.1.1* ist. Daher ist die Prämisse der Extraktionsregel *DM4* (siehe Tabelle 5.4), die in etwa dem Oberflächenmuster "*x ist ein Teil von y*" entspricht, auch auf Sätze der Form "*x ist ein Stadtteil von y*" und "*x ist ein Stadtbezirk von y*" anwendbar, wie beispielsweise auf das oben angegebene semantische Netz. Das heißt, die Extraktionsregel *DM4* wird genereller anwendbar unter Berücksichtigung von Axiom A_2.

Ein weiteres häufig verwendetes Axiom ist:

$$\forall a, c, e \exists d : (A_3 : \underset{*\text{ITMS}}{PAR}(a, d) \wedge \text{PRED}(d, c) \leftarrow \text{PRED}(a, c) \wedge \neg \underset{*\text{ITMS}}{PAR}(e, a))$$

$$(5.61)$$

wobei $PAR_f(x, y)$ die Tatsache bezeichnet, dass x das Resultat der Funktion f ist, wobei eines der Argumente von f y ist. Die PRED-Relation gibt an, dass das erste Argument eine Pluralität vom Typ des zweiten Arguments ist. Dieses Axiom wird verwendet, um eine *ITMS zu einer PRED-Kante hinzuzufügen, d. h., dieses Axiom erzeugt eine Koordination, die genau aus einem einzigen Element besteht. Auf diese Art können Meronyme innerhalb und außerhalb einer Koordination durch die gleiche Regel extrahiert werden.
Beispiele:

- **Autoräder** sind Teil eines **Autos**.
- **Autoräder**, Blinker sowie eine Kupplung sind Teil eines **Autos**.

Durch Anwendung von Axiom A_3 sowie Regel *DM5* kann die Meronymiehypothese MERO(*autorad.1.1, auto.1.1*) aus beiden Beispielsätzen extrahiert werden. Das Literal $\neg PAR_{*\text{ITMS}}(e, a)$ verhindert, dass die generierte Relation PRED(d, c) durch eine nochmalige Anwendung dieses Axioms weiter expandiert werden kann.

Axiom A_4 definiert die Transitivität der SUBS-Relation und Axiom A_5 legt fest, dass ein Objekt, das sich *innerhalb* oder *bei* einem Objekt befindet, auch diesem zugeordnet ist (Relation: ATTCH). A_6 ist eine Variante von A_1 und wird nur angewendet, wenn Pluralitäten betrachtet werden. A_7 wird benötigt, wenn Personen gemäß einer bestimmten Rolle agieren (Beispiel: Wenn jemand etwas als ein Vater tut, dann ist er ein Vater).

Axiom A_8 schließlich gibt an, dass eine Person, die Leiter einer Organisation ist, auch Mitglied dieser Organisation ist. Wenn eine Person Mitglied einer Organisation ist, dann steht sie auch in einer Meronymrelation (Unterrelation: *Element von*) zu dieser Organisation, was durch Extraktionsregel *DM6* ausgedrückt wird.

In den obigen Beispielen werden Axiome dazu eingesetzt, den Recall zu erhöhen. Allerdings können Axiome auch sinnvoll sein, um die Präzision zu verbessern (Siehe dazu das semantische Netz in Abbildung 5.29). SUBR$(c1, sub.0)$ bezeichnet darin die Tatsache, dass die zwei Argumente von $c1$ (Zielknoten der Kanten ARG1 und ARG2) durch eine SUB-Relation verbunden sind.

Die zwei Meronymrelationen MERO$(apfelsaft.1.1, apfelsaftschorle.1.1)$ und MERO$(mineralwasser.1.1, apfelsaftschorle.1.1)$ können durch Anwendung von Extraktionsregel *DM3* aus Tabelle 5.4 erzeugt werden (was in etwa der Oberflächenextraktionsregel aus Formel 5.62 entspricht).

$$\text{MERO}(a1, a2) \leftarrow a1 \text{ ist eine Mischung aus } a2 \text{ und } \dots \qquad (5.62)$$

Zu beachten ist, dass das Wort *Mischung* auch in einem abstrakten Sinn verwendet werden kann, beispielsweise in dem Satz: *Seine Einstellung ist eine Mischung aus Enthusiasmus und Optimismus.* Um in diesem Fall die Extraktion der falschen Meronymiehypothesen MERO$(enthusiasmus.1.1, einstellung.1.2)$ und MERO$(optimismus.1.1, einstellung.1.2)$ zu verhindern, muss man voraussetzen, dass zumindest einer der Begriffe $a1$ oder $a2$ Hyponym von *substanz.1.2* ist. Genau genommen müssten beide Begriffe ($a1$ und $a2$) Hyponym von *substanz.1.2* sein. Allerdings muss berücksichtigt werden, dass die lexikalischen und semantischen Ressourcen unvollständig sind und möglicherweise eine der beiden Hyponymrelationen nicht in der Wissensbasis vorhanden ist. Durch diese zusätzliche Bedingung sind die beiden fehlerhaften Hypothesen

MERO$(enthusiasmus.1.1, einstellung.1.2)$ und
MERO$(optimismus.1.1, einstellung.1.2)$ nicht mehr beweisbar.

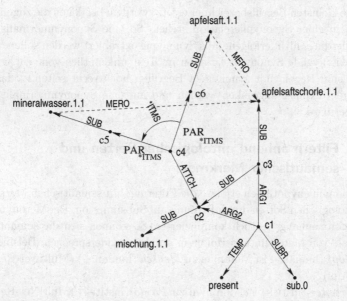

Abbildung 5.29.: Semantisches Netz zu dem Satz *"Apfelsaftschorle ist eine Mischung aus Mineralwasser und Apfelsaft."*

Die zusätzliche Restriktion $a2 \neq mischung.1.1$ in der Extraktionsregel $DM3$ soll verhindern, dass die Hypothesen MERO($apfelsaft.1.1, mischung.1.1$) und MERO($mineralwasser.1.1, mischung.1.1$) erzeugt werden. Um diese Regel auch auf semantische Netze anzuwenden, die statt $mischung.1.1$ beispielsweise $gemisch.1.1$ enthalten, könnte man eine Synonymnormalisierung durchführen. Diese Normalisierung würde in der Weise erfolgen, dass vor der Anwendung der Regel, alle in der Regelprämisse und im semantischen Netz vorkommenden Begriffsbezeichner durch, bei einer gegebenen Ordnung auf den Begriffsbezeichnern, die kleinsten Begriffsbezeichner ersetzt werden, bei denen die zugehörigen Begriffe in einer Synonymierelation stehen. So eine Synonymnormalisierung sollte allerdings nicht erfolgen, falls Synonyme extrahiert werden sollen, da dadurch existierende Synonymrelationen im Text unkenntlich gemacht würden. Zurzeit sind Regeln mit synonymen Begriffen noch recht selten, sodass solche Regeln explizit angegeben werden und auf eine Synonymnormalisierung verzichtet wird.

5.3.2. Filtern anhand ontologischer Sorten und semantischer Merkmale

Bei Hyponymiehypothesen erfolgte die Filterung mit semantischen Merkmalen und ontologischen Sorten durch Prüfung auf Subsumption. Bei Meronymen ist der Zusammenhang deutlich komplizierter. So können sich die semantischen Merkmale von Meronym und Holonym durchaus widersprechen. Beispiele:

- *Kopf* (human:-) ist Meronym zu *Mensch* (human:+) (MultiNet-Relation: PARS)
- *Arbeiter* (instit:-) ist Meronym zu *Firma* (instit:+) (MultiNet-Relation: ELMT)
- *Holz* (artif:-) ist Meronym zu *Fachwerkhaus* (artif:+) (MultiNet-Relation: ORIGM^{-1})

Sogar unterschiedliche ontologische Sorten sind möglich, wenn auch eher die Ausnahme:

- *Holz* (s/Substanz) ist ein Meronym von *Fachwerkhaus* (d/diskretes Objekt) (MultiNet-Relation: ORIGM^{-1}).
- *Regentropfen* (d) ist ein Meronym von *Regen* (s) (MultiNet-Relation: PARS).

Daher werden die zulässigen Kombinationen der semantischen Merkmale nicht fest vorgegeben, sondern durch ein maschinelles Lernverfahren, den sogenannten Tree-Augmented-Naïve-Bayes-Algorithmus (TAN) [FGG97] gelernt, wobei die in WEKA [HFH$^+$09] enthaltene Implementierung zum Einsatz kommt.

TAN ist eine Weiterentwicklung des naiven Bayes-Klassifikators, einer der einfachsten Klassifikatoren für überwachtes Lernen. Im Folgenden soll ein kurzer Überblick über das Naïve-Bayes-Verfahren sowie dessen Erweiterung TAN gegeben werden. TAN und der naive Bayes-Klassifikator sind auf Lernprobleme anwendbar, wenn jedes Element der Klasse durch eine Konjunktion von Attribut-Wert-Paaren beschrieben werden kann und die Anzahl der Klassen endlich ist [Mit97, p.177-178]. Aufgrund einer Menge von Beispielen kann der Klassifikator die Klasse für neue Instanzen vorhersagen. Diejenige Klasse c_{max} wird dabei ausgewählt, die gemäß dem Maximum-Likelihood-Prinzip die Posteriori-Wahrscheinlichkeit bei gegebenen Attribut-Wert-Paaren maximiert. Formal ist c_{max} folgendermaßen definiert:

$$c_{max} := \underset{c}{\operatorname{argmax}} \; P(C = c | A_1 = a_1, \ldots, A_n = a_n) \tag{5.63}$$

wobei:

- A_i: Attribute i
- a_i: Wert des Attributs i für die gegebene Instanz
- C: Klassifikation
- c: Klassifikationswert

wobei A_i $(i = 1, \ldots, n)$ und C Zufallsvariablen sind. Ein offensichtliches Verfahren, um diese Klasse zu bestimmen, wäre die Durchführung einer einfachen Frequenzanalyse. Ein Problem, das sich aus diesem Vorgehen ergibt, besteht in einer möglichen Datenknappheit, d. h., wenn die Anzahl der Attribute recht groß ist, gibt es möglicherweise kein einziges Beispiel in der Trainingsmenge mit den Attributwerten $A_1 = a_1, \ldots, A_n = a_n$, sodass eine Approximation der Wahrscheinlichkeit $P(C = c | A_1 = a_1, \ldots, A_n = a_n)$ durch relative Häufigkeiten nicht möglich ist. Durch die Anwendung des Bayes'schen Theorems kann Gleichung 5.63 wie folgt umgeschrieben werden.

$$c_{max} := \underset{c}{\operatorname{argmax}} \frac{P(A_1 = a_1, \ldots, A_n = a_n | C = c) P(C = c)}{P(A_1 = a_1, \ldots, A_n = a_n)} \tag{5.64}$$

Bei diesem Maximierungsproblem wird lediglich die Klasse C variiert, während die Attribute/Wertpaare $a_1, \ldots, a_n$ unverändert bleiben. Daher kann die Gleichung 5.64 vereinfacht werden zu:

$$c_{max} := \underset{c}{\operatorname{argmax}} \, P(A_1 = a_1, \ldots, A_n = a_n | C = c) P(C = c) \qquad (5.65)$$

Der naive Bayes-Klassifikator macht nun die (naive) Annahme, dass die Attribute $A_1, \ldots, A_n$ bedingt voneinander unabhängig sind unter der Bedingung $C = c$. Das heißt $P(A_1 = a_1, \ldots, A_n = a_n | C = c)$ ist das Produkt von $P(A_i = a_i | C = c)$ für $i = 1, \ldots, n$. Daher gilt:

$$c_{max} := \underset{c}{\operatorname{argmax}} \, P(C = c) \prod_{i=1}^{n} P(A_i = a_i | C = c) \qquad (5.66)$$

c_{max} kann nun dadurch ermittelt werden, dass die Wahrscheinlichkeiten durch relative Häufigkeiten geschätzt werden. Datenknappheit ist nun nicht mehr kritisch, da anstelle einer Kombination von mehreren Attributwerten das Produkt der relativen Häufigkeiten *einzelner* Attributwerte betrachtet wird. Allerdings ist die Annahme, dass die Attribute unabhängig voneinander sind, in der Praxis häufig nicht korrekt. Man betrachte die Entscheidung *Meronym ja/nein* in Abhängigkeit von den semantischen Merkmalen. Angenommen der Extensionalitätstyp sowohl der Meronymhypothese als auch der Holonymhypothese ist null, d. h., es werden keine Mengen von Objekten betrachtet. Wenn bei der Holonymhypothese das Merkmal *human* gesetzt ist (human:+), d. h. die Holonymhypothese einen Menschen bezeichnet, dann darf das Merkmal *human* für die Meronymhypothese nicht gesetzt sein, da ein Mensch nie ein Meronym eines anderen Menschen sein kann. Es existiert daher eine starke Abhängigkeit bei den semantischen Merkmalen, die nicht ignoriert werden darf.

Der TAN-Algorithmus berücksichtigt solche Abhängigkeiten, d. h., die Faktoren $P(A_i = a_i | C = c)$ in Gleichung 5.66 werden durch Faktoren $P(A_{i_1} = a_{i_1} | A_{i_{1_1}} = a_{i_{1_1}} \wedge \ldots \wedge A_{i_{1_m}} = a_{i_{1_m}} \wedge C = c)$ ersetzt. Normalerweise werden für jedes Attribut maximal zwei abhängige Attribute berücksichtigt (d. h. m=2). In dem oben beschriebenen Fall könnte der Faktor beispielsweise folgendermaßen aussehen:

$P(human_m = + | human_h = +, meronym = yes) = 0.0$ bzw.

$P(human_m = - | human_h = +, meronym = yes) = 1.0$.

wobei $human_m$ der Wert des Merkmals *human* für die Meronymhypothese,

$human_h$ der entsprechende Wert für die Holonymhypothese ist. Da die ontologischen Sorten von Meronym und Holonym bis auf wenige Ausnahmen identisch sein müssen, werden die erlaubten Kombinationen hier von Hand spezifiziert, während diese bei semantischen Merkmalen durch den TAN-Algorithmus gelernt werden. Die Trainingsdaten bestehen aus einer Menge annotierter Meronymiehypothesen (Meronym/kein Meronym), wobei die Merkmale aus dem Lexikon übernommen werden.

Nur Meronymiehypothesen, für die die semantischen Merkmale und ontologischen Sorten von Meronym und Holonym kompatibel sind, werden in der Hypothesen-Wissensbasis abgelegt. Da der Extensionalitätstyp große Auswirkungen auf die erlaubten semantischen Merkmale haben kann, werden Meronymrelationen für verschiedene Kombinationen von Extensionalitätstypen separat gelernt. Falls ein Begriff ein Bedeutungsmolekül ist, können diesem auch unterschiedliche Extensionalitätstypen sowie semantische Merkmale und ontologische Sorten zugeordnet sein. Man betrachte als Beispiel den Begriff *schule.1.1*, dem drei Facetten zugeordnet sind, und zwar die Schule als Organisation, als Gruppe von Personen und als Gebäude. Die Gebäudefacette und die Organisationsfacette hat den Extensionalitätstyp 0, während die Gruppenfacette den Extensionalitätstyp 1 besitzt. In diesem Fall wählt man das bezüglich der ontologischen Sorten und semantischen Merkmale das ähnlichste Facettenpaar der Meronym- und Holonymhypothese aus und verwendet deren Extensionalitätstypen sowie Merkmale und Sorten.

5.3.3. Validierungsmerkmale

Im Folgenden sollen verschiedene Merkmale zur Meronymvalidierung vorgestellt werden.

MM1: Extraktionsregelverwendung

Genau wie bei den Hyponymiehypothesen wird auch für die Meronymiehypothesen für jede Extraktionsregel ein binäres Merkmal (Extraktionsregelverwendung) erzeugt, das den Wert eins annimmt, falls die Hypothese durch diese Extraktionsregel erzeugt wurde und null andernfalls.

MM2: Grad der Tiefe

Das Merkmal *Grad der Tiefe* spiegelt wider, ob eine Hypothese sowohl durch flache als auch durch tiefe Extraktionsregeln (eins) extrahiert wurde oder nur von einem von beiden (null).

MM3: Korrektheitsrate

Das Merkmal *Korrektheitsrate* (siehe Abschnitt 5.2.9) kommt auch für Meronymiehypothesen als Indikator zum Einsatz.

MM4: Enthaltensein im Lexikon

Analog zur Validierung von Hyponymiehypothesen wird auch zur Validierung von Meronymiehypothesen die Information verwendet, ob sich beide oder nur eine der Hypothesenkomponenten im tiefen/flachen Lexikon befindet (siehe Abschnitt 5.2.9).

MM5: Taxonomievalidierungswert

Das Merkmal *Taxonomievalidierungswert* verwendet eine Menge von Meronymen, Hyponymen, Synonymen sowie eine Menge von bekannten Nichtmeronymen. Es werden dabei die semantischen Relationen aus dem Lexikon HaGen-Lex verwendet, sowie nach HaGenLex-Lesarten übertragene Relationen aus Wiktionary und GermaNet [HF97].

Eine Meronymrelation zwischen zwei Begriffen kann ausgeschlossen werden, wenn eine Hyponym- oder Hyperonymrelation vorliegt:

$$\neg \text{MERO}(a, b) \land \neg \text{MERO}(b, a) \leftarrow \text{SUB0}(a, b) \qquad (5.67)$$

Die Funktion $base : A^* \to A^*$ (A sei ein Alphabet, A^* eine Sequenz aus A) ermittle den Grundbegriff eines Begriffes, der durch ein Kompositum repräsentiert ist. Dann folgt in den meisten Fällen ebenfalls:

$$\neg \text{MERO}(a, b) \land \neg \text{MERO}(b, a) \leftarrow (\text{SUB0}(base(a), b) \lor \text{SUB0}(a, base(b))) \quad (5.68)$$

Eigentlich gilt dieser Zusammenhang nicht streng, er hat sich jedoch als gute Heuristik herausgestellt.

Falls die Hypothese anhand dieses Tests nicht als inkorrekt identifiziert werden kann, wird wie folgt verfahren. Man betrachte ein gegebenes Begriffspaar, bei dem die beiden Komponenten in einer Meronymrelation zueinanderstehen. Man bestimme das kartesische Produkt $S(a1) \times S(a2)$ aller Hyperonyme der beiden normalisierten Begriffe (einschließlich der Komponenten selber). Die Begriffe werden auf das, gemäß einer bestimmten Ordnung, kleinste Element ihrer Synonymmenge abgebildet. Die Synonymnormalisierung ist in Formel 5.69 angegeben. Um den Speicherbedarf minimal zu halten, wird hier auf die kürzeste Zeichenkette normalisiert. Falls diese nicht eindeutig ist, dann wird die kürzeste Zeichenkette ausgewählt, die lexikografisch am kleinsten ist.

$$syno\_normalize(a) := b \Leftrightarrow (\text{SYNO}(a,b) \vee a = b) \wedge$$
$$(\forall c : \text{SYNO}(b,c) \Rightarrow b \leq c) \tag{5.69}$$

Erhöhe einen Zähler *pos* für alle möglichen Begriffspaare in diesem kartesischen Produkt $S(a1) \times S(a2)$, d. h.,

$$pos(x,y) := pos(x,y) + 1$$
$$\forall x,y : x \in S(a1), y \in S(a2) \tag{5.70}$$

wobei

$$S(x) = \{syno\_normalize(x)\} \cup \{syno\_normalize(z) | \text{SUB}(x,z)\} \tag{5.71}$$

Bestimme analog $neg(x,y)$ für alle Nichtmeronympaare. Für ein vorher noch nicht gesehenes Paar entscheide man auf Meronymie, genau dann wenn:

$$\max_{a \in S(x'), b \in S(y')} \left\{ \frac{pos(a,b)}{pos(a,b)+neg(a,b)} \right\} >$$
$$\max_{c \in S(x'), d \in S(y')} \left\{ \frac{neg(c,d)}{pos(c,d)+neg(c,d)} \right\} \tag{5.72}$$

Das bedeutet, die Entscheidung wird für Meronymie getroffen, wenn ein Paar aus
$S(x') \times S(y')$ existiert, für das die Evidenz für Meronymie stärker ist als die Evidenz gegen Meronymie jedes anderen Paares. Diese Entscheidungsfindung basiert im Wesentlichen auf dem Verfahren von Costello [Cos07].

MM6: Punktweise gegenseitige Information

Im Falle, dass zwei Begriffe häufig als Meronymiehypothese extrahiert werden, ist die Wahrscheinlichkeit, dass diese korrekt ist, normalerweise deutlich höher, als wenn die Begriffe nur sehr selten zusammen auftauchen. Dieser Zusammenhang kann durch die punktweise gegenseitige Information beider Begriffe bestimmt werden. Durch die Verwendung der punktweisen gegenseitigen Information wird berücksichtigt, dass ein gemeinsames Vorkommen von Begriffen, die sonst nur sehr selten in einer Hypothese auftauchen, a priori weniger wahrscheinlich ist als bei Begriffen, die sehr häufig vorkommen und daher die ersteren Vorkommen stärker gewichtet werden sollten. Definiert ist die punktweise gegenseitige Information durch [MS99]:

$$pmi(A, B) = \log_2 \frac{P(A, B)}{P(A)P(B)} \tag{5.73}$$

wobei A, B zwei Ereignisse sind. Auf den hier betrachteten Fall kann man diese Definition folgendermaßen übertragen. Sei $f_{mero} : C \times C \rightarrow C$ die Funktion, die aus einem Hypothesenpaar die Meronymkomponente selektiert (analog mit $f_{holo} : C \times C \rightarrow C$). C sei die Menge aller Begriffe. Dann ist für ein gegebenes Begriffspaar p die punktweise gegenseitige Information folgendermaßen definiert:

$$pmi(p) = \log_2 \frac{P(f_{mero}(X) = f_{mero}(p), f_{holo}(X) = f_{holo}(p))}{P(f_{mero}(X) = f_{mero}(p)) \cdot P(f_{holo}(X) = f_{holo}(p))} \tag{5.74}$$

wobei X eine Zufallsvariable ist, die beliebige Meronymiehypothesenkandidaten annehmen kann. Die Wahrscheinlichkeit wird dabei wie üblich durch relative Häufigkeiten approximiert. Sei $\# : C \times C \rightarrow \mathbb{N}$ eine Funktion, die die Anzahl der Vorkommen eines Begriffspaares in einem Textkorpus angibt. Dann kann $pmi(p)$ geschätzt werden durch:

$$pmi(p) \approx \log_2 \frac{\frac{\#(f_{mero}(p), f_{holo}(p))}{\#(*,*)}}{\frac{\#(f_{mero}(p),*)}{\#(*,*)} \frac{\#(*, f_{holo}(p))}{\#(*,*)}} = \log_2 \frac{\#(f_{mero}(p), f_{holo}(p)) \cdot \#(*,*)}{\#(f_{mero}(p), *) \cdot \#(*, f_{holo}(p))} \tag{5.75}$$

Ein Problem, das bei diesem Verfahren auftreten kann, besteht darin, dass Hypothesenpaare, bei denen die Meronym- und Holonymkomponenten gar nicht oder nur sehr selten innerhalb eines anderen Paares auftreten, überbewertet werden. Man betrachte als Beispiel ein Begriffspaar, das einen Rechtschreibfehler enthält: MERO($hauz.1.1$, $auro.1.1$). Beide Begriffsbezeichner kommen normalerweise außerhalb dieses einen extrahierten Paares nicht weiter vor. Die punktweise gegenseitige Information dieses Paares wäre (bei insgesamt n extrahierten Paaren):

$$pmi = \log_2 \frac{1 \cdot n}{1 \cdot 1} = \log_2 n \tag{5.76}$$

was ein recht hoher Wert für die punktweise gegenseitige Information ist. Daher wird der von Pantel und Ravichandran [PR04] vorgeschlagene Abschwächungs-faktor verwendet, mit dem die punktweise gegenseitige Information multipliziert wird. Für den hier betrachteten Fall ist er folgendermaßen definiert:

$$d(p) = \frac{\#(f_{mero}(p), f_{holo}(p))}{\#(f_{mero}(p), f_{holo}(p)) + 1} \cdot \frac{\min\{\#(f_{mero}(p), *), \#(*, f_{holo}(p))\}}{(\min\{\#(f_{mero}(p), *), \#(*, f_{holo}(p))\} + 1)} \tag{5.77}$$

In obigem Beispiel würde sich:

$$d(s) = \frac{1}{2} \cdot \frac{1}{2} = \frac{1}{4} \tag{5.78}$$

ergeben. Falls Meronym- und Holonymhypothesen häufig und auch gleichmäßig häufig vorkommen, nimmt der Abschwächungsfaktor dagegen fast den Wert eins an.

MM7: Grad der Sortenübereinstimmung

Man betrachte den Fall, dass es sich bei mindestens einem der zu vergleichen-den Begriffe um ein Bedeutungsmolekül handelt und es mehrere Facetten besitzt. Jede Facette besitzt eine eigene ontologische Sorte und einen eigenen Vektor von semantischen Merkmalen. Der Filterungsprozess, der in Abschnitt 5.3.2 beschrieben wird, sucht ein Facettenpaar, für das die Kombination von ontologischer Sorte und semantischen Merkmalen für ein Meronym zulässig ist. Die ontologischen Sorten aller anderen Facetten werden dabei komplett ignoriert. Allerdings können die nicht berücksichtigten ontologischen Sorten auch relevant sein für die Entscheidung, ob es sich bei dem Begriffspaar um eine Meronymrelation handelt oder nicht.

Daher wird ein Merkmal (genannt: *Grad der Sortenübereinstimmung*) verwendet, das alle ontologischen Sorten berücksichtigt und nicht nur die bei der Filterung gewählte Kombination. Dieses Merkmal entspricht dem Jaccard-Koeffizienten, angewendet auf die ontologischen Sorten der Meronym- (m) und Holonym-Hypothese (h).

$$sort\_feature(m, h) := \frac{|\, sorts(m) \cap sorts(h)|}{|\, sorts(m) \cup sorts(h)|} \tag{5.79}$$

Man betrachte als Beispiel *schule.1.1* und *gebäude.1.1*. *schule.1.1* hat drei Facetten. Eine von diesen ist die Gebäudefacette mit ontologischer Sorte "d" (diskretes Objekt). Ansonsten besitzt es noch die Facette Gruppe von Schülern / Lehrern (ebenfalls Sorte "d") und die Facette Institution (Sorte "io"). Der Merkmalswert ist damit gegeben durch:

$$sort\_feature(schule.1.1, gebäude.1.1) =$$
$$\frac{|d|}{|\{d, io\}|} = 1/2 \qquad (5.80)$$

MM8: Grad der Konkretheit

Das Merkmal *Grad der Konkretheit* ist das Produkt der Konkretheit des Meronyms und des Holonyms. Es basiert auf der Annahme, dass Meronymrelationen zwischen konkreten Begriffen häufiger vorkommen als zwischen abstrakten [Mil90, Seite 20]. Die Konkretheit eines einzelnen Begriffes wird als der Anteil der konkreten Sorten (ontologische Sorte: co oder co untergeordnet) an der Gesamtzahl der Sorten für diesen Begriff definiert. Mehrere Sorten pro Begriff können wiederum auftreten, wenn der Begriff ein Bedeutungsmolekül ist. Beispiel: Ein Begriff besitzt zwei konkrete und eine abstrakte Sorte. Dann ergibt sich die Konkretheit als 2/3.

MM9: Suchmaschinenbasierter Spezifikationsordnungswert

Normalerweise wird das größere Objekt verwendet, um das kleinere zu spezifizieren und nicht umgekehrt. So würde man sagen: *"Das Fahrrad befindet sich vor dem Dom."* aber nicht *"Der Dom befindet sich hinter dem Fahrrad."* [DH90]. Auf Holonyme und Meronyme übertragen, ist die Angabe *"Das Fenster des Autos"* in Ordnung, nicht aber *"Das Auto des Fensters"*, d. h., man spezifiziert normalerweise das Meronym mithilfe des Holonyms, nicht aber umgekehrt. Eine Ausnahme ist eine Menge-Element-Relation, bei der beides möglich ist. Beispiel: *das Team des Spielers* und *der beste Spieler des Teams*. Das Prinzip dieses Verfahrens besteht darin, Suchmaschinenanfragen zu erzeugen mit *"h des/der m^g"* und *"m der/des h^g"*, wobei m die Meronymhypothese, h die Holonymhypothese und m^g/h^g das in die Genitivform flektierte Wortetikett (mithilfe von WOCADI) der Mero- bzw. Holonymhypothese ist. Die richtige Form des Artikels ist abhängig vom Genus des dem Artikel folgenden Wortes. Das Genus dieses Wortes kann dabei im Lexikon nachgeschlagen werden. Die Anzahl der Treffer von *"m der/des h^g"* sollte die von *"h der/des m^g"* deutlich übersteigen. Zusätzlich sollten beide Trefferanzahlen noch einen bestimmten

Mindestwert t überschreiten. Ansonsten sind diese Begriffe wenig relevant, zu speziell, wie beispielsweise *3:1-Ergebnis* oder *2:1-Sieg*, oder die dazugehörigen Wortetiketten sind falsch geschrieben. Falls dieser Mindestvorkommenswert nicht überschritten wird, wird daher der Merkmalswert auf null besetzt. Das Merkmal Suchmaschinenbasierter Spezifikationsordnungswert(sfo) ist formal gegeben durch

$$sfo(m, h) = \begin{cases} 0, m < t \vee h < t \\ \frac{\#(m,h)}{\#(m,h)+\#(h,m)}, sonst \end{cases} \qquad (5.81)$$

- 0, wenn $m < t$ oder $h < t$
- $\#(m, h)$: Die Anzahl der Suchmaschinentreffer für m *der/des* h^g
- $\#(h, m)$: Die Anzahl der Suchmaschinentreffer für h *der/des* m^g

5.3.4. Wahl der korrekten Unterrelation

Um die korrekte Unterrelation für eine extrahierte Meronymrelation auszuwählen (siehe Abschnitt 2.3), wird das semantische Lexikon (ontologische Sorten und Extensionalitätstyp) herangezogen (siehe Abschnitt 3), d. h., dieser Prozess erfolgt nicht auf Basis eines maschinellen Lernverfahrens. Die Entscheidungsregeln sind in Tabelle 5.5 angegeben, wobei m das Meronym und h das Holonym bezeichnet. Dieses Vorgehen setzt voraus, dass beide betrachteten Begriffe im Lexikon zu finden sind. Falls dies nicht der Fall sein sollte, wird eine der folgenden Rückfallstrategien angewandt.

Zum einen wird, wenn einer der Begriffe textuell durch ein Kompositum ausgedrückt ist, was durch eine morphologische Analyse bestimmt wird, der lexikalische Eintrag des Grundbegriffes verwendet.

Zum anderen wird ausgenutzt, dass im Falle einer korrekten Meronymrelation die ontologischen Sorten der beiden Begriffe identisch sein müssen (Ausnahme: ORIGM^{-1}). Das bedeutet beispielsweise, wenn der erste Begriff die Sorte *ta* besitzt, muss dieses auch für den zweiten Begriff gelten und die korrekte Unterrelation ist TEMP.

Zu beachten ist, dass ein Begriff im Falle eines Bedeutungsmoleküls mehrere Bedeutungsfacetten haben kann, wobei jeder Facette eine unterschiedliche Sorte, semantische Merkmale und Extensionalisierungsgrad zugeordnet sein können. In diesem Fall werden die zwei Facetten ausgewählt, die am ähnlichsten bezüglich ihrer ontologischen Sorten und semantischen Merkmale sind.

Prämisse	Entscheidung
$etype(m) + 1 = etype(h)$	$\text{ELMT}(m, h)$
$sort(m) \sqsubseteq si \wedge$ $sort(h) \sqsubseteq si$	$\text{HSIT}(m, h)$
$sort(m) \sqsubseteq d \wedge$ $sort(h) \sqsubseteq s$	$\text{ORIGM}^{-1}(m, h)$
$etype(m) = etype(h) \wedge$ $etype(m) > 0$	$\text{SUBM}(m, h)$
$sort(m) \sqsubseteq ta \wedge$ $sort(h) \sqsubseteq ta$	$\text{TEMP}(m, h)$
andernfalls	$\text{PARS}(m, h)$

Tabelle 5.5.: Auswahl der korrekten Meronym-Unterrelation, $a \sqsubseteq b :\Leftrightarrow b$ subsumiert a, s=Substanz, d=diskretes Objekt, ta=temporales Abstraktum

5.3.5. Echte und in SUB eingebettete Meronymie

In MultiNet wird streng unterschieden, ob eine echte oder eine in SUB-eingebettete Meronymierelation vorliegt (siehe Seite 3.1).

Man betrachte als Beispiel die Begriffe *autorad.1.1* und *auto.1.1*. Ein Autorad[7] ist direkt Teil eines Autos, d. h. PARS(*autorad.1.1*, *auto.1.1*). Dagegen ist ein Rad nicht direkt Teil eines Autos, sondern es existiert ein Begriff, der von Rad abgeleitet ist (Autorad) und der Teil eines Autos ist. In MultiNet-Notation schreibt man dafür

$$\text{SUB}(a, rad.1.1) \wedge \text{PARS}(a, auto.1.1) \tag{5.82}$$

wobei a einen speziellen nicht lexikalisierten Begriff bezeichnet. Streng genommen müsste bei jedem in dieser Arbeit vorkommenden Beispiel für ein in SUB-eingebettetes Meronym eine unterschiedliche Konstante verwendet werden. Da so ein Vorgehen recht umständlich würde, wird im Folgenden häufig die Konstante a verwendet.

Im Folgenden soll untersucht werden, wie automatisch zwischen den Fällen *echtes/in* SUB *eingebettetes Meronym* unterschieden werden kann.

---

[7]Streng genommen *autorad.1.1*. Aufgrund der besseren Lesbarkeit werden Begriffsbezeichner im Fließtext normalerweise nicht verwendet.

Man betrachte erst ein echtes Meronym. Dieses kommt in den extrahierten Meronymiehypothesen normalerweise auch nur mit dem Holonym zusammen vor, oder mit einem Hyperonym des Holonyms d. h.

$$(autorad.1.1, auto.1.1) \in Hypotheses_{\text{PARS}} \tag{5.83}$$

oder auch

$$(autorad.1.1, fahrzeug.1.1) \in Hypotheses_{\text{PARS}} \tag{5.84}$$

aber nicht:

$$(autorad.1.1, flugzeug.1.1) \in Hypotheses_{\text{PARS}} \tag{5.85}$$

Dies ist einfach dadurch bedingt, dass

$$(autorad.1.1, flugzeug.1.1) \in Hypotheses_{\text{PARS}} \tag{5.86}$$

normalerweise nicht von den typischen Meronymextraktionsregeln aus Texten extrahiert werden kann.

Das heißt, die folgenden Regeln können postuliert werden: Seien m und h zwei Konstanten für die gelte $(m, h) \in Hypotheses_{\text{PARS}}$.

$$\forall z : (m, z) \in Hypotheses_{\text{PARS}} \Rightarrow (z = h \lor \text{SUB}(z, h)) \Rightarrow \text{PARS}(m, h)$$
$$\text{andernfalls} :\text{SUB}(a, m) \land \text{PARS}(a, h) \tag{5.87}$$

Dabei soll eine kleine Zahl von Ausnahmen erlaubt werden. Man definiert zunächst:

$$n_1 := |\{(x, y)|(x, y) \in Hypotheses_{\text{PARS}} \land (x, z) \in Hypotheses_{pars} \land$$
$$(z = y \lor \text{SUB}(z, y))\}|$$
$$n_2 := |\{(x, y)|(x, y) \in Hypotheses_{\text{PARS}} \land (x, z) \in Hypotheses_{pars} \land$$
$$z \neq y \land \neg\text{SUB}(z, y)\}| \tag{5.88}$$

Für eine gegebene Obergrenze soll die Entscheidung dann folgendermaßen gefällt werden:

$$n_2/(n_1 + n_2) \leq t \Rightarrow \text{PARS}(m, h)$$
$$\text{andernfalls} :\text{SUB}(a, m) \land \text{PARS}(a, h) \tag{5.89}$$

5.3.6. Propagieren von Meronymen

In bestimmten Fällen können erkannte Meronymiehypothesen in der Taxonomie in Richtung der Wurzel propagiert werden. Man nehme an, von SemQuire
sei die folgende Meronymhypothese extrahiert worden:

$$\text{SUB}(b, dach.1.1) \land \text{PARS}(b, schule.1.1) \tag{5.90}$$

Formel 5.90 beschreibt den Sachverhalt, dass ein Hyponym zu *Dach* existiert,
das Teil einer Schule ist. Diese Aussage ist eigentlich zu speziell. In der Wissensbasis sollte eigentlich nur die Aussage

$$\text{SUB}(b, dach.1.1) \land \text{PARS}(b, haus.1.1) \tag{5.91}$$

enthalten sein. Aus dieser lässt sich Formel 5.90 ableiten, wenn bekannt ist,
dass die *schule.1.1* ein Hyponym von *gebäude.1.1* ist, was aus folgendem Theorem folgt.

Theorem 5.3.1 (Propagierung von Meronymen) *Angenommen, es gilt:*
$KB \models \text{SUB}(b, a) \land \text{PARS}(b, c) \land \text{SUB}(d, c)$
Dann folgt: $KB \models \exists e : \text{SUB}(e, b) \land \text{PARS}(e, d)$

Beweis:
Gemäß des Axioms *Vererbung der Teil-Ganzes-Relation* (siehe Formel 5.99 auf
Seite 176) muss es ein e geben mit $KB \models \text{SUB}(e, b) \land \text{PARS}(e, d)$
Da $\text{SUB}(b, a)$ erfüllt ist, muss aufgrund der Transitivität von SUB außerdem
gelten: $\text{SUB}(e, a)$ und das ist genau die Behauptung.
Q. e. d.
Der Beweis ist grafisch in Abbildung 5.30 dargestellt. Im Folgenden wird nun

betrachtet, wie diese Propagierung durchgeführt wird. Im ersten Schritt wird
bei einer gegebenen Hypothese $\text{MERO}_{\text{SUB}}(a1, a2)$ am Begriff $a2$ diese Hypothese zusammen mit der Häufigkeit $p_0(a2)$ annotiert, mit der diese Hypothese
aus dem Textkorpus extrahiert werden konnte. Die Propagierung erfolgt nun
in der Weise, dass, wenn die Relation $\text{SUB}(a2, b)$ erfüllt ist, die Hypothese
$\text{MERO}_{\text{SUB}}(a1, b)$ temporär erzeugt wird (d. h. nicht in der Hypothesendatenbank abgelegt wird) und mit dem Begriff b verknüpft wird. Der zugehörige
Häufigkeitswert $p_0(b)$ des Vaterknotens (d. h. des Oberbegriffs), der angibt, wie

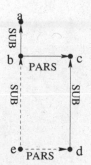

Abbildung 5.30.: Grafische Illustration des Beweises der Propagierung von Meronymen

häufig diese Hypothese aus dem Textkorpus extrahiert werden konnte, wird um den der Kinder (d. h. der Unterbegriffe) erhöht:

$$p(b) = p_0(b) + \sum \{p(d)|\text{SUB}(d,b)\} \qquad (5.92)$$

Im nächsten Schritt kann $\nabla p(b)$, was die diskrete erste Ableitung von $p(d)$ nach der Taxonomietiefe angibt, berechnet werden durch:

$$\nabla p(b) = p(b) - \max\{p(d)|\text{SUB}(d,b)\} \qquad (5.93)$$

Dieser Wert gibt an, wie stark sich $p(b)$ erhöht, wenn man sich in der Taxonomie einen Knoten zur Wurzel bewegt. Analog kann $\nabla^2 p$, die Approximation der zweiten Ableitung nach der Taxonomietiefe, bestimmt werden mit:

$$\nabla^2 p(b) = \nabla p(b) - \max\{\nabla p(d)|\text{SUB}(d,b)\} \qquad (5.94)$$

Solange $\nabla p(b)$ zunimmt, steigt auch die Wahrscheinlichkeit, dass es sich bei der Hypothese um eine Meronymrelation handelt, wenn $\nabla p(b)$ abnimmt dagegen, fällt diese. Daher wird eine temporär erzeugte Hypothese dann in die Hypothesendatenbank eingetragen, wenn die Änderung der Auftrittshäufigkeit p zunimmt, d. h. $\nabla^2 p \geq 0$. Zu beachten ist, dass p eine monoton steigende Funktion ist und sich durch Störungen in den Daten leicht um eins erhöhen könnte. Daher reicht es auch nicht notwendigerweise, auf $\nabla p \geq 0$ zu testen.

Ein Beispiel für die Propagierung ist in Abbildung 5.31 angegeben. Angenommen, aus dem Textkorpus wurden die beiden Hypothesen:

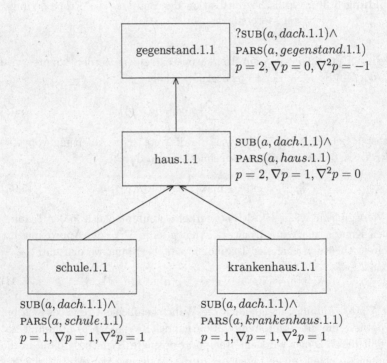

Abbildung 5.31.: Propagieren von Meronymen

$H_1 = \text{SUB}(a, dach.1.1) \land \text{PARS}(a, schule.1.1)$ und
$H_2 = \text{SUB}(b, dach.1.1) \land \text{PARS}(b, krankenhaus.1.1)$ extrahiert.
Zusätzlich werden die propagierten Hypothesen

$H_3 = \text{SUB}(c, dach.1.1) \land \text{PARS}(c, haus.1.1)$ und
$H_4 = \text{SUB}(d, dach.1.1) \land \text{PARS}(d, gegenstand.1.1)$ erzeugt.
Für $\text{SUB}(c, dach.1.1) \land \text{PARS}(c, haus.1.1)$ ergibt sich dann

$p_{H_3}(haus.1.1) = 2$ und für das Hyperonym
$p_{H_4}(gegenstand.1.1) = 2.$

Die Approximationen der ersten Ableitungen nach der Taxonomietiefe für
die beiden Begriffe bezüglich der Unterbegriffe ergeben sich durch:
$\nabla p_{H_3}(haus.1.1) = p_{H_3}(haus.1.1) - 1 = 2 - 1 = 1$ und
$\nabla p_{H_4}(gegenstand.1.1) = p_{H_4}(gegenstand.1.1) - p_{H_3}(haus.1.1) = 2 - 2 = 0$
Die Approximationen der zweiten Ableitungen beider Begriffe ergeben sich

durch:
$\nabla^2 p_{H_3}(haus.1.1) = \nabla p_{H_3}(haus.1.1) - 1 = 1 - 1 = 0.$
$\nabla^2 p_{H_3}(gegenstand.1.1) = \nabla p_{H_3}(gegenstand.1.1) - 1 = -1$
Das heißt, $H_3 = \text{SUB}(c, dach.1.1) \land \text{PARS}(c, haus.1.1)$ würde korrekterweise

in die Hypothesendatenbank aufgenommen werden, nicht aber
$H_4 = \text{SUB}(d, dach.1.1) \land \text{PARS}(d, gegenstand.1.1).$

5.4. Extraktion von Synonymen

Die prinzipielle Vorgehensweise ist bei der Extraktion von Synonymen identisch
wie bei der von Hyperonymen und Meronymen. Die Unterschiede sollen in den
folgenden Abschnitten ausgeführt werden.

5.4.1. Synonymextraktionsregeln

Ebenso wie bei Hyponymen und Meronymen werden auch bei Synonymen flache Extraktionsregeln, deren Prämissen auf regulären Ausdrücken (siehe Tabelle 5.6) basieren, sowie tiefe Extraktionsregeln (siehe Tabelle 5.7), deren Prämissen durch semantische Netze definiert sind, eingesetzt. Ein Beispiel für

ID	Definition	Beispiel
SS1	SYNO($a1, a2$) ← $a1$ [reading ("(")] [lemma ("synonym")] [word ":"] $a2$ [, $a2$]*	Personenkraftwagen (synonym: <u>Pkw</u>)
SS2	SYNO($a1, a2$) ← $a1$ [word "respektive"] $a2$	einen Rechner, respektive Computer besitze ich nicht.
SS3	SYNO($a1, a2$) ← $a1$ [reading ("(")] {[reading not (")")]}* {[reading (")")]}* [word ("(,")] [word "kurz"] $a2$	Personenkraftwagen, kurz <u>Pkw</u>
SS4	SYNO($a1, a2$) ← $a1$ [word "ist"] [word "ein"] [word "Synonym"] ([word "für"] ∨ [word "von"]) $a2$	Pkw ist ein Synonym für Personenkraftwagen
SS5	SYNO($a1, a2$) ← $a1$ [word "wird"] [word "als"] [word "Synonym"] [word "für"] $a2$	<u>Pkw</u> wird als Synonym für <u>Personenkraftwagen</u> gebraucht
SS6	SYNO($a1, a2$) ← $a1$ [word "ist"] [cat (art)] [word "Abkürzung"] ([word "für"]∨ [word "von"]) $a2$	<u>Pkw</u> ist eine Abkürzung für <u>Personenkraftwagen</u>.
SS7	SYNO($a1, a2$) ← $a1$ ([word ","] $a2$*) [word "oder"] [cat (art)]? $a2$	<u>Filzschreiber</u>, <u>Filzstift</u> oder <u>Filzmaler</u>

Tabelle 5.6.: Flache Extraktionsregeln zur Extraktion von Synonymen (siehe Abschnitt 5.2.2 zur Regelsyntax, *reading* bezeichnet eine Liste möglicher Lesarten für ein Wort.)

Definition	Beispiel	
DS1	$\text{SYNO}(a1, a2) \leftarrow \text{ARG1}(e, f) \wedge$ $\text{ATTCH}(g, f) \wedge \text{SUB}(f, synonym.1.1) \wedge$ $\text{SUB}(g, a1) \wedge \text{ARG2}(e, h) \wedge$ $\text{SUB}(h, a2) \wedge \text{SUB}(h, f) \wedge$ $\text{SUBR}(e, sub.0)$	Person ist ein Synonym von <u>Mensch</u>
DS2	$\text{SYNO}(a1, a2) \leftarrow \text{ORNT}(e, h) \wedge$ $\text{SUB}(h, a1) \wedge \text{OBJ}(e, f) \wedge \text{SUB}(f, a2) \wedge$ $\text{SUBS}(e, nennen.1.1)$	Ein <u>Atomkraftwerk</u> wird auch <u>AKW</u> genannt.
DS3	$\text{SYNO}(a1, a2) \leftarrow$ $PAR*_{\text{ALTN1}}(e, f) \wedge PAR*_{\text{ALTN1}}(e, g) \wedge$ $FOL*_{\text{ALTN1}}(f, g) \wedge \text{SUB}(f, a1) \wedge$ $\text{SUB}(g, a2)$	Ein <u>Atomkraftwerk</u> oder <u>AKW</u> nennt man …
DS4	$\text{SYNO}(a1, a2) \leftarrow \text{ASSOC}(e, f) \wedge$ $\text{SUB}(f, a2) \wedge \text{SUBR}(e, prop.0) \wedge$ $\text{ARG1}(e, g) \wedge \text{SUB}(g, a1) \wedge$ $\text{ARG2}(e, synonym.2.1)$	<u>AKW</u> ist synonym zu <u>Atomkraftwerk</u>
DS5	$\text{SYNO}(a1, a2) \leftarrow \text{ATTR}(e, h) \wedge$ $\text{SUB}(h, name.1.1) \wedge \text{VAL}(h, a2) \wedge$ $subr(c, sub.0) \wedge \text{ARG2}(c, d) \wedge$ $\text{SUB}(d, abkürzung.1.1) \wedge$ $\text{BENF}(d, e) \wedge \text{ARG1}(c, f) \wedge$ $\text{ATTR}(f, j) \wedge \text{SUB}(j, name.1.1) \wedge$ $\text{VAL}(j, a1)$	<u>UDSSR</u> ist eine Abkürzung für die Sowjetunion
DS6	$\text{SYNO}(a1, a2) \leftarrow \text{ATTR}(e, h) \wedge$ $\text{SUB}(h, name.1.1) \wedge \text{VAL}(h, a2) \wedge$ $subr(C, sub.0) \wedge \text{ARG2}(c, d) \wedge$ $\text{SUB}(d, abkürzung.1.1) \wedge$ $\text{ATTCH}(e, d) \wedge \text{ARG1}(c, f) \wedge$ $\text{ATTR}(f, j) \wedge \text{SUB}(j, name.1.1) \wedge$ $\text{VAL}(j, a1)$	<u>UDSSR</u> ist eine Abkürzung von Sowjetunion
DS7	$\text{SYNO}(a1, a2) \leftarrow \text{ATTR}(e, h) \wedge$ $\text{SUB}(h, name.1.1) \wedge \text{VAL}(h, a2) \wedge$ $\text{SUBR}(c, sub.0) \wedge \text{ARG2}(c, d) \wedge$ $\text{SUB}(d, synonym.1.1) \wedge \text{BENF}(d, e) \wedge$ $\text{ARG1}(c, f) \wedge \text{ATTR}(f, j) \wedge$ $\text{SUB}(j, name.1.1) \wedge \text{VAL}(j, a1)$	<u>UDSSR</u> ist ein Synonym für die Sowjetunion
DS8	$\text{SYNO}(a1, a2) \leftarrow \text{ATTR}(e, h) \wedge$ $\text{SUB}(h, name.1.1) \wedge \text{VAL}(h, a2) \wedge$ $\text{SUBR}(c, sub.0) \wedge \text{ARG2}(c, d) \wedge$ $\text{SUB}(d, synonym.1.1) \wedge \text{ATTCH}(e, d) \wedge$ $\text{ARG1}(c, f) \wedge \text{ATTR}(f, j) \wedge$ $\text{SUB}(j, name.1.1) \wedge \text{VAL}(j, a1)$	<u>UDSSR</u> ist ein Synoym von Sowjetunion

Tabelle 5.7.: Tiefe Extraktionsregeln zur Extraktion von Synonymiehypothesen

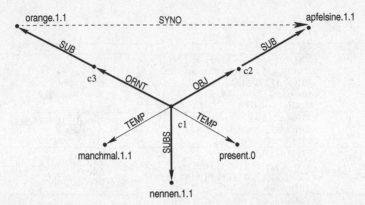

Abbildung 5.32.: Semantisches Netz zu dem Satz: *"Eine Orange wird manchmal auch Apfelsine genannt."*. Die fett gedruckten Linien symbolisieren die Kanten, die mit der Extraktionsregelprämisse in Übereinstimmung gebracht werden können. Die gestrichelte Linie repräsentiert die Kante, die bei Anwendung der Extraktionsregel *DS2* gefolgert werden kann.

die Anwendung einer tiefen Extraktionsregel ist in Abbildung 5.32 angegeben. Das dort dargestellte semantische Netz repräsentiert den Satz: *"Eine Orange wird manchmal auch Apfelsine genannt."*. In diesem Fall ist das semantische Netz bis auf die Kanten TEMP($c1$, *present.0*) und ∧TEMP($c1$, *manchmal.1.1*) deckungsgleich mit der Prämisse der Extraktionsregel *DS2*.

Die tiefen Extraktionsregeln besitzen verschiedene Vorteile gegenüber flachen. Man betrachte beispielsweise die Sätze *"Filzstift ist ein Synonym zu Filzschreiber."* und *"Filzstift ist ein Synonym von Filzschreiber."* Um die Synonym-Relation SYNO(*filzstift.1.1, filzschreiber.1.1*) aus beiden Sätzen zu extrahieren, sind zwei unterschiedliche flache Extraktionsregeln notwendig. Alternativ kann auch die folgende Disjunktion verwendet werden:

SYNO($a1, a2$) ← $a1$ ist ein Synonym (von ∨ zu) $a2$.

Dies ist nicht notwendig bei Verwendung von tiefen Extraktionsregeln, da beide Oberflächenrepräsentationen auf dasselbe semantische Netz abgebildet werden. Daher kann eine Synonymie-Relation aus beiden Sätzen einfach durch Anwendung der Extraktionsregel *DS1* extrahiert werden.

Ein anderes Beispiel, das die Vorzüge tiefer Extraktionsregeln verdeutlicht, sind die beiden Sätze: *"An den Küsten Nordeuropas lebte die Aalmöve, die auch Aalmutter genannt wird."* sowie *"Die Aalmöve wird auch Aalmutter genannt."*

Ähnlich wie beim ersten Beispiel können aus beiden Sätzen die gleiche Synonymie-Relation (SYNO(*aalmöve.1.1, aalmutter.1.1*)) durch Anwendung der Extraktionsregel *DS2* extrahiert werden. Auch in diesem Fall müssten zwei Oberflächenextraktionsregeln definiert werden.

In beiden Fällen wurde der Recall dadurch gesteigert, dass die tiefen Extraktionsregeln genereller anwendbar waren als vergleichbare Oberflächenextraktionsregeln. Durch die Verwendung einer tiefen semantischen Repräsentation kann allerdings auch die Präzision erhöht werden. Man betrachte die beiden Sätze:

1. *"Ein Auto oder Pkw bezeichnet ein Fahrzeug mit folgenden Eigenschaften:..."* und
2. *"Dr. Peters wird entweder mit dem Auto oder mit dem Zug nach Amsterdam fahren."*

Im ersten Satz wird ein inklusives, nicht ausschließendes *oder* verwendet. Die zugehörige MultiNet-Funktion ist in diesem Fall: *ALTN1. Das ist dagegen nicht der Fall im zweiten Satz, im dem das *oder* als Exklusiv-Oder in dem Sinne gebraucht wird, dass sich *Dr. Peters* für eine der beiden Fortbewegungsarten entscheiden muss. Das heißt, die tiefe Extraktionsregel:

$$\text{SYNO}(a1, a2) \leftarrow PREC_{*\text{ALTN1}}(d, e) \wedge \text{SUB}(d, a1) \wedge \text{SUB}(e, a2) \qquad (5.95)$$

würde zwar SYNO(*auto.1.1, pkw.1.1*) extrahieren, nicht aber die inkorrekte Hypothese: SYNO(*auto.1.1, zug.1.1*).

5.4.2. Filtern anhand ontologischer Sorten und semantischer Merkmale

Bei zwei synonymen Begriffen müssen semantische Merkmale und ontologische Sorten übereinstimmen. Die Definition der Merkmale und Sorten ist in Kapitel 3 beschrieben. Wenn ein Begriff ein Bedeutungsmolekül ist, dem ja mehrere Bedeutungsfacetten zugeordnet sind, wird überprüft, ob für jede Facette des ersten Begriffes eine passende Facette des zweiten existiert, die dieselben semantischen Merkmale und ontologischen Sorten besitzt. Außerdem muss die Anzahl der Facetten identisch sein. Falls einer der Begriffe nicht im tiefen Lexikon enthalten ist, aber durch ein Kompositum repräsentiert wird, werden die

semantischen Merkmale und ontologischen Sorten des Grundbegriffes für den
Vergleich verwendet. Beispiele:

- *haus.1.1* (artif: +, animal: -) kann nicht synonym sein zu *affe.1.1* (artif: -
  , animal: +)
- *haus.1.1* (d/diskretes Objekt) kann nicht synonym sein zu *wasser.1.1*
  (s/Substanz)
- *gebäude.1.1* besitzt nur eine Facette (siehe Abschnitt 5.2.6) und kann
  daher nicht synonym zu dem Begriff *schule.1.1* sein, der drei Facetten
  besitzt.

5.4.3. Validierungsmerkmale

Dieser Abschnitt beschreibt die Merkmale, die für die Validierung der Synonymiehypothesen berechnet werden. Die Berechnung des Konfidenzwertes erfolgt
analog zu Hyponymen und Meronymen durch eine Support-Vektor-Maschine.

SM1: Extraktionsregelverwendung

Analog zu den Hyponymie- und Meronymiehypothesen wird auch für die Synonymiehypothesen für jede Extraktionsregel ein binäres Merkmal erzeugt, das
den Wert eins annimmt, falls die Hypothese durch diese Extraktionsregel erzeugt wurde und null andernfalls.

SM2: Grad der Tiefe

Das Merkmal *Grad der Tiefe* spiegelt wider, ob eine Hypothese sowohl durch
flache als auch durch tiefe Extraktionsregeln (eins) extrahiert wurde oder nur
von einem von beiden (null).

SM3: Ähnlichkeitswert der Hypothesenkomponenten bei Vergleich mit Stringkernel

Synonyme sind häufig Schreibvarianten voneinander, die eine orthografische
Ähnlichkeit haben. So besitzen die synonymen Begriffe *filzstift.1.1* und *filz-
schreiber.1.1* einen hohen Grad der Übereinstimmung in den Bezeichnungen,
ebenso wie *abendbrot.1.1* oder *abendmahlzeit.1.1.*

Es existieren verschiedene Möglichkeiten, ähnlich geschriebene Wörter zu
bestimmen. Eine Möglichkeit ist die Levenshtein-Distanz [Lev65], die die An-

zahl der Operationen angibt, die benötigt werden, eine Zeichenkette in die andere umzuwandeln. Eine Alternative dazu ist die Common-Subsequence-Stringkernelfunktion, wie sie in Abschnitt 5.2.8 beschrieben wird.

Diese letztere Methode hat den Vorteil, dass eine Normalisierung sehr einfach möglich ist, ohne extra Maximum und Minimum in den Daten zu bestimmen. So treten bei einer Maximum/Minimum-basierten Normalisierung häufig Ungenauigkeiten auf, wenn die Datenmenge zu klein ist. Weiterhin könnten die Werte bei solch einer Methode durch Ausreißer in den Daten verfälscht werden. Zudem ist der Stringkernel in vielen Fällen adäquater, da beim Levensthein-Algorithmus Ersetzen und Einfügen den gleichen Einfluss auf die Ähnlichkeit besitzen. Beispielsweise benötigt man fünf Einfügeoperationen, um *Auto* in *Automobil* umzuwandeln und ebenfalls fünf Operationen (vier Ersetzungsoperationen und eine Einfügeoperation), um *Auto* in *Stern* umzuwandeln, wobei *Auto* und *Stern* keinerlei Ähnlichkeit miteinander besitzen. Prinzipiell könnte man Einfügeoperationen und Ersetzungsoperationen unterschiedlich gewichten. Allerdings müssten diese Gewichte erst experimentell bestimmt werden, was zusätzlichen Aufwand bedeutet. Dies verdeutlicht die Eignung des Common-Subsequence-Stringkernels. Zur Beschreibung des Stringkernels siehe Abschnitt 5.2.8.

Bei diesem Merkmal gibt es teilweise Überschneidungen mit dem Merkmal Vorliegen einer Abkürzung. So ist beispielsweise *Auto* eine Abkürzung von *Automobil* und wird außerdem auch ähnlich geschrieben. Dies ist dagegen nicht der Fall für *Pkw* und *Personenkraftwagen*: *Pkw* ist eine Abkürzung für Personenkraftwagen, wird aber nicht ähnlich geschrieben.

SM4: Vorliegen einer Abkürzung

Eine Art von Synonymie zwischen zwei Begriffen besteht darin, dass der eine Begriff eine Abkürzung eines anderen ist. So ist beispielsweise das Wort *Auto* eine Abkürzung für *Automobil* bzw. *Pkw* eine Abkürzung für *Personenkraftwagen*. Eine bestimmte Art von Abkürzung ist ein Akronym. Für ein Akronym existieren dabei zwei unterschiedliche Definitionen. Gemäß der ersten Definition, die auch von der WCAG[8] verwendet wird, besteht ein Akronym

---

[8]WCAG ist die Abkürzung für *Web Content Accessibility Guildelines*, einer Richtlinie für Zugänglichkeit von Webseiten. Diese Richtlinien sind auf der Internetseite http://www.w3.org/TR/WCAG20/ definiert.

aus den Anfangsbuchstaben der Wörter der ausgeschriebenen Form[9] Beispiele von Akronymen gemäß dieser Definition sind *UN* (*United Nations*) oder *NATO* (*North Atlantic Treaty Organization*). Gemäß der zweiten Definition [Buß08] besteht ein Akronym aus den Anfangssilben oder Anfangsbuchstaben der Wörter und muss als ein eigenständiges Wort ausgesprochen werden, d. h., es darf nicht der Fall sein, dass jeder Buchstabe einzeln ausgesprochen wird. Beispiele von Akronymen, die dieser Definition folgen, sind *AIDS* oder *NATO*, nicht aber *UN*.

Bei allen Arten von Abkürzungen sollten die Buchstaben des abgekürzten Wortes auch in der ausgeschriebenen Form vorkommen und zwar genau in dieser Reihenfolge. Daher wird hier ein Term als Abkürzung eines anderen betrachtet, wenn seine Länge erstens deutlich geringer ist als die des anderen und die oben erwähnte Bedingung bezüglich der Vorkommen und der Reihenfolge der Buchstaben erfüllt ist.

SM5: Anzahl der Vorkommen

Normalerweise besitzt ein Begriff höchstens zwei oder drei Synonyme. Wenn für bestimmte Begriffe deutlich mehr Synonymiehypothesen extrahiert werden, ist das ein Anzeichen für eine fehlerhafte Hypothese. Bei Synonymiehypothesen, in denen ein Begriff vorkommt, der auch in mindestens k anderen Hypothesen auftritt, wird dieses Merkmal auf null gesetzt, auf eins andernfalls. Der Grenzwert k wurde manuell zu 5 festgelegt.

SM6: Semantischer Kontextvergleichswert

Wörter oder Begriffe sind sich häufig semantisch ähnlich, wenn sie in ähnlichem Kontext vorkommen (siehe Abschnitt 4.1). Hier wird statt des textuellen Kontextes der semantische Kontext im semantischen Netz verwendet. So werden die Begriffe bestimmt, die mit einem nominalen Begriff (d. h. einem Begriff, der die ontologische Sorte *Objekt* besitzt oder eine Sorte, die dieser untergeordnet ist) durch eine PROP (property)-Kante verbunden sind. Für die Zukunft ist die Einbeziehung weiterer Kanten geplant. Die Anzahl der Vorkommen dieser Begriffe kann durch einen Vektor dargestellt werden. Die Länge dieses Vektors wird dazu auf eins normalisiert. Die Ähnlichkeit eines Begriffs mit einem anderen wird dadurch geschätzt, dass die entsprechenden Vektoren mithilfe des

---

[9]siehe "The Concise Dictionary of Current English", Oxford University Press, 1991

Informationsradius (siehe Abschnitt 4.1) verglichen werden. Dieses Merkmal ist sehr ähnlich zu dem gleichnamigen Merkmal zur Validierung von Hyponymen. Der einzige Unterschied besteht in der Auswahl des Ähnlichkeitsmaßes (siehe Abschnitt 5.2.9).

5.5. Logische Ontologievalidierung mithilfe eines automatischen Beweisers

Um Widersprüche in der gelernten Ontologie zu finden, wird der automatische Beweiser E-KRHyper verwendet [BFP07]. E-KRHyper ist ein Beweiser für die volle Prädikatenlogik erster Stufe mit Gleichheit[10]. Die logische Validierung erfolgt in folgenden Schritten [vS10]:

1. Eine Untermenge TDB der Hypothesenwissensbasis HKB, die validiert werden soll, wird in der Faktendatenbank des Theorembeweisers abgelegt.
2. Eine validierte Wissensbasis KB kann zusätzlich angegeben werden, die bereits gesichertes Wissen enthält.
3. Eine Synonymnormalisierung wird durchgeführt, sodass jeder Begriff durch das lexikografisch kleinste Element in seiner Synonymmenge ersetzt wird, d. h. z. B. $normalize(zimmer.1.1) = raum.1.3$, wenn $synset(zimmer.1.1) = \{raum.1.3, \; zimmer.1.1\}$
4. Der Theorembeweiser wird auf die Faktendatenbank angewendet, um die Unerfüllbarkeit zu beweisen.
5. Alle Relationen, die innerhalb eines Widerspruchsbeweises verwendet werden und die nicht in KB enthalten sind, werden als potenziell fehlerhaft markiert und anschließend aus der Faktendatenbank entfernt. Der ganze Prozess wird so lange wiederholt, bis keine Widersprüche mehr gefunden werden können (zurück zu Schritt 4).

Der ganze Prozess wird in Abbildung 5.33 noch einmal als Pseudocode angegeben.

Wichtige Inkonsistenzen: Um die Axiommenge klein zu halten, wird im Folgenden analysiert, welche Axiome nötig sind, um einige wichtige Inkonsistenzen

---

[10]E-KRHyper ist ein Open-Source-Programm, das unter der URL `http://www.uni-koblenz.de/~bpelzer/ekrhyper` bezogen werden kann.

```
Input: Hypothesenwissensbasis HKB und
  validierte Wissensbasis KB
Wähle TDB aus mit TDB⊂HKB
Loop:
  Fakten:=ermittle_widerspruch(TDB∪KB)
  Fakten=∅ ? ⇒ exit loop
  für alle f ∈ Fakten
   f∉ KB ? ⇒ markiere(f,HKB)
  TDB:=TDB \ Fakten
End Loop
```

Abbildung 5.33.: Pseudocode, um inkonsistente Relationen in der Hypothesenwissensbasis *HKB* zu entdecken

erkennen zu können. Wenn beispielsweise gilt:

$$\text{PARS}(autorad.1.1, auto.1.1) \tag{5.96}$$

dann kann nicht gelten:

$$\text{PARS}(auto.1.1, autorad.1.1) \tag{5.97}$$

Das ergibt sich einfach durch die Asymmetrie der Meronymrelation. Man betrachte den Fall, dass zusätzliche SUB-Relationen verwendet werden, wie beispielsweise:

$$\text{SUB}(b, rad.1.1) \land \text{PARS}(b, auto.1.1)\land$$
$$\text{SUB}(d, auto.1.1) \land \text{PARS}(d, rad.1.1) \tag{5.98}$$

Es kann gezeigt werden, dass Formel 5.98 nicht erfüllbar ist und zu einem Widerspruch führt (Theorem 5.5.1). Grafisch illustriert wird der Beweis in Abbildung 5.34. Bei dem Beweis wird das in Formel 5.99 angegebene MultiNet-Axiom 195 (Vererbung von Teil-Ganzes-Relationen) verwendet [Hel08, p.590]:

$$\forall b, c, d \ (\text{SUB}(b, a) \land \text{PARS}(b, c) \to$$
$$\exists e \ (\text{SUB}(e, b) \land \text{PARS}(e, d))) \tag{5.99}$$

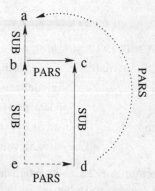

Abbildung 5.34.: Beweis des Theorems 5.5.1 durch Widerspruch: Die gestrichelten Linien markieren die gefolgerten Relationen, die gepunktete Linie die Relation, die widerlegt werden soll.

Theorem 5.5.1 (Asymmetrie: in sub-eingebettetem Meronym)
Seien a,b,c,d Variablen[11] mit:

$$KB(= \text{knowledgebase}) \models \text{SUB}(b,a)$$
$$KB \models \text{PARS}(b,c)$$
$$KB \models \text{SUB}(d,c)$$

dann gilt: $KB \models \neg\text{PARS}(d,a)$

Beweis durch Widerspruch:
Angenommen es gelte $KB \models \text{PARS}(d,a)$

---

[11]Die Variablen sind über der Beweisprämisse P und der Beweiskonklusion K all-quantifiziert, d. h., $\forall a, b, c, d(K \leftarrow P)$. Die Quantoren werden aber aufgrund der besseren Lesbarkeit in den Theoremen nicht mitangegeben.

$$KB \models \text{PARS}(b, c) \land \text{SUB}(d, c) \land \text{SUB}(b, a)$$
$$\Rightarrow KB \models \exists e : \text{SUB}(e, b) \land \text{PARS}(e, d) \quad \text{(Axiom : Vererbung von}$$
$$\text{Teil-Ganzes-}$$
$$\text{Relationen+ Modus Ponens)}$$
$$\Rightarrow KB \models \text{SUB}(e, a) \text{ und} \quad \text{(Transitivität von SUB/Modus Ponens)}$$
$$KB \models \text{PARS}(e, a) \quad \text{(Transitivität von PARS/Modus Ponens)}$$

Aber $KB \models \text{PARS}(e, a) \land \text{SUB}(e, a)$ ist nicht möglich, da ein Hyponym nicht gleichzeitig ein Meronym sein kann. Daher muss die Behauptung erfüllt sein. *Q.e.d.*

Zu beachten ist, dass die Variable b in obigem Theorem nicht notwendigerweise lexikalisiert sein muss. Sie bezeichnet häufig einen nicht lexikalisierten Begriff, der ein Hyponym / eine Instanz von a und ein Teil von c ist. Auf ähnliche Weise erfolgt der Widerspruchsbeweis, wenn nur eine der SUB-Relationen in Formel 5.98 auftritt, beispielsweise um zu zeigen, dass auch folgende Formel inkonsistent ist:

$$\text{SUB}(b, rad.1.1) \land \text{PARS}(b, auto.1.1) \land \text{PARS}(auto.1.1, rad.1.1) \quad (5.100)$$

Theorem 5.5.1 ist aus zwei Gründen von Bedeutung. Erstens ergibt sich daraus, dass alle Relationen, auf die dieses Theorem anwendbar ist, tatsächlich eine Inkonsistenz enthalten. Zweitens ist genau ersichtlich, welche Axiome erforderlich sind, um Theorem 5.5.1 zu beweisen, d. h., anstatt Theorem 5.5.1 direkt in die Wissensbasis als Regel aufzunehmen, kann man stattdessen alle Axiome in die Wissensbasis eintragen, die notwendig sind, um Theorem 5.5.1 zu beweisen. Auf diese Weise erreicht man eine höhere Allgemeinheit.

Man betrachte als Nächstes den Fall, dass anstelle von PARS die ELMT-Relation verwendet wird. Beispiel:

$$\text{SUB}(soldat.1.1, mensch.1.1) \land$$
$$\text{ELMT}(soldat.1.1, division.1.2) \land \quad (5.101)$$
$$\text{SUB}(panzerdivision.1.1, division.1.2)$$

Theorem 5.5.1 kann nun nicht mehr angewendet werden, da das Axiom *Vererbung von Teil-/Ganzes-Relationen* nur für PARS nicht aber für ELMT definiert

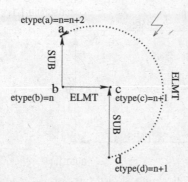

Abbildung 5.35.: Beweis der Asymmetrie von in SUB eingebetteten Elementen durch Widerspruch: Die gepunktete Linie repräsentiert die Relation, die widerlegt werden soll.

ist. Darüber hinaus wird im Beweis die Transitivität von PARS vorausgesetzt, die aber für ELMT nicht gilt.

Daher muss für diesen Fall ein eigenes Theorem formuliert werden (grafisch ist der Beweis dieses Theorems in Abbildung 5.35 illustriert), was folgendermaßen definiert ist:

Theorem 5.5.2 (Asymmetrie: in sub eingebettete elmt-Relation)
Angenommen, a, b, c, d seien Variablen mit
$KB \models \text{SUB}(b, a) \land \text{ELMT}(b, c) \land \text{SUB}(d, c)$
dann gilt: $KB \models \neg\text{ELMT}(d, a)$

Beweis durch Widerspruch:
Angenommen $KB \models \text{ELMT}(d, a)$.

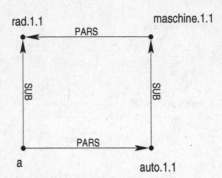

Abbildung 5.36.: Gemäß Annahme 1 widersprüchliches Beispiel

Sei $etype(b) = n$ (etype=Extensionalitätstyp, siehe Seite 24).

$\Rightarrow etype(c) = n + 1$ (Definition von ELMT)

$\Rightarrow etype(d) = n + 1$ (Begriffe, die durch eine SUB Relation verbunden sind, haben identischen Extensionalitätstyp

sofern dieser für das Hyperonym nicht unterspezifiziert ist)

$\Rightarrow etype(a) = n + 2$ (Definition von ELMT)

$\Rightarrow etype(b) = n + 2 = n$ (wegen Hyponymie(s.o.))

was ein Widerspruch ist.

Daher folgt die Behauptung.

$Q.\,e.\,d.$

$$(5.102)$$

Zu beachten ist, dass der Beweis streng genommen nicht für Begriffe gilt, die Bedeutungsmoleküle sind, da diesen mehrere Extensionalitätsstypen zugeordnet sein können. Der Beweis wäre allerdings auch auf Bedeutungsmoleküle übertragbar, wenn eine feste Facette betrachtet wird.

Man betrachte nun den Fall, dass die Argumente der SUB-Relation in der Formel 5.98 vertauscht sind. Um noch einen sinnvollen MultiNet-Ausdruck zu erhalten, wurde das Beispiel leicht abgeändert (siehe auch Abbildung 5.36):

$$\text{SUB}(a, rad.1.1) \wedge \text{PARS}(a, auto.1.1) \wedge$$
$$\text{SUB}(auto.1.1, maschine.1.1) \wedge \text{PARS}(maschine.1.1, rad.1.1) \tag{5.103}$$

In diesem Fall kann ein Widerspruch mithilfe der MultiNet-Axiome nicht abgeleitet werden.

Die folgende Vermutung wird postuliert:

Vermutung 1: Unter der Voraussetzung

$$KB \models \text{SUB}(b, a) \wedge \text{PARS}(b, c) \wedge \text{PARS}(d, a)$$
nehme man an, dass gilt:
$$KB \models \neg\text{SUB}(c, d) \tag{5.104}$$

Für die Relation ELMT kann ein entsprechendes Theorem definiert werden:

Theorem 5.5.3 (Theorem SUB/ELMT)
Angenommen, a,b,c,d seien Variablen mit:
$KB \models \text{SUB}(b, a) \wedge \text{ELMT}(b, c) \wedge \text{ELMT}(d, a)$
Dann gilt: $KB \models \neg\text{SUB}(c, d)$

Beweis durch Widerspruch:
Angenommen es gelte $\text{SUB}(c, d)$

Sei $etype(d) = n$
$\Rightarrow etype(a) = n + 1$ (Hyperonym hat denselben ETYPE wie das Hyponym)
$\Rightarrow etype(b) = n + 1 \wedge etype(c) = n$ (Definition von ELMT)
$\Rightarrow etype(c) = etype(b) + 1 = n + 2$ (Widerspruch)

$$\tag{5.105}$$

Daher folgt die Behauptung. Q. e. d.
Der Beweis ist anschaulich in Abbildung 5.37 illustriert.

Tabelle 5.8 zeigt eine Untermenge der angewendeten Axiome, wobei das Axiom N_1 angibt, dass die Relation SUB asymmetrisch ist. Ein solches Axiom kann ähnlich für die anderen Hyponymunterrelationen SUBS und SUBR postuliert werden. Die PARS-Relation ist ebenfalls asymmetrisch, was in Axiom N_2

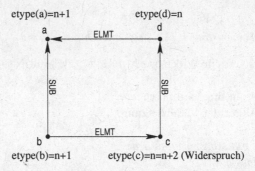

Abbildung 5.37.: Grafische Illustration des Beweises von Theorem 5.5.3

Axiom ID	Formel
N_1	$\forall x, y : \mathrm{SUB}(x, y) \rightarrow \neg \mathrm{SUB}(y, x)$
N_2	$\forall x, y : \mathrm{PARS}(x, y) \rightarrow \neg \mathrm{PARS}(y, x)$
N_3	$\forall x, y, z : \mathrm{SUB}(x, y) \wedge \mathrm{SUB}(y, z) \rightarrow \mathrm{SUB}(x, z)$
N_4	$\forall x, y, z : \mathrm{PARS}(x, y) \wedge \mathrm{PARS}(y, z) \rightarrow \mathrm{PARS}(x, z)$
N_5	$\forall x, y : \mathrm{SUB}(x, y) \rightarrow \neg \mathrm{PARS}(x, y)$
N_6	$\forall x, y, z : \mathrm{SUB}(x, y) \wedge \mathrm{PARS}(z, y) \rightarrow$
	$\exists u : \mathrm{SUB}(u, z) \wedge \mathrm{PARS}(u, x)$
N_7	$\forall x, y : \mathrm{ELMT}(x, y) \rightarrow etype\_less(x, y)$
N_8	$\forall x, y, z : etype\_less(x, y) \wedge etype\_less(y, z)$
	$\rightarrow etype\_less(x, z)$
N_9	$\forall x : \neg\, etype\_less(x, x)$
N_{10}	$\forall x, y, z : etype\_less(x, y) \wedge$
	$\mathrm{SUB}(z, y) \rightarrow etype\_less(x, z)$
N_{11}	$\forall x, y, z : \mathrm{SUB}(x, y) \wedge \mathrm{PARS}(y, z) \wedge$
	$\mathrm{PARS}(x, w) \rightarrow \neg \mathrm{SUB}(w, z)$
N_{12}	$\forall x, y, w : \mathrm{ANTO}(x, y) \wedge \mathrm{SUB}(w, x) \rightarrow \neg \mathrm{SUB}(w, y)$

Tabelle 5.8.: Logische Axiome, um einen Widerspruch herzuleiten

ausgedrückt wird. Wiederum können analoge Axiome für die anderen meronymischen Unterrelationen ELMT, HSIT, ORIGM^{-1} und SUBM angegeben werden. N_3 und N_4 definieren die Transitivität von SUB und PARS. Analoge Axiome können für die Relationen HSIT, SUBM, SUBS, SUBR nicht aber für ELMT und ORIGM definiert werden. Zu beachten ist, dass die sprachliche Transitivität von Meronymen nur eingeschränkt gilt, d. h., sie schwächt sich mit der Länge der Kette, die aus direkten Meronymrelationen besteht, langsam ab. Beispielsweise würde man ein *Neutron* nicht als Meronym von *Bauarbeiter* bezeichnen, obwohl das physikalisch gilt [Hel08, p.507–508]. N_5 legt fest, dass die Relationen SUB und PARS nicht gleichzeitig erfüllt sein können. N_3, N_4, N_5, und N_6 werden für den Beweis von Theorem 5.5.1 benötigt und sind daher wichtig, um gemäß diesem Theorem vorhandene Widersprüche aufzudecken. In Axiom N_7 wird ein Prädikat *etype_less*(x, y) eingeführt, das erfüllt ist, wenn der Extensionalitätstyp eines Begriffs x den Extensionalitätstyp von y unterschreitet. Wenn die Relation ELMT(x, y) gilt, dann ist der Extensionalitätstyp von y genau um eins größer als der von x, daraus folgt *etype_less*(x, y). Das Prädikat *etype_less* ist transitiv (N_8) und irreflexiv (N_9). Die Tatsache, dass ein Hyponym den identischen Extensionalitätstyp wie sein Hyperonym besitzt (zumindest wenn das Hyperonym nicht unterspezifiziert ist), ist in Axiom N_{10} ausgedrückt. Die Axiome N_7, N_8, N_9, und N_{10} werden benötigt für den Beweis von Theorem 5.5.2 und auch um Widersprüche in der Wissensbasis gemäß diesem Theorem herzuleiten. N_{11} bezeichnet die Heuristik, die in Formel 5.104 (Vermutung 1) angegeben ist. N_{12} ist eine Generalisierung des MultiNet-Axioms *Komplementarität von Begriffen* [Hel08, p.590], was zumindest prototypisch erfüllt sein sollte.

Die logische Validierung kommt sowohl als Merkmal (Merkmalsname: *Logische Validierung*) für den Konfidenzwert (Indikator ergibt eins, wenn die entsprechende Relation keinen Widerspruch auslöst, null sonst) als auch als unabhängige Validierungskomponente zum Einsatz.

Fehlerdisambiguierung: Normalerweise sind nicht alle Relationen, die der automatische Beweiser verwendet, um einen Widerspruch herzuleiten, tatsächlich auch fehlerhaft. Häufig ist nur eine einzige betrachtete Relation inkorrekt. Allerdings ist die Bestimmung dieses Fehlers nicht trivial.

Zur Fehlererkennung wird eine validierte und vertrauenswürdige Wissensbasis eingesetzt, in diesem Fall HaGenLex sowie von GermaNet und Wiktionary abgeleitete Relationen, wobei die Zuordnung von GermaNet-Synsets und Wiktionary-Worteinträgen semiautomatisch erfolgte. Alle Relationen, die in dieser validierten Wissensbasis stehen, werden als korrekt angenommen, d. h., wenn der Beweiser eine dieser Relationen in einem Widerspruchsbeweis verwendet hat, können diese als Fehlerkandidat ausgeschlossen werden und der Fehler muss sich in einer der übrigen Relationen befinden.

Außerdem wird der Konfidenzwert (d. h. der Konfidenzwert ohne das hier beschriebene Merkmal *Logische Konsistenz*) für jede Relation in der Hypothesenwissensbasis zur Entscheidungsfindung herangezogen. Hohe Konfidenzwerte deuten auf die Korrektheit, niedrige auf die Nichtkorrektheit der Hypothese hin.

Ein alternatives Verfahren zur Bestimmung der inkorrekten Relation kann daraus bestehen, dass nicht alle widersprüchlichen Hypothesen zusammen aus der Wissensbasis entfernt werden, sondern eine nach der anderen. Man prüft nun, ob der Widerspruch nach Entfernen einer bestimmten Hypothese weiterhin existiert, d. h., man startet den Beweiser erneut mit der modifizierten Wissensbasis. Ist der Widerspruch immer noch vorhanden, dann hat diese Hypothese vermutlich nicht den Fehler verursacht. Andersherum, falls der Widerspruch tatsächlich nicht mehr auftritt, dann ist die Wahrscheinlichkeit hoch, dass die entfernte Relation tatsächlich fehlerhaft war. Allerdings ist die Laufzeit eines solchen Vorgehens recht hoch, sodass dieses Vorgehen hier nicht gewählt wurde.

5.6. Extraktion von semantischen Relationen aus maschinenlesbaren Lexika

Neben der Extraktion von semantischen Relationen aus natürlichsprachlichen Texten wurden solche Relationen auch aus dem maschinenlesbaren Lexikon Wiktionary[12] extrahiert. Wiktionary basiert auf der Wiki-Technologie und wird von Internetbenutzern gemeinsam über einen Webbrowser entwickelt. Zur Teilnahme ist weder eine Anmeldung noch sonst eine Identifikation erforderlich, d. h., man muss damit rechnen, dass viele Artikel von Laien verfasst worden sind. Ein Beispieleintrag von Wiktionary ist in Abbildung 5.38 angegeben. Ein Eintrag aus Wiktionary enthält die folgenden Informationen:

- grammatisches Geschlecht (Genus)
- Silbentrennung

---

[12]Das deutsche Wiktionary findet man unter der URL `http://de.wiktionary.org`.

Abbildung 5.38.: Eintrag *Festplatte* aus Wiktionary (Stand: August 2010)

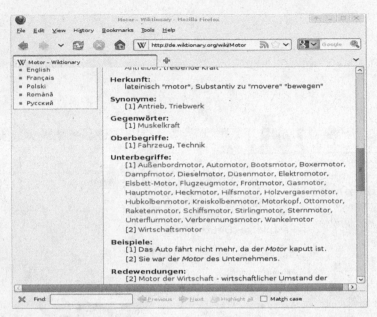

Abbildung 5.39.: Eintrag *Motor* aus Wiktionary (Stand: August 2010)

- Aussprache
- natürlichsprachliche Erläuterung
- Gegenbegriffe (Antonyme)
- Synonyme
- Oberbegriffe (Hyperonyme)
- Unterbegriffe (Hyponyme)
- Beispiele (ein Beispiel pro Lesart)
- Übersetzungen
- Referenzen auf andere Artikel, beispielsweise auf Wikipedia

Meronyme findet man in Wiktionary übrigens gar nicht. Aufgrund der Tatsache, dass sich jeder an Wiktionary beteiligen kann, ist das Lexikon recht umfangreich und enthält zurzeit deutlich über 100 000 Einträge. Die Qualität der Einträge ist allerdings oft nicht überzeugend.

Man betrachte beispielsweise den Eintrag zu Motor, der in Abbildung 5.39 angegeben ist. Als Oberbegriffe (Hyperonyme) sind für *Motor Fahrzeug* und *Technik* angegeben. *Fahrzeug* ist aber eigentlich ein Holonym von *Motor*, da ein Fahrzeug im Allgemeinen auch einen Motor besitzt. *Technik* ist ebenfalls kein Hyperonym zu *Motor*, sondern ein Wort, das die Domäne angibt, in der das Wort *Motor* gebraucht wird. In einer Stichprobe ergab sich lediglich eine Korrektheit von 77% der Einträge. Zusammenfassend gesagt, enthält Wiktionary zwar eine große Menge von Hyponym-Einträgen, allerdings ist deren Qualität oft zweifelhaft, was ein manuelles Überprüfen der Ergebnisse erforderlich macht. Synonyme sind dagegen von deutlich höherer Qualität.

Der Extraktionsprozess sieht nun so aus, dass alle Wortdefinitions-Webseiten von Wiktionary heruntergeladen und anhand einer Schlüsselwortsuche die Einträge aus der Liste *Oberbegriffe*, *Unterbegriffe* und *Synonyme* extrahiert werden. Damit hat man aber erst Wörter extrahiert und es muss nun eine Lesartenzuordnung folgen. Dazu untersucht man, welche Begriffe in HaGenLex dieselbe Oberflächenrepräsentation wie dieses Wort besitzen. Man kann die folgenden Fälle unterscheiden:

- Es existiert kein Begriff für das gesuchte Wort in HaGenLex.
- Es existiert genau ein Begriff für das gesuchte Wort in HaGenLex.
- Es existieren mehrere Begriffe für das gesuchte Wort in HaGenLex.

Einfach abzuhandeln ist der Fall, wenn für beide Wörter genau ein Begriff in HaGenLex existiert. In diesem Fall wird eine Hyponym- oder Synonymrelation mit diesen Begriffen im Lexikon angelegt. Falls der Eintrag gar nicht existiert, wird die Standardlesart *.1.1* angenommen. Beispiel: Es existiert im Lexikon kein Begriff für das Wort *Stegosaurus*, dann wird als Bezeichnung des entsprechenden Begriffs *stegosaurus.1.1* gewählt. Am kompliziertesten ist der Fall, wenn für mindestens ein Wort mehrere Begriffe in HaGenLex existieren. Hier muss nun die wahrscheinlichste Zuordnung ermittelt werden. Dazu betrachtet man die ontologischen Sorten und die semantischen Merkmale beider Begriffe, eventuell auch noch die der Bedeutungsfacetten, falls es sich bei mindestens einem der Begriffe um ein Bedeutungsmolekül handelt. Die Kombination mit identischen Sorten und dem geringsten Unterschied bei den semantischen Merkmalen ergibt die beste Zuordnung. Man betrachte beispielsweise das Paar SUB(*bank.?.?, unternehmen.?.?*). Für Bank existieren zwei Lesarten im Lexikon: *bank.1.1*, die Bank als Unternehmen und *bank.2.1*, die Bank zum Sitzen. *bank.1.1* besitzt die beiden Bedeutungsfacetten:

- *Bank als Institution*: sort io, MENTAL -, ANIMAL -, ANIMATE -, ARTIF +, AXIAL -, GEOGR -, HUMAN -, INFO -, INSTIT +, INSTRU -, LEGPER +, METHOD -, MOVABLE -, POTAG +, SPATIAL -, THCONC -
- *Bank als Gebäude*: sort d, MENTAL -, ANIMAL -, ANIMATE -, ARTIF +,

AXIAL +, GEOGR -, HUMAN -, INFO -, INSTIT -, INSTRU -, LEGPER -,
METHOD -, MOVABLE -, POTAG -, SPATIAL +, THCONC -

bank.2.1 ist dagegen kein Bedeutungsmolekül und besitzt daher nur eine einzige ontologische Sorte und nur eine einzige Liste von semantischen Merkmalen: (Typ: ax-mov-art-discrete Sorte: d, MENTAL -, ANIMAL -, ANIMATE -, ARTIF +, AXIAL +, GEOGR -, HUMAN -, INFO -, INSTIT -, INSTRU +, LEGPER -, METHOD -, MOVABLE +, POTAG -, SPATIAL +, THCONC -)

Für das Wort *Unternehmen* existieren drei Lesarten im Lexikon; zum Einen *unternehmen.2.1* als Verb mit ontologischer Sorte *da*; zum Anderen das Bedeutungsmolekül (*unternehmen.1.1*) mit den Facetten:

- sort io, MENTAL -, ANIMAL -, ANIMATE -, ARTIF +, AXIAL -, GEOGR -, HUMAN -, INFO -, INSTIT +, INSTRU -, LEGPER +, METHOD -, MOVABLE -, POTAG +, SPATIAL -, THCONC -
- sort d, MENTAL -, ANIMAL -, ANIMATE -, ARTIF +, AXIAL + ,GEOGR -, HUMAN -, INFO -, INSTIT -, INSTRU -, LEGPER -, METHOD -, MOVABLE -, POTAG -, SPATIAL +, THCONC -)⁻

und schließlich die Lesart *unternehmen.1.2* wie in *ein waghalsiges Unternehmen*:
sort ad, MENTAL -, ANIMAL -, ANIMATE -, ARTIF -, AXIAL -, GEOGR -, HUMAN -, INFO -, INSTIT -, INSTRU -, LEGPER -, METHOD -, MOVABLE -, POTAG -, SPATIAL -, THCONC -

Eine perfekte Übereinstimmung gibt es bei der ersten Facette von *bank.1.1* und der ersten Facette von *unternehmen.1.1* (siehe Tabelle 5.9) sowie der zweiten Facette von *bank.1.1* und der zweiten Facette von *unternehmen.1.1*. *bank.2.1* stimmt mit der ersten Facette von *unternehmen.1.1* dagegen aufgrund der unterschiedlichen ontologischen Sorte (d / diskretes Objekt und io / ideelles Objekt) und der unterschiedlichen Belegung der semantischen Merkmale: *spatial, movable, instit* und *axial* nicht überein (siehe Tabelle 5.10). Bei der zweiten Facette stimmen zwar die Sorten überein (beide *d*), nicht aber die semantischen Merkmale *instru* und *movable*. Daher wurden als passendes Paar die Begriffe *bank.1.1* und *unternehmen.1.1* gewählt.

Begriff	Fac.	sort	ARTIF	AXIAL	INSTIT	LEGPER	MOV.
bank.1.1	1	io	+	-	+	+	-
unternehmen.1.1	1	io	+	-	**-**	+	-
unternehmen.1.1	2	**d**	+	**+**	-	-	-
unternehmen.2.1	1	**da**	u	u	u	u	u
unternehmen.1.2	1	**ad**	-	-	-	-	-

Tabelle 5.9.: Unterschiede zwischen den ontologischen Sorten und semantischen Merkmalen der Institutionslesart *bank.1.1* zu den verschiedenen Lesarten und Facetten von *Unternehmen*. Unterschiede sind dabei fett gedruckt (u=unterspezifiziert).

Begriff	Fac.	sort	ARTIF	AXIAL	INSTIT	LEGPER	MOV.
bank.2.1	1	d	+	+	-	-	+
unternehmen.1.1	1	**io**	+	**-**	**+**	**+**	**-**
unternehmen.1.1	2	d	+	+	-	-	-
unternehmen.2.1	1	**da**	u	u	u	u	u
unternehmen.1.2	1	**ad**	-	-	-	-	-

Tabelle 5.10.: Unterschiede zwischen den ontologischen Sorten und semantischen Merkmalen von *bank.2.1* (Bank zum Sitzen) zu den verschiedenen Lesarten und Facetten von *Unternehmen*. Unterschiede sind dabei fett gedruckt (u=unterspezifiziert).

5.7. Technischer Support für die Annotation der Daten

Um Konfidenzwerte für die Relationshypothesen zu berechnen, werden annotierte Trainingsdaten benötigt. Um diese Annotationen komfortabel durchführen zu können, wurde ein grafisches Annotations- und Überprüfungswerkzeug namens SemChecker entwickelt, was ursprünglich von Christian Danninger im Rahmen seiner Diplomarbeit entworfen [Dan09] und im Rahmen dieser Arbeit fortgeführt wurde. Neben seiner Verwendung als Annotationswerkzeug kann SemChecker auch eingesetzt werden, um inkonsistente Hypothesen zu identifizieren. SemChecker stellt die in der Datenbank abgelegten Relationshypothesen als Tabelle RELATION einschließlich der zugehörigen Datenbankattributwerte dar (siehe oberer Teil in Abbildung 5.40) (siehe Abschnitt 5.2.7 zur Beschreibung der Datenbanktabelle). Wenn man einen der dargestellten Einträge selektiert, werden die dazugehörigen Einträge der SOURCE-Tabelle, die angeben, aus welcher Quelle der Eintrag stammt, ausgegeben. Attribute der SOURCE-Tabelle sind u. a, der Dateiname (Attribut: FILENAME), die Datenart (Attribut: NAME, z. B. Wikipedia) und die verwendete Extraktionsregel (Attribut: PATTERN).

SemChecker unterstützt den Annotator auf verschiedene Weise. So wird der Satz angezeigt, aus dem die Relation extrahiert wurde. Die Anzeige des Satzes ist für den Annotator von großer Wichtigkeit, um zu entscheiden, ob eine Hypothese korrekt ist, insbesondere bei Fachausdrücken, die nicht allgemein geläufig sind. Hier kann der Annotator, ohne den Satz zu sehen, oft gar nicht entscheiden, ob wirklich ein Hyponym/Meronym/Synonym vorliegt oder nicht. Zusätzlich werden die Lesarten der beiden in der Hypothese enthaltenen Begriffe durch Beispielsätze illustriert. Zudem kann der Annotator sich die Hypothesen nach verschiedenen Kriterien sortieren lassen oder bestimmte Einträge herausfiltern. Um beispielsweise in kurzer Zeit möglichst viele neue korrekte Relationen zu finden, empfiehlt es sich alle Hypothesen auszublenden, die schon annotiert wurden sowie die Hypothesen nach absteigendem Konfidenzwert zu ordnen.

SemChecker eignet sich aber auch für eine Fehlersuche an dem Relationsextraktionssystem. So zeigt SemChecker die ontologischen Sorten und semantischen Merkmale der Begriffe sowie der Grundbegriffe ausgegeben. Durch eine Fernsteuerung mit LIA ist es zudem möglich, sich die entsprechenden Begriffe im geöffneten LIA anzusehen. Zusätzlich kann man sich die Werte aller Merkmale zur Berechnung des Konfidenzwertes anzeigen lassen. Diese Informationen helfen nachzuvollziehen, warum fehlerhafte Hypothesen nicht von dem semantischen Filter bereits identifiziert werden konnten, warum eine inkorrekte Unterrelation ausgewählt wurde oder wie ein hoher bzw. niedriger Konfidenzwert zustande kommt.

Ein drittes Anwendungsszenario von SemChecker besteht darin, sich inkonsistente Relationshypothesen anzeigen zu lassen. Einträge, die zu einem Widerspruch geführt haben, werden mit einem *Achtungs*-Symbol markiert. Zusätzlich gibt SemChecker bei Selektieren des Axiom-Knopfes alle Axiome aus, die benötigt wurden, um den Widerspruch herzuleiten (siehe Abbildung 5.41).

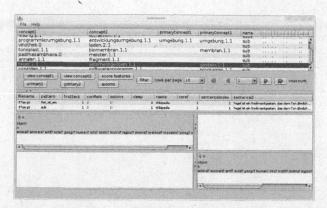

Abbildung 5.40.: GUI des Annotationswerkzeuges SemChecker

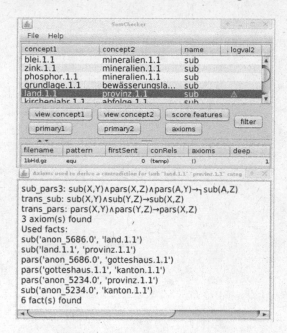

Abbildung 5.41.: Grafisches Benutzerinterface zur Anzeige des Resultates der logischen Validierung, die den Eintrag SUB(*land.1.1, provinz.1.1*) als potenziell fehlerhaft markiert

6. Lernen von Entailments basierend auf einer tiefen semantischen Wissensrepräsentation

Die folgenden Abschnitte beschreiben das automatische Lernen von Entailments aus Texten und deren Validierung. Als Entailment bezeichnet man eine Folgerungsbeziehung zwischen zwei logischen Formeln. Hier wird das Lernen semantischer Entailments beschrieben. Bei diesen bestehen Prämisse und Konklusion aus logischen Repräsentationen (hier aus semantische Netzen, die im MultiNet-Format vorliegen), die natürlichsprachliche Sätze repräsentieren. Eine große Menge von Entailments ist vorteilhaft für eine Vielzahl von Anwendungen im Bereich der automatischen Sprachverarbeitung
(siehe Abschnitt 1.2). Jedem gelernten Entailment wird ein Konfidenzwert zugeordnet, der durch die Validierung bestimmt wurde und dessen Qualität abschätzt.

Die Grundidee der Hypothesenextraktionsmethode stammt von Ravichandran und Hovy [RH02]. Zuerst werden dabei Sätze gesucht, die bestimmte Schlüsselwörter enthalten. Man betrachte beispielsweise die Ausdrücke: *John McEnroe, Björn Borg, 1980, Wimbledon*. Sätze, die alle diese Ausdrücke enthalten, könnten beispielsweise sein:

- Björn Borg gewann gegen John McEnroe im Finale von Wimbledon 1980.
- John McEnroe verlor gegen Björn Borg im Finale von Wimbledon 1980.

Für diese Sätze wird dann eine Bedeutungsstruktur erzeugt. Falls viele Beispiele vorhanden sind, kann man aus diesen Bedeutungsstrukturen gegebenenfalls Entailments lernen, die auf der Oberflächenebene in etwa den folgenden Ausdrücken entsprechen:

- X gewann gegen $Y \rightarrow Y$ verlor gegen X

- Y verlor gegen $X \rightarrow X$ gewann gegen Y

Diese semantischen Entailments können dann von einem automatischen Beweiser zusammen mit einer existierenden Wissensbasis beispielsweise für Frage-Antwort- oder Duplikatserkennungssysteme verwendet werden.

6.1. Vorgehen

Der Prozess des Lernens von Entailments ist ähnlich zu der Relationsextraktion und erfolgt in den folgenden Schritten: (siehe Abbildung 5.1):

- Parsen des Korpus (hier: Newsfeed-Korpus), bzw. der Suchmaschinenergebnisse durch WOCADI und Erzeugung semantischer Netze, Dependenzbäumen und Tokenlisten
- Erzeugen der Entailmenthypothesen
- Ablegen der Hypothesen in der Hypothesen-Datenbank.
- Berechnung eines Konfidenzwertes für alle Entailmenthypothesen in der Datenbank. Dieser Wert gibt an, mit welcher Wahrscheinlichkeit eine Hypothese als korrekt angesehen wird
- Selektion der besten Hypothesen und Speicherung derselben in der Wissensbasis

Alle im Zusammenhang mit dieser Arbeit entwickelten Komponenten sind in Abbildung 5.1 mit dunklem Hintergrund dargestellt, während alle anderen Komponenten einen weißen Hintergrund besitzen.

Der Ablauf des Lernens von Entailments (illustriert in Abbildung 6.1) ist ähnlich wie bei der Extraktion von semantischen und lexikalischen Relationen wie in Abschnitt 5.1 beschrieben mit einigen Ausnahmen. So existieren eine spezielle Filterkomponente sowie Komponenten zum Anwenden von Extraktionsregeln für das Entailment-Lernen nicht.

Der hier verwendete Algorithmus zum Erzeugen von Entailmenthypothesen besteht aus den folgenden Schritten:

- Es werden als Eingabe verschiedene Nominalphrasen (sogenannte Anker) sowohl in Oberflächenform als auch in einer äquivalenten Form als semantisches Netz spezifiziert, d. h., gegeben ist eine Liste von Tupeln: $L := \{(a_{11}, \ldots, a_{1j_1}), \ldots, (a_{n1}, \ldots, a_{nj_n})\}$ wobei a_{ij} eine Nominalphrase ist (in beiden Repräsentationsformen). Ein Auszug aus der verwendeten Tupelliste ist in Abbildung 6.2 gegeben.

- Mithilfe einer Suchmaschine werden Internetseiten gesucht, die die Oberflächenausdrücke enthalten. Diese Internetseiten werden heruntergeladen und im Dateisystem abgelegt.

- Alle Internetseiten werden in reinen Text in Latin1-Codierung (ISO-8859-1) umgewandelt. PDF-Dateien werden mithilfe des Programms **pdftotext** in reine Latin1-basierte Textdateien umgewandelt. HTML-Dateien werden mit einem selbst implementierten Programm konvertiert, da die vorhandenen Programme entweder Probleme mit der richtigen Behandlung von Sonderzeichen haben (htmltotext) oder dem Text zusätzliche Links (lynx-dump) hinzufügen, die im Orginaltext nicht auftauchen. Zu beachten ist hierbei, dass verschiedene Möglichkeiten existieren, Sonderzeichen wie Umlaute zu repräsentieren:

  - Einmal durch das Voranstellen eines Ampersand-Zeichens und eines kurzen Mnemoniks. Beispiel: ä für ä, ü für ü, ß für ß.

  - Durch Voranstellen eines Ampersand-Zeichens und eines Zahlencodes, der entweder dezimal oder hexadezimal angegeben werden kann. Beispiel ü für ü oder ö für ö.

  - Durch direkte Angabe des Sonderzeichens und Spezifizierung des verwendeten Codierungssystems in einem Meta-Tag. Beispiel:

    ```
    <meta http-equiv=''Content-type''
    content=''text/html;charset=UTF-8''>.
    ```

  Alle diese verschiedenen Codierungsmöglichkeiten müssen unterstützt werden.

- Es wird eine Satzsegmentierung durchgeführt. Alle Sätze, die sämtliche Nominalphrasen des aktuell betrachteten Tupels beinhalten, werden gesammelt. Flektierte Formen werden zurzeit noch nicht berücksichtigt.

- Anhand von WOCADI werden diese Sätze einer tiefen syntaktisch-se-

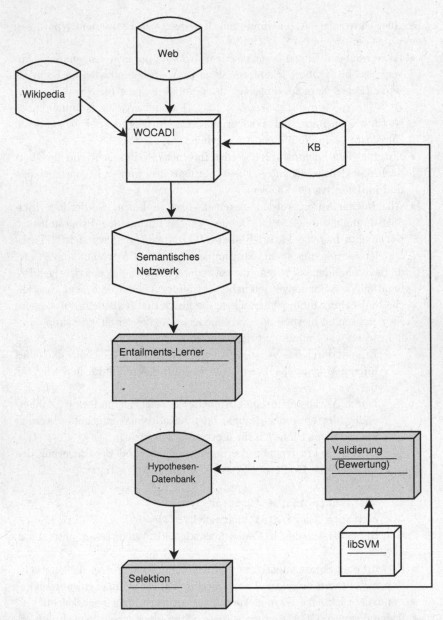

Abbildung 6.1.: Architektur der Entailmentextraktion von SemQuire

```
(
(
(surface ("Mozart" "5. Dezember 1791"))
(deep (
   ((attr A B) (sub B "nachname.1.1") (val B "mozart.0"))
   ((attr A B) (sub B "jahr.1.1") (val B C) (card C 1791)
    (attr A D) (sub D "monat.1.1") (val D E) (card E 12)
    (attr A F) (sub F "tag.1.1") (val F G) (card G 5))))
(
(surface ("Mozart" "27. Januar 1756"))
(deep (
   ((attr A B) (sub B "nachname.1.1") (val B "mozart.0"))
   ((attr A B) (sub B "jahr.1.1") (val B C) (card C 1756)
    (attr A D) (sub D "monat.1.1") (val D E) (card E 1)
    (attr A F) (sub F "tag.1.1") (val F G) (card G 27))))
(
(surface ("Bundesbank" "Leitzins"))
(deep (
   ((sub A "bundesbank.1.1"))
   ((sub A "leitzins.1.1"))
)))
(
(surface ("Columbus" "Amerika"))
(deep (
   ((attr A B) (sub B "nachname.1.1") (val B "columbus.0"))
   ((attr A B) (val B "amerika.0"))))
)
(
(surface ("Edison" "Glühbirne"))
(deep (
   ((attr A B) (sub B "nachname.1.1") (val B "edison.0"))
   ((sub A "glühbirne.1.1")))
))
(
(surface ("Zuse" "Computer"))
(deep (
   ((attr A B) (sub B "nachname.1.1") (val B "zuse.0"))
   ((sub A "computer.1.1")))
))
```

Abbildung 6.2.: Auszug aus der Ankerliste zur Extraktion von Entailments

mantischen Analyse unterzogen.

- Die Teile des Netzes, die den Begriffen aus den Suchtupeln entsprechen, werden durch Variablen ersetzt.

- Aus den modifizierten Netzen werden häufig vorkommende Teilstrukturen S anhand des Minimum-Description-Length-Prinzips (deutsch: Minimalbeschreibungsprinzip) [Ris89] gelernt (siehe Abschnitt 5.2.3).

- Die Menge der möglichen Entailments ist gegeben durch $S \times S$. Zu beachten ist, dass man für ein konkretes Element $(s, t) \in S \times S$ dieser Menge die Variablen der rechten Seite t, die nicht einen Begriff aus den Suchtupeln ersetzt haben (d. h. die erst durch das Lernverfahren eingeführt wurden), umbenannt werden müssen, sodass sie nicht auf der linken Seite s vorkommen. Die Prämisse s eines Entailments ist die erste Komponente von (s, t), die Konklusion die zweite Komponente t.

6.2. Datenmodell

Abbildung 6.3 zeigt das verwendete Datenmodell, um die Entailments in der Datenbank abzulegen. Die Datenbankfelder haben die folgende Bedeutung:

- Tabelle ENTAIL
  - EID: der eindeutige numerische Primärschlüssel
  - PREMISE: die Prämisse
  - CONCLUSION: die Konklusion
  - CORRECT: 1, wenn das Entailment als korrekt annotiert wurde, 0 falls inkorrekt und NULL, falls noch nicht annotiert
  - SCORE: der dem Entailment zugeordnete Konfidenzwert
  - FEATURES: Merkmale, anhand derer ein Konfidenzwert für dieses Entailment berechnet wurde
  - ANNOTATOR: Name der Person, die die Korrektheit einer Relation annotiert hat
- Tabelle SOURCE
  - SID: der eindeutige numerische Primärschlüssel
  - EID: der Fremdschlüssel
  - DIRNAME: Name des Verzeichnisses, aus dem das Entailment extrahiert wurde

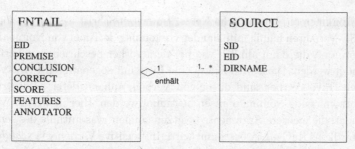

Abbildung 6.3.: Datenmodell, um Entailments in der Datenbank abzulegen

6.3. Zusätzliches Verfahren zur Extraktion von Entailmenthypothesen

Das in Abschnitt 6.1 vorgestellte Verfahren zur Entailmentextraktion besitzt einige Nachteile. So werden die Tupel von Nominalphrasen, die Grundlage des Lernalgorithmus sind, nicht automatisch bestimmt sondern manuell vorgegeben. Zum anderen ist das Verfahren nicht durchgängig begriffsbasiert, da oberflächenorientierte Suchanfragen zum Einsatz kommen. Zudem sind recht viele Suchanfragen notwendig. Daher wurde ein zusätzliches Verfahren realisiert, das diese Einschränkungen nicht besitzt und auf einen bereits als Sammlung von semantischen Netzen vorliegenden Newsfeed-Korpus zurückgreift. Jeder Artikel aus dem Newsfeed-Korpus ist mit einem Veröffentlichungsdatum gekennzeichnet. Die Verwendung dieses Korpus hat natürlich andererseits die Einschränkung, dass dieser Korpus deutlich kleiner ist als beim ersten Verfahren, wo dieser aus dem gesamten vom Suchmaschinenindex berücksichtigten Internet bestand. Wikipedia wäre in diesem Fall nicht so geeignet, weil ein Korpus mit vielen Redundanzen benötigt wird. Zudem ist das Veröffentlichungsdatum ein wichtiger Hinweis auf für die Entailment-Extraktion benötigten inhaltlichen Duplikattexte. Artikel, die ähnliche Konzepte enthalten und zu einem ähnlichen Zeitpunkt veröffentlicht wurden, beschreiben häufig denselben Sachverhalt.

Es handelt sich bei dieser zweiten Methode im Wesentlichen um eine Übertragung des TE/ASE-Verfahrens von Szpektor und Dagan [STDC04] von De-

pendenzbäumen auf semantische Netze. Im ersten Schritt werden analog zum
TE/ASE-Verfahren häufig miteinander vorkommende Tupel von Nominalphrasen bestimmt, die dann ähnlich wie bei dem vorher beschriebenen Verfahren
verwendet werden. Dazu wird zuerst eine Liste mit sogenannten Pivot-Verben
ermittelt. Pivot-Verben sind diejenigen Verben, anhand derer häufig zusammen vorkommende Nominalphrasen bestimmt werden. Hierfür werden Verben
verwendet, die mehrere Argumente besitzen können, was mithilfe des semantischen Lexikons HaGenLex bestimmt wird. Intransitive Verben wie *schlafen.1.1*
oder *schnarchen.1.1* werden daher ausgeschlossen. Die generierte Liste ist les-
artenbasiert, d. h., sie enthält nicht die Oberflächenformen der Verben, sondern
lexikalisierte Begriffe, wie beispielsweise *geben.1.1*. Einige Beispiele für solche
Pivot-Elemente sind:

- aufräumen.1.1
- behindern.1.2
- behindern.1.1
- befehlen.2.1
- beratschlagen.1.1
- durchfluten.2.1
- einbiegen.1.1
- erhalten.1.1
- erreichen.1.1
- erreichen.1.2
- geben.1.1
- gewinnen.1.1
- heizen.1.1
- heizen.1.2
- umbrechen.1.1
- umschwingen.1.1
- verlieren.1.1
- tapezieren.1.1

Nun werden semantische Netze gesucht, in denen diese Pivot-Begriffe auftauchen und deren Argumente in Form von Teilnetzen mitsamt den Pivot-
Begriffen extrahiert und in einer Datenbank abgelegt. Dazu wird so vorgegangen, dass das semantische Teilnetz von jedem Argument, sofern dort noch
nicht vorhanden, zuerst in einer eigenen Begriffstabelle abgelegt wird. Beim
Vergleich der Teilnetze werden unterschiedliche IDs von inneren Knoten unberücksichtigt gelassen. Die Primärschlüssel der Argumente in der Begriffsta-

belle werden nun anstelle des semantischen Netzes in der Tupeltabelle eingetragen. Ein gültiger Ausdruck einer Datenbankzeile könnte daher beispielsweise lauten: (*geben.1.1*,12,252). In diesem Ausdruck sind 12 und 252 die Schlüsselindizes der Begriffe in der Begriffstabelle. Um denselben Begriff zu beschreiben, können verschiedene Teilnetze verwendet werden. Beispielsweise könnte der amerikanische Präsident durch die Literale

$$
\begin{aligned}
&\text{ATTR}(a,b) \wedge \text{SUB}(b, nachname.1.1) \wedge \text{VAL}(b, obama.0) \wedge \\
&\quad \text{ATTR}(a,c) \wedge \text{SUB}(c, vorname.1.1) \wedge \text{VAL}(c, barack.0)
\end{aligned}
\tag{6.1}
$$

oder

$$
\text{ATTR}(a,b) \wedge \text{SUB}(b, nachname.1.1) \wedge \text{VAL}(b, obama.0)
\tag{6.2}
$$

repräsentiert werden, d. h., der Name kann durch Vorname und Nachname oder nur durch den Nachnamen angegeben werden. Um solche Ausdrücke in der Datenbank schnell miteinander identifizieren zu können, muss die Schreibweise aber einheitlich sein. Da mit der Entfernung des Vornamens auch ein Informationsverlust verbunden wäre, wird hier so vorgegangen, dass das Tupel (Argumente, Pivotelement) mehrfach in der Datenbank abgelegt wird, wenn sowohl Vor- und Nachname vorhanden sind, und zwar einmal mit dem ganzen Ausdruck und einmal mit der auf Nachnamen reduzierten Variante. Analog wird bei Datumsangaben vorgegangen. Ein Datum

$$
\begin{aligned}
&\text{ATTR}(a,b) \wedge \text{SUB}(b, jahr.1.1) \wedge \text{VAL}(b, 2001) \wedge \\
&\quad \text{ATTR}(a,c) \wedge \text{SUB}(c, monat.1.1) \wedge \text{VAL}(c, 2) \wedge \\
&\qquad \text{ATTR}(a,d) \wedge \text{SUB}(d, tag.1.1) \wedge \text{VAL}(d, 23)
\end{aligned}
\tag{6.3}
$$

wird daher zusätzlich auch noch als:

$$
\begin{aligned}
&\text{ATTR}(a,b) \wedge \text{SUB}(b, jahr.1.1) \wedge \text{VAL}(b, 2001) \wedge \\
&\quad \text{ATTR}(a,c) \wedge \text{SUB}(c, monat.1.1) \wedge \text{VAL}(c, 2)
\end{aligned}
\tag{6.4}
$$

und

$$
\text{ATTR}(a,b) \wedge \text{SUB}(b, jahr.1.1) \wedge \text{VAL}(b, 2001)
\tag{6.5}
$$

eingetragen. Wenn in einem Tupel mit zwei Argumenten, ein Argument zwei Varianten und das andere drei besitzt, werden daher insgesamt $2 \cdot 3 = 6$ Tupel in die Datenbank eingetragen.

Im nächsten Schritt werden Argumente identifiziert, die mit ihrem Pivot-Element stark korreliert sind, wofür der $tf \cdot idf$-Wert zum Einsatz kommt. Dieser ist definiert als:

$$tf \cdot idf = freq_p(X) \cdot log_2 \left(\frac{N}{freq_k(X)} \right) \qquad (6.6)$$

In diesem Fall ist $freq_p(X)$ die Anzahl der Vorkommen einer Nominalphrase X in semantischen Netzen, in denen auch das Pivotelement p vorkommt. N ist die Anzahl aller semantischen Netze und $freq_k(X)$ die Anzahl der semantischen Netze im gesamten Korpus k, die X enthalten. Das Prinzip dieses Maßes besteht darin, dass ein Vorkommen einer Nominalphrase desto mehr gewichtet wird, je seltener diese Phrase normalerweise vorkommt. Die besten Hypothesen gemäß diesem Maß werden für die nächsten Schritte ausgewählt.

Anschließend werden unter allen Nominalphrasen, die gemäß dem obigen Test ausgewählt wurden, diejenigen identifiziert, die häufig mit einem bestimmten Pivot-Element zusammen vorkommen. Dazu wird das Maß:

$$Prop(T_p|C) \approx \frac{freq_k(\{p\} \cup C)}{freq_k(C)} \qquad (6.7)$$

berechnet. Die Terme besitzen die folgende Bedeutung:
- T_p: bezeichnet eine Menge von zusammen vorkommenden Nominalphrasenargumenten einschlielich dem Pivotelement
- $freq_k(\{p\} \cup C)$ bezeichnet die Anzahl der semantischen Netze, die sowohl die Nominalphrasenargumente als auch das Pivot-Element beinhalten.
- $freq_k(C)$ bezeichnet die Anzahl der semantischen Netze, die die Nominalphrasenargumente beinhalten.
- C bezeichnet eine Menge von zusammen vorkommenden Nominalphrasenargumenten.
- p Pivotelement
- k das gesamte Korpus

Alle Argumente, deren Wahrscheinlichkeitswert gemäß Gleichung 6.7 in einem definierten Intervall liegen, werden als Anker zur Entailmentextraktion ausgewählt.

Im nächsten Schritt werden semantische Netze extrahiert, die diese Argumente beinhalten.

Man betrachte als Beispiel das Tupel:

$$
\begin{aligned}
&<\text{ATTR}(c1, c2) \wedge \text{SUB}(c2, \textit{name.1.1}) \wedge \text{VAL}(c2, \textit{csu.0}), \\
&\text{ATTCH}(d1, d2) \wedge \text{SUBS}(d2, \textit{wiedereinführung.1.1}) \wedge \\
&\text{SUB}(d1, \textit{pendlerpauschale.1.1}) >, \\
&\text{Pivot}: \textit{fordern.1.1}
\end{aligned}
\tag{6.8}
$$

was auf der Oberflächenebene dem Tupel entspricht: $< CSU$, *Wiedereinführung der Pendlerpauschale>*, Pivot: *fordern.1.1*.

Damit würden alle semantischen Netze extrahiert, die die oben angegebenen semantischen Teilnetze enthalten. Dabei wird angenommen, dass alle diese semantischen Netze ungefähr dasselbe ausdrücken nur mit anderer Formulierung. Genau diese Varianten in der Formulierung versucht man anschließend als Entailments zu lernen. Das Pivot-Element wird dabei ignoriert. Es diente nur zum Finden miteinander in Beziehung stehender Nominalphrasen.

In manchen Fällen allerdings drücken die gefundenen semantischen Netze allerdings nicht dasselbe aus. Daher wird, im Unterschied zu der Methode von Szpektor und Dagan, anschließend noch ein Clustering durchgeführt. Als Clusteringmethode wird das Quality-Threshold-Clustering[HKY99] gewählt. Bei diesem Ansatz ist die Anzahl der erzeugten Cluster nicht im vorhinein gegeben, sondern hängt von den Daten ab. Als Parameter wird der maximal erlaubte Durchmesser eines Clusters angegeben. Der Durchmesser eines Clusters ist gegeben durch die Distanz der beiden am weitesten entferntliegenden Punkte des Clusters. Die Merkmale der Cluster sind die in den semantischen Netzen vorkommenden Begriffe sowie die Nummer der Woche der Veröffentlichung des Artikels. Das Veröffentlichungsdatum wird verwendet, da Artikel, die zu ähnlicher Zeit veröffentlicht wurden, evtl. dasselbe Ereignis mit anderen Worten wiedergeben, d. h., dadurch vermutlich Paraphrasen beinhalten. Die in einem semantischen Netz vorkommenden Begriffe werden als binäre Merkmale dargestellt. Ein solches Merkmal nimmt den Wert eins an, wenn der zugeordnete Begriff im semantischen Netz auftaucht, ansonsten null. Eine mögliche Verbesserung dieses Vorgehens besteht darin, diese binären Merkmale noch zu gewichten, z. B. mit dem in Gleichung 6.6 angegebenen $tf \cdot idf$-Wert.

Für die innerhalb eines Clusters C befindlichen semantischen Netzen $S(C)$ werden nun die Anker für eine generelle Verwendbarkeit der zu noch zu bestimmenden Entailments durch fixe Variablen ersetzt und eine Menge von Mustern $M(C)$ gelernt. Wie beim vorigen Entailment-Extraktionsverfahren wird auch hierfür ein Minimum-Description-Length-Ansatz gewählt, d. h., die Muster sind diejenigen Teilnetze, mit denen die Menge an semantischen Netzen $S(C)$ besonders gut komprimiert werden kann. Siehe Abschnitt 5.2.3 für Details zu diesem Verfahren. Die Menge der Entailments ist dann gegeben durch:

$$E = \{E_1 \to E_2 | E_1, E_2 \in M(C) \ \wedge E_1 \neq E_2\} \tag{6.9}$$

6.4. Merkmale zur Konfidenzwertberechnung

Bei der Validierung von Entailmenthypothesen werden, ähnlich wie bei der Validierung semantischer und lexikalischer Relationshypothesen, verschiedene Merkmale berechnet, die dann mithilfe einer Support-Vektor-Maschine kombiniert werden, um einen Konfidenzwert zu bestimmen. Die Support-Vektor-Maschine wird dazu auf einem Datensatz trainiert, der mit der Korrektheit des extrahierten Entailments annotiert ist.

6.4.1. EM1: Vorkommen von generischen Begriffen

Das Merkmal *Generische Begriffe* überprüft, ob sowohl in der Konklusion als auch in der Prämisse generische und lexikalisierte Begriffe auftauchen (wie beispielsweise *fordern.1.1* oder *entdecken.1.1*). Namen wie *peter.0* werden bei dieser Suche ignoriert. Falls solche Begriffe auftauchen, liefert dieses Merkmal den Wert 1 zurück, andernfalls 0.

6.4.2. EM2: Vorkommen von Namen

Das binäre Merkmal *"Vorkommen von Namen"* testet, ob Konklusion und Prämisse Namensausdrücke und/oder Datumsangaben enthalten. Falls dies der Fall sein sollte, ist das extrahierte Entailment sehr wahrscheinlich zu speziell und daher nicht korrekt. Der Test erfolgt nicht durch das Überprüfen auf Namensbegriffe, die mit der Endung *.0* enden, weil dies auch Ausdrücke wie SUBR($c, sub.0$) einschließen würde. Stattdessen wird überprüft, ob das semantische Netz eines der folgenden Unternetze enthält:

$$\text{SUB}(a, name.1.1) \wedge \text{VAL}(a, b) \qquad\qquad (6.10)$$

$$\text{SUB}(a, nachname.1.1) \wedge \text{VAL}(a, b) \qquad\qquad (6.11)$$

$$\text{SUB}(a, vorname.1.1) \wedge \text{VAL}(a, b) \qquad\qquad (6.12)$$

$$\text{NAME}(a, b) \qquad\qquad (6.13)$$

$$\text{SUB}(a, jahr.1.1) \qquad\qquad (6.14)$$

Falls dies der Fall sein sollte, wird dieses Merkmal auf null gesetzt (Entailment unwahrscheinlich), ansonsten auf eins.

6.4.3. EM3: Beschreibungslänge

Das Merkmal *Beschreibungslänge* ist definiert als eine positive Konstante minus die Summe der beiden *Beschreibungslängen*-Werte pro überdeckte Trainingsbeispiele. Die Subtraktion von einer Konstante ist notwendig, da jedes Merkmal einen hohen Wert bei Hinweis auf eine korrekte Entailmenthypothese annehmen soll und sonst einen niedrigen.

$$f_{mdl} := max\{0, C - 0, 5(\frac{dl_p}{\#tuples_p} + \frac{dl_c}{\#tuples_c})\} \qquad\qquad (6.15)$$

wobei

- C eine positive Konstante ist (bei der Evaluation wurde C=500 verwendet)
- dl_p die Beschreibungslänge der Prämisse ist
- dl_c die Beschreibungslänge der Konklusion ist
- $\#tuples_p$ die Anzahl der semantischen Netze ist, die aus der Prämisse folgerbar sind
- $\#tuples_c$ die Anzahl der semantischen Netze ist, die aus der Konklusion folgerbar sind

6.4.4. EM4: Iterationen

Die Anzahl der Iterationen, die notwendig waren, um ein Entailment zu extrahieren (siehe Seite 102), ist ein weiteres Merkmal, genannt: f_{iter}. Da eine geringe Anzahl von Iterationen *iter* eine bessere Qualität der Entailmenthypothese vermuten lässt, wird auch in diesem Fall die Zahl der Iterationen von einer Konstanten C' (bei der Evaluation wurde $C' = 4$ verwendet) abgezogen.

$$f_{iter} := max\{0, C' - iter\} \tag{6.16}$$

7. Evaluation

Dieses Kapitel beschreibt die Evaluation der in dieser Arbeit entwickelten Verfahren zur Extraktion der Relationen Hyponymie (siehe Abschnitt 7.1), Meronymie (siehe Abschnitt 7.2), Synonymie (siehe Abschnitt 7.3) sowie zum Lernen von Entailments (siehe Kapitel 6). Eine Evaluation ist nötig, da die extrahierten Hypothesen nicht zu 100 % korrekt sind, d. h., es existieren immer inkorrekte Hypothesen, die als korrekt angenommen werden und umgekehrt korrekte Hypothesen, die als inkorrekt angenommen werden. Für jedes Verfahren werden Akkuratheit, F-Wert, Präzision, Recall und die Konfusionsmatrix bestimmt.

7.1. Evaluation der Extraktion von Hyponymen

7.1.1. Evaluation des Lernens von Hyponymextraktionsregeln

Zuerst wird die Evaluation des Lernverfahrens für die Hyponymextraktionsregeln dargestellt. Das Lernverfahren selber wird in Abschnitt 5.2.3 beschrieben. Es wurde auf eine Menge von 600 semantischen Netzen angewendet, die annotierte Hyponymiebeziehungen enthalten, wobei die Hyponyme und Hyperonyme durch Variablen ersetzt werden (hier *a1* und *a2*), damit generell anwendbare Regeln gelernt werden. Ein Auswahlkriterium für diese 600 semantischen Netze ist die Tatsache, dass die Länge des kürzesten Pfades vom Hyponym zum Hyperonym in einem bestimmten Intervall liegt. Pfade der Länge eins führen meist zu trivialen Mustern. Sehr lange Pfade dagegen sprechen dafür, dass die Hyponymierelation im Text gar nicht ausgedrückt ist, sondern Hyponym und Hyperonym mehr zufällig im gleichen Netz vorkommen. Ein weiteres Auswahlkriterium besteht darin, dass das semantische Netz eine Asymmetrie bezüglich der Hyponymkomponente und der Hyperonymkomponente besitzt.

Beispielsweise könnte man für das Netz

$$\text{SUB}(c1, a1) \wedge \text{SUB}(c1, a2) \tag{7.1}$$

keine Regel lernen, mit deren Hilfe man $\text{SUB0}(a1, a2)$ extrahieren könnte aber nicht $\text{SUB}(a2, a1)$.

Tabelle 7.1 enthält einige der so gelernten Extraktionsregeln einschließlich eines Beispielausdrucks, auf den diese Extraktionsregel angewendet werden kann. Die Extraktionsregeln *LH1–LH4* und *LH7* extrahieren Hyponymierelationen aus Begriffsdefinitionen (Beispiel: *Ein Auto ist ein Fahrzeug, das* ...). Bei solchen Definitionen ist der definierte Begriff häufig ein Hyponym des definierenden Begriffes. Bei Netzen, auf die die Extraktionsregel *LH1* anwendbar ist, wurde der definierende Begriff bereits direkt durch den Parser als Hyperonym des definierten Begriffs identifiziert ($\text{SUBR}(e, sub.0)$). Bei Netzen, auf die Extraktionsregel *LH2* anwendbar ist, wurde der definierende Begriff vom Parser als äquivalent zu dem definierten Begriff erkannt ($\text{SUBR}(e, equ.0)$). In den meisten dieser Fälle ist der definierende Begriff eine Begriffskapsel, bei der der innere Kernbegriff durch weitere Begriffe spezialisiert wird, die beispielsweise Eigenschaften oder Ortsangaben sein können. Wenn man diese zusätzlichen Begriffe weglässt, was bei der Extraktionsregel *LH2* der Fall ist, wird der übrig bleibende Ausdruck ein Hyperonym des definierten Begriffs. Extraktionsregel *LH5* entspricht einem bekannten Hearst-Muster. Mithilfe von *LH6* können Hyponymhypothesen aus Appositionen extrahiert werden. Allerdings sollte hierfür die vom Parser ermittelte Repräsentation von Appositionen im semantischen Netz verbessert werden. Die Reihenfolge, mit der die Bestandteile der Apposition im Satz auftauchen, ist aus der Repräsentation im semantischen Netz:

$$\text{SUB}(c1, cello.1.1) \wedge \text{SUB}(c1, instrument.1.1)$$

nicht mehr ableitbar. Beispielsweise könnten mithilfe dieser Extraktionsregel aus dem Ausdruck *"das Instrument Cello"* sowohl die inkorrekte Hypothese $\text{SUB0}(instrument.1.1, cello.1.1)$ als auch die korrekte Relation $\text{SUB0}(cello.1.1, instrument.1.1)$ extrahiert werden. Es bleibt hier zu hoffen, dass der inkorrekten Hypothese ein niedriger Konfidenzwert von der Validierungskomponente zugewiesen wird, bzw., dass sie evtl. auch schon direkt herausgefiltert wird.

Eine bessere Repräsentation der Apposition im semantischen Netz wäre

$$\text{SUB}(c1, cello.1.1) \wedge \text{SUB}(cello.1.1, instrument.1.1) \tag{7.2}$$

ID	Definition	Beispielausdruck
LH1	$\text{SUB0}(a1, a2) \leftarrow \text{SUB}(f, a2)\wedge$ $\text{TEMP}(e, present.0) \wedge \text{SUBR}(e, sub.0)\wedge$ $\text{SUB}(d, a1) \wedge \text{ARG2}(e, f)\wedge$ $\text{ARG1}(e, d)$	Die Morton-Kennzahl$_{hypo}$ ist ein dimensionsloser Indikator$_{hyper}$.
LH2	$\text{SUB0}(a1, a2) \leftarrow$ $\text{SUB}(f, a2) \wedge \text{EQU}(g, f)\wedge$ $\text{SUBR}(e, equ.0) \wedge \text{TEMP}(e, present.0)\wedge$ $\text{ARG2}(e, f) \wedge \text{ARG1}(e, d)\wedge$ $\text{SUB}(d, a1)$	Psycho-Linguistik$_{hypo}$ ist die Wissenschaft$_{hyper}$ von der menschlichen Fähigkeit sich sprachlich auszudrücken.
LH3	$\text{SUB0}(a1, a2) \leftarrow$ $\text{PRED}(g, a2) \wedge \text{ATTCH}(g, f)\wedge$ $\text{SUBR}(e, pred.0) \wedge \text{ARG2}(e, f)\wedge$ $\text{TEMP}(e, present.0) \wedge \text{ARG1}(e, d)\wedge$ $\text{PRED}(d, a1)$	Die Wurzelbohrer$_{hypo}$ sind eine Familie der Schmetterlinge$_{hyper}$.
LH4	$\text{SUB0}(a1, a2) \leftarrow$ $\text{SUB}(f, a2) \wedge \text{SUBS}(e, bezeichnen.1.1)\wedge$ $\text{TEMP}(e, present.0) \wedge \text{OBJ}(e, f)\wedge$ $\text{SCAR}(e, d) \wedge \text{SUB}(d, a1)$	Ein Hochhaus$_{hypo}$ bezeichnet ein sehr hohes Haus$_{hyper}$.
LH5	$\text{SUB0}(a1, a2) \leftarrow$ $\text{PROP}(f, other.1.1) \wedge \text{PRED}(f, a2)\wedge$ $\text{FOLL}_{*\text{ITMS}}(d, f) \wedge \text{PRED}(d, a1)$	Enten$_{hypo}$ und andere Tiere$_{hyper}$
LH6	$\text{SUB0}(a1, a2) \leftarrow$ $\text{SUB}(d, a2) \wedge \text{SUB}(d, a1)$	das Instrument$_{hyper}$ Cello$_{hypo}$
LH7	$\text{SUB0}(a1, a2) \leftarrow$ $\text{SUB}(g, a2) \wedge \text{ATTCH}(g, f)\wedge$ $\text{SUBR}(e, sub.0) \wedge \text{TEMP}(e, present.0)\wedge$ $\text{ARG2}(e, f) \wedge \text{ARG1}(e, d)\wedge$ $\text{SUB}(d, a1)$	Ein Apfel$_{hypo}$ ist eine Art von Frucht$_{hyper}$.

Tabelle 7.1.: Eine Auswahl automatisch gelernter tiefer Regeln zur Extraktion von Hyponymen

ID	Präzision	KIV	1. Satz	KIV	# Anwendungen
LH1	0,268	0,054	0,312	0,076	85 511
LH2	0,223	0,035	0,325	0,073	35 497
LH3	0,641	0,151	0,846	0,138	937
LH4	0,614	0,144	0,697	0,157	1 581
LH5	0,613	0,058	0,688	0,227	3 461
LH6	0,089	0,023	0,073	0,044	37 655
LH7	0,177	0,067	0,229	0,093	5 484

Tabelle 7.2.: Präzision der Hyponymhypothesen LH_I, die durch die Anwendung der gelernten Extraktionsregeln ohne Verwendung der Validierungskomponente extrahiert wurden. KIV=Konfidenzintervall.

Allerdings wäre hier nicht mehr nachvollziehbar, dass die Relation
SUB(*cello.1.1, instrument.1.1*) aus der Apposition gefolgert wurde und nicht
aus dem Lexikon stammt. Um dies zu verdeutlichen, könnte man zusätzlich
noch die Relation SUB(*c1, instrument.1.1*) einfügen. Anschließend könnte die
Hyponymierelation durch die Regel

$$\text{SUB0}(a1, a2) \leftarrow \text{SUB}(a1, a2) \wedge \text{SUB}(e, a1) \wedge \text{SUB}(e, a2) \qquad (7.3)$$

extrahiert werden. Durch den Ausdruck SUB(*e, a1*) ∧ SUB(*e, a2*) wird sichergestellt, dass nur Hyponyme aus Appositionen extrahiert werden und nicht aus
Kanten, die direkt aus dem Lexikon stammen.

Anschließend wurden die gelernten Extraktionsregeln auf den Wikipedia-
Korpus angewendet und die Präzision der durch die Regeln extrahierten Hypothesen bestimmt, zum einen für beliebige Sätze und zum anderen für die
jeweils ersten Sätze eines Wikipedia-Artikels (siehe Tabelle 7.2). Auf die Validierung anhand semantischer Merkmale und ontologischer Sorten wie in Abschnitt 5.2.6 beschrieben wurde für diese Evaluation verzichtet. Der Grund
dafür besteht darin, dass so eine Validierung eine Vielzahl falscher Hypothesen bereits entfernen und damit die berechneten Präzisionswerte verfälschen
würde, d. h., die wahre Präzision der Regeln könnte deutlich unterhalb des
berechneten Wertes liegen. Zusätzlich wurden Konfidenzintervalle zum Signifikanzniveau 5 % für alle diese Präzisionswerte ermittelt. Diese Werte sind als
maximale Abweichung in beide Richtungen aufzufassen, d. h., wenn die Präzision für eine Regel einen bestimmten Wert b annimmt und der in der Tabelle
angegebene Wert c ist, dann ist das Konfidenzintervall durch $[b-c, b+c]$ gegeben. Die Konfidenzintervalle wurden unter der Annahme berechnet, dass die
Anzahl der korrekten Hypothesen pro Extraktionsregel binomial verteilt ist.
Diese Annahme ist dadurch gerechtfertigt, dass die Korrektheit der Hypothesen durch eine binäre Zufallsvariable beschrieben werden kann, die entweder
den Wert eins (korrekt) oder null (nicht korrekt) annimmt.

7.1.2. Anwendung der Hyponymextraktionsregeln und Validierung

Die hier beschriebenen Extraktionsregeln wurden auf den deutschen Wikipedia-Korpus vom November 2006 angewendet, der insgesamt 500 000 Artikel
umfasst. Insgesamt wurden 391 153 unterschiedliche Hyponymiehypothesen

mithilfe von 22 tiefen und 19 flachen Extraktionsregeln extrahiert. Die tiefen Extraktionsregeln wurden auf die semantischen Netze angewandt, die flachen auf die Tokenlisten. Begriffspaare, die auch durch die Kompositumanalyse hätten identifiziert werden können, wurden aus den Ergebnissen herausgefiltert, da solche Hyponymrelationen gut dynamisch im Rahmen der Analyse des Parsers erkannt werden können und daher nicht in der Wissensbasis abgelegt werden müssen. Diese Begriffspaare wurden daher nicht in der Evaluation berücksichtigt. Andernfalls wären Präzision und Recall noch einmal deutlich gestiegen.

Jedem extrahierten Hyponymhypothesenbegriffspaar wurde ein Konfidenzwert zugeordnet, der durch eine Support-Vektor-Maschine bestimmt wurde [CL01]. Zusätzlich erfolgte die Berechnung der Korrelation aller Merkmale zur Korrektheit der Hypothesen, wobei der Korrektheitswert den Wert eins annimmt, wenn eine extrahierte Hypothese tatsächlich korrekt ist, andernfalls null (siehe Tabelle 7.3).

Die durchschnittliche Korrektheit der Hyponymiehypothesen ist für verschiedene Konfidenzwertintervalle in Tabelle 7.4 und Abbildung 7.1 angegeben (ohne Anwendung von Graph- und Stringkernel, siehe Ausblick in Abschnitt 8.3). Es wurden insgesamt 89 944 Hypothesenpaare mit einem Konfidenzwert von mehr als 0,7 ermittelt, wobei 3 558 von diesen mit der Information annotiert wurden, ob tatsächlich eine Hyponymrelation vorliegt oder nicht.

Zu beachten ist, dass eine Hypothese nur dann als korrekt angesehen wird, wenn sie ohne Modifikationen in der Wissensbasis abgelegt werden könnte. Ausnahme sind dabei Relationen, die aufgrund von Redundanz wegfallen würden. So können durch Anwendung von Synonymie und des Transitivitätsaxioms der Hyponymie zusätzliche Hyponymiehypothesen aus den vorhandenen Hypothesen gefolgert werden. Die gefolgerten Hypothesen brauchen nicht mehr explizit in der Wissensbasis aufzutauchen, d. h., sie wären redundant, wenn sie auftauchen würden. Der Grund für dieses Vorgehen besteht darin, dass redundante Hypothesen leicht in einem anschließenden Postprocessing herausgefiltert werden können und auf der anderen Seite für die Validierung von Hypothesen nützlich sind. Daher werden redundante Hyponymrelationen als korrekt in der Hypothesendatenbank annotiert. Andererseits wird eine Hypothese als inkorrekt angesehen, wenn

- Mehrwortausdrücke nicht korrekt erkannt wurden,

- die Singularform von Wörtern, die im Plural auftraten, nicht richtig bestimmt wurde,

- das Hyperonym zu generell ist, z. B. *wort.1.1* oder *begriff.1.1*, oder

- die falsche Lesart durch die Word-Sense-Disambiguierung bestimmt wurde.

Weiterhin wurde untersucht, in welchen Fällen tiefe oder flache Extraktionsregeln besser anwendbar waren. Flache Extraktionsregeln werden auf die semantisch angereicherte Tokenliste angewendet, d. h., diese Extraktionsregeln sind auch anwendbar, wenn die Analyse nicht erfolgreich war und kein semantisches Netz erzeugt werden konnte. Für ca. 40 % aller Sätze war es der Fall, dass zumindest kein komplettes Netz vorlag, was durch unbekannte Wörter, Rechtschreibfehler, grammatische Fehler oder komplexe syntaktische Strukturen verursacht worden sein kann.

149 900 der extrahierten Hyponymhypothesen wurden nur durch tiefe, aber nicht durch flache Extraktionsregeln extrahiert. Wenn die relativ unzuverlässige tiefe Relationsregel *DH10* ignoriert wurde, reduziert sich diese Zahl auf 100 342. Andererseits wurden 217 548 der Hypothesen durch die flachen, aber nicht durch die tiefen Extraktionsregeln extrahiert. 23 705 der Hypothesen wurden sowohl durch tiefe als auch durch flache Regeln extrahiert. Insgesamt sind 29 700 Hypothesen mit der Tatsache annotiert, ob sie korrekt sind oder nicht. 24 351 Hypothesen dieser Hypothesen stammen aus flachen Extraktionsregeln; 6 324 davon wurden als korrekt, d. h. als tatsächliche Hyponyme, annotiert. Dagegen wurden insgesamt 9 170 Hypothesen annotiert, die aus tiefen Extraktionsregeln stammen und 3 402 davon als korrekt. Bei allen durch flache Extraktionsregeln extrahierten Hypothesen beträgt die durchschnittliche Korrektheit 0,258. Bei den Hypothesen, die sowohl durch flache als auch durch tiefe extrahiert wurden, beträgt sie dagegen 0,522, was in etwa einer Verdoppelung der Präzision entspricht.

Außerdem wurde eine Kreuzvalidierung mit 1500 Datensätzen und 10 Folds (zur Erläuterung von Folds siehe Glossar in Abschnitt F) vorgenommen. Die Auswahl der Trainingsbeispiele erfolgte in der Weise, dass die gleiche Anzahl von Positiv- und Negativbeispielen vorhanden ist. Auf diese Weise soll verhindert werden, dass Hypothesen von sehr präzisen Extraktionsregeln durch die enorm hohe Anzahl von Hypothesen, die durch unpräzise Extraktionsregeln häufig produziert werden, quasi unberücksichtigt bleiben. Es existiert noch ein weiterer Vorteil für eine solche Auswahl. Der F-Wert der Validierung ist stark davon abhängig, wie viel korrekte Hypothesen sich in den Daten befinden. Betrachte man beispielsweise den Extremfall, dass fast alle Hypothesen korrekt wären. Dann würde man einen sehr hohen F-Wert erzielen, wenn man für jede betrachtete Hypothese auf Korrektheit entscheidet. Betrachte man nun den Fall, dass sich nur sehr wenige Hypothesen in den Evaluationsdaten befinden. Die beiden Vorgehensweisen alle Hypothesen als korrekt (Präzision nahe null) oder alle Hypothesen als inkorrekt (Recall gleich null) zu klassifizieren, würde in beiden Fällen einen F-Wert von nahe null zur Folge haben. Das bedeutet, einen hohen F-Wert zu erreichen, ist deutlich schwieriger, wenn sich wenig korrekte Hypothesen in den Evaluationsdaten befinden. Der relative Anteil von korrekten Hypothesen in den Daten wiederum ist stark davon abhängig, welche Extraktionsregeln (nur sehr präzise oder auch eher unzuverlässige) verwendet werden. Das heißt, der F-Wert der Validierung kann sehr stark schwanken abhängig von den verwendeten Extraktionsregeln. Diese Schwankungen kann man durch eine Gleichverteilung der korrekten und inkorrekten Hypothesen in den Daten weitgehend reduzieren. Auch für die Berechnung des Konfidenzwertes werden die Trainingsbeispiele so bestimmt, um einen ausreichenden Einfluss von präzisen Regeln zu garantieren. Akkuratheit, F-Wert, Präzision und Recall sind in Tabelle 7.7 angegeben. Die Begriffe Akkuratheit, F-Wert, Präzision, Recall und Konfusionsmatrix sind in Abschnitt 3.3.2 und im Glossar (siehe Abschnitt F) erläutert. Zu beachten ist, dass sich der Recall nicht auf den gesamten Extraktionsprozess, sondern nur auf die Validierung (mit Konfidenzwert) bezieht. Das heißt, der Recall gibt die relative Häufigkeit an, mit der eine korrekte Relation aus der Menge der ausgewählten 1 500 Relations-Hypothesen auch tatsächlich von SemQuire als korrekt identifiziert wird.

Die Einflussfaktoren (Gewichte) der Merkmale (beschrieben in Abschnitt 5.2.9), des Graphkernels und des Stringkernels wurden durch eine Gittersuche bestimmt. Dabei ergaben sich die folgenden Gewichte (siehe Abschnitt 5.2.8):

- Merkmale: 0,8
- Stringkernel: 0,1
- Graphkernel ($w_{d_1} + w_{d_2}$): 1,9

Dies zeigt, dass der Graphkernel mit Abstand das höchste Gewicht besitzt.

Tabelle 7.8 gibt F-Wert, Präzision und Recall der Bestimmung der korrekten Hyponymunterrelation an. Die Akkuratheit ist 0,933.

Das hier beschriebene SemQuire-Verfahren wurde auch mit der Validierungsmethode von Cimiano et al. verglichen, bei der angenommen wird, dass

Merkmal	Korrelation
Korrektheitsrate	0,207
Frequenz	0,167
Semantischer Kontextvergleichswert	0,084
Tiefe Extraktionsregel D_1	0,077
Extraktionsregel NP_{hypo} ist ein NP_{hyper}	0,074

Tabelle 7.3.: Korrelation einer Auswahl von Merkmalen zur Korrektheit der Relationshypothesen

Konfidenzwert	≥0,95	≥0,90	≥0,85	≥0,80	≥0,75	≥0,70	≥0,65
Korrektheit	1,000	0,952	0,943	0,836	0,831	0,706	0,680

Tabelle 7.4.: Präzision der extrahierten Hyponymiehypothesen für unterschiedliche Konfidenzwertintervalle

Konfidenzwert	≥0,95	≥0,90	≥0,85	≥0,80	≥0,75	≥0,70	≥0,65
Korrektheit	0,813	0,744	0,771	0,802	0,819	0,738	0,707

Tabelle 7.5.: Präzision der extrahierten Hyponymiehypothesen für verschiedene Konfidenzwertintervalle bei dem Verfahren von Cimiano et al. [CPSTS05]

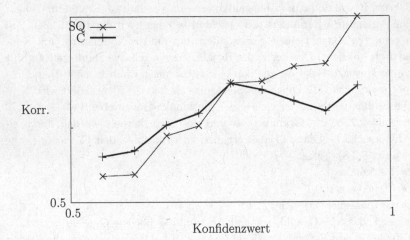

Abbildung 7.1.: Präzision der extrahierten Hyponymhypothesen für verschiedene Konfidenzwertintervalle (SQ=SemQuire, C=Cimiano)

| | GSK - | | GSK + | | |
	VNH	VH	VNH	VH	Summe
NH	643	107	629	121	750
H	201	549	154	596	750
Summe	844	656	783	717	

Tabelle 7.6.: Konfusionsmatrix GSK +: mit Graph- und Stringkernel, GSK −: ohne Graph- und Stringkernel (zur Definition von Konfusionsmatrix siehe Abschnitt 3.3.2 oder Glossar in Abschnitt F) für die Validierung von Hyponymhypothesen. VNH=vorhergesagte Nichtkorrektheit der Hyponymhypothese, VH=vorhergesagte Korrektheit der Hyponymhypothese, NH=tatsächliche Nichtkorrektheit der Hyponymhypothese, H=tatsächliche Korrektheit der Hyponymhypothese

Maß	GSK -	GSK +
Akkuratheit	0,795	0,817
F-Wert	0,781	0,813
Präzision	0,837	0,831
Recall	0,732	0,795

Tabelle 7.7.: Akkuratheit, F-Wert, Präzision und Recall der Hyponymvalidierung (GSK+ mit Graph-/Stringkernel, GSK- ohne Graph-/Stringkernel

Subrelation	F-Wert	Präzision	Recall
SUB	0,960	0,960	0,960
SUBR	0,952	0,909	1,000
SUBS	0,941	0,889	1,00

Tabelle 7.8.: F-Wert, Präzision und Recall für die Bestimmung der korrekten Hyponymie-Unterrelation

Fehlertyp	Prozent (%)
Falsche Lesart	23,60
Singularform inkorrekt bestimmt	12,42
Hypernym/Oberbegriff zu allgemein	23,61
Bindestrich notwendig	3,11
Kein Eigenname	0,62
Nicht generisch	12,42
Unvollständig	5,59
Sonstiger Fehler	18,63

Tabelle 7.9.: Fehlerverteilung für extrahierte Subordinationshypothesen

Hyperonym und Hyponym in ähnlichen Kontexten vorkommen können. Eine ausführliche Beschreibung dieses Verfahrens findet sich in Abschnitt 4.2.1. Aus dem Ähnlichkeitswert von Cimiano wurde mithilfe einer auf manuell annotierten Daten trainierten Support-Vektor-Maschine ein Konfidenzwert bestimmt. Die dazu berechneten Merkmalsvektoren bestehen nur aus einem Element, dem Ähnlichkeitswert der Kontextvektoren. Die Präzisionswerte von SemQuire und von Cimiano sind für verschiedene Konfidenzwertintervalle in Tabelle 7.5 und grafisch in Abbildung 7.1 dargestellt. Wie man in der Abbildung erkennen kann, ist die Präzision des SemQuire-Verfahrens für hohe Konfidenzwerte deutlich höher als bei dem Verfahren von Cimiano.

Schließlich wurden inkorrekte Hypothesen anhand der folgenden Fehlerarten klassifiziert:

- falsche Lesart: Die falsche Lesart wurde vom Parser oder vom flachen Fallback-Verfahren selektiert. Ein Beispiel dafür wäre der Fall, dass die Lesart *raum.1.2* für das Wort *Raum* ausgewählt wurde, obwohl *raum.1.1* richtig gewesen wäre.
- Singularform inkorrekt bestimmt: Die Singularform eines Begriffs wurde vom Parser inkorrekt bestimmt. Beispielsweise wurde für den Vogel namens *Gackeltrappe* fälchlicherweise die Singularform *Gackeltrapp* bestimmt, da das im Satz vorkommende Wort *Gackeltrappe* inkorrekterweise als Pluralform interpretiert wurde.
- Hyperonym zu allgemein: Das Hyperonym ist beispielsweise *begriff.1.1*, *konzept.1.1* oder *name.1.1*.
- Bindestrich fehlt: In vielen Fällen kann ein Kompositum mit oder oh-

ne Bindestrich geschrieben werden. In manchen Fällen dagegen ist der Bindestrich obligatorisch, beispielsweise in *us-armee.1.1*, was nicht *usarmee.1.1* geschrieben werden kann.

- Nicht generisch: Ein Eigenname wurde als generischer Begriff interpretiert, beispielsweise, wenn für das Wort *Rhein* der Begriff *rhein.1.1* statt *rhein.0* vom Parser bestimmt wurde. Dies ist normalerweise dann der Fall, wenn ein im Text enthaltener Name nicht im Namenslexikon enthalten ist.

- Kein Eigennamen: Ein generischer Begriff wurde fälschlicherweise als Eigenname interpretiert. Dies entspricht dem ungekehrten Fall zu dem vorigen Punkt und kann vorkommen, wenn der angebliche Eigenname durch die von SemQuire durchgeführte nachträgliche Eigennamenerkennung identifiziert wurde (siehe Abschnitt 5.2.12).

- Unvollständig: Ein Mehrwortausdruck wurde unvollständig extrahiert. Beispielsweise: SUB0(*hosen.0*, *popgruppe.1.1*) anstatt SUB0(*tote_hosen.0*, *popgruppe.1.1*)

Die Fehlerverteilung ist in Tabelle 7.9 angegeben.

Die Hyponymhypothesen mit dem höchsten Konfidenzwert sind in Tabelle C.1 angegeben. Nicht alle Hyponymhypothesen mit hohem Konfidenzwert sind allerdings auch korrekt. Im Folgenden sollen einige inkorrekte und dennoch hochbewertete Hypothesen genauer betrachtet werden.

Beispielsweise ist die Hypothese

$$\text{SUB}(exoskeletts.1.1, tier.1.1, categ, categ) \tag{7.4}$$

nicht korrekt. Extrahiert wurde diese Hypothese mithilfe der Extraktionsregel *DH3* aus dem Satz: "*Chitin ist einer der Hauptbestandteile der Zellwand von Pilzen und des Exoskeletts von Arthropoden (Krebse, Insekten, Tausendfüßer, Spinnentiere) und einiger anderer Tiere.*" Aufgrund eines Fehlers beim Parsen wurde eine Koordination von *exoskeletts* und *anderer Tiere* erzeugt anstatt der korrekten Koordination von *Arthropoden* und *anderer Tiere*. Da zudem die Singularform des Begriffsbezeichners vom Parser falsch bestimmt wurde (*exoskeletts.1.1* statt *exoskelett.1.1*) und dadurch der Grundbegriff *skelett.1.1* nicht ermittelt werden konnte, war auch eine Überprüfung anhand ontologischer Sorten und Merkmale nicht möglich. Bei einer solchen Überprüfung hätte diese Hypothese herausgefiltert werden können, da das semantische Merkmal *animal* bei *tier.1.1* gesetzt ist aber nicht bei *skelett.1.1*.

Ein weitere fehlerhafte Hypothese ist: SUB(*sünderin.1.1*, *film.1.1*), die mithilfe der sonst recht zuverlässigen Regel *DH1* aus dem Satz "*Hier wurden einige Heimatfilme, die Sünderin - mit Hildegard Knef - sowie andere Filme gedreht.*" extrahiert wurde. Der Ausdruck *die Sünderin* wurde vom Parser fälschlicherweise als Hyponym von einem generischen Begriff statt als Namensangabe erkannt. Dadurch ist auch der Artikel *die* nicht mehr in der Hyponymkomponente der Hypothese enthalten. Der Begriff *sünderin.1.1* befindet sich im flachen Lexikon. Daher wurde der Begriffsbezeichner auch von der nachträglichen Eigennamenerkennung nicht als Eigenname identifiziert (siehe Abschnitt 5.2.12). Da semantische Merkmale und ontologische Sorten von *film.1.1* und *sünderin.1.1* bezüglich Hyponymie nicht kompatibel sind, hätte diese Hypothese eigentlich von dem semantischen Filter entfernt werden müssen. Allerdings ist *sünderin.1.1* nur im flachen Lexikon enthalten, d. h., die ontologische Sorte ist unterspezifiziert zu *object* und sämtliche semantischen Merkmale sind ebenfalls unterspezifiziert, was einen Vergleich bezüglich Merkmale und Sorten ummöglich macht.

Eine dritte fehlerhafte Hypothese ist SUB(*phosphor.1.1*, *mineralien.1.1*), die durch die recht zuverlässige Regel *DH1* aus dem Satz "*In der Provinz Hebei liegt es, was Gold, Kohle, Blei, Zink, Phosphor und fünf andere Mineralien betrifft, an erster Stelle.*" extrahiert wurde. Hier besteht der Fehler darin, dass der Parser die Singularform *mineral.1.1* nicht korrekt erzeugt hat. Stattdessen wurde einfach die Pluralform übernommen.

Eine Hypothese, die korrekt war aber dennoch einen recht geringen Konfidenzwert zugewiesen bekommen hat, ist SUB(*spritzkuchen.1.1*, *gebäck.1.1*), die aus dem Satz "*Brandteig oder Brühteig, fachsprachlich Brandmasse, ist ein spezieller Teig für Gebäck wie Windbeutel, Spritzkuchen oder Klöße.*" mithilfe der relativ unzuverlässigen Regel SUB0(*a1*, *a2*) ← (*a2* ((word „wie")) *a1* extrahiert wurde. Zudem nimmt das wichtige Merkmal *Korrektheitsrate* für diese Hypothese den Wert null an. Zwar sind alle Hypothesen bei denen *spritzkuchen.1.1* als Meronymhypothese oder *gebäck.1.1* als Holonymhypothese auftritt korrekt, allerdings ist keine außer SUB(*spritzkuchen.1.1*, *gebäck.1.1*) davon bereits mit ihrer Korrektheit annotiert. Daher wird das Merkmal *Korrektheitsrate* auf seinen Default-Wert null gesetzt. Dieses Beispiel zeigt, dass eine hohe Anzahl annotierter Hypothesen von enormer Wichtigkeit für einen hohen Konfidenzwert ist.

ID	Definition	Beispiel
LM1	$\text{MERO}(a1, a2) \leftarrow \text{PRED}(f, a2) \wedge$ $\text{SCAR}(e, f) \wedge \text{SUBS}(e, haben.1.1) \wedge$ $\text{OBJ}(e, d) \wedge \text{PRED}(d, a1)$	Autos_{holo} haben $\underline{\text{Räder}}_{mero}$
LM2	$\text{MERO}(a1, a2) \leftarrow \text{SUB}(e, a2) \wedge$ $\text{ATTCH}(e, d) \wedge \text{SUB}(d, a1)$	$\underline{\text{Rad}}_{mero}$ eines $\underline{\text{Autos}}_{holo}$
LM3	$\text{MERO}(a1, a2) \leftarrow \text{SUB}(e, a2) \wedge$ $\text{ATTCH}(e, d) \wedge \text{PRED}(d, a1)$	$\underline{\text{Räder}}_{mero}$ eines $\underline{\text{Autos}}_{holo}$
LM4	$\text{MERO}(a1, a2) \leftarrow \text{SUBS}(f, bestehen.1.2) \wedge$ $\text{TEMP}(f, present.0) \wedge \text{ARG1}(f, e) \wedge$ $\text{SUB}(e, a2) \wedge \text{PARS}(d, e) \wedge$ $\text{PRED}(d, a1)$	Ein $\underline{\text{Auto}}_{holo}$ besteht aus $\underline{\text{Rädern}}_{mero}, \dots$

Tabelle 7.10.: Gelernte Meronymextraktionsregeln

ID	Präzision	Konf.-Interval
LM1	0,233	0,053
LM2	0.137	0,039
LM3	0,263	0,075
LM4	0,311	0,060

Tabelle 7.11.: Präzisionswerte für gelernte Meronymextraktionsregeln

7.2. Evaluation der Extraktion von Meronymen

7.2.1. Evaluation des Lernens von Meronymextraktionsregeln

Analog zu den Hyponymen wurden auch für Meronyme Extraktionsregeln gelernt. Hierfür wurde ebenfalls der in Abschnitt 5.2.3 angegebene Minimum-
Description-Length-Algorithmus verwendet. Die Extraktionsregeln mit der
höchsten Präzision sind in Tabelle 7.10 und Tabelle 7.11 angegeben.

7.2.2. Anwendung von Meronymextraktionsregeln

Die Meronymrelationen wurden ebenfalls aus der deutschen Wikipedia vom
November 2006 extrahiert. In mehr als 6 Millionen Fällen wurde eine Hypothese von der Validierungskomponente als inkorrekt herausgefiltert. Insgesamt

	GermaNet		Costello		SemQuire GSK-		SemQuire GSK+		Summe
	VNM	VM	VNM	VM	VNM	VM	VNM	VM	
NM	750	0	506	244	615	135	654	96	750
M	718	32	393	357	154	596	135	615	750
Summe	1468	32	899	769	731	789	711		

Tabelle 7.12.: Konfusionsmatrix für GermaNet, Costello und SemQuire. NM=Meronymhypothese nicht korrekt, M=Meronymhypothese korrekt, VNM=vorhergesagte Nichtkorrektheit der Meronymhypothese, VM=vorhergesagte Korrektheit der Meronymhypothese, GSK−=ohne Graph-/Stringkernel, GSK+=mit Graph-/Stringkernel.

Evaluationsmaß	GermaNet	Costello	SemQuire GSK −	SemQuire GSK +
Akkuratheit	0,521	0,573	0,807	0,846
F-Wert	0,082	0,528	0,805	0,842
Präzision	1,000	0,594	0,815	0,865
Recall	0,043	0,476	0,795	0,820

Tabelle 7.13.: Akkuratheit, F-Wert, Präzision und Recall für Germa-Net, Costello und SemQuire ohne Graph- und Stringkernel (GSK −) und mit Graph- und Stringkernel (GSK +)

wurden 1 449 406 (unterschiedliche) Meronymhypothesen in der Datenbank abgelegt, von denen 286 008 ausschließlich durch tiefe Regeln extrahiert wurden. Die in der Wissensbasis befindlichen Hypothesen wurden durch ungefähr 2,5 Millionen Extraktionsregel-Anwendungen bestimmt.

Für Hypothesen, die sowohl durch tiefe als auch durch flache Regeln extrahiert wurden, ist die Präzision mehr als drei Mal so hoch wie für Hypothesen, die allein durch flache Regeln extrahiert wurden. 1 450 der Hypothesen in der Wissensbasis wurden durch Anwendung des SUB0-Transitivitätsaxioms A_2 und Ausnutzen der Tatsache, dass ein Stadtteil ein Teil ist (siehe Beispiel in Abschnitt 5.3.1), extrahiert. Insgesamt kamen logische Axiome in 58 101 Hypothesenextraktionsprozessen zum Einsatz, wodurch 34 114 Hypothesen gebildet

	E0E1		R	
	VNM	VM	VNM	VM
NM	263	42	357	12
M	7	298	14	41
Summe	270	340	411	53

Tabelle 7.14.: Konfusionsmatrix für die Validierung des semantikbasierten Meronymfilters, E0E0=Extensionalitätstypen beider Hypothesenkomponenten sind null, R=alle anderen Fälle, die keine Kandidaten für die Relation ORIGM^{-1} sind, VNM=vorhergesagte Nichtkorrektheit der Meronymhypothese, VM=Vorhergesagte Korrektheit der Meronymhypothese, NM=Tatsächliche Nichtkorrektheit der Meronymhypothese, M=Tatsächliche Korrektheit der Meronymhypothese

	E0E0	R
Akkuratheit	0,920	0,939
F-Wert	0,924	0,759
Präzision	0,876	0,774
Recall	0,977	0,745

Tabelle 7.15.: Akkuratheit, F-Wert, Präzision und Recall für die semantikbasierte Validierung von Meronymen. E0E0=Extensionalitätstyp beider Hypothesenkomponenten sind null, R=alle anderen Fälle, die keine Kandidaten für die Relation ORIGM^{-1} sind.

werden konnten. Tabelle 7.18 zeigt eine Auswahl der Axiome und der Anzahl ihrer Anwendungen.

Akkuratheit, F-Wert, Präzision, Recall (siehe Tabelle 7.15) und Konfusionsmatrix (siehe Tabelle 7.14) des semantikbasierten Validierungsfilters für Meronyme (siehe Abschnitt 5.3.2) wurden anhand einer annotierten Trainingsmenge mithilfe einer zehnfachen Kreuzvalidierung von über 1000 Instanzen bestimmt. Die korrekten Begriffspaare stammen aus einer Meronymwissensbasis (HaGenLex + GermaNet), die inkorrekten Begriffspaare wurden zufällig aus Lexikoneinträgen erzeugt (mit anschließender manueller Überprüfung). Zum Trainieren und Evaluieren kamen lediglich die semantischen Merkmale der Begriffspaare zum Einsatz. Insgesamt wurden drei verschiedene Fälle getrennt gelernt und evaluiert. Die erste Trainingsmenge besteht aus Instanzen, die Kandidaten für die Unterrelation ORIGM^{-1} sind, d. h., die Sorte der ersten Begriffspaarkomponente ist *s/Substanz*, die Sorte der zweiten Komponente *d/diskretes Objekt*. In dieser Trainingsmenge sind noch recht wenig annotierte Beispiele enthalten, sodass das Ergebnis der Evaluierung für diese nicht angegeben wird. In der zweiten Trainingsmenge sind alle Instanzen enthalten, die nicht in der ersten Menge enthalten sind und bei denen die Extensionalitätstypen beider Begriffspaarkomponenten den Wert null besitzen. Die dritte Traininsmenge enthält die restlichen Instanzen.

Für die Evaluation der Support-Vektor-Maschinen-basierten Validierung wurden 1 500 Hypothesen ausgewählt und bezüglich ihrer Korrektheit annotiert. Tabelle 7.16 zeigt die Korrelationen mehrerer, für die Berechnung des Konfidenzwertes benötigter Merkmale mit dieser Annotation (eins für Hypothese ist korrekt, null für inkorrekt). Diese Annotationen wurden durch zwei verschiedene Personen durchgeführt. Es wäre zwar wünschenswert, dafür noch mehr Personen zu verwenden, dieses war aber aufgrund fehlender personeller Ressourcen nicht durchführbar. Allerdings existieren zahlreiche verfügbare maschinenlesbare Lexika, die u. a. semantische und lexikalische Relationen enthalten wie GermaNet [HF97], Wiktionary (nur brauchbar für Synonymie), WordNet [Fel98], an denen sich die Annotatoren in Zweifelsfällen orientieren konnten. Zusätzlich wurden logische Konsistenzchecks auf die als korrekt annotierten Hypothesen durchgeführt, um Fehler zu entdecken. Akkuratheit, F-Wert, Präzision und Recall wurden durch eine zehnfache Kreuzvalidierung bestimmt. Letztlich passen sich viele Merkmale (z. B. Korrektheitsrate oder Taxonomievalidierungswert) sowie die Support-Vektor-Maschine an die Annotationen der Trainingsdaten an, sodass sich die Korrektheit oder Nichtkorrektheit der Annotationen bei der Evaluation nicht unbedingt signifikant auswirkt, solange die Fehlklassifikationen der Annotatoren konsistent sind.

Die Gewichte für die Merkmale (kombiniert durch Radial-Basis-Funktion, siehe Abschnitt 5.2.8), sowie für Graph- und Stringkernel wurden durch eine Gittersuche bestimmt. Es ergaben sich dabei die folgenden Werte:

- Merkmale: 0,9
- Stringkernel: 1,0
- Graphkernel: 0,9

Diese Gewichte zeigen, dass Graph- und Stringkernel zusammen deutlich mehr Einfluß besitzen als die Merkmale.

Zudem wurde SemQuire mit einem GermaNet-Klassifikator als Baseline verglichen. Der GermaNet-Klassifikator klassifiziert eine Meronymhypothese als korrekt, wenn diese in GermaNet enthalten oder daraus abgeleitet werden kann (z. B. durch Anwendung des Transitivitätsaxioms oder des Theorems 5.3.1 auf Seite 164). Eine zweite Baseline ist das Validierungsmerkmal von Costello [Cos07], das auch in SemQuire verwendet wird. Die Evaluationsresultate sind in den Tabellen 7.12 und 7.13 angegeben. Die Evaluation hat gezeigt, dass Akkuratheit, F-Wert, Präzision und Recall bei SemQuire deutlich höher liegen als bei den beiden Baselines. Zudem konnten zahlreiche Meronyme gefunden werden, die nicht in GermaNet enthalten sind. Zusätzlich sind im Gegensatz zu GermaNet alle extrahierten Relationen Begriffs- und nicht Synonymmengenbasiert und weiter unterteilt in zahlreiche Unterrelationen. Die zutreffende Unterrelation konnte in 92,5 % der Fälle korrekt bestimmt werden.

Außerdem zeigt die Evaluation, dass sich der Einsatz eines Graph- und Stringkernels durchaus lohnt. Sowohl Akkuratheit als auch Präzision konnten dadurch signifikant (z-Test mit Signifikanzniveau: 1 %) gesteigert werden.

Die hier erreichten Resultate sind vergleichbar mit denen von Girju, Badulescu und Moldovan [GBM06] (Präzision: 0,81 und Recall: 0,759), wobei sich Girju, Badulescu und Moldovan allerdings auf die englische Sprache konzentrieren und WordNet[Fel98] verwendet haben, das einen deutlich größeren Umfang als das hier zum Einsatz kommende GermaNet besitzt. Tabelle 7.17 gibt die Präzisionswerte der Bestimmung der korrekten Unterrelation von MERO an.

Die extrahierten Meronymhypothesen mit dem höchsten Konfidenzwert sind in Tabelle C.3 angegeben. Ab einem Konfidenzwert von 0,98 erreicht man eine durchschnittliche Korrektheit der Hypothesen von 0,92. Nicht alle der Hypothesen mit hohem Kofidenzwert sind korrekt. Im Folgenden soll untersucht werden, warum inkorrekte Hypothesen einen hohen Konfidenzwert erhalten können. Eine solche Hypothese ist beispielsweise

$$\text{PARS}(haut.1.1, auge.1.1) \tag{7.5}$$

Diese Hypothese wurde aus einem Satz extrahiert, der den Ausdruck *Netzhaut des Auges* enhält. Der dazugehörige Begriff *netzhaut.1.1* ist einem Kompositum zugeordnet und besitzt den Grundbegriff *haut.1.1*. Neben der Hypothese PARS(*netzhaut.1.1, auge.1.1*) wird von SemQuire automatisch auch die Hypothese PARS(*haut.1.1, auge.1.1*) erzeugt, bei der die Meronymkomponente durch ihren Grundbegriff ersetzt wurde, da solche Hypothesen in vielen Fällen ebenfalls korrekt sind. Die Begriffe *haut.1.1* und *auge.1.1* sind beides Körperteile. Körperteile sind häufig Meronyme von einander, d. h., ontologische Sorten und semantische Merkmale sind kompatibel zueinander. Daher kann die Hypothese anhand des semantikbasierten Filters nicht zurückgewiesen werden. Der Begriff *haut.1.1* ist zudem in vielen Hypothesen als Meronymkomponente enthalten und diese Hypothesen sind meist als korrekt annotiert, d. h., der Wert des wichtigen Merkmals *Korrektheitsrate* ist recht hoch. Auch unter Verwendung einer Taxonomie lässt sich die Hypothese aus dem Grund, dass häufig Körperteile Meronyme voneinander sind, nicht zurückweisen (Merkmal: *Taxonomievalidierungswert*).

Bei der Hypothese

$$\text{SUB}(a, musik.1.1, categ, categ) \wedge \text{PARS}(a, szene.1.1, categ, proto) \qquad (7.6)$$

dagegen besitzt das Korrektheitsratenmerkmal den Wert null. Dafür wurde diese Hypothese von recht vielen verschiedenen Regeln und sowohl von tiefen als auch von flachen Regeln extrahiert. Die in der Hypothese enthaltenen Begriffe *musik.1.1* und *szene.1.1* kommen zudem sehr häufig zusammen in Meronymhypothesen vor, sind beide im Lexikon enthalten und es existiert eine perfekte Überschneidung bei der Menge ihrer ontologischen Sorten. Dies führt zu hohen Werten für die Merkmale *Extraktionsregelverwendung*, *Grad der Tiefe*, *Punktweise gegenseitige Information*, *Enthaltensein im Lexikon* und *Grad der Sortenübereinstimmung*.

Ganz ähnlich verhält es sich bei der Hypothese

$$\begin{aligned} \text{SUB}(a, hafen.1.1, categ, categ) \wedge \\ \text{PARS}(a, schiff.1.1, categ, proto) \end{aligned} \qquad (7.7)$$

Auch hier findet sich ein niedriger Merkmalswert für die Korrektheitsrate, dafür aber hohe Merkmalswerte für *Extraktionsregelverwendung*, *Punktweise gegenseitige Information*, *Grad der Tiefe*, *Enthaltensein im Lexikon* und *Grad der Sortenübereinstimmung*.

Ähnlich wie bei den Hyponymen, wurden auch für die Meronymen die Fehler verschiedenen Klassen zugeordnet. Die Einteilung ist in Tabelle 7.19 angegeben. In den meisten Fehlerfällen besteht zwischen den Komponenten der Meronymhypothese eine andere Relation als Meronymie. So drückt der Genitiv, der häufig vorkommt und mehreren Extraktionsregeln zugrundeliegt, oft auch eine Besitzerinformation (beispielsweise *das Auto vom Chef*) oder ein recht allgemeines Attachment (beispielsweise *Macht des Wortes*) aus.

Merkmal	Korrelation
Grad der Tiefe	0,512
Grad der Sortenübereinstimmung	0,436
Korrektheitsrate	0,397
Taxonomievalidierungswert	0,379
Grad der Konkretheit	0,337
Punktweise gegenseitige Information	0,030

Tabelle 7.16.: Korrelation einer Auswahl von Merkmalen mit der Hypothesenkorrektheit

Unterrelation	F-Wert	Präzision	Recall
PARS	0,946	0,929	0,965
ELMT	0,789	0,700	0,903
SUBM	0,700	0,933	0,560
TEMP	-	-	-
ORIGM^{-1}	0,500	1,000	0,333
HSIT	-	-	-

Tabelle 7.17.: F-Wert, Präzision und Recall für die automatische Bestimmung von Unterrelationen von MERO. Die Markierung "-" wird verwendet, wenn nicht genügend Hypothesen mit dieser Unterrelation für eine verlässliche Präzisionsangabe bestimmt wurden.

ID	Axiom	Anzahl Anwendungen
A_1	$\text{SUB}(x,s) \leftarrow \text{SUB}(x,p) \wedge$ $*\text{PMOD}(p,q,s) \wedge sort(q) = oq$	25 576
A_2	$\text{SUB}(x,z) \leftarrow \text{SUB0}(x,y) \wedge \text{SUB}(y,z)$	14 258
A_3	$PAR_{*itms}(a,d) \wedge \text{PRED}(d,c) \leftarrow$ $\text{PRED}(a,c) \wedge \neg\, PAR_{*\text{ITMS}}(e,a)$	2 117
A_4	$\text{SUBS}(x,z) \leftarrow \text{SUBS}(x,y) \wedge$ $\text{SUBS}(z,y)$	564
A_5	$\text{ATTCH}(a,e) \leftarrow \text{LOC}(e,l) \wedge$ $\{*\text{IN}(l,a) \vee *\text{AT}(l,a)\} \wedge$ $\{\text{SUBS}(e,s) \vee \text{PREDS}(e,s)\}$	194
A_6	$\text{PRED}(x,s) \leftarrow \text{PRED}(x,p) \wedge$ $*\text{PMOD}(p,q,s) \wedge sort(q) = oq$	81
A_7	$\text{SUB}(a,s) \leftarrow \{\text{AGT}(e,a) \vee \text{EXP}(e,a) \vee$ $\text{MEXP}(e,a)\} \wedge \text{CTXT}(e,c) \wedge \text{SUB}(c,s)$	57

Tabelle 7.18.: Ausgewählte MultiNet-Axiome und die Anzahl der Beweise, bei denen diese angewendet werden.

Fehlertyp	Prozent (%)
Falsche Relation	48,97
Holonym zu allgemein	18,31
Falsche Lesart	6,41
Parserfehler	2,97
Singularform inkorrekt bestimmt	1,14
Unvollständig	1,83
Nicht generisch	0,46
Sonstiger Fehler	19,91

Tabelle 7.19.: Fehlerverteilung für extrahierte Meronymhypothesen

7.3. Evaluation der Extraktion von Synonymen

Die Synonyme wurden aus der deutschen Wikipedia von 2009 extrahiert. Insgesamt wurden 265 938 Synonym-Hypothesen ermittelt und in einer Datenbank abgelegt, wobei 19 269 von diesen ausschließlich durch tiefe Regeln extrahiert wurden.

Der Validierungsfilter wurde mithilfe einer 10-fachen Kreuzvalidierung getestet. Die Testdaten enhalten 1902 Hypothesen, die menschliche Annotatoren mit eins (Synonymhypothese korrekt) oder null (Synonymhypothese nicht korrekt) annotiert haben. Die Konfusionsmatrix ist in Tabelle 7.22 angegeben, Akkuratheit, F-Wert, Präzision und Recall in Tabelle 7.21. Die Evaluation hat gezeigt, dass der Recall sehr hoch ist, d. h., dass die Anzahl der *false negatives* sehr gering ist. Das bedeutet, dass dieser Klassifizierer sehr gut zur Filterung geeignet ist. Momentan werden Namens- und Abkürzungslexika noch nicht verwendet. Solch eine Verwendung würde die Präzision weiter verbessern. Gerade bei der Extraktion von Synonymen wäre eine Verwendung von Namenslexika von großer Bedeutung, da sich die Mehrzahl der extrahierten Synonymrelationen auf Namen beziehen.

Die Support-Vektor-Maschinen-basierte Validierung wurde auf einem Korpus von 1 500 annotierten Hypothesen evaluiert (Akkuratheit: 0,844, F-Wert: 0,637, Präzision: 0,701, Recall: 0,583) durch eine zehnfache Kreuzvalidierung.

Weiterhin wurde SemQuire (Trainings- und Evaluationsmenge ohne Hypothesen von Extraktionsregel *DS3*) mit verschiedenen ontologiebasierten semantischen Ähnlichkeitsmaßen verglichen, die schon bekannte Synonym- und Hyponymrelationen ausnutzen. Die verwendete Ontologie besteht dabei aus GermaNet, Wiktionary und HagenLex (GermaNet und Wiktionary-Einträge wurden auf HaGenLex-Begriffe abgebildet). Da Instanzrelationen in GermaNet und Wiktionary auch als Hyponymie betrachtet werden, können diese Maße auch auf Eigennamen (wie *Deutschland* oder *Vereinigtes Königreich* angewendet werden. Die Abdeckung von Namen von dieses Ressourcen ist allerdings recht schwach, was zu geringen F-Werten führt (Leackock-Chodorov [LC98]: 0,0243, Lin [Lin98]: 0,0227, Resnik [Res95]: 0,0391). Besser sind dagegen kontextbasierte Maße. So erreicht der Informationsradius einen F-Wert von 0,136. Zur Klassifizierung der Ähnlichkeitsmaße wurde eine Stufenfunktion verwendet. Alle Ähnlichkeitswerte unterhalb einer bestimmten Grenze wurden auf 0 abgebildet, alle überhalb auf 1. Dieser Grenzwert ist so gewählt wurden, dass der F-Wert maximiert wurde.

Als weiteres Evaluationsmaß wurden die Korrelationen der Merkmale zu der Korrektheit bestimmt. Hochkorrelierte Merkmale sind in Tabelle 7.24 angegeben.

Schließlich erfolgte eine Implementierung das Synonymextraktionsverfahrens von Yu [Yu01] (Extraktionsregeln wurden ins Deutsche übersetzt) und Anwendung dieses Verfahrens auf die Wikipedia. Insgesamt wurden durch dieses Verfahren *11638* Hypothesen extrahiert mit einer geschätzten Präzision von 0,347 (bestimmt auf einer annotierten Stichprobe), was 4038 korrekten Hypothesen entsprechen würde. Im Vergleich dazu ist die Anzahl der Korrekten Hypothesen von SemQuire (bei Anwendung aller Extraktionsregeln) 36 165. Auch die Präzision von SemQuire (0,701) ist deutlich höher als die von Yus Verfahren (0,347).

Der F-Wert kann deutlich gesteigert werden, wenn die Beispiele so ausgewählt werden, dass Positiv- und Negativbeispiele gleichhäufig vorkommen. Die Konfusionsmatrix dieses zweiten Experiments (mit und ohne Graph- und Stringkernel) ist in Tabelle 7.20 angegeben, Akkuratheit, F-Wert, Präzision und Recall in Tabelle 7.21. Die Evaluation hat gezeigt, dass sich die Präzision und die Akkuratheit mithilfe des Graph- und Stringkernels deutlich steigern ließen (Signifikanzniveau: 1%). Die Gewichte, die durch die Gittersuche für den Wert der Radial-Basis-Funktion über die Merkmale und für Graph- und Stringkernel bestimmt wurden, sind folgende:

- Merkmale 0.0
- Graphkernel 1.0
- Stringkernel 1.0

Das Gewicht für die Merkmalswerte ist null, d. h., die Klassifizierung *Hypothese korrekt/nicht korrekt* könnte alleine auf Basis von Graph- und Stringkernel erfolgen, ohne Einbußen beim F-Wert in Kauf nehmen zu müssen. Das bedeutet aber keineswegs, dass die Merkmale überflüssig sind. So ist die Berechnung der Merkmale deutlich schneller als die Berechnung von Graph- und Stringkernel.

Die Synonymhypothesen mit den höchsten Konfidenzwerten finden sich in Tabelle C.5. Die höchsten Konfidenzwerte sind dabei deutlich geringer als bei Subordinations -und Meronymhypothesen, was vermutlich darauf zurückzuführen ist, dass der Trainingskorpus aufgrund einer kleineren Anzahl von annotierten Hypothesen geringer ist und zudem weniger Merkmale zum Einsatz kommen als bei der Validierung von Subordinations- und Meronymhypothesen. Um dieses zu ändern, könnten beispielsweise einige der im Stand der Forschung erwähnten Verfahren (siehe Abschnitt 4.1) als weitere Merkmale

	GSK-		GSK+		
	VS	VNS	VNS	VS	Summe
NS	324	376	664	36	700
S	67	633	98	602	700
Summe	391	1009	762	638	

Tabelle 7.20.: Konfusionsmatrix für die Validierung von Synonymen. VS=Vorhergesagte Korrektheit der Synonymhypothese, VNS=Vorhergesagte Nichtkorrektheit der Synonymhypothese, NS=tatsächliche Nichtkorrektheit der Synonymhypothese, S=tatsächliche Korrektheit der Synonymhypothese, Summe=Zeilen- bzw. Spaltensumme, GSK-=ohne Graph-/Stringkernel, GSK+=mit Graph-/Stringkernel

Maß	GSK-	GSK+
Akkuratheit	0,684	0,904
F-Wert	0,741	0,900
Präzision	0,627	0,944
Recall	0,741	0,860

Tabelle 7.21.: Akkuratheit, F-Wert, Präzision und Recall für die Validierung von Synonymen, GSK-=ohne Graph und Stringkernel. GSK+=mit Graph- und Stringkernel

	VNS	VS	Summe
NS	610	37	647
S	62	91	153
Summe	672	128	0

Tabelle 7.22.: Konfusionmatrix für den Semantik-basierten Validierungsfilter. VS=Vorhergesagte Korrektheit der Synonymhypothese, VNS=Vorhergesagte Nichtkorrektheit der Synonymhypothese, NS=Nichtkorrektheit der Synonymhypothese, S=Korrektheit der Synonymhypothese.

Maß	Wert
Akkuratheit	0,2440
F-Wert	0,1885
Präzision	0,1047
Recall	0,9435

Tabelle 7.23.: Akkuratheit, F-Wert Präzision und Recall für den semantischen Validierungsfilter

Merkmal	Korrelation
Anzahl der Vorkommen	0,364
Extraktionsregelverwendungfür Regel SS1	0,286
Vorliegen einer Abkürzung	0,194
Extraktionsregelverwendungfür Regel DS2	0,100

Tabelle 7.24.: Korrelation der Merkmale zur Hypothesenkorrektheit

Fehlertyp	Prozent (%)
andere Relation	62,96
unvollständig	25,93
sonstiger Fehler	11,11

Tabelle 7.25.: Fehlerverteilung für extrahierte Synonymhypothesen

realisiert werden. Zudem sind bei den Synonymen viele ähnliche Konfidenzwerte zu finden, was vermutlich darauf zurückzuführen ist, dass überwiegend
binäre Merkmale verwendet werden.

Ab einem Konfidenzwert von 0,7 wird eine durchschnittliche Korrektheit
von 0,7025 erreicht erreicht. Nicht alle Hypothesen mit hohem Konfidenzwert
sind tatsächlich korrekt. Die meisten Fehler bei Hypothesen mit hohem Konfidenzwert bestehen darin, dass zwar im Prinzip eine Synonymrelation vorliegt
aber Multi-Token-Ausdrücke unvollständig extrahiert wurden.

Im Folgenden sollen einige solcher Hypothesen genauer untersucht werden.
Man betrachte beispielsweise die inkorrekte Hypothese mit recht hohem Konfidenzwert SYNO(*propagandistin.1.1,verkaufsförderer.1.1*) (0,7107). Bei dieser
Hypothese besteht der Fehler darin, dass die Genera der beiden Lexeme (linke
Seite: feminin, rechte Seite: maskulin) nicht übereinstimmen. Diese Hypothese
wurde aus dem Satz extrahiert "*Ein Propagandist bzw. eine Propagandistin
(synonym: Propagator, Verkaufsförderer) ist ein Handlungsreisender, welcher
für ein Unternehmen zu Demonstrations- und Verkaufszwecken tätig wird.*".
Man sieht, dass schon die Wikipedia-Definition nicht korrekt ist. Zur Extraktion wurde die Regel *SS1* verwendet, die aufgrund ihrer normalerweise hohen
Zuverlässigkeit auch ein hohes Gewicht bei der Konfidenzwertberechnung besitzt. Fehler bezüglich der Genera spiegeln sich nicht bei ontologischen Sorte
und semantischen Merkmalen wider, sodass diese Hypothese auch nicht über
den Validierungsfilter (siehe Abschnitt 5.2.6) entfernt werden kann. Darüberhinaus sind die beide Begriffe *propagandistin.1.1* und *verkaufsförderer.1.1*
auch gar nicht im Lexikon enthalten.

Eine weitere inkorrekte Hypothese mit recht hohem Konfidenzwert (0,7105)
ist SYNO(*uss_enterprise.0, big.0*). Diese Hypothese wurde aus dem Satz "Die
achte USS Enterprise (CVN-65), kurz Big E ist der erste atomgetriebene
(CVN - Carrier Volplane Nuclear) Flugzeugträger." extrahiert. In diesem Fall
sind die beiden Begriffsbezeichnungen unvollständig. Als erster Begriffsbezeichner wurde *uss_enterprise.0* statt *uss_enterprise (CVN-64)* ermittelt, was daher
kommt, dass nachfolgende Klammerausdrücke für die Erzeugung von Multi-
Token-Begriffsbezeichnungen ignoriert werden. Der zweite Begriffsbezeichner
Big E wurde ebenfalls unvollständig bestimmt, was daran liegt, dass zurzeit
nur Nomen zur Bildung von Multi-Token-Ausdrücken herangezogen werden.
Dem Buchstaben E hat der Parser allerdings keine grammatische Kategorie
zugeordnet.

Eine dritte inkorrekte Hypothese mit recht hohem Konfidenzwert (0,7105) ist

SYNO(*verhalten.1.1*, *verhaltensformung.1.1*, *categ*, *categ*). Sie wurde aus dem
Satz: "*Die Konditionierung von Verhalten (Synonyme: Verhaltensformung,
shaping) in einer Skinner-Box gilt als besonders effiziente und überdies ob-
jektive Methode, da sie dem Testtier erlaubt, ohne allzu unnatürliche Einschränkung unterschiedlichste Verhaltensweisen zu zeigen und der Versuchslei-
ter nicht lenkend eingreift.*" durch die ansonsten recht zuverlässige flache Extraktionsregel *SS1* extrahiert, wodurch die Hypothese auch einen hohen Konfidenzwert zugewiesen bekommt. Diesmal ist der erste Begriff unvollständig.
Statt *verhalten.1.1* hätte extrahiert werden müssen:

$$\text{ATTCH}(a, b) \wedge \text{SUB}(b, verhalten.1.1) \wedge \text{SUB}(a, konditionierung.1.1) \quad (7.8)$$

Allerdings sollte so eine Hypothese aufgrund der Komplexität des ersten Begriffes nicht mehr als Synonymhypothese sondern besser als Entailmenthypothese
repräsentiert werden. Darüberhinaus ist mit dem derzeitigen Verfahren eine
Extraktion solcher Synonymiebeziehungen auch gar nicht möglich.

Eine korrekte Hypothese, die einem recht geringen Konfidenzwert (0,0775)
zugeordnet ist, ist SYNO(*pastor.1.1*, *pfarrer.1.1*). Dies kommt dadurch zustande, dass diese Hypothese durch die sonst recht unzuverlässige Regeln *DS3*
und *SS7* extrahiert wurde. Zudem sind die zwei in der Hypothese auftauchen-
den Begriffsbezeichner weder Schreibvarianten voneinander noch ist eines eine
Abkürzung von dem anderen, d. h. geringe Merkmalswerte bei den zuverlässigen Regelmerkmalen sowie der Merkmale *Ähnlichkeitswert der Hypothesenkomponenten bei Vergleich mit Stringkernel* und *Vorliegen einer Abkürzung*.
Die Fehlerverteilung inkorrekter Synonymhypothesen ist in Tabelle 7.25 angegeben.

7.4. Evaluation der logischen Ontologievalidierung

Die logische Ontologievalidierung wurde auf die am besten bewerteten 30 000
Relationskandidaten angewandt (im Einzelnen: 12 000 Hyponyme, 18 000 Meronyme, einschließlich aller 6 000 ELMT-Relationen). Insgesamt wurden 16 verschiedene Axiome angewandt, die in Tabelle 5.8 angegeben sind, und 164 inkonsistente Relationen identifiziert. Nur neun von diesen konnten durch das
Asymmetrie- oder ANTO-Axiom (N_1, N_2 und N_{12} in Tabelle 5.8 und Tabelle 7.26) ermittelt werden, was dem üblichen Zyklen- oder Partitionscheck entspricht. Beispiele, die (ohne eine Fehlerdisambiguierung durchzuführen) gemäß

Theorem 5.5.1 zurückgewiesen wurden (siehe Seite 177), sind:

$$\text{SUB}(a, stadt.1.1), \text{PARS}(a, gotteshaus.1.1)$$
$$\text{SUB}(b, gotteshaus.1.1), \text{PARS}(b, stadt.1.1)$$

$$\text{SUB}(a, firmament.1.1), \text{PARS}(a, stern.1.1)$$
$$\text{SUB}(b, stern.1.1), \text{PARS}(b, firmament.1.1)$$
$$(7.9)$$

$$\text{SUB}(a, insel.1.1), \text{PARS}(a, meer.1.1)$$
$$\text{SUB}(b, meer.1.1), \text{PARS}(b, insel.1.1)$$

Eine Beispielgruppe bezieht sich dabei auf alle Hypothesen, die für einen Widerspruchsbeweis verwendet wurden. Das heißt, dass zumindest eine dieser Hypothesen inkorrekt sein muss. Um die inkorrekte genau zu bestimmen wird anschließend noch eine Fehlerdisambiguierung eingesetzt, die auf Seite 183 im Detail beschrieben wird.

Man betrachte das obige Beispiel mit *firmament.1.1* und *stern.1.1* genauer. Die fehlerhafte Hypothese $\text{SUB}(a, firmament.1.1), \text{PARS}(a, stern.1.1)$ stammt aus dem Satz *"Darüber war der Raum des Feuers, das Firmament der Fixsterne, der Himmel der Engel und schließlich der Himmel der Dreifaltigkeit."* und wurde von dort mithilfe der Regel

$$\text{MERO}(a1, a2) \leftarrow a1 \ ((\text{word "der"}))a2 \qquad (7.10)$$

extrahiert. Diese Regel erzeugt zuerst lediglich die Hypothese (nach Umwandlung in ein in SUB-eingebettetes Meronym)
$\text{SUB}(a, firmament.1.1) \wedge \text{PARS}(a, fixstern.1.1)$. Allerdings werden für Meronymhypothesen, bei der das Wortetikett der Holonymkomponente der Hypothese ein Kompositum ist, zusätzlich auch die Hypothese erzeugt, bei der die Holonymkomponente durch ihren Grundbegriff ersetzt wird, in diesem Fall: $\text{SUB}(a, firmament.1.1) \wedge \text{PARS}(a, stern.1.1)$.

Als nächstes wird betrachtet, wie nun der Widerspruch mit der oben angegebenen Hypothese $\text{SUB}(b, stern.1.1) \wedge \text{PARS}(b, firmament.1.1)$ zustande kommt. Diese Hypothese wird unter Umwegen aus dem Satz *"Árktur (α Bootis) ist der hellste Stern des Nordhimmels und der dritthellste Stern, den man am Himmel sehen kann."* abgeleitet. Im ersten Schritt wird dazu die Hypothese

SUB(b, *stern.1.1*), PARS(b, *himmel.1.1*) mithilfe der tiefen Regel *DM2* aus diesem Satz erzeugt. Diese Hypothese wurde diesmal übrigens unmittelbar erzeugt (d. h. ohne Benutzung der oben angegebenen Kompositumsregel) und zwar unter Verwendung des Transitivitätsaxioms der Subordination, da *nordhimmel.1.1* ein Hyponym von *himmel.1.1* ist. Der Widerspruch zu der Hypothese SUB(a, *firmament.1.1*) $\wedge$ PARS(a, *stern.1.1*) entsteht nun dadurch, dass in der Wissensbasis eine Synonymbeziehung zwischen *firmament.1.1* und *himmel.1.1* eingetragen ist, d. h., die Hypothese SUB(b, *stern.1.1*)$\wedge$PARS(b, *firmament.1.1*) ist nicht in der Hypothesendatenbank enthalten sondern wird durch die Synonymnormalisierung erzeugt (in diesem Fall: Normalisierung auf das lexikographisch kleinste Element).

Gemäß Annahme 1 zurückgewiesene Relationen sind:

$$\text{SUB}(\textit{residenz.1.1}, \textit{bau.1.1})$$
$$\text{PARS}(\textit{bau.1.1}, \textit{festung.1.1})$$
$$\text{SUB}(a, \textit{festung.1.1}), \text{PARS}(a, \textit{residenz.1.1})$$

$$\text{PARS}(\textit{stadtteil.1.1}, \textit{stadt.1.1})$$
$$\text{SUB}(a, \textit{stadt.1.1}), \text{PARS}(a, \textit{bundeland.1.1}) \tag{7.11}$$
$$\text{SUB}(\textit{bundesland.1.1}, \textit{stadtteil.1.1})$$

$$\text{PARS}(\textit{gemeinde.1.1}, \textit{bezirk.1.1})$$
$$\text{SUB}(a, \textit{bezirk.1.1}), \text{pars}(a, \textit{provinz.1.1})$$
$$\text{SUB}(\textit{provinz.1.1}, \textit{gemeinde.1.1})$$

Die Anzahl der mithilfe eines bestimmten Axioms widerlegten Relationen ist in Tabelle 7.26 angegeben. Außerdem wurden F-Wert, Präzision und Recall der Fehlerdisambiguierung ermittelt. F-Wert: 0,80, Präzision: 0,72, Recall: 0,91

7.5. Evaluation der Extraktion von Entailments und Bedeutungspostulaten

Insgesamt wurden 426 Entailmenthypothesen extrahiert, 314 davon mithilfe der Suchmaschine bestimmt, 112 aus dem lokalen Newsfeed-Korpus. 413

Axiom	Anzahl von Relationen	Name
N_1	6	Asymmetrie von SUB
N_2	3	Asymmetrie von PARS
N_3	98	Transitivität von SUB
N_4	20	Transitivität von PARS
N_5	59	Inkompatibilität von SUB und PARS
N_7	5	ELMT und *etype*
N_9	5	Irreflexivität von *etype*
N_{10}	5	SUB und *etype*
N_{11}	34	Annahme 1
-	57	Theorem 1

Tabelle 7.26.: Eine Auswahl von angewandten Axiomen. Aus Gründen der Performance wurde Theorem 1 als zusätzliche redundante Regel der Wissensbasis hinzugefügt

der Hypothesen wurden annotiert, 91 davon als korrekt. Anhand der Annotationen wurde eine Support-Vektor-Maschine mit Radial-Basis-Funktions-Kernel trainiert. Die Evaluation erfolgt auf Basis einer zehnfachen Kreuzvalidierung. Die Konfusionsmatrix ist in Tabelle 7.27 angegeben, die Evaluationsmaße Akkuratheit, Präzision, Recall und F-Wert in Tabelle 7.28. Die extrahierten Entailments mit dem höchsten Konfidenzwert sind in Tabelle 7.29 angegeben. Grundsätzlich sind Variablen der Prämisse allquantifiziert, alle Variablen, die nur in der Konklusion auftauchen dagegen existenzquantifiziert.

Eine fehlerhafte Entailmenthypothese ist beispielsweise:

$$\forall a, b, d, e \exists g, f :$$
$$((\text{SUBS}(e, bekräftigen.1.1) \wedge$$
$$\text{TEMP}(e, past.0) \wedge \text{OBJ}(e, d) \wedge$$
$$\text{SUB}(d, forderung.1.1) \wedge \text{OBJ}(d, a) \wedge$$
$$\text{ANTE}(b, e)) \qquad\qquad (7.12)$$
$$\rightarrow$$
$$(\text{SEMREL}(g, f) \wedge$$
$$\text{SUBS}(f, aussprechen.1.4) \wedge$$
$$\text{PURP}(f, b) \wedge \text{AGT}(f, a)))$$

die auf der Oberflächenebene in etwa dem Textual-Entailment:
"*a bekräftigt die Forderung nach b $\rightarrow$ a spricht sich für b aus*" entspricht.
Die Relation ANTE ist vom Parser fehlerhaft bestimmt worden, da sie ein rein zeitliches *nach* repräsentiert.

Eine zweite fehlerhafte Hypothese mit Konfidenzwert 0,546 ist (nicht in Tabelle 7.29 enthalten):

$$\forall a, b, d \;\exists e, f, g((\text{SUBS}(d, versterben.1.1) \wedge$$
$$\text{TEMP}(d, b) \wedge$$
$$\text{AFF}(d, a))$$
$$\rightarrow \qquad\qquad (7.13)$$
$$(\text{SUB}(f, stadt.1.1) \wedge {}^*\text{IN}(e, f) \wedge$$
$$\text{SUBS}(g, sterben.1.1) \wedge \text{LOC}(g, e) \wedge$$
$$\text{TEMP}(g, b) \wedge \text{AFF}(g, a)))$$

Die Hypothese entspricht auf der Oberflächenebene in etwa der Textual-Entailment-Hypothese "a verstirbt $\rightarrow$ a stirbt in einer Stadt"
Diese Hypothese ist fehlerhaft, da jemand der verstirbt, nicht unbedingt in einer Stadt sterben muss. Umgekehrt wäre die Aussage dagegen wahr: Jemand der in einer Stadt stirbt, verstirbt auch. Momentan fehlen noch Merkmale, anhand derer die Richtung des Entailments erkannt werden kann.

Eine weitere inkorrekte Hypothese (mit Konfidenzwert: 0,546, ebenfalls nicht in Tabelle 7.29 enthalten) ist folgende:

$$\forall a, b, d \exists f, g$$
$$(\text{SEMREL}(e, d) \land \text{SUBS}(d, \textit{aussprechen.1.4}) \land$$
$$\text{PURP}(d, b) \land \text{AGT}(d, a)$$
$$\to \qquad (7.14)$$
$$\text{OBJ}(f, b) \land \text{PROP}(f, \textit{unionsintern.1.1})$$
$$\text{SUB}(f, \textit{streit.1.1}) \land \text{CTXT}(g, f) \land$$
$$\text{TEMP}(g, \textit{past.0}) \land \text{ASSOC}(g, a))$$

Diese semantische Entailmenthypothese entspricht auf der Oberflächenebene in etwa der Textual-Entailment-Hypothese:
"a spricht sich für b aus → unionsinterne Streit von a wegen b"

Auf der Seite der Prämisse ist die Relation SEMREL(e, d) zu viel. SEMREL ist eine spezielle unterspezifizierte semantische Relation (ähnlich zu ASSOC). Zudem impliziert das *Aussprechen für irgendetwas* noch keinen Streit. Zusätzlich ist die Eigenschaft *unionsintern.1.1*, die *streit.1.1* auf der Seite der Konklusion modifiziert, zu speziell und sollte wegfallen.

	PNE	PE	Summe
NE	267	55	322
E	21	70	91
Sum	288	125	

Tabelle 7.27.: Konfusionsmatrix für die extrahierten Entailmenthypothesen

Evaluationsmaß	Wert
Akkuratheit	0,816
F-Wert	0,648
Präzision	0,560
Recall	0,769

Tabelle 7.28.: Evaluationsmaße für die extrahierten Entailmenthypothesen

Prämisse	Konklusion	KW
TEMP$(d, b)\wedge$ SUBS$(d, tod.1.1)\wedge$ AFF(d, a)	SUBS$(e, versterben.1.1)\wedge$ TEMP$(e, b)\wedge$ AFF(e, a)	0,9081
SUBS$(d, versterben.1.1)\wedge$ TEMP$(d, b)\wedge$ AFF(d, a)	TEMP$(e, b)\wedge$ SUBS$(e, tod.1.1)\wedge$ AFF(e, a)	0,9081
SUBS$(e, entdecken.1.1)\wedge$ OBJ$(e, b)\wedge$ EXP(e, a)	SUBS$(m, entdeckung.1.1)\wedge$ TEMP$(n, present.0)\wedge$ OBJ$(m, b)\wedge$ ASSOC$(n, m)\wedge$ AGT(n, a)	0,5567
SUBS$(e, entdeckung.1.1)\wedge$ TEMP$(f, present.0)\wedge$ OBJ$(e, b)\wedge$ ASSOC$(f, e)\wedge$ AGT(f, a)	SUBS$(m, entdecken.1.1)\wedge$ OBJ$(m, b)\wedge$ EXP(m, a)	0,5567
SUBS$(e, bekräftigen.1.1)\wedge$ TEMP$(e, past.0)\wedge$ OBJ$(e, d)\wedge$ SUB$(d, forderung.1.1)\wedge$ OBJ$(d, a)\wedge$ ANTE(b, e)	SEMREL$(e, d)\wedge$ SUBS$(f, aussprechen.1.4)\wedge$ PURP$(f, b)\wedge$ AGT(f, a)	0,5464
ATTCH$(b, e)\wedge$ TEMP$(d, c)\wedge$ SUBS$(d, gewinnen.1.1)\wedge$ EXP(d, a)	ASSOC$(e, b)\wedge$ TEMP$(e, past.0)\wedge$ TEMP$(e, c)\wedge$ SUBS$(f, sieg.1.1)\wedge$ SCAR$(e, f)\wedge$ EXP(f, a)	0,5464
ASSOC$(e, b)\wedge$ TEMP$(e, c)\wedge$ TEMP$(e, past.0)\wedge$SCAR(e, d) SUBS$(d, sieg.1.1)\wedge$ EXP(d, a)	ATTCH$(b, e)\wedge$ TEMP$(f, c)\wedge$ SUBS$(f, gewinnen.1.1)\wedge$ EXP(f, a)	0,5464
SUBS$(d, sterben.1.1)\wedge$ TEMP$(d, b)\wedge$ AFF(d, a)	SUBS$(e, versterben.1.1)\wedge$ TEMP$(e, b)\wedge$ AFF(e, a)	0,5461
SUBS$(d, versterben.1.1)\wedge$ TEMP$(d, b)\wedge$ AFF(d, a)	SUBS$(e, sterben.1.1)\wedge$ TEMP$(e, b)\wedge$ AFF(e, a)	0,5461
SUBS$(e, gewinnen.1.1)\wedge$ TEMP$(e, c)\wedge$ ATTCH$(b, f)\wedge$ EXP(e, a)	TEMP$(m, past.0)\wedge$ SUBS$(n, sieg.1.1)\wedge$ TEMP$(m, c)\wedge$EXP(n, a) ASSOC$(m, b)\wedge$ SCAR$(m, n)\wedge$	0,5459
TEMP$(e, past.0)\wedge$EXP(f, a) SUBS$(f, sieg.1.1)\wedge$ TEMP$(e, c)\wedge$ ASSOC$(e, b)\wedge$ SCAR$(e, f)\wedge$	SUBS$(m, gewinnen.1.1)\wedge$ TEMP$(m, c)\wedge$ ATTCH$(b, n)\wedge$ EXP(m, a)	0,5459
SUBS$(e, entdecken.1.1)\wedge$ OBJ$(e, b)\wedge$ EXP(e, a)	TEMP$(m, erst.2.1)\wedge$ SUBS$(m, landen.1.2)\wedge$ TEMP$(m, past.0)\wedge$ *IN$(n, b)\wedge$ LOC$(m, n)\wedge$ AGT(m, a)	0,5461
TEMP$(e, erst.2.1)\wedge$ SUBS$(e, landen.1.2)\wedge$ TEMP$(e, past.0)\wedge$ *IN$(f, b)\wedge$ LOC$(e, f)\wedge$ AGT(e, a)	SUBS$(m, entdecken.1.1)\wedge$ OBJ$(m, b)\wedge$ EXP(m, a)	0,5461
SUB$(e, forderung.1.1)\wedge$ ANTE$(b, e)\wedge$ OBJ$(d, e)\wedge$ TEMP$(d, present.0)\wedge$ SUBS$(d, pochen.1.1)\wedge$ AGT(d, a)	OBJ$(f, b)\wedge$ AGT(f, a) SUBS$(f, fordern.1.1)\wedge$	0,5461

Tabelle 7.29.: Auswahl von extrahierten Entailments

Prämisse	Konklusion	KW
SUBS(e, *entdecken.1.1*)$\wedge$ OBJ(e, b)$\wedge$ EXP(e, a)	SUBR(m, *attch.0*)$\wedge$ SUBS(n, *entdecken.1.2*)$\wedge$ TEMP(o, *past.0*)$\wedge$ ARG1(m, p)$\wedge$ ARG2(m, b)$\wedge$ OBJ(n, b)$\wedge$ MCONT(o, m)$\wedge$ MEXP(o, a)	0,5461
SEMREL(e, d)$\wedge$ SUBS(d, *aussprechen.1.4*)$\wedge$ PURP(d, b)$\wedge$ AGT(d, a)	SUB(e, *forderung.1.1*)$\wedge$ ANTE(b, e)$\wedge$ OBJ(f, e)$\wedge$ TEMP(f, *present.0*)$\wedge$ SUBS(f, *pochen.1.1*)$\wedge$ AGT(d, a)	0,5461
SUB(e, *forderung.1.1*)$\wedge$ ANTE(b, e)$\wedge$ OBJ(d, e)$\wedge$ TEMP(d, *present.0*)$\wedge$ SUBS(d, *pochen.1.1*)$\wedge$ AGT(d, a)	SEMREL(e, d)$\wedge$ SUBS(f, *aussprechen.1.4*)$\wedge$ PURP(f, b)$\wedge$ AGT(d, a)	0,5461
OBJ(d, b)$\wedge$ AGT(d, a) SUBS(d, *pochen.1.1*)$\wedge$	SUBS(e, *bekräftigen.1.1*) $\wedge$ TEMP(e, *past.0*)$\wedge$ OBJ(e, f)$\wedge$ SUB(f, *forderung.1.1*)$\wedge$ OBJ(f, a) $\wedge$ ANTE(b, e)	0,5461
SUBS(e, *bekräftigen.1.1*)$\wedge$ TEMP(e, *past.0*)$\wedge$ OBJ(e, d)$\wedge$ SUB(d, *forderung.1.1*)$\wedge$ OBJ(d, a) $\wedge$ ANTE(b, e)	OBJ(f, b)$\wedge$ AGT(f, a) SUBS(f, *pochen.1.1*)$\wedge$	0,5461
OBJ(d, b)$\wedge$ AGT(d, a) SUBS(d, *pochen.1.1*)$\wedge$	OBJ(f, b)$\wedge$AGT(f, a) SUBS(f, *fordern.1.1*)$\wedge$	0,5461
OBJ(d, b)$\wedge$ AGT(d, a) SUBS(d, *fordern.1.1*)$\wedge$	OBJ(f, b)$\wedge$ SUBS(f, *pochen.1.1*)$\wedge$ AGT(f, a)	0,5461
OBJ(e, b)$\wedge$ ATTCH(a, d) *MODS(f, *besonders.1.1*, *fordern.1.1*)$\wedge$ SUBS(e, f)$\wedge$ SOURC(e, d)$\wedge$ PRED(d, *reihe.1.1*)$\wedge$	SEMREL(e, d)$\wedge$ SUBS(f, *aussprechen.1.4*)$\wedge$ PURP(f, b)$\wedge$ AGT(f, a)	0,5461
OBJ(d, b)$\wedge$ SUBS(d, *pochen.1.1*)$\wedge$ AGT(d, a)	SUB(f, *forderung.1.1*)$\wedge$ ANTE(b, f)$\wedge$ OBJ(f, a)	0,5461
SUB(e, *erfinder.1.1*)$\wedge$ ARG2(f, g)$\wedge$ EQU(a, e)$\wedge$ OBJ(h, b)$\wedge$ ARG1(f, a)$\wedge$ AGT(h, e)	SUBS(m, *erfinden.1.1*)$\wedge$ AGT(m, b)$\wedge$ AGT(m, a)	0,1131
SUBS(e, *erfinden.1.1*)$\wedge$ AGT(e, b) $\wedge$ AGT(e, a)	SUB(m, *erfinder.1.1*)$\wedge$ ARG2(n, o)$\wedge$ EQU(a, m)$\wedge$ OBJ(p, b)$\wedge$ ARG1(n, a)$\wedge$ AGT(p, m)	0,1131

Tabelle 7.29.: Auswahl von extrahierten Entailments (Fortsetzung)

7.6. Schlussfolgerungen aus der Evaluation

Die Evaluation hat gezeigt, dass durch die Verwendung tiefer Verfahren sowohl Qualität als auch Quantität (mit guter Qualität) der Relationshypothesen gegenüber einem rein flachen Ansatz deutlich verbessert werden konnten. Zudem sind trotz der geringeren verfügbaren deutschen linguistischen Ressourcen vergleichbare oder bessere Resultate gegenüber flachen Verfahren zu erreichen, die englische Ressourcen verwenden. Zudem hat die Evaluation gezeigt, dass die Verwendung von Axiomen und einem automatischen Beweiser sowohl den Recall verbessert als auch die Präzision. Die Erhöhung des Recalls ist eine Folge der größeren Allgemeinheit tiefer Extraktionsregeln gegenüber flachen. Die Präzision wird dadurch erhöht, dass die Verwendung von Logik eine genauere Spezifizierung der Extraktionsregeln erlaubt als auch dadurch, dass durch Logik Widersprüche in den Daten identifiziert werden können.

Zudem führt die Verwendung von Graph- und Stringkernelfunktionen zu einer deutlichen Erhöhung des F-Wertes, wobei der Einfluss des Graphkernels, der eine tiefe Repräsentation des Satzes als semantisches Netz vorraussetzt, in vielen Fällen größer ist als der des Stringkernels.

Bei der Qualität der extrahierten Relationen gibt es häufig Unterschiede bezüglich des Bereiches aus dem die Hypothesen stammen. Relationen zwischen abstrakten Begriffen lassen sich eher schlecht extrahieren, während Hypothesen mit konkreten Begriffen, die Fachausdrücke betreffen, oft korrekt sind.

8. Zusammenfassung und Ausblick

8.1. Zusammenfassung der erreichten Leistungen

Es wurde ein semantikbasiertes Verfahren entworfen, das automatisch Hyponyme, Meronyme, Synonyme sowie Entailments aus Texten extrahieren kann. Im Gegensatz zu alternativen Methoden aus dem Stand der Forschung basiert dieses Verfahren auf einer tiefen semantischen Repräsentation in Form von semantischen Netzen und führt eine Validierung auf allen (bis auf Syntax) linguistischen Ebenen sowie unter Verwendung von Logik durch. Zur Steigerung der Robustheit kommt zusätzlich ein flaches Verfahren zur Anwendung. Die Evaluation hat gezeigt, dass durch die zusätzliche Verwendung eines tiefen Verfahrens Akkuratheit, F-Wert, Präzision und Recall deutlich verbessern werden können im Vergleich zu rein flachen Methoden. Zudem erlaubt es die tiefe semantische Repräsentation im MultiNet-Formalismus das Wissen viel exakter zu formulieren als bei den meisten anderen für die Sprachverarbeitung verwendeten Wissenspreräpräsentationsformalismen.

8.2. Gültigkeit der Thesen

In diesem Abschnitt soll nun überprüft werden, inwiefern die in der Einleitung aufgestellten Thesen erfüllt sind.

A Gesamt-Erfolg

1. Flache Verfahren sind ungeeignet für die zuverlässige Wissensextraktion. Durch die Basierung des Wissens auf Wörtern anstelle von Begriffen entstehen häufig Fehler. Zudem ist eine Validierung von solchem Wissen mithilfe logischer Verfahren nur sehr eingeschränkt möglich. So hat die Evaluation gezeigt, dass gerade die logische Validierung zahlreiche Widersprüche in der extrahierten Wissensbasis identifizieren konnte und durch die Hinzunahme von tiefen Extraktionsregeln Recall und Präzision deutlich gesteigert werden konnten

(siehe auch These 2).

2. Durch die Verwendung einer tiefen semantischen Repräsentation können die Qualität des Wissens sowie Quantität von qualitativ hochwertigem Wissen deutlich gesteigert werden im Vergleich zu einem rein flachen Ansatz: Die Evaluation (siehe Kapitel 7) hat gezeigt, dass dies der Fall ist, was sich beispielsweise in der Tatsache zeigt, dass mithilfe tiefer Regeln viele korrekte Hypothesen erzeugt werden konnten, die nicht durch flache Regeln erzeugbar waren. Zusätzlich hatten Hypothesen, die sowohl durch tiefe als auch durch flache Regeln extrahiert wurden, eine deutlich höhere durchschnittliche Korrektheit als diejenigen, die nur durch flache Regeln extrahiert wurden (siehe Abschnitt 7.1.2 bzw. Abschnitt 7.2).

B Anwendbarkeit

1. Der hier vorgestellte Ansatz ist auf Texte aus beliebigen Domänen anwendbar. Der Wikipedia-Korpus ist breit gefächert und erstreckt sich auf viele unterschiedliche Domänen. Daher stammen die extrahierten Relationen auch aus ganz unterschiedlichen Bereichen. So wurden Relationen u. a. aus den Bereichen Astronomie, Biologie, Chemie, Geografie, Informatik und Politik extrahiert.

2. Der hier vorgestellte Ansatz wird zwar auf Wikipedia angewendet, kann aber auf beliebige Arten von freien Texten angewendet werden. Es wird lediglich ein einziges Enzyklopädie-spezifisches Merkmal angewendet, und zwar das Merkmal *Auftauchen in erstem Satz*, das bei der Hyponymextraktion ausnutzt, dass ein Hyponym gewöhnlich im ersten Satz eines Wikipedia-Artikels definiert wird. Zudem hat die Evaluation gezeigt, dass deutlich stärker korrelierte Validierungsmerkmale existieren als dieses Merkmal.

C Beitrag der Komponenten

1. Durch die Verwendung eines einheitlichen Gebäudes auf konzeptueller Ebene und in Bezug auf die eingesetzten Systeme, kann der Wissensextraktionsprozess sehr leicht auf andere Sprachen portiert werden. Dies ist dadurch bedingt, dass konsequent auf die am IICS entwickelten Sprachverarbeitungssysteme und -verfahren zurückgegriffen wird. Durch Verwendung einer tiefen logischen Repräsentation und mit der dadurch bedingten Abstraktion von der Oberflächenstruktur kann eine Übertragung in andere Sprachen mit geringem

Aufwand erfolgen, sofern diese grundlegenden Sprachverarbeitungssysteme für diese Sprachen verfügbar sind.

2. Nur dadurch, dass der ganze Wissensextraktionsprozess in ein theo-
retisches Gebäude eingebettet ist (hier: eine MultiNet-Wissensbasis,
ein axiomatischer Apparat sowie ein semantisches Lexikon), ist eine zuverlässige und umfangreiche Wissensextraktion möglich. Die
Evaluation hat gezeigt, dass die MultiNet-Wissensbasis ebenso wie
die Axiome zur Relationsextraktion und zur Wissensvalidierung für
die Wissensakquisition von großer Bedeutung sind. Das semantische
Lexikon hat sich als sehr hilfreich bewiesen, um fehlerhafte Hypothesen frühzeitig herauszufiltern.

3. Nur durch die Verwendung eines einheitliches Gebäudes von Anwendungssystemen, das den automatischen Beweiser, den tiefen Parser
WOCADI, sowie die Anbindung ans Lexikon einschließt, ist eine
zuverlässige und umfangreiche Wissensextraktion möglich. Dieses
Gebäude von Anwendungssystemen ermöglicht eine Verarbeitung
auf allen linguistischen Ebenen wie Morphologie, Lexik, und Semantik (Syntax nur implizit durch den Parser) sowie den Einsatz von Logik. Durch die morphologische Analyse des Parsers ist es beispielsweise möglich, den Grundbegriff zu ermitteln, der in vielen Fällen
erst einen Vergleich mit den im Lexikon abgelegten ontologischen
Sorten und semantischen Merkmalen erlaubt sowie die Selektion
der korrekten Unterrelation ermöglicht. Die auf der lexikalischen
Ebene angesiedelten Häufigkeitsvergleiche zur Hyponymvalidierung
verwenden die vom Parser bestimmte Begriffshäufigkeitsstattistik.
Auf dem semantischen Netz, was der Semantik zugeordnet ist, basieren beispielsweise die Graphkernelfunktion sowie das Merkmal zum
semantischen Kontextvergleich. Logik wird benötigt zur Extraktion der Relationshypothesen und zur logischen Ontologievalidierung,
die vom automatischen Beweiser durchgeführt werden. Oberflächenbasierte bzw. syntaktische Verfahren bieten gar keinen Ansatz, um
logische Verfahren und Axiomatik einzusetzen.

4. Durch Verwendung eines automatischen Theorembeweisers sowohl
zur Extraktion von Relationen als auch zur logischen Validierung,
kann die Quantität (bei hoher Qualität) und Qualität der extrahierten Hypothesen gesteigert werden. Die Evaluation hat beispielsweise gezeigt, dass mithilfe des automatischen Beweisers in vielen

Fällen Widersprüche in der Wissensbasis identifiziert werden konnten, die mit Zyklen- oder Partitionsüberprüfungen nicht zu identifizieren waren, d. h. die Qualität der Hypothesen konnte dadurch gesteigert werden. Zudem hat die Evaluation auch ergeben, dass in vielen Fällen der Meronymextraktion Axiome benötigt wurden, d. h. der Recall konnte durch die Axiome und den für diese notwendigen automatischen Beweiser erhöht werden.

5. Der Einsatz zusätzlicher lexikalischer Ressourcen, wie neue oder modifizierte Lexikoneinträge, werden die Validierung in vielen Fällen automatisch verbessern. Dies wird dadurch erreicht, dass SemQuire konsequent auf den am Lehrgebiet IICS entwickelten Sprachverarbeitungssystemen aufbaut.

D Hybrid-Anteil

1. Auch ein eher flaches, auf Tokenlisten (zur Erläuterung von Tokens siehe das Glossar in Abschnitt F) basierendes Verfahren kann durch Verwendung des MultiNet-Parsers WOCADI semantische Informationen ausnutzen und dadurch ebenfalls auf Begriffen basierendes Wissen extrahieren (siehe Abschnitt 5.2.2). Die Verwendung von flachen Verfahren ist notwendig, um auch aus Sätzen, die nicht parsbar sind, Wissen zu extrahieren. Die relativ flachen Muster werden durch reguläre Ausdrücke definiert und verwenden ebenfalls die Ausgabe von WOCADI, und zwar die Tokenliste, die umfangreiche semantische, grammatische und lexikalische Informationen enthält (u. a. korrekte Lesart, grammatische Kategorie, Lemma). Durch Nutzung der WOCADI-Ausgabe kommt auch die Word-Sense-Disambiguation von WOCADI zum Einsatz, womit ebenfalls auf Begriffen basierende Relationen extrahiert werden. Die Evaluation hat gezeigt, dass in vielen Fällen auch flache Regeln korrekte, auf Begriffen basierende Hypothesen, erzeugt haben.

2. Die hier vorgestellten Validierungskomponenten können auch für Wissen verwendet werden, das durch ein eher flaches, auf Tokenlisten basierendes Verfahren extrahiert wurde. Da das hier verwendete flache Verfahren ebenfalls Relationen zwischen Begriffen und nicht etwa zwischen Wörtern extrahiert, sind die meisten hier entwickelten Validierungsverfahren auch auf diese Relationen anwendbar.

E Bootstrapping-Anteil

1. Die verschiedenen extrahierten Wissensarten können gegenseitig für die Validierung verwendet werden, d. h., wenn zusätzliche Hyponyme extrahiert wurden und diese für die Meronymextraktion und -validierung eingesetzt werden, verbessert sich automatisch die Qualität der Meronyme und umgekehrt. Ein großer Bestand von Hyponymen ist insbesondere für die Validierung von Meronym- und Synonymhypothesen von großer Bedeutung. Zum einen, da ein bekanntes Hyponym kein Meronym (oder Synonym) sein kann. Zum anderen können mithilfe von Hyponymen bekannte Meronympaare verallgemeinert werden. Das entsprechende Meronymmerkmal (siehe Abschnitt 5.3.3), das diese beiden Eigenschaften ausnutzt, hat in der Evaluation eine Korrelation von 0,379 mit der Hyponymkorrektheit erreicht.

8.3. Ausblick und weitere Forschung

Eine mögliche Weiterentwicklung könnte darin bestehen, SemQuire auf weitere semantische Relationen wie beispielsweise Antonymie oder auch auf semantische Relationen zwischen Eigenschaften und Situationen auszuweiten und damit eine komplette Ontologie aufzubauen. Eine weitere mögliche Verbesserung wäre, Wissen durch nicht-regelbasierte Verfahren wie Conditional Random Fields oder Kernelfunktionen zu extrahieren. Momentan kommen Kernelfunktionen nur zur Validierung zum Einsatz. Auch Suchmaschinen könnten verstärkt zur Wissensextraktion oder Validierung herangezogen werden. Maschinenlesbare Ressourcen im Internet könnten noch mehr als bisher integriert werden. Insbesondere fürs Englische sind hier große Mengen lexikalischer Ressourcen wie WordNet verfügbar, die ins Deutsche übersetzt werden müssten. Die semantische Validierung könnte auf Instanzen mit Namensbezeichner ausgeweitet werden. Diese Instanzen würden dazu ontologische Sorten und semantische Merkmale ihres Oberbegriffs zugeordnet. Auch könnten aus anderen Quellen als Wikipedia Relationen extrahiert werden. Diese Maßnahmen würden auch das Ranking der Hypothesenkonfidenzwerte deutlich verbessern.

Die Evaluation hat gezeigt, dass die Verwendung von Graph- und Stringkernel die Akkuratheit der Hypothesenklassifizierung (korrekt/nicht korrekt) deutlich verbessern kann. Allerdings ist die Validierung von Millionen von Hypothesen (wie bei Anwendung auf Wikipedia) aus zeitlichen Gründen damit nicht realistisch. Hier müsste ein mehrstufiges Validierungssystem zum Einsatz kommen. Zuerst würde daher ein Konfidenzwert ohne Graph- und Stringkernel berechnet. Anschließend wird für die Hypothesen mit den höchsten Konfidenzwerten ein zweites Mal ein Konfidenzwert berechnet, diesmal unter Verwendung von Graph- und Stringkernel. Anschließend müssten die beiden Konfidenzwerte dann noch kombiniert werden.

Bei dem Lernen von Entailments ist die Hypothesenmenge noch recht klein und sollte vergrößert werden. Zudem fehlen noch Merkmale, anhand derer die Folgerungsrichtung des Entailments erkannt werden kann.

Insgesamt hat die Evaluation von SemQuire gezeigt, dass logische und tiefe semantische Methoden ein wichtiger Schritt zu wirklich textverstehenden automatischen Wissensextraktionsverfahren sind.

A. Verwendete Extraktionsregeln zur Relationsextraktion

In diesem Kapitel werden die zur Relationsextraktion eingesetzen Regeln angegeben, jeweils für Hyponyme, Meronyme und Synonyme.

A.1. Tiefe Regeln zur Extraktion von Subordinationsbeziehungen

Muster	Beispiel
SUB0($a1, a2$) ← SUB($c, a1$) $\wedge f_{*\text{ITMS}}(d, c) \wedge$ PRED($e, a2$)$\wedge$ $PAR_{*itms}(d, e) \wedge FOLL_{*\text{ITMS}}(c, e)\wedge$ PROP($e, ander.1.1$)$\wedge$ ¬ATTCH(f, c)	Cello$_{hypo}$, Geige$_{hypo}$ und andere Instrumente$_{hyper}$
SUB0($a1, a2$) ← SUB($c, a1$) $\wedge PAR_{*\text{ITMS}}(d, c) \wedge$ PRED($e, a2$)$\wedge$ $PAR_{*\text{ITMS}}(d, e) \wedge PREC_{*\text{ITMS}}(c, e)\wedge$ PROP($e, ander.1.1$)	sein Klavier, sein Kontrabass$_{hypo}$ und andere Streichinstrumente$_{hyper}$
SUB0($a1, a2$) ← SUB($c, a1$) $\wedge PAR_{*\text{ITMS}}(d, c) \wedge$ PRED($e, a2$)$\wedge$ $PAR_{*\text{ITMS}}(d, e) \wedge FOLL_{*itms}(c, e)\wedge$ PROP($e, ander.1.1$)	sein Klavier$_{hypo}$, sein Cello$_{hypo}$ und andere Instrumente$_{hyper}$
SUB0($a1, a2$) ← PRED($c, a2$)$\wedge$ $PAR_{*\text{ITMS}}(d, c) \wedge PAR_{*\text{ITMS}}(d, a1)\wedge$ $PREC_{*\text{ITMS}}(a1, c)\wedge$ PROP($c, ander.1.1$)	Er kann Cello$_{hypo}$ und andere Instrumente$_{hyper}$ spielen
SUB0($a1, a2$) ← $PREC(c, d)\wedge$ $FOLL_{*\text{ITMS}}(c, d) \wedge PAR_{*\text{ITMS}}(g, d)\wedge$ $PAR_{*\text{ITMS}}(g, c) \wedge$ PROP($d, ander.1.1$)$\wedge$ PRED($c, a1$) $\wedge$ PRED($d, a2$)	Celli$_{hypo}$ und andere Instrumente$_{hyper}$
SUB0($a1, a2$) ← PRED($c, a2$)$\wedge$ $FOLL_{*\text{ITMS}}(e, c) \wedge PAR_{*\text{ALTN1}}(d, c)\wedge$ SUB($e, a1$) $\wedge PAR_{*\text{ALTN1}}(d, e)\wedge$ PROP($c, ander.1.1$)	Cello$_{hypo}$ oder andere Instrumente$_{hyper}$
SUB0($a1, a2$) ← SUB($c, a1$)$\wedge$ $PAR_{*\text{ITMS}}(d, c) \wedge$ PRED($e, a2$)$\wedge$ $PAR_{*\text{ITMS}}(d, e) \wedge PREC_{*\text{ITMS}}(c, e)\wedge$ PROP($e, weit.1.1$)	Cello$_{hypo}$ und weitere Instrumente$_{hyper}$
SUB0($a1, a2$) ← ARG2(d, c)$\wedge$ SUB($c, a1$) $\wedge$ MCONT(e, d)$\wedge$ AGT(e, f) $\wedge$ SUB($f, man.1.1$)$\wedge$ SUBS($e, bezeichnen.1.1$)$\wedge$ ARG1(d, g) $\wedge$ PRED($g, a2$)	Als Cello$_{hypo}$ bezeichnet man ein Instrument$_{hyper}$, dass ...
SUB0($a1, a2$) ← SCAR(c, d) $\wedge$ SUB($d, a1$)$\wedge$ SUBS($c, bezeichnen.1.2$) $\wedge$ OBJ(c, e)$\wedge$ SUB($e, a2$)	Ein Cello$_{hypo}$ bezeichnet ein Instrument$_{hyper}$, dass ...
SUB0($a1, a2$) ← ARG1(d, e) $\wedge$ ARG2(d, f)$\wedge$ SUBR($d, equ.0$) $\wedge$ SUB($e, a1$) $\wedge$ SUB($f, a2$)	Dieses Haus$_{hypo}$ ist das größte Bauwerk$_{hyper}$ in der Stadt.
SUB0($a1, a2$) ← $PREC_{*\text{ITMS}}(c, d)\wedge$ $PAR_{*\text{ITMS}}(h, c) \wedge PAR_{*\text{ITMS}}(h, d)\wedge$ SUB($D, a1$) $\wedge$ PRED($c, a2$)	Die Ente$_{hypo}$ und andere Tiere$_{hyper}$

Tabelle A.1.: Tiefe Regeln zur Extraktion von Subordinationsbeziehungen

Formel	Beispiel
$\text{SUB}(a1, name.1.1) \wedge \text{VAL}(a1, f) \wedge$ $\text{SUB0}(a1, a2) \leftarrow \text{PRED}(c, a2) \wedge \text{VAL}(a1, f) \wedge$ $PAR_{*\text{ITMS}}(d, c) \wedge PAR_{*\text{ITMS}}(d, e) \wedge$ $PREC_{*\text{ITMS}}(e, c) \wedge \text{PROP}(c, ander.1.1) \wedge$ $\text{ATTR}(e, f) \wedge \text{SUB}(a1, name.1.1) \wedge$	Die <u>Toten Hosen</u>$_{hypo}$ und andere <u>Popgruppen</u>$_{hyper}$.
$\text{SUB}(a1, name.1.1) \wedge \text{VAL}(a1, f) \wedge$ $\text{SUB0}(a1, a2) \leftarrow \text{PRED}(c, b) \wedge \text{VAL}(a1, f)$ $PREC_{*\text{ITMS}}(e, c) \wedge PAR_{*\text{ALTN1}}(d, c) \wedge$ $PAR_{*\text{ALTN1}}(d, e) \wedge \text{PROP}(c, ander.1.1) \wedge$ $\text{ATTR}(e, f) \wedge \text{SUB}(a1, name.1.1) \wedge$	Die <u>Toten Hosen</u>$_{hypo}$ oder andere <u>Popgruppen</u>$_{hyper}$.
$\text{SUB}(a1, name.1.1) \wedge \text{VAL}(a1, f) \wedge$ $\text{SUB0}(a1, a2) \leftarrow \text{SUB}(c, f) \wedge \text{ATTR}(a1, g) \wedge$ $PAR_{*\text{ITMS}}(d, c) \wedge \text{PRED}(e, a2) \wedge$ $PAR_{*\text{ITMS}}(d, e) \wedge PREC_{*\text{ITMS}}(c, e) \wedge$ $\text{PROP}(e, weit.1.1) \wedge \wedge \text{SUB}(a1, name.1.1)$	Die <u>Toten Hosen</u>$_{hypo}$ und weitere <u>Popgruppen</u>$_{hyper}$.
$\text{ATTR}(h, g) \wedge sub(g, vorname.1.1) \wedge$ $\text{VAL}(g, c) \wedge attr(h, f) \wedge \text{VAL}(f, a1) \wedge$ $\text{SUB}(f, nachname.1.1) \wedge$ $\text{VAL}(f, a1) \wedge \text{SUB}(h, a2) \leftarrow$ $\text{ATTR}(h, g) \wedge \text{SUB}(g, vorname.1.1) \wedge$ $\text{VAL}(g, c) \wedge \text{SUB}(f, nachname.1.1) \wedge$ $PAR_{*\text{ITMS}}(d, h) \wedge \text{PRED}(e, b) \wedge$ $PAR_{*\text{ITMS}}(d, e) \wedge PREC_{*\text{ITMS}}(h, e) \wedge$ $\text{PROP}(e, ander.1.1) \wedge \text{ATTR}(h, f)$	<u>Barack Obama</u>$_{hypo}$ und andere <u>Politiker</u>$_{hyper}$
$\text{ATTR}(e, g) \wedge \text{SUB}(g, vorname.1.1) \wedge$ $\text{VAL}(g, c) \wedge \text{ATTR}(h, f) \wedge$ $\text{SUB}(f, nachname.1.1) \wedge \text{VAL}(f, a1) \wedge$ $\text{SUB}(h, a2) \leftarrow attr(H, G) \wedge$ $\text{SUB}(g, vorname.1.1) \wedge \text{VAL}(g, c) \wedge$ $\text{SUB}(f, nachname.1.1) \wedge \text{VAL}(f, a) \wedge$ $\text{ATTR}(H, F) \wedge PAR_{*\text{ALTN1}}(d, h) \wedge$ $\text{PRED}(e, a2) \wedge PAR_{*\text{ALTN1}}(d, e) \wedge$ $PREC_{*\text{ITMS}}(h, e) \wedge \text{PROP}(e, ander.1.1)$	<u>Barack Obama</u>$_{hypo}$ oder andere <u>Politiker</u>$_{hyper}$
$\text{ATTR}(h, g) \wedge \text{SUB}(g, vorname.1.1) \wedge$ $\text{VAL}(g, c) \wedge attr(H, F) \wedge \text{PRED}(e, b) \wedge$ $\text{SUB}(f, nachname.1.1) \wedge \text{VAL}(f, arg1) \wedge$ $\text{SUB}(h, a2) \leftarrow \text{ATTR}(h, g) \wedge PAR_{*\text{ITMS}}(D, E) \wedge$ $\text{SUB}(g, vorname.1.1) \wedge \text{VAL}(g, c) \wedge$ $\text{SUB}(f, nachname.1.1) \wedge \text{VAL}(f, a1) \wedge$ $\text{ATTR}(h, f) \wedge PAR_{*\text{ITMS}}(d, h) \wedge$ $PREC_{*\text{ITMS}}(h, e) \wedge \text{PROP}(e, weit.1.1)$	<u>Barack Obama</u>$_{hypo}$ und weitere <u>Politiker</u>$_{hyper}$
$\text{ATTR}(h, g) \wedge \text{SUB}(g, vorname.1.1) \wedge \text{VAL}(g, c) \wedge$ $\text{ATTR}(h, f) \wedge \text{SUB}(f, nachname.1.1) \wedge \text{VAL}(f, a) \wedge$ $\text{SUB}(h, a2) \leftarrow \text{ATTR}(h, g) \wedge \text{SUB}(g, vorname.1.1) \wedge$ $\text{VAL}(g, c) \wedge \text{SUB}(F, nachname.1.1) \wedge \text{VAL}(f, a1) \wedge$ $\text{ATTR}(h, f) \wedge \text{ARG2}(j, k) \wedge \text{SUB}(k, b) \wedge \text{ARG1}(j, h) \wedge$ $\text{SUBR}(j, sub.0)$	<u>Barack Obama</u>$_{hypo}$ ist ein amerikanischer <u>Politiker</u>$_{hyper}$.

Tabelle A.1.: Tiefe Regeln zur Extraktion von Subordinationsbeziehungen (Fortsetzung)

A.2. Flache Regeln zur Extraktion von Subordinationsbeziehungen

Definition	Beispiel
SUB0$(a1, a2) \leftarrow$ ((((lemma („als"))) $a1$ ((((reading („open-paren.1"))) ((((reading not („close-paren.1"))))* ((reading („close-paren.1"))))? ((word „bezeichnet")) ((word „man")) $a2$)	als Jeep$_{hypo}$ bezeichnet man ein Fahrzeug$_{hyper}$, ...
SUB0$(a1, a2) \leftarrow$ ($a1$ (((word „,")) (((cat (art))))? $a1$)* ((word „und")) (((cat (art))))? ((lemma („ander"))) (((cat (a))))? $a2$)	der Minister$_{hypo}$, der Präsident$_{hypo}$ und andere Politiker$_{hyper}$
SUB0$(a1, a2) \leftarrow$ ($a1$ (((word „,")) (((cat (art))))? $a1$)* ((word „oder")) (((cat (art))))? ((lemma („ander"))) (((cat (a))))? $a2$)	der Minister$_{hypo}$ oder andere Politiker$_{hyper}$
SUB0$(a1, a2) \leftarrow$ ($a2$ (((word „,"))? ((word „einschließlich")) (((cat (art))))? $a1$ (((word „,")) (((cat (art))))? $a1$)* (((word „und")) (((cat (art))))? a1)? ((cat not (n))))	die Politiker$_{hyper}$, einschließlich des Präsidenten$_{hypo}$
SUB0$(a1, a2) \leftarrow$ ($a2$ (((word „,")))? ((word „insbesondere")) (((cat (art))))? $a1$ (((word „,")) (((cat (art))))? a1)* (disj ((((word „und"))) (((word „oder")))) (((cat (art))))? $a1$)?)	die Politiker$_{hyper}$, insbesondere der Präsident$_{hypo}$
SUB0$(a1, a2) \leftarrow$ (((word „solch")) ((word „ein")) $a2$ ((word „wie")) $a1$ (((word „,")) (((cat (art))))? $a1$)* (((word „und")) (((cat (art))))? $a1$)?))	solch ein Politiker$_{hyper}$ wie der Präsident$_{hypo}$ oder der Minister$_{hypo}$

Tabelle A.2.: Flache Regeln zur Extraktion von Subordinationsbeziehungen

Definition	Beispiel
SUB0($a1, a2$) ← (((lemma „solcher")) a2 ((word „wie")) $a1$ (((word „,")) (((cat (art))))$^?$ $a1$)* (((word „und")) (((cat (art))))$^?$ $a1$)$^?$)	solche Politiker$_{hyper}$ wie der Präsident$_{hypo}$ und der Minister$_{hyper}$
SUB0($a1, a2$) ← (((word „solche")) a2 ((word „wie")) a1 (((word „,")) (((cat (art))))$^?$ $a1$)* (((word „oder")) (((cat (art))))$^?$ $a2$)$^?$ ((cat not (n))))	solche Politiker$_{hyper}$ wie der Präsident$_{hypo}$ oder der Minister$_{hyper}$
SUB0($a1, a2$) ← a2 (((word „,")))$^?$ ((word „beispielsweise")) (((cat (art))))$^?$ $a1$ (((word „,")) (((cat (art))))$^?$ $a1$)* (((((word „und"))) ∨ (((word „oder")))) (((cat (art))))$^?$ $a1$)$^?$	Politiker$_{hyper}$, beispielsweise der Präsident$_{hypo}$
SUB0($a1, a2$) ← a2 ((word „wie")) ((word „beispielsweise")) (((cat (art))))$^?$ $a1$ (((word „,"))$^?$ (((cat (art)))) $a1$)* (((((word „und"))) ∨ (((word „oder")))) (((cat (art))))$^?$ $a1$)$^?$	Politiker$_{hyper}$ wie beispielsweise der Präsident$_{hypo}$
SUB0($a1, a2$) ← (((word „alle")) a2 ((word „außer")) $a1$ (((word „,")) $a1$)* (((word „und")) $a1$)$^?$)	alle Vögel$_{hyper}$ außer Pinguine$_{hypo}$, Strauße$_{hypo}$ und Emus können fliegen
SUB0($a1, a2$) ← (((word „alle")) a2 ((word („bis","auf"))) $a1$ (((word „,")) $a1$)* (((word „und")) $a1$))$^?$	Alle Vögel$_{hyper}$ bis auf Pinguine$_{hypo}$, Strauße$_{hypo}$ und Emus können fliegen
SUB0($a1, a2$) ← (a2 ((word „wie")) $a1$ (((word „,")) $a1$)* (((word „und")) $a1$)$^?$)	ein Politiker$_{hyper}$ wie der Präsident$_{hypo}$
SUB0($a1, a2$) ← ($a1$ (((word „,")) ((cat (n))))* (((reading („open-paren.1"))) ((((reading not („close-paren.1"))))* ((reading („close-paren.1"))))$^?$ ((word „ist")) ((cat (art))) ((((cat (a))))$^?$ a2)	ein Cello$_{hypo}$ ist ein Musikinstrument$_{hyper}$

Tabelle A.2.: Flache Regeln zur Extraktion von Subordinationsbeziehungen (Fortsetzung)

Definition	Beispiel
$\mathrm{SUB0}(a1, a2) \leftarrow$ ((((cat (art))) $a1$ ((word „bezeichnet")) ((cat (art))) (((cat (a))))* $a2$)	Eine Singularität bezeichnet in der Mathemantik eine Stelle, bei der ...
$\mathrm{SUB0}(a1, a2) \leftarrow$ ((((cat (art))) $a2$ $a1$)	der Präsident$_{hyper}$ Obama$_{hypo}$
$\mathrm{SUB0}(a1, a2) \leftarrow$ ($a1$ ((word „heißt")) ((cat (art))) (((cat (adj))))$^?$ $a2$)	Barack Obama$_{hypo}$ heißt der derzeitige Präsident$_{hyper}$
$\mathrm{SUB0}(a1, a2) \leftarrow$ ($a1$ ((word „nennt")) ((word „man")) ((cat (art))) ? (((cat (adj)))) $a2$)	Ellipse$_{hypo}$ nennt man eine Auslassung$_{hyper}$, bei der ...
$\mathrm{SUB0}(a1, a2) \leftarrow$ (((word „bei")) (((cat (art))))$^?$ $a2$ ((word „spricht")) ((word „man")) ((word „von")) (((cat (art)))) $a1$)$^?$	Bei einem Computer$_{hyper}$ spricht man von einem Notebook$_{hypo}$, wenn ...

Tabelle A.2.: Flache Regeln zur Extraktion von Subordinationsbeziehungen (Fortsetzung)

A.3. Tiefe Regeln zur Extraktion von Meronymen

Definition	Beispiel
$\text{MERO}(a,b) \leftarrow \text{SUB}(c,a) \wedge \text{ATTCH}(d,c) \wedge$ $\text{SUB}(d,b)$	$\underline{\text{Rad}}_{mero}$ eines $\underline{\text{Autos}}_{holo}$
$\text{MERO}(a,b) \leftarrow \text{SUBS}(D, bestehen.1.3) \wedge$ $\text{ARG1}(d,e) \wedge \text{SUB}(e,b) \wedge \text{ARG2}(d,f) \wedge$ $PAR_{*\text{ITMS}}(f,g) \wedge \text{PRED}(g,a)$	Ein $\underline{\text{Auto}}_{holo}$ besteht aus $\underline{\text{Rädern}}_{mero}, \ldots$
$\text{MERO}(a1,a2) \leftarrow \text{PARS}(c,d) \wedge$ $\text{SUB}(d,a2) \wedge PAR_{*\text{ITMS}}(c,e) \wedge$ $\text{PRED}(e,a1)$	*Teil-Ganzes Beziehung durch den Parser erkannt*
$\text{MERO}(a1,a2) \leftarrow \text{PARS}(c,d) \wedge$ $\text{SUB}(d,a2) \wedge \text{SUB}(c,a1)$	*Teil-Ganzes-Beziehung durch den Parser erkannt*
$\text{MERO}(a1,a2) \leftarrow \text{PRED}(d, teil.1.1) \wedge$ $\text{PRED}(d,e) \wedge \text{ATTCH}(h,d) \wedge$ $PAR_{*\text{ITMS}}(e,g) \wedge \text{SUB}(g,a1) \wedge$ $\text{SUB}(h,a2)$	$\underline{\text{Räder}}_{mero}$ sind Teile eines $\underline{\text{Autos}}_{holo}$
$\text{MERO}(a1,a2) \leftarrow \text{SUBR}(h, equ.0) \wedge$ $\text{ATTCH}(d,e) \wedge \text{SUB}(e, teil.1.1) \wedge$ $\text{SUB}(d,a2) \wedge PAR_{*\text{ITMS}}(f,g) \wedge$ $\text{PRED}(g,a1) \wedge \text{ARG2}(h,e) \wedge$ $\text{ARG1}(h,f) \wedge \neg\text{MODL}(h, nicht.1.1)$	$\underline{\text{Räder}}_{mero}$ sind Teil eines $\underline{\text{Autos}}_{holo}$
$\text{MERO}(a1,a2) \leftarrow \text{SUBR}(h, equ.0) \wedge$ $\text{ATTCH}(d,e) \wedge \text{SUB}(e, teil.1.1) \wedge$ $\text{SUB}(d,a2) \wedge PAR_{*\text{ITMS}}(f,g) \wedge$ $\text{SUB}(g,a1) \wedge \text{ARG2}(h,e) \wedge$ $\text{ARG1}(h,f) \wedge \neg\text{MODL}(h, nicht.1.1)$	ein $\underline{\text{Rad}}_{mero}$ ist Teil eines $\underline{\text{Autos}}_{holo}$
$\text{MERO}(a1,a2) \leftarrow \text{ARG1}(c,d) \wedge$ $PAR_{*\text{ITMS}}(d,e) \wedge \text{ATTR}(e,f) \wedge$ $\text{SUB}(f, name.1.1) \wedge \text{VAL}(f,a1) \wedge$ $\text{ARG2}(c,g) \wedge \text{SUBR}(c, pred.0) \wedge$ $\text{PRED}(g, teil.1.1) \wedge \text{ATTCH}(i,g) \wedge$ $\text{ATTR}(i,j) \wedge \text{SUB}(j, name.1.1) \wedge$ $\text{VAL}(j,a2)$	$\underline{\text{Frankreich}}_{mero}, \ldots$ sind Teile von $\underline{\text{Europa}}_{holo}.$
$\text{MERO}(a1,a2) \leftarrow \text{ARG1}(c,d) \wedge$ $\text{ATTR}(d,e) \wedge \text{SUB}(e, name.1.1) \wedge$ $\text{VAL}(e,a1) \wedge \text{ARG2}(c,f) \wedge$ $\text{SUB}(f, teil.1.1) \wedge \text{ATTCH}(g,f) \wedge$ $\text{ATTR}(g,h) \wedge \text{SUB}(h, name.1.1(name)) \wedge$ $\text{VAL}(h,a2) \wedge \text{SUBR}(c, sub.0)$	$\underline{\text{Frankreich}}_{mero}$ ist Teil von $\underline{\text{Europa}}_{holo}$
$\text{MERO}(a1,a2) \leftarrow \text{OBJ}(d,e) \wedge$ $PAR_{*\text{ITMS}}(e,g) \wedge \text{SUB}(g,a1) \wedge$ $\text{SCAR}(d,f) \wedge$ $\text{SUB}(f,a2)\text{SUBS}(d, besitzen.1.1) \wedge$ $\neg\text{MODL}(d, nicht.1.1)$	der $\underline{\text{Konzern}}_{holo}$ besitzt vier $\underline{\text{Unternehmen}}_{mero}$

Tabelle A.3.: Tiefe Regeln zur Extraktion von Meronymen

Regel	Beispiel
$\text{MERO}(a1, a2) \leftarrow \text{SUBS}(d, bestehen.1.2) \wedge$ $\text{ARG1}(d, e) \wedge \text{SUB}(e, a2) \wedge \text{ARG2}(d, f) \wedge$ $PAR_{*ITMS}(f, g) \wedge \text{SUB}(g, a1) \wedge$ $\neg\text{MODL}(d, nicht.1.1)$	ein $\underline{\text{Auto}}_{holo}$ besteht aus einem $\underline{\text{Dach}}_{mero}, \ldots$
$\text{MERO}(a1, a2) \leftarrow \text{SUBS}(d, haben.1.1) \wedge$ $\text{SCAR}(d, e) \wedge \text{PRED}(e, a2) \wedge$ $\text{OBJ}(d, f) \wedge PAR_{*ITMS}(f, g) \wedge$ $\text{SUB}(g, a1)$	alle $\underline{\text{Autos}}_{holo}$ besitzen eine $\underline{\text{Windschutzscheibe}}_{mero},$ $\ldots$
$\text{MERO}(a1, a2) \leftarrow \text{SUBS}(d, haben.1.1) \wedge$ $\text{SCAR}(d, e) \wedge \text{SUB}(e, a2) \wedge$ $\text{OBJ}(d, f) \wedge PAR(f, g) \wedge \text{SUB}(g, a1)$	ein $\underline{\text{Auto}}_{holo}$ hat eine $\underline{\text{Windschutzscheibe}}_{mero},$ $\ldots$
$\text{MERO}(a1, a2) \leftarrow \text{SUBS}(d, haben.1.1) \wedge$ $\text{SCAR}(d, e) \wedge \text{SUB}(e, a2) \wedge \text{OBJ}(d, f) \wedge$ $\wedge PAR_{*ITMS}(f, g) \wedge \text{PRED}(g, a1)$	ein $\underline{\text{Auto}}_{holo}$ hat vier $\underline{\text{Räder}}_{mero}$
$\text{MERO}(a1, a2) \leftarrow \text{ARG1}(e, d) \wedge$ $\text{SUB}(d, a2) \wedge \text{ARG2}(e, f) \wedge$ $\text{SUB}(f, mischung.1.1) \wedge \text{ATTCH}(g, f) \wedge$ $PAR_{*ITMS}(g, h) \wedge \text{SUB}(h, a1) \wedge$ $\text{SUBR}(e, sub.0) \wedge$ $(\text{SUB}(a1, substanz.1.2) \vee$ $\text{SUB}(a2, substanz.1.2) \wedge$ $a2 \neq mischung.1.1)$	$\underline{\text{Apfelschorle}}_{holo}$ ist ein $\underline{\text{Gemisch}}$ aus $\underline{\text{Apfelsaft}}_{mero}$ und $\ldots$
$\text{MERO}(a1, a2) \leftarrow \text{ARG1}(e, d) \wedge$ $\text{SUB}(d, a2) \wedge \text{ARG2}(e, f) \wedge$ $\text{SUB}(f, gemisch.1.1) \wedge \text{ATTCH}(g, f) \wedge$ $PAR_{*ITMS}(g, h) \wedge \text{SUB}(h, a1) \wedge$ $\text{SUBR}(e, sub.0) \wedge ($ $\text{SUB}(a1, substanz.1.2) \vee$ $\text{SUB}(a2, substanz.1.2)) \wedge$ $a2 \neq mischung.1.1$	$\underline{\text{Apfelschorle}}_{holo}$ ist eine $\underline{\text{Mischung}}$ aus $\underline{\text{Apfelsaft}}_{mero}$ und $\ldots$

Tabelle A.3.: Tiefe Regeln zur Extraktion von Meronymen (Fortsetzung)

A.4. Flache Regeln zur Extraktion von Meronymen

Flaches Muster	Beispiel
MERO($a1$, $a2$) ← a1 ((word "des")) a2	Rad$_{mero}$ des Autos$_{holo}$
MERO($a1$, $a2$) ← a1 ((word "der")) a2	Mauer$_{mero}$ der Burg$_{holo}$
MERO($a1$, $a2$) ← a2 ((word "mit")) a1	Team$_{holo}$ mit elf Spielern$_{mero}$
MERO($a1$, $a2$) ← a2 ((word "ohne")) a1	Vogel$_{holo}$ ohne Flügel$_{mero}$
MERO($a1$, $a2$) ← a1 ((word "ist")) ((word "ein")) ((word "Hauptbestandteil")) ((word "des")) a2	Eine CPU$_{mero}$ ist der Hauptbestandteil des Computers$_{holo}$.
MERO($a1$, $a2$) ← a1 (((word ",")) (((cat (art))))$^?$ $a1$)* ((word "und")) $a1$ ((word "sind")) ((word "Bestandteile")) ((word "des")) a2	CPU$_{mero}$, ... sind Teile eines Computers$_{holo}$
MERO($a1$, $a2$) ← a1 (((word ",")) (((cat (art))))$^?$ a1)* ((word "und")) (((cat (art))))$^?$ a1 ((word "sind")) ((word "Komponenten")) ((word "des")) a2)	CPU$_{mero}$ und Graphikkarte$_{mero}$ sind Komponenten des Computers$_{holo}$
MERO($a1$, $a2$) ←a2 ((word "besteht")) ((word "aus")) a1 ((((word ",")) a1)* ((word "und")) a1)$^?$	Ein Computer$_{holo}$ besteht aus Transistoren$_{mero}$, ...

Tabelle A.4.: Flache Regeln zur Extraktion von Meronymen

B. Zur Relationsextraktion verwendete Axiome

In diesem Kapitel werden die eingesetzten Axiome angegeben, die zusätzlich zu den Regeln vom automatischen Beweiser verwendet werden. Die Axiome wurden hauptsächlich von Hermann Helbig und Ingo Glöckner entwickelt.

Konklusion	Prämisse	Beispiel
$\exists d : PAR_{*\text{ITMS}}(a,d)\wedge$ $\text{SUB}(d,c)$	$\text{SUB}(a,c)\wedge$ $\neg PAR_{*\text{ITMS}}(d,a)$	-
$\exists d : PAR_{*\text{ITMS}}(a,c)\wedge$ $\text{PRED}(d,c)$	$\text{PRED}(a,c)\wedge$ $\neg PAR_{*\text{ITMS}}(d,a)$	-
$\text{SUB}(a,c)$	$\text{SUB}(a,b)\wedge\text{SUB}(b,c)$	-
$\text{PRED}(a,c)$	$\text{PRED}(a,b)\wedge\text{SUB}(b,c)$	-
$\text{SUBS}(a,c)$	$\text{SUBS}(a,b)\wedge\text{SUBS}(b,c)$	-
$\text{PREDS}(a,c)$	$\text{PREDS}(a,b)\wedge\text{SUBS}(b,c)$	-
$\text{ATTCH}(a,e)$	$(\text{SUBS}(e,s)\vee$ $\text{PREDS}(e,s))\wedge$ $\text{LOC}(e,l)\wedge$ $(l={}^{*}\text{IN}(a)\vee$ $l={}^{*}\text{ON}(a)\vee{}^{*}\text{AT}(a))$	-
$\exists m :$ $\text{SUBS}(m,\textit{mitgliedschaft}.1.1)$ $\wedge\text{OBJ}(m,o)\wedge\text{ATTCH}(p,m)\wedge$ $\text{HSIT}(a,m)$	$\text{SUBS}(a,\textit{angehören}.1.1)$ $\wedge\text{SCAR}(a,p)\wedge$ $\text{SSPE}(a,o)$	X gehört Y an → Mitgliedschaft von X in Y
$\exists a : \text{SUBS}(a,\textit{angehören}.1.1)\wedge$ $\text{SCAR}(a,p)\wedge\text{SSPE}(a,o)$	$\text{SUB}(p,\textit{führer}.1.1)\wedge$ $\text{SUB}(o,\textit{institution}.1.1)\wedge$ $\text{ATTCH}(o,p)$	X ist der Führer der Organisation Y→ X gehört Y an
$\text{SUB}(a,s)$	${}^{*}\text{ITMS}(i,a,b)\wedge$ $\text{PRED}(i,s)\wedge$ $\text{SUB}(a,x)$	Die Männer und die Frauen sind gute Tänzer→ Die Männer sind gute Tänzer.
$\text{SUB}(x,s)$	$\text{SUB}(x,p)\wedge$ $[p={}^{*}\text{PMOD}(q,s)]\wedge$ $sort(q)=oq$	X ist der erste Mensch→ X ist ein Mensch
$\text{PRED}(x,s)$	$\text{PRED}(x,p)\wedge$ $[P={}^{*}\text{PMOD}(q,s)]\wedge$ $\text{SORT}(q)=oq$	X sind die ersten Menschen → X sind Menschen
$\text{SUB}(a,s)$	$\text{AGT}(e,a)\vee\text{EXP}(e,a)\vee$ $\text{MEXP}(e,a)$	als Vater etwas tun→ ein Vater zu sein
$\text{ATTR}(x,a)\wedge\text{VAL}(a,n)\wedge$ $\text{SUB}(a,\textit{name}.1.1)$	$\text{NAME}(x,n)$	-
$\text{NAME}(x,n)$	$\text{ATTR}(x,a)\wedge\text{VAL}(a,n)\wedge$ $\text{SUB}(a,\textit{name}.1.1)$	-
$\text{EQU}(y,x)$	$\text{EQU}(x,y)$	X gleich- bedeutend mit Y → Y ist gleich- bedeutend mit X

Tabelle B.1.: Bei der Relationsextraktion eingesetzte Axiome

C. Listen extrahierter Hypothesen (beste und schlechteste Hypothesen)

In diesem Abschnitt sind ein Teil der extrahierten Hypothesen zu finden. Die Hyponymhypothesen mit den geringsten Konfidenzwerten sind in Tabelle C.2, die Meronymhypothesen in Tabelle C.4 und die Synonyme in Tabelle C.6 angegeben. Die Hyponymhypothesen mit den höchsten Konfidenzwerten finden sich in der Tabelle C.1, die Meronyme in der Tabelle C.3 und die Synonyme in Tabelle C.5. Diese Tabellen illustrieren die Plausibilität der Merkmale zur Bestimmung des Konfidenzwertes, d. h., Hypothesen mit geringem Konfidenzwert sollten größtenteils fehlerhaft, Hypothesen mit hohem Konfidenzwert dagegen größtenteils korrekt sein.

C.1. Beste Hyponymhypothesen

Hypothese	KW
SUB(silber.1.1, metall.1.1, categ, categ)	0,9737
SUB(bronze.1.1, werkstoff.1.1, categ, categ)	0,9696
SUB(wasserdampf.1.1, gas.1.1, categ, categ)	0,9696
SUB(trompete.1.1, instrument.1.1, categ, categ)	0,9591
SUB(gold.1.1, metall.1.1, categ, categ)	0,9589
SUB(blei.1.1, metall.1.1, categ, categ)	0,9572
SUB(gitarre.1.1, instrument.1.1, categ, categ)	0,9567
SUB(blut.1.1, körperflüssigkeit.1.1, categ, categ)	0,9548
SUB(physik.1.1, naturwissenschaft.1.1, categ, categ)	0,9546
SUB(aluminium.1.1, leichtmetall.1.1, categ, categ)	0,9521
SUB(schmuck.1.1, gegenstand.1.1, categ, categ)	0,9518
SUB(kunststoff.1.1, material.1.1, categ, categ)	0,9504
SUB(buch.1.1, schrift.1.1, categ, categ)	0,9486
SUB(präsident.1.1, staatsoberhaupt.1.1, categ, categ)	0,9485
SUB(kruzifix.1.1, element.1.1, categ, categ)	0,9458
SUB(tierarzt.1.1, person.1.1, categ, categ)	0,9458
SUB(vesper.1.1, ding.1.1, categ, categ)	0,9458
SUB(sultan.1.1, person.1.1, categ, categ)	0,9458
SUB(knochen.1.1, gegenstand.1.1, categ, categ)	0,9458
SUB(aluminium.1.1, stoff.1.1, categ, categ)	0,9458
SUB(milchstraße.1.1, objekt.1.1, categ, categ)	0,9458
SUB(dolmen.1.1, struktur.1.1, categ, categ)	0,9458
SUB(gewerkschaft.1.1, bündnis.1.1, categ, categ)	0,9458
SUB(heizöl.1.1, stoff.1.1, categ, categ)	0,9458
SUB(energie.1.1, stoff.1.1, categ, categ)	0,9458
SUB(editor.1.1, programm.1.1, categ, categ)	0,9458
SUB(vollholz.1.1, werkstoff.1.1, categ, categ)	0,9458
SUB(erbauer.1.1, person.1.1, categ, categ)	0,9458
SUB(honig.1.1, stoff.1.1, categ, categ)	0,9458
SUB(regierung.1.1, institution.1.1, categ, categ)	0,9458
SUB(gummi.1.1, kunststoff.1.1, categ, categ)	0,9458
SUB(körperschaft.1.1, institution.1.1, categ, categ)	0,9458
SUB(erde.1.1, existenzbereich.1.1, categ, categ)	0,9458
SUB(alkohol.1.1, droge.1.1, categ, categ)	0,9452
SUB(pflanzenöl.1.1, flüssigkeit.1.1, categ, categ)	0,9425
SUB(zoll.1.1, behörde.1.1, categ, categ)	0,9424
SUB(klavier.1.1, instrument.1.1, categ, categ)	0,9415
SUB(kupfer.1.1, material.1.1, categ, categ)	0,9377

Tabelle C.1.: Hyponymhypothesen mit dem höchsten Konfidenzwert (KW=Konfidenzwert)

Hypothese	KW
SUB(*biologie.1.1, naturwissenschaft.1.1, categ, categ*)	0,9375
SUB(*vater.1.1, person.1.1, categ, categ*)	0,9368
SUB(*kleidung.1.1, ding.1.1, categ, categ*)	0,9356
SUB(*phosphor.1.1, element.1.1, categ, categ*)	0,9356
SUB(*schule.1.1, gebäude.1.1, categ, categ*)	0,9352
SUB(*schlagzeug.1.1, instrument.1.1, categ, categ*)	0,9318
SUB(*methan.1.1, treibhausgas.1.1, categ, categ*)	0,9315
SUB(*frucht.1.1, pflanzenteil.1.1, categ, categ*)	0,9298
SUB(*englisch.2.1, sprache.1.1, categ, categ*)	0,9291
SUB(*käse.1.1, milchprodukt.1.1, categ, categ*)	0,9286
SUB(*chemie.1.1, naturwissenschaft.1.1, categ, categ*)	0,9281
SUB(*holz.1.1, stoff.1.1, categ, categ*)	0,9281
SUB(*aluminiumoxid.1.1, material.1.1, categ, categ*)	0,9279
SUB(*wysiwyg-texteditor.1.1, programm.1.1, categ, categ*)	0,9279
SUB(*cayennepfeffer.1.1, gewürz.1.1, categ, categ*)	0,9279
SUB(*carolinalilie.1.1, pflanze.1.1, categ, categ*)	0,9279
SUB(*havelland.2.1, landschaft.1.1, categ, categ*)	0,9279
SUBS(*karnevalssession.1.1, veranstaltung.1.1, categ, categ*)	0,9279
SUB(*exoskeletts.1.1, tier.1.1, categ, categ*)	0,9279
SUB(*zypressenwolfsmilch.1.1, pflanze.1.1, categ, categ*)	0,9279
SUB(*qawwali.1.1, musikstil.1.1, categ, categ*)	0,9279
SUB(*hammaburg.1.1, kirche.1.1, categ, categ*)	0,9279
SUB(*verbandsvorsitzend.1.1, mitglied.1.1, categ, categ*)	0,9279
SUB(*untergrund.1.2, bestandteil.1.1, categ, categ*)	0,9279
SUB(*knaanischen.1.1, sprache.1.1, categ, categ*)	0,9279
SUB(*jugendbildungswerk.1.2, organisation.1.1, categ, categ*)	0,9279
SUB(*wrangelschen.1.1, gebäude.1.1, categ, categ*)	0,9279
SUB(*kriebelmücke.1.1, insekt.1.1, categ, categ*)	0,9279
SUB(*dozentin.1.1, frau.1.1, categ, categ*)	0,9279
SUB(*betelwachs.1.1, produkt.1.1, categ, categ*)	0,9279
SUB(*beteiligungshaushalt.1.1, form.1.1, categ, categ*)	0,9279
SUB(*neokonservatismus.1.1, form.1.1, categ, categ*)	0,9279
SUB(*tongji-universität.1.1, einrichtung.1.2, categ, categ*)	0,9279
SUB(*phosphor.1.1, mineralien.1.1, categ, categ*)	0,9279
SUB(*plektrum.1.1, musiker.1.1, categ, categ*)	0,9279
SUB(*sünderin.1.1, film.1.1, categ, categ*)	0,9279
SUB(*senf.1.1, gewürz.1.1, categ, categ*)	0,9261
SUB(*aluminium.1.1, metall.1.1, categ, categ*)	0,9249
SUB(*gemüse.1.1, produkt.1.1, categ, categ*)	0,9231

Tabelle C.1.: Hyponymhypothesen mit dem höchsten Konfidenzwert
(Fortsetzung)

C.2. Schlechteste Hyponymhypothesen

Hypothese	KW
SUB(*armee.1.1, streitkraft.1.1, categ, categ*)	0,0346
SUB(*autor.1.1, schauspieler.1.1, categ, categ*)	0,0348
SUB(*druck.1.1, größe.1.1, categ, categ*)	0,0420
SUB(*vater.1.1, anhänger.1.1, categ, categ*)	0,0490
SUB(*königreich.1.1, staat.1.1, categ, categ*)	0,0511
SUB(*interpretation.1.1, thema.1.1, categ, categ*)	0,0522
SUB(*volumen.1.1, größe.1.1, categ, categ*)	0,0524
SUB(*identität.1.1, thema.1.1, categ, categ*)	0,0525
SUB(*vater.1.1, börsenmakler.1.1, categ, categ*)	0,0554
SUB(*vater.1.1, privatsekretär.1.1, categ, categ*)	0,0555
SUB(*vater.1.1, wundarzt.1.1, categ, categ*)	0,0555
SUB(*vater.1.1, trauzeuge.1.1, categ, categ*)	0,0556
SUB(*vater.1.1, polizeibeamter.1.1, categ, categ*)	0,0557
SUB(*vater.1.1, amtsrichter.1.1, categ, categ*)	0,0557
SUB(*vater.1.1, lokführer.1.1, categ, categ*)	0,0559
SUB(*vater.1.1, lokomotivführer.1.1, categ, categ*)	0,0559
SUB(*sohn.1.1, antichrist.1.1, categ, categ*)	0,056
SUB(*vater.1.1, russe.1.1, categ, categ*)	0,0561
SUB(*vater.1.1, mitinhaber.1.1, categ, categ*)	0,0562
SUB(*vater.1.1, konzertmeister.1.1, categ, categ*)	0,0562
SUB(*sohn.1.1, präfekt.1.1, categ, categ*)	0,0563
SUB(*vater.1.1, superintendent.1.1, categ, categ*)	0,0564
SUB(*gemeinde.1.1, court.1.1, categ, categ*)	0,0565
SUB(*vater.1.1, obsthändler.1.1, categ, categ*)	0,0566
SUB(*vater.1.1, filialleiter.1.1, categ, categ*)	0,0566
SUB(*vater.1.1, pastor.1.1, categ, categ*)	0,0566
SUB(*ziel.1.1, abschneiden.2.1, categ, categ*)	0,0566
SUB(*ort.1.1, öffentlichkeit.1.1, categ, categ*)	0,0567
SUB(*vater.1.1, verwalter.1.1, categ, categ*)	0,0567
SUB(*vater.1.1, oberlehrer.1.1, categ, categ*)	0,0569
SUB(*vater.1.1, zeichenlehrer.1.1, categ, categ*)	0,0569
SUB(*vater.1.1, landwirt.1.1, categ, categ*)	0,0569
SUB(*vater.1.1, widersacher.1.1, categ, categ*)	0,0569
SUB(*ziel.1.1, revision.1.1, categ, categ*)	0,0570
SUB(*sohn.1.1, generalleutnant.1.1, categ, categ*)	0,0570
SUB(*sohn.1.1, verteidigungsminister.1.1, categ, categ*)	0,0570
SUB(*vater.1.1, republikaner.1.1, categ, categ*)	0,0571
SUB(*sohn.1.1, finanzminister.1.1, categ, categ*)	0,0571
SUB(*vater.1.1, hufschmied.1.1, categ, categ*)	0,0571
SUB(*vater.1.1, hotelbesitzer.1.1, categ, categ*)	0,0571

Tabelle C.2.: Hyponymhypothesen sortiert nach ansteigendem Konfidenzwert

Hypothese	KW
SUB(*sohn.1.1, hauptmann.1.1, categ, categ*)	0,0571
SUB(*frau.1.1, übersetzerin.1.1, categ, categ*)	0,0571
SUB(*sohn.1.1, justizminister.1.1, categ, categ*)	0,0572
SUB(*vater.1.1, religionslehrer.1.1, categ, categ*)	0,0572
SUB(*sohn.1.1, stammvater.1.1, categ, categ*)	0,0572
SUB(*vater.1.1, leibwächter.1.1, categ, categ*)	0,0572
SUB(*mutter.1.1, turnerin.1.1, categ, categ*)	0,0572
SUB(*sohn.1.1, kronprinz.1.1, categ, categ*)	0,0573
SUB(*werk.1.1, tagebuch.1.1, categ, categ*)	0,0573
SUB(*vater.1.1, juwelier.1.1, categ, categ*)	0,0573
SUB(*vater.1.1, sekretär.1.1, categ, categ*)	0,0574
SUB(*vater.1.1, kämpfer.1.1, categ, categ*)	0,0574
SUB(*sohn.1.1, markgraf.1.1, categ, categ*)	0,0575
SUB(*sohn.1.1, oberst.2.1, categ, categ*)	0,0575
SUB(*vater.1.1, förster.1.1, categ, categ*)	0,0575
SUB(*pflanze.1.1, paranußbaum.1.1, categ, categ*)	0,0575
SUB(*sohn.1.1, inspekteur.1.1, categ, categ*)	0,0576
SUB(*vater.1.1, hauptmann.1.1, categ, categ*)	0,0576
SUB(*vater.1.1, afroamerikaner.1.1, categ, categ*)	0,0577
SUB(*vater.1.1, staatspräsident.1.1, categ, categ*)	0,0577
SUB(*vater.1.1, orgelbauer.1.1, categ, categ*)	0,0577
SUB(*besonderheit.1.1, spielraum.1.1, categ, categ*)	0,0577
SUB(*sohn.1.1, prinzessin.1.1, categ, categ*)	0,0577
SUB(*vater.1.1, ermittler.1.1, categ, categ*)	0,0577
SUB(*vater.1.1, bergmann.1.1, categ, categ*)	0,0577
SUB(*vater.1.1, sponsor.1.1, categ, categ*)	0,0577
SUB(*tochter.1.1, übersetzerin.1.1, categ, categ*)	0,0577
SUB(*herzog.1.1, thronerbe.1.1, categ, categ*)	0,0578
SUB(*bruder.1.1, marschall.1.1, categ, categ*)	0,0578
SUB(*mitglied.1.1, landwirtschaftsminister.1.1, categ, categ*)	0,0579
SUB(*sohn.1.1, statistiker.1.1, categ, categ*)	0,0580
SUB(*vater.1.1, staatssekretär.1.1, categ, categ*)	0,0580
SUB(*ziel.1.1, gewährleistung.1.1, categ, categ*)	0,0581
SUB(*vater.1.1, botschafter.1.1, categ, categ*)	0,0581
SUB(*vater.1.1, generaldirektor.1.1, categ, categ*)	0,0581
SUB(*sohn.1.1, erstbürgermeister.1.1, categ, categ*)	0,0581
SUB(*vater.1.1, grieche.1.1, categ, categ*)	0,0581
SUB(*vater.1.1, gewinner.1.1, categ, categ*)	0,0582
SUB(*bischof.1.1, papa.1.1, categ, categ*)	0,0582
SUB(*sohn.1.1, meteorologe.1.1, categ, categ*)	0,0582

Tabelle C.1.: Hyponymhypothesen sortiert nach ansteigendem
Konfidenzwert (Fortsetzung)

C.3. Beste Meronymhypothesen

Hypothese	KW
SUB(a, $haut.1.1$, $categ$, $categ$)$\wedge$ PARS(a, $fisch.1.1$, $categ$, $proto$)	1,0000
SUB(a, $dach.1.1$, $categ$, $categ$)$\wedge$ PARS(a, $haus.1.1$, $categ$, $proto$)	0,9999
SUB(a, $motor.1.1$, $categ$, $categ$)$\wedge$ PARS(a, $fahrzeug.1.1$, $categ$, $proto$)	0,9993
PARS($gepäckwagen.1.1$, $zug.1.1$, $proto$, $proto$)	0,9990
SUB(a, $dach.1.1$, $categ$, $categ$)$\wedge$ PARS(a, $auto.1.1$, $categ$, $proto$)	0,9982
SUB(a, $kopf.1.1$, $categ$, $categ$)$\wedge$ PARS(a, $mensch.1.1$, $categ$, $proto$)	0,9975
SUB(a, $ufer.1.1$, $categ$, $categ$)$\wedge$ PARS(a, $fluss.1.1$, $categ$, $proto$)	0,9973
SUB(a, $schwanz.1.1$, $categ$, $categ$)$\wedge$ PARS(a, $tier.1.1$, $categ$, $proto$)'	0,9973
SUB(a, $turm.1.1$, $categ$, $categ$)$\wedge$ PARS(a, $burg.1.1$, $categ$, $proto$)	0,9971
SUB(a, $kind.1.1$, $categ$, $categ$)$\wedge$ PARS(a, $paar.3.1$, $categ$, $proto$)	0,9967
SUB(a, $wagen.1.1$, $categ$, $categ$)$\wedge$ PARS(a, $zug.1.1$, $categ$, $proto$)	0,9964
SUB(a, $fakultät.1.1$, $categ$, $categ$)$\wedge$ SUBM(a, $hochschule.1.1$, $categ$, $ktype$)	0,9964
SUB(a, $zeiger.1.1$, $categ$, $categ$)$\wedge$ PARS(a, $uhr.1.1$, $categ$, $proto$)	0,9963
SUB(a, $kopf.1.1$, $categ$, $categ$)$\wedge$ PARS(a, $fisch.1.1$, $categ$, $proto$)	0,9962
SUB(a, $dach.1.1$, $categ$, $categ$)$\wedge$ PARS(a, $saal.1.1$, $categ$, $proto$)	0,9962
PARS($fassade.1.1$, $querhaus.1.1$, $categ$, $proto$)	0,9962
SUB(a, $dach.1.1$, $categ$, $categ$)$\wedge$ PARS(a, $hauptschiff.1.1$, $categ$, $proto$)	0,9962
SUB(a, $dach.1.1$, $categ$, $categ$)$\wedge$ PARS(a, $seitenschiff.1.1$, $categ$, $proto$)	0,9962
SUB(a, $giebel.1.1$, $categ$, $categ$)$\wedge$ PARS(a, $gebäude.1.1$, $categ$, $proto$)	0,9961
PARS($haut.1.1$, $auge.1.1$, $categ$, $situa$)	0,9959
SUB(a, $fassade.1.1$, $categ$, $categ$)$\wedge$ PARS(a, $haus.1.1$, $categ$, $proto$)	0,9959
SUB(a, $fassade.1.1$, $categ$, $categ$)$\wedge$ PARS(a, $nachbarhaus.1.1$, $categ$, $proto$)	0,9959

Tabelle C.3.: Meronym-Hypothesen mit dem höchstem Konfidenzwert

Hypothese	KW
SUB(a, $dach.1.1$, $categ$, $categ$)$\land$ PARS(a, $neubau.1.1$, $categ$, $proto$)	0,9956
SUB(a, $bau.1.1$, $categ$, $categ$)$\land$ PARS(a, $gebiet.1.1$, $categ$, $proto$)	0,9956
SUB(a, $dach.1.1$, $categ$, $categ$)$\land$ PARS(a, $fahrzeug.1.1$, $categ$, $proto$)	0,9956
SUB(a, $dach.1.1$, $categ$, $categ$)$\land$ PARS(a, $dom.1.1$, $categ$, $proto$)	0,9955
SUB(a, $hafen.1.1$, $categ$, $categ$)$\land$ PARS(a, $schiff.1.1$, $categ$, $proto$)	0,9954
SUB(a, $herz.1.1$, $categ$, $categ$)$\land$ PARS(a, $mensch.1.1$, $categ$, $proto$)	0,9954
SUB(a, $netzhaut.1.1$, $categ$, $categ$)$\land$ PARS(a, $auge.1.1$, $categ$, $proto$)	0,9953
PARS($ortsteil.1.1$, $stadt.1.1$, $proto$, $proto$)	0,9952
SUB(a, $haut.1.1$, $categ$, $categ$)$\land$ PARS(a, $wirtstier.1.1$, $categ$, $proto$)	0,9952
SUB(a, $haut.1.1$, $categ$, $categ$)$\land$ PARS(a, $tier.1.1$, $categ$, $proto$)	0,9952
SUB(a, $haut.1.1$, $categ$, $categ$)$\land$ PARS(a, $frosch.1.1$, $categ$, $proto$)	0,9952
SUB(a, $haut.1.1$, $categ$, $categ$)$\land$ PARS(a, $arm.1.1$, $categ$, $proto$)	0,9952
SUB(a, $musik.1.1$, $categ$, $categ$)$\land$ PARS(a, $szene.1.1$, $categ$, $proto$)	0,9951
SUB(a, $dorf.1.1$, $categ$, $categ$)$\land$ PARS(a, $gemeinde.1.1$, $categ$, $proto$)	0,9951
PARS($gegenstand.1.1$, $welt.1.1$, $proto$, $proto$)	0,9951
SUB(a, $erdgeschoß.1.1$, $categ$, $categ$)$\land$ PARS(a, $haus.1.1$, $categ$, $proto$)	0,9951
SUB(a, $etage.1.1$, $categ$, $categ$)$\land$ PARS(a, $haus.1.1$, $categ$, $proto$)	0,9951
SUB(a, $erdgeschoß.1.1$, $categ$, $categ$)$\land$ PARS(a, $gebäude.1.1$, $categ$, $proto$)	0,9950
SUB(a, $sockel.1.1$, $categ$, $categ$)$\land$ PARS(a, $gebäude.1.1$, $categ$, $proto$)	0,9950
SUB(a, $innenraum.1.1$, $categ$, $categ$)$\land$ PARS(a, $gebäude.1.1$, $categ$, $proto$)	0,9950
SUB(a, $fundament.1.1$, $categ$, $categ$)$\land$ PARS(a, $gebäude.1.1$, $categ$, $proto$)	0,9950
SUB(a, $obergeschoß.1.1$, $categ$, $categ$)$\land$ PARS(a, $haus.1.1$, $categ$, $proto$)	0,9950

Tabelle C.3.: Meronym-Hypothesen mit dem höchstem Konfidenzwert (Fortsetz.)

Hypothese	KW
SUB(a, $fundament.1.1$, $categ$, $categ$)$\wedge$ PARS(a, $haus.1.1$, $categ$, $proto$)	0,9950
SUB(a, $dach.1.1$, $categ$, $categ$)$\wedge$ PARS(a, $gebäude.1.1$, $categ$, $proto$)	0,9949
SUB(a, $spitzdach.1.1$, $categ$, $categ$)$\wedge$ PARS(a, $turm.1.1$, $categ$, $proto$)	0,9949
SUB(a, $wagen.1.1$, $categ$, $categ$)$\wedge$ PARS(a, $d-zug.1.1$, $categ$, $proto$)	0,9949
PARS($bord.1.1$, $flugzeugträger.1.1$, $proto$, $proto$)	0,9949
SUB(a, $bord.1.1$, $categ$, $categ$)$\wedge$ PARS(a, $raumschiff.1.1$, $categ$, $proto$)	0,9949
SUB(a, $bord.1.1$, $categ$, $categ$)$\wedge$ PARS(a, $boot.1.1$, $categ$, $proto$)	0,9949
SUB(a, $bord.1.1$, $categ$, $categ$)$\wedge$ PARS(a, $satellit.1.1$, $categ$, $proto$)	0,9949
SUB(a, $stockwerk.1.1$, $categ$, $categ$)$\wedge$ PARS(a, $gebäude.1.1$, $categ$, $proto$)	0,9949
SUB(a, $bord.1.1$, $categ$, $categ$)$\wedge$ PARS(a, $fangschiff.1.1$, $categ$, $categ$)	0,9949
SUB(a, $fassade.1.1$, $categ$, $categ$)$\wedge$ PARS(a, $gebäude.1.1$, $categ$, $proto$)	0,9949
SUB(a, $fraktion.1.1$, $categ$, $categ$)$\wedge$ SUBM(a, $partei.1.1$, $categ$, $ktype$)	0,9947
SUB(a, $bündnis.1.1$, $categ$, $categ$)$\wedge$ SUBM(a, $partei.1.1$, $categ$, $ktype$)	0,9947
SUB(a, $titel.1.1$, $categ$, $categ$)$\wedge$ PARS(a, $werk.1.1$, $categ$, $proto$)	0,9946
SUB(a, $ast.1.1$, $categ$, $categ$)$\wedge$ PARS(a, $baum.1.1$, $categ$, $proto$)	0,9946
SUB(a, $wurzel.1.1$, $categ$, $categ$)$\wedge$ PARS(a, $baum.1.1$, $categ$, $proto$)	0,9946
SUB(a, $schnauze.1.1$, $categ$, $categ$)$\wedge$ PARS(a, $tier.1.1$, $categ$, $proto$)	0,9946
SUB(a, $körper.1.1$, $categ$, $categ$)$\wedge$ PARS(a, $tier.1.1$, $categ$, $proto$)	0,9946
SUB(a, $körper.1.1$, $categ$, $categ$)$\wedge$ PARS(a, $pferd.1.1$, $categ$, $proto$)	0,9946
SUB(a, $deckel.1.1$, $categ$, $categ$)$\wedge$ PARS(a, $topf.1.1$, $categ$, $proto$)	0,9945
SUB(a, $hilfsmotor.1.1$, $categ$, $categ$)$\wedge$ PARS(a, $segelschiff.1.1$, $categ$, $proto$)	0,9945

Tabelle C.3.: Meronymhypothesen mit dem höchstem Konfidenzwert
(Fortsetzung)

Hypothese	KW
SUB(a, *antriebshebel.1.1*, *categ*, *categ*)∧ PARS(a, *maschine.1.1*, *categ*, *proto*)	0,9945
SUB(a, *dach.1.1*, *categ*, *categ*)∧ PARS(a, *waisenhaus.1.1*, *categ*, *proto*)	0,9945
SUB(a, *dach.1.1*, *categ*, *categ*)∧ PARS(a, *mittelschiff.1.1*, *categ*, *proto*)	0,9945
SUB(a, *dach.1.1*, *categ*, *categ*)∧ PARS(a, *wohngebäude.1.1*, *categ*, *proto*)	0,9945
SUB(a, *dach.1.1*, *categ*, *categ*)∧ PARS(a, *reichstagsgebäude.1.1*, *categ*, *proto*)	0,9945
SUB(a, *dach.1.1*, *categ*, *categ*)∧ PARS(a, *flughafengebäude.1.1*, *categ*, *proto*)	0,9945
SUB(a, *dach.1.1*, *categ*, *categ*)∧ PARS(a, *hauptgebäude.1.1*, *categ*, *proto*)	0,9945
SUB(a, *dach.1.1*, *categ*, *categ*)∧ PARS(a, *kirchenschiff.1.1*, *categ*, *proto*)	0,9945
SUB(a, *dach.1.1*, *categ*, *categ*)∧ PARS(a, *wolkenkratzer.1.1*, *categ*, *proto*)	0,9945
SUB(a, *dach.1.1*, *categ*, *categ*)∧ PARS(a, *nachbarhaus.1.1*, *categ*, *proto*)	0,9945
SUB(a, *dach.1.1*, *categ*, *categ*)∧ PARS(a, *schulhaus.1.1*, *categ*, *proto*)	0,9945
SUB(a, *dach.1.1*, *categ*, *categ*)∧ PARS(a, *sockelbau.1.1*, *categ*, *proto*)	0,9945
SUB(a, *dach.1.1*, *categ*, *categ*)∧ PARS(a, *münster.1.1*, *categ*, *proto*)	0,9945
SUB(a, *dach.1.1*, *categ*, *categ*)∧ PARS(a, *haupthaus.1.1*, *categ*, *proto*)	0,9945
SUB(a, *dach.1.1*, *categ*, *categ*)∧ PARS(a, *schulgebäude.1.1*, *categ*, *proto*)	0,9945
SUB(a, *dach.1.1*, *categ*, *categ*)∧ PARS(a, *fahrerhaus.1.1*, *categ*, *proto*)	0,9945
SUB(a, *dach.1.1*, *categ*, *categ*)∧ PARS(a, *wasserhochbehälter.1.1*, *categ*, *proto*)	0,9945
SUB(a, *dach.1.1*, *categ*, *categ*)∧ PARS(a, *rauchsalon.1.1*, *categ*, *proto*)	0,9945
SUB(a, *dach.1.1*, *categ*, *categ*)∧ PARS(a, *parlamentsgebäude.1.1*, *categ*, *proto*)	0,9945
SUB(a, *dach.1.1*, *categ*, *categ*)∧ PARS(a, *westbau.1.1*, *categ*, *proto*)	0,9945
SUB(a, *dach.1.1*, *categ*, *categ*)∧ PARS(a, *zugfahrzeug.1.1*, *categ*, *proto*)	0,9945

Tabelle C.3.: Meronymhypothesen mit dem höchstem Konfidenzwert
(Fortsetzung)

Hypothese	KW
SUB(a, $dach.1.1$, $categ$, $categ$)∧ PARS(a, $kraftfahrzeug.1.1$, $categ$, $proto$)	0,9945
SUB(a, $dach.1.1$, $categ$, $categ$)∧ PARS(a, $bus.1.1$, $categ$, $proto$)	0,9945
SUB(a, $dach.1.1$, $categ$, $categ$)∧ PARS(a, $studio.1.1$, $categ$, $proto$)	0,9945
SUB(a, $dach.1.1$, $categ$, $categ$)∧ PARS(a, $torbau.1.1$, $categ$, $proto$)	0,9945
SUB(a, $dach.1.1$, $categ$, $categ$)∧ PARS(a, $priesterhaus.1.1$, $categ$, $proto$)	0,9945
SUB(a, $dach.1.1$, $categ$, $categ$)∧ PARS(a, $landhaus.1.1$, $categ$, $proto$)	0,9945
SUB(a, $dach.1.1$, $categ$, $categ$)∧ PARS(a, $glockenhaus.1.1$, $categ$, $proto$)	0,9945
SUB(a, $dach.1.1$, $categ$, $categ$)∧ PARS(a, $führerhaus.1.1$, $categ$, $proto$)	0,9945
SUB(a, $dach.1.1$, $categ$, $categ$)∧ PARS(a, $hochbau.1.1$, $categ$, $categ$)	0,9945
SUB(a, $dach.1.1$, $categ$, $categ$)∧ PARS(a, $zwerchhaus.1.1$, $categ$, $proto$)	0,9945
SUB(a, $dach.1.1$, $categ$, $categ$)∧ PARS(a, $hubschrauber.1.1$, $categ$, $proto$)	0,9945
SUB(a, $dach.1.1$, $categ$, $categ$)∧ PARS(a, $mittelbau.1.1$, $categ$, $proto$)	0,9945
SUB(a, $dach.1.1$, $categ$, $categ$)∧ PARS(a, $oiya\text{-}gebäude.1.1$, $categ$, $categ$)	0,9945
SUB(a, $dach.1.1$, $categ$, $categ$)∧ PARS(a, $festsaal.1.1$, $categ$, $proto$)	0,9945
SUB(a, $dach.1.1$, $categ$, $categ$)∧ PARS(a, $bahnhofsgebäude.1.1$, $categ$, $categ$)	0,9945
SUB(a, $dach.1.1$, $categ$, $categ$)∧ PARS(a, $amtsgebäude.1.1$, $categ$, $categ$)	0,9945
SUB(a, $dach.1.1$, $categ$, $categ$)∧ PARS(a, $reaktorgebäude.1.1$, $categ$, $proto$)	0,9945
SUB(a, $dach.1.1$, $categ$, $categ$)∧ PARS(a, $generatorhaus.1.1$, $categ$, $categ$)	0,9945
SUB(a, $umschlag.1.1$, $categ$, $categ$)∧ PARS(a, $hafen.1.1$, $categ$, $proto$)	0,9944
SUB(a, $fuß.1.1$, $categ$, $categ$)∧ PARS(a, $tier.1.1$, $categ$, $proto$)	0,9944
SUB(a, $etage.1.1$, $categ$, $categ$)∧ PARS(a, $gebäude.1.1$, $categ$, $proto$)	0,9944

Tabelle C.3.: Meronymhypothesen mit dem höchstem Konfidenzwert
(Fortsetzung)

Hypothese	KW
SUB(a, *vorderseite.1.1*, *categ*, *categ*)$\wedge$ PARS(a, *haus.1.1*, *categ*, *proto*)	0,9944
SUB(a, *schauseite.1.1*, *categ*, *categ*)$\wedge$ PARS(a, *haus.1.1*, *categ*, *proto*)	0,9944
SUB(a, *titel.1.1*, *categ*, *categ*)$\wedge$ PARS(a, *novelle.1.1*, *categ*, *proto*)	0,9943
SUB(a, *regierung.1.1*, *categ*, *categ*)$\wedge$ PARS(a, *welt.1.1*, *categ*, *proto*)	0,9943
SUB(a, *fuß.1.1*, *categ*, *categ*)$\wedge$ PARS(a, *patient.1.1*, *categ*, *proto*)	0,9943
SUB(a, *hand.1.1*, *categ*, *categ*)$\wedge$ PARS(a, *mensch.1.1*, *categ*, *proto*)	0,9943
SUB(a, *gesicht.1.1*, *categ*, *categ*)$\wedge$ PARS(a, *mensch.1.1*, *categ*, *proto*)	0,9943
SUB(a, *ohr.1.1*, *categ*, *categ*)$\wedge$ PARS(a, *mensch.1.1*, *categ*, *proto*)	0,9943
SUB(a, *auge.1.1*, *categ*, *categ*)$\wedge$ PARS(a, *mensch.1.1*, *categ*, *proto*)	0,9943
SUB(a, *dach.1.1*, *categ*, *categ*)$\wedge$ PARS(a, *wagen.1.1*, *categ*, *proto*)	0,9942
SUB(a, *kopf.1.1*, *categ*, *categ*)$\wedge$ PARS(a, *tier.1.1*, *categ*, *proto*)	0,9942
SUB(a, *hornhaut.1.1*, *categ*, *categ*)$\wedge$ PARS(a, *auge.1.1*, *categ*, *proto*)	0,9942
SUB(a, *konstruktion.1.1*, *categ*, *categ*)$\wedge$ PARS(a, *wagen.1.1*, *categ*, *proto*)	0,9942

Tabelle C.3.: Meronymhypothesen mit dem höchstem Konfidenzwert
(Fortsetzung)

C.4. Schlechteste Meronymhypothesen

Hypothese	KW
SUB($x, punkt.1.1, categ, categ$)∧	0,1676
PARS($x, twi.1.1, categ, proto$)	
PARS($maß.1.1, detective.1.1, proto, proto$)	0,1676
PARS($beschaffenheit.1.1, chloroform.1.1, proto, proto$)	0,1676
PARS($merkmal.1.1, chloroform.1.1, proto, proto$)	0,1676
PARS($attribut.1.1, chloroform.1.1, proto, proto$)	0,1676
PARS($stätte.1.1, okres.1.1, proto, proto$)	0,1676
PARS($bedeutung.1.1, veilchenwurzelöl.1.1, proto, proto$)	0,1676
PARS($lebensmittel.1.1, butthead.1.1, proto, proto$)	0,1676
PARS($nahrung.1.1, butthead.1.1, proto, proto$)	0,1676
PARS($werk.1.1, singlecover.1.1, proto, proto$)	0,1676
PARS($gebilde.1.1, singlecover.1.1, proto, proto$)	0,1676
PARS($maß.1.1, augartenbrücke.1.1, proto, proto$)	0,1676
PARS($dimension.2.1, herrlichkeitzwinger.1.1, proto, proto$)	0,1676
TEMP($stadium.1.1, stephanitorzwinger.1.1, categ, situa$)	0,1676
PARS($ausschnitt.1.1, stephanitorzwinger.1.1, proto, proto$)	0,1676
PARS($abschnitt.1.1, stephanitorzwinger.1.1, proto, proto$)	0,1676
PARS($beschaffenheit.1.1, bulldogmotor.1.1, proto, proto$)	0,1676
PARS($merkmal.1.1, bulldogmotor.1.1, proto, proto$)	0,1676
PARS($attribut.1.1, bulldogmotor.1.1, proto, proto$)	0,1676
PARS($eigenschaft.1.1, bulldogmotor.1.1, proto, proto$)	0,1676
TEMP($zeitpunkt.1.1, charkow.1.1, categ, situa$)	0,1676
PARS($dimension.2.1, fremersbergturm.1.1, proto, proto$)	0,1676
PARS($beschaffenheit.1.1, fremersbergturm.1.1, proto, proto$)	0,1676
PARS($merkmal.1.1, fremersbergturm.1.1, proto, proto$)	0,1676
PARS($attribut.1.1, fremersbergturm.1.1, proto, proto$)	0,1676
PARS($eigenschaft.1.1, fremersbergturm.1.1, proto, proto$)	0,1676
PARS($chemikalie.1.1, abisoliermesser.1.1, proto, proto$)	0,1676
PARS($produkt.1.1, abisoliermesser.1.1, proto, proto$)	0,1676
PARS($erzeugnis.1.1, abisoliermesser.1.1, proto, proto$)	0,1676
PARS($materie.1.1, abisoliermesser.1.1, proto, proto$)	0,1676
PARS($substanz.1.2, abisoliermesser.1.1, proto, proto$)	0,1676
PARS($werk.1.1, abisoliermesser.1.1, proto, proto$)	0,1676
PARS($achtung.1.1, hauptaugenmerk.1.1, proto, proto$)	0,1676
PARS($wertschätzung.1.1, hauptaugenmerk.1.1, proto, proto$)	0,1676
PARS($einstellung.1.2, hauptaugenmerk.1.1, proto, proto$)	0,1676
PARS($emotion.1.1, hauptaugenmerk.1.1, proto, proto$)	0,1676
PARS($haltung.2.1, hauptaugenmerk.1.1, proto, proto$)	0,1676
PARS($meinung.1.1, hauptaugenmerk.1.1, proto, proto$)	0,1676
PARS($gefühl.1.1, hauptaugenmerk.1.1, proto, proto$)	0,1676
PARS($wahrnehmung.1.1, hauptaugenmerk.1.1, proto, proto$)	0,1676

Tabelle C.4.: Meronymhypothesen sortiert nach ansteigendem Konfidenzwert

Hypothese	KW
PARS(*glauben.3.1, hauptaugenmerk.1.1, proto, proto*)	0,1676
PARS(*generalsekretariat.1.1, organisation.1.1, proto, proto*)	0,1676
PARS(*sekretariat.1.1, organisation.1.1, categ, situa*)	0,1676
PARS(*schauspielerin.1.1, st.1.1, proto, proto*)	0,1676
PARS(*partnerin.1.1, st.1.1, proto, proto*)	0,1676
PARS(*platz.2.1, neueinsteiger.1.1, proto, proto*)	0,1676
PARS(*stätte.1.1, neueinsteiger.1.1, proto, proto*)	0,1676
PARS(*stelle.1.1, neueinsteiger.1.1, proto, proto*)	0,1676
PARS(*umfang.1.1, neueinsteiger.1.1, proto, proto*)	0,1676
PARS(*dimension.2.1, neueinsteiger.1.1, proto, proto*)	0,1676
PARS(*teil.2.1, hongo.1.1, proto, proto*)	0,1676
PARS(*kennzeichen.1.1, ecclesia.1.1, proto, proto*)	0,1676
PARS(*zeichen.1.1, ecclesia.1.1, categ, situa*)	0,1676
PARS(*seriosität.1.1, unternehmer.1.1, proto, proto*)	0,1676
PARS(*nachkomme.1.1, literaturwissenschaftlerin.1.1, proto, proto*)	0,1676
PARS(*nachfahre.1.1, literaturwissenschaftlerin.1.1, proto, proto*)	0,1676
PARS(*sproß.1.1, literaturwissenschaftlerin.1.1, proto, proto*)	0,1676
PARS(*familienangehörige.1.1,*	0,1676
literaturwissenschaftlerin.1.1, proto, proto)	
PARS(*angehörige.1.1, literaturwissenschaftlerin.1.1, proto, proto*)	0,1676
PARS(*mitmensch.1.1, literaturwissenschaftlerin.1.1, proto, proto*)	0,1676
PARS(*mitmensch.1.1, clodagh.1.1, proto, proto*)	0,1676
PARS(*individuum.1.1, clodagh.1.1, proto, proto*)	0,1676
PARS(*persönlichkeit.1.2, clodagh.1.1, proto, proto*)	0,1676
PARS(*person.1.1, clodagh.1.1, proto, proto*)	0,1676
PARS(*mensch.1.1, clodagh.1.1, proto, proto*)	0,1676
PARS(*organismus.1.1, clodagh.1.1, proto, proto*)	0,1676
PARS(*lebewesen.1.1, clodagh.1.1, proto, proto*)	0,1676
PARS(*ration.1.1, judasbaum.1.1, proto, proto*)	0,1676
SUBM(*masse.1.1, judasbaum.1.1, ktype, ktype*)	0,1676
PARS(*maß.1.1, generalfeldmarschall.1.1, proto, proto*)	0,1676
PARS(*maß.1.1, engstligen.1.1, proto, proto*)	0,1676
PARS(*ding.1.1, autor.1.1, proto, proto*)	0,1676
PARS(*sache.1.1, autor.1.1, proto, proto*)	0,1676
PARS(*teil.2.1, orbitalsektion.1.1, proto, proto*)	0,1676
PARS(*dimension.2.1, netzmagen.1.1, proto, proto*)	0,1676
PARS(*beschaffenheit.1.1, netzmagen.1.1, proto, proto*)	0,1676
PARS(*merkmal.1.1, netzmagen.1.1, proto, proto*)	0,1676
PARS(*attribut.1.1, netzmagen.1.1, proto, proto*)	0,1676
PARS(*eigenschaft.1.1, netzmagen.1.1, proto, proto*)	0,1676
PARS(*geschwister.1.1, fantasy − autorin.1.1, proto, proto*)	0,1676

Tabelle C.4.: Meronymhypothesen sortiert nach ansteigendem
Konfidenzwert (Fortsetzung)

C.5. Beste Synonymhypothesen

Hypothese	KW
SYNO(*kopfschmerz.1.1*, *cephalgie.1.1*, categ, categ)	0,7107
SYNO(*parallelepiped.1.1*, *spat.1.1*, categ, categ)	0,7107
SYNO(*kopfschmerz.1.1*, *kephalgie.1.1*, categ, categ)	0,7107
SYNO(*kopfschmerz.1.1*, *kephalalgie.1.1*, categ, categ)	0,7107
SYNO(*kopfschmerz.1.1*, *zephalgie.1.1*, categ, categ)	0,7107
SYNO(*kopfschmerz.1.1*, *cephalaea.1.1*, categ, categ)	0,7107
SYNO(*refsum-syndrom.1.1*, *refsum-thiébaut-krankheit.1.1*, categ, categ)	0,7107
SYNO(*honigmagen.1.1*, *honigblase.1.1*, categ, categ)	0,7107
SYNO(*rhesusinkompatibilität.1.1*, *rh-inkompatibilität.1.1*, categ, categ)	0,7107
SYNO(*ott-zeichen.1.1*, *ott-maß.1.1*, categ, categ)	0,7107
SYNO(*versetzungszeichen.1.1*, *akzidens.1.1*, categ, categ)	0,7107
SYNO(*surrogatmarker.1.1*, *surrogatparameter.1.1*, categ, categ)	0,7107
SYNO(*glucose-6-phosphat.1.1*, *robisonester.1.1*, categ, categ)	0,7107
SYNO(*vierhügelplatte.1.1*, *lamina.1.1*, categ, categ)	0,7107
SYNO(*nierenzellkarzinom.1.1*, *grawitz-tumor.1.1*, categ, categ)	0,7107
SYNO(*hornschwiele.1.1*, *tylositas.1.1*, categ, categ)	0,7107
SYNO(*rhesusinkompatibilität.1.1*,*rhesusunverträglichkeit.1.1*, categ, categ)	0,7107
SYNO(*verkehrsleistung.1.1*, *beförderungsleistung.1.1*, categ, categ)	0,7107
SYNO(*kreiselkäfer.1.1*, *breithalskäfer.1.1*, categ, categ)	0,7107
SYNO(*honigmagen.1.1*, *sozialmagen.1.1*, categ, categ)	0,7107
SYNO(*verkehrsleistung.1.1*, *transportleistung.1.1*, categ, categ)	0,7107
SYNO(*taiwan_taoyuan_international_airport.0*, *tty_airport.0*, categ, categ)	0,7107
SYNO(*chiang_kai-shek_international_airport.0*, *cks_airport.0*, categ, categ)	0,7107
SYNO(*karnaugh-veitch-diagramm.1.1*, *kv-diagramm.1.1*, categ, categ)	0,7107
SYNO(*propagandistin.1.1*, *propagator.1.1*, categ, categ)	0,7107
SYNO(*schober-zeichen.0*, *schober'sches_zeichen.0*, categ, categ)	0,7107
SYNO(*alpha-1-antitrypsinmangel.1.1*, *laurell-eriksson-syndrom.1.1*, categ, categ)	0,7107
SYNO(*refsum-syndrom.1.1*, *heredopathia.1.1*, categ, categ)	0,7107
SYNO(*propagandistin.1.1*, *verkaufsförderer.1.1*, categ, categ)	0,7107
SYNO(*parallelepiped.1.1*, *parallelflach.2.1*, categ, categ)	0,7107
SYNO(*alpha-1-antitrypsinmangel.1.1*, *proteaseinhibitormangel.1.1*, categ, categ)	0,7107
SYNO(*versetzungszeichen.1.1*, *akzidentalen.1.1*, categ, categ)	0,7107
SYNO(*lapacho.1.1*, *iperoxo.1.1*, categ, categ)	0,7107
SYNO(*la_crosse-enzephalitis.0*, *crosse_la.0*, categ, categ)	0,7107
SYNO(*mbtps1.0*, *s1p.0*, categ, categ)	0,7107
SYNO(*laurent.0*, *saint_laurent.0*, categ, categ)	0,7107
SYNO(*zenionidae.1.1*, *zeniontidae.1.1*, categ, categ)	0,7107
SYNO(*parallelepiped.1.1*, *parallelotop.1.1*, categ, categ)	0,7107

Tabelle C.5.: Synonym-Hypothesen mit dem höchstem Konfidenzwert

Hypothese	KW
SYNO(*erythropoetin.1.1*, *erylhropoietin.1.1*, categ, categ)	0,7107
SYNO(*erythropoetin.1.1*, *epoetin.1.1*, categ, categ)	0,7107
SYNO(*zenionidae.1.1*, *macrurocyttidae.1.1*, categ, categ)	0,7107
SYNO(*laurent.0*, *pinot_saint_laurent.0*, categ, categ)	0,7107
SYNO(*fingerperimetrie.1.1*, *konfrontationsperimetrie.1.1*, categ, categ)	0,7107
SYNO(*perimetrie.1.1*, *goldmannperimetrie.1.1*, categ, categ)	0,7107
SYNO(*perimetrie.1.1*, *computerperimetrie.1.1*, categ, categ)	0,7107
SYNO(*invagination.1.1*, *intussuszeption.1.1*, categ, categ)	0,7107
SYNO(*nierenzellkarzinom.1.1*, *hypernephrom.1.1*, categ, categ)	0,7107
SYNO(*colitis.1.1*, *kollagenkolitis.1.1*, categ, categ)	0,7107
SYNO(*hornschwiele.1.1*, *tylosis.1.1*, categ, categ)	0,7107
SYNO(*colitis.1.1*, *kollagencolitis.1.1*, categ, categ)	0,7107
SYNO(*perimetrie.1.1*, *schwellenperimetrie.1.1*, categ, categ)	0,7107
SYNO(*ethylenimin.1.1*, *aziridin.1.1*, categ, categ)	0,7106
SYNO(*basaliom.1.1*, *basalzellkarzinom.1.1*, categ, categ)	0,7106
SYNO(*hornschwiele.1.1*, *tylom.1.1*, categ, categ)	0,7106
SYNO(*art.1.1*, *alpha-fehler.1.1*, categ, categ)	0,7105
SYNO(*filzstift.1.1*, *filzschreiber.1.1*, categ, categ)	0,7105
SYNO(*verhalten.1.1*, *verhaltensformung.1.1*, categ, categ)	0,7105
SYNO(*filzstift.1.1*, *filzmaler.1.1*, categ, categ)	0,7105
SYNO(*filzstift.1.1*, *faserschreiber.1.1*, categ, categ)	0,7105
SYNO(*filzstift.1.1*, *fasermaler.1.1*, categ, categ)	0,7105
SYNO(*krankheit.1.1*, *morbus.1.1*, categ, categ)	0,7105
SYNO(*loránd-eötvös-universität_budapest.0*, *elte.0*, categ, categ)	0,7105
SYNO(*amyotrophe_lateralsklerose.0*, *als.0*, categ, categ)	0,7105
SYNO(*sender_policy_framework.0*, *spf.0*, categ, categ)	0,7105
SYNO(*financial_reporting.0*, *icofr.0*, categ, categ)	0,7105
SYNO(*Åtvidabergs_ff.0*, *åff.0*, categ, categ)	0,7105
SYNO(*unshiu_mikan.0*, *mikan.0*, categ, categ)	0,7105
SYNO(*initial-v.0*, *dulv.0*, categ, categ)	0,7105
SYNO(*hunter's_rank.0*, *hr.0*, categ, categ)	0,7105
SYNO(*bande_dessinée.0*, *dnap.0*, categ, categ)	0,7105
SYNO(*radboud-universität_nimwegen.0*, *ru.0*, categ, categ)	0,7105
SYNO(*sociaal-democratische_arbeiderspartij.0*, *sdap.0*, categ, categ)	0,7105
SYNO(*azienda_trasporti_milanesi.0*, *atm.0*, categ, categ)	0,7105
SYNO(*koca_mimar_sinan_aga.0*, *mimar_sinan.0*, categ, categ)	0,7105
SYNO(*integrada.0*, *oilb.0*,categ,categ)	0,7105
SYNO(*european_extremely_large_telescope.0*, *extremely_large telescope.0*, categ, categ)	0,7105

Tabelle C.5.: Synonym-Hypothesen mit dem höchstem Konfidenzwert
(Fortsetzung)

C.6. Schlechteste Synonymhypothesen

Hypothese	KW
SYNO($mensch.1.1$, $institution.1.1$, $categ$, $categ$)	0.0264
SYNO($institution.1.1$, $mensch.1.1$, $categ$, $categ$)	0.0264
SYNO($institution.1.1$, $stadt.1.1$, $categ$, $categ$)	0.0268
SYNO($institution.1.1$, $unternehmen.1.1$, $categ$, $categ$)	0.0271
SYNO($mensch.1.1$, $doktor.1.1$, $categ$, $categ$)	0.0285
SYNO($mensch.1.1$, $mann.1.1$, $categ$, $categ$)	0.0286
SYNO($hovercraft.1.1$, $luftkissenfahrzeug.1.1$, $categ$, $categ$)	0.0287
SYNO($mensch.1.1$, $frau.1.1$, $categ$, $categ$)	0.0288
SYNO($building.1.1$, $gebäude.1.1$, $categ$, $categ$)	0.0288
SYNO($mensch.1.1$, $thronprätendent.1.1$, $categ$, $categ$)	0.0288
SYNO($frankfurter.2.1$, $mensch.1.1$, $categ$, $categ$)	0.0288
SYNO($institution.1.1$, $universität.1.1$, $categ$, $categ$)	0.0288
SYNO($messing.1.1$, $kupfer.1.1$, $categ$, $categ$)	0.0288
SYNO($mensch.1.1$, $sorte.1.1$, $categ$, $categ$)	0.0288
SYNO($mensch.1.1$, $vater.1.1$, $categ$, $categ$)	0.0290
SYNO($mensch.1.1$, $volksgruppe.1.1$, $categ$, $categ$)	0.0291
SYNO($deskriptor.1.1$, $schlagwort.1.1$, $categ$, $categ$)	0.0291
SYNO($mensch.1.1$, $gruppe.1.1$, $categ$, $categ$)	0.0291
SYNO($mensch.1.1$, $band.3.1$, $categ$, $categ$)	0.0293
SYNO($mensch.1.1$, $sohn.1.1$, $categ$, $categ$)	0.0293
SYNO($prinzessin.1.1$, $mensch.1.1$, $categ$, $categ$)	0.0294
SYNO($mensch.1.1$, $prinzessin.1.1$, $categ$, $categ$)	0.0294
SYNO($mensch.1.1$, $zahnarzt.1.1$, $categ$, $categ$)	0.0294
SYNO($mensch.1.1$, $bruder.1.1$, $categ$, $categ$)	0.0294
SYNO($mensch.1.1$, $organisation.1.1$, $categ$, $categ$)	0.0294
SYNO($gott.1.1$, $mensch.1.1$, $categ$, $categ$)	0.0294
SYNO($mensch.1.1$, $volk.1.1$, $categ$, $categ$)	0.0294
SYNO($mensch.1.1$, $graf.1.1$, $categ$, $categ$)	0.0294
SYNO($mensch.1.1$, $cousin.1.1$, $categ$, $categ$)	0.0294
SYNO($müller.1.1$, $mensch.1.1$, $categ$, $categ$)	0.0294
SYNO($mensch.1.1$, $professor.1.1$, $categ$, $categ$)	0.0294
SYNO($mensch.1.1$, $kaiser.1.1$, $categ$, $categ$)	0.0294
SYNO($mensch.1.1$, $säugling.1.1$, $categ$, $categ$)	0.0294
SYNO($oberarm.1.1$, $unterarm.1.1$, $categ$, $categ$)	0.0685
SYNO($schauspieler.1.1$, $schauspielerin.1.1$, $categ$, $categ$)	0.0687
SYNO($schmelzpunkt.1.1$, $siedepunkt.1.1$, $categ$, $categ$)	0.0694
SYNO($schulpflicht.1.1$, $wehrpflicht.1.1$, $categ$, $categ$)	0.0699
SYNO($bruder.1.1$, $schwester.1.1$, $categ$, $categ$)	0.0700
SYNO($handgelenk.1.1$, $unterarm.1.1$, $categ$, $categ$)	0.0702

Tabelle C.6.: Synonymhypothesen sortiert nach aufsteigendem Konfidenzwert

Hypothese	KW
SYNO(*regisseur.1.1, schauspieler.1.1, categ, categ*)	0.0703
SYNO(*stockwerk.1.1, etage.1.1, categ, categ*)	0.0705
SYNO(*mathematiker.1.1, ingenieur.1.1, categ, categ*)	0.0709
SYNO(*anzahl.1.1, zahl.1.1, categ, categ*)	0.0713
SYNO(*mathematiker.1.1, physiker.1.1, categ, categ*)	0.0715
SYNO(*regisseur.1.1, komponist.1.1, categ, categ*)	0.0717
SYNO(*jahr.1.1, monat.1.1, categ, categ*)	0.0725
SYNO(*monat.1.1, jahr.1.1, categ, categ*)	0.0725
SYNO(*sänger.1.1, sängerin.1.1, categ, categ*)	0.0726
SYNO(*architekt.1.1, ingenieur.1.1, categ, categ*)	0.0726
SYNO(*kindesalter.1.1, erwachsenenalter.1.1, categ, categ*)	0.0726
SYNO(*justizrat.1.1, sanitätsrat.1.1, categ, categ*)	0.0729
SYNO(*vorteil.1.1, nachteil.1.1, categ, categ*)	0.0730
SYNO(*regisseur.1.1, kameramann.1.1, categ, categ*)	0.0730
SYNO(*autorin.1.1, autor.1.1, categ, categ*)	0.0730
SYNO(*tochter.1.1, sohn.1.1, categ, categ*)	0.0737
SYNO(*schwefelsäure.1.1, salpetersäure.1.1, categ, categ*)	0.0738
SYNO(*nachmittag.1.1, abend.1.1, categ, categ*)	0.0739
SYNO(*dichter.1.1, schriftsteller.1.1, categ, categ*)	0.0739
SYNO(*politiker.1.1, diplomat.1.1, categ, categ*)	0.0742
SYNO(*kameramann.1.1, schauspieler.1.1, categ, categ*)	0.0742
SYNO(*mediziner.1.1, biologe.1.1, categ, categ*)	0.0745
SYNO(*schriftsteller.1.1, musiker.1.1, categ, categ*)	0.0745
SYNO(*informatik.1.1, physik.1.1, categ, categ*)	0.0747
SYNO(*universität.1.1, hochschule.1.1, categ, categ*)	0.0747
SYNO(*hochschule.1.1, universität.1.1, categ, categ*)	0.0747
SYNO(*germanist.1.1, kunsthistoriker.1.1, categ, categ*)	0.0749
SYNO(*schauspielerin.1.1, politiker.1.1, categ, categ*)	0.0752
SYNO(*mittelalter.1.1, neuzeit.1.1, categ, categ*)	0.0757
SYNO(*general.1.1, admiral.1.1, categ, categ*)	0.0761
SYNO(*hüfte.1.1, bein.1.1, categ, categ*)	0.0762
SYNO(*regisseur.1.1, produzent.1.1, categ, categ*)	0.0763
SYNO(*produzent.1.1, regisseur.1.1, categ, categ*)	0.0763
SYNO(*architekt.1.1, kunsthistoriker.1.1, categ, categ*)	0.0763
SYNO(*autor.1.1, maler.1.1, categ, categ*)	0.0765
SYNO(*arzt.1.1, psychiater.1.1, categ, categ*)	0.0765
SYNO(*staatspräsident.1.1, präsident.1.1, categ, categ*)	0.0766
SYNO(*ministerpräsident.1.1, justizminister.1.1, categ, categ*)	0.0769
SYNO(*mann.1.1, frau.1.1, categ, categ*)	0.0770
SYNO(*frau.1.1, mann.1.1, categ, categ*)	0.0770

Tabelle C.6: Synonymhypothesen sortiert nach ansteigendem
Konfidenzwert (Fortsetzung)

D. Entailments-Ankerliste

Die folgenden Seiten (Abbildung D.1) beinhalten einen Auszug aus der Ankerliste, die für die Extraktion von Entailments verwendet werden.

```
(((surface ("Mozart" "5. Dezember 1791"))
(deep (
   ((attr A B) (sub B "nachname.1.1") (val B "mozart.0"))
   ((attr A B) (sub B "jahr.1.1") (val B C) (card C 1791)
    (attr A D) (sub D "monat.1.1") (val D E) (card E 12)
    (attr A F) (sub F "tag.1.1") (val F G) (card G 5)))))
(
(surface ("Mozart" "27. Januar 1756"))
(deep (
   ((attr A B) (sub B "nachname.1.1") (val B "mozart.0"))
   ((attr A B) (sub B "jahr.1.1") (val B C) (card C 1756)
    (attr A D) (sub D "monat.1.1") (val D E) (card E 1)
    (attr A F) (sub F "tag.1.1") (val F G) (card G 27)))))
(
(surface ("Bundesbank" "Leitzins"))
(deep (
   ((sub A "bundesbank.1.1"))
   ((sub A "leitzins.1.1"))
)))
(
(surface ("Columbus" "Amerika"))
(deep (
   ((attr A B) (sub B "nachname.1.1") (val B "columbus.0"))
   ((attr A B) (val B "amerika.0"))))
)
(
(surface ("Edison" "Glühbirne"))
(deep (
   ((attr A B) (sub B "nachname.1.1") (val B "edison.0"))
   ((sub A "glühbirne.1.1")))))
```

Abbildung D.1.: Ankerliste zur Extraktion von Entailments

```
(
(surface ("Zuse" "Computer"))
(deep (
   ((attr A B) (sub B "nachname.1.1") (val B "zuse.0"))
   ((sub A "computer.1.1")))
))
(
(surface ("Becker" "Wimbledon" "1985"))
(deep
   (((attr A B) (sub B "nachname.1.1") (val B "becker.0"))
   ((attr A B) (sub B "name.1.1") (val B "wimbledon.0"))
   ((attr A B) (sub B "jahr.1.1") (val B C) (card C 1985))
)
))
(
(surface ("Deutschland" "Demokratie"))
(deep
(
   ((attr A B) (sub B "name.1.1") (val B "deutschland.0"))
   ((attr A B) (sub B "demokratie.1.1")))
)))
(
(surface ("CDU" "Christlich Demokratische Union"))
(deep
   (((attr A B) (sub B "name.1.1") (val B "cdu.0"))
   ((*modp B "christlich.1.1" "demokratisch.1.1" categ situa)
   (prop A B) (sub A "union.1.1"))
   )))
(
(surface ("Berlin" "Hauptstadt" "Deutschland"))
(deep
   (((attr A B) (sub B "name.1.1") (val B "berlin.0"))
   ((sub A "hauptstadt.1.1"))
   ((attr A B) (sub B "name.1.1") (val B "deutschland.0"))
)))
(
(surface ("Deutschland" "Polen" "1939"))
(deep
   (((attr A B) (sub B "name.1.1") (val B "deutschland.0"))
   ((attr A B) (sub B "name.1.1") (val B "polen.0"))
   ((attr A B) (sub B "jahr.1.1") (val B C) (card C 1939)))
)
)
```

Abbildung D.1.: Ankerliste zur Extraktion von Entailments (Fortsetzung)

```
(
(surface ("DDR" "Warschauer Pakt" "1990"))
(deep
  (((attr A B) (sub B "name.1.1") (val B "ddr.0"))
   ((attr A B) (sub B "name.1.1") (val B "warschauer_pakt.0"))
   ((attr A B) (sub B "jahr.1.1") (val B C) (card C 1990)))
))
(
(surface ("Mauer" "Berlin" "1961"))
(deep
  (((sub A "mauer.1.1"))
   ((attr A B) (sub B "name.1.1") (val B "berlin.0"))
   ((attr A B) (sub B "jahr.1.1") (val B C) (card C 1961))
)))
(
(surface ("Deutschland" "Argentinien" "1990"))
(deep
  (((attr A B) (sub B "name.1.1") (val B "deutschland.0"))
   ((attr A B) (sub B "name.1.1") (val B "argentinien.0"))
   ((attr A B) (sub B "jahr.1.1") (val B C) (card C 1990))
)))
(
(surface ("Deutschland" "Niederlande" "1974"))
(deep
  (((attr A B) (sub B "name.1.1") (val B "deutschland.0"))
   ((attr A B) (sub B "name.1.1") (val B "niederlande.0"))
   ((attr A B) (sub B "jahr.1.1") (val B C) (card C 1990))
)))
(
(surface ("Deutschland" "Italien" "1982"))
(deep
  (((attr A B) (sub B "name.1.1") (val B "deutschland.0"))
   ((attr A B) (sub B "name.1.1") (val B "italien.0"))
   ((attr A B) (sub B "jahr.1.1") (val B C) (card C 1982))
)))
```

Abbildung D.1.: Ankerliste zur Extraktion von Entailments (Fortsetzung)

```
(
(surface ("Deutschland" "Argentinien" "1986"))
(deep
(((attr A B) (sub B "name.1.1") (val B "deutschland.0"))
((attr A B) (sub B "name.1.1") (val B "argentinien.0"))
((attr A B) (sub B "jahr.1.1") (val B C) (card C 1986))
))
)
(
(surface ("Becker" "Stich" "1991"))
(deep
(((attr A B) (sub B "nachname.1.1") (val B "becker.0"))
((attr A B) (sub B "nachname.1.1") (val B "stich.0"))
((attr A B) (sub B "jahr.1.1") (val B C) (card C 1991))
)
))
(
(surface ("Becker" "Edberg" "1990"))
(deep
(((attr A B) (sub B "nachname.1.1") (val B "becker.0"))
((attr A B) (sub B "nachname.1.1") (val B "edberg.0"))
((attr A B) (sub B "jahr.1.1") (val B C) (card C 1990))
)
))
(
(surface ("Bayern München" "Manchester United" "1999"))
(deep
(
((attr A B) (sub B "name.1.1") (val B "bayern_münchen.0"))
((attr A B) (sub B "name.1.1") (val B "manchester_united.0"))
((attr A B) (sub B "jahr.1.1") (val B C) (card C 1999))
)
)
)..
)
```

Abbildung D.1.: Ankerliste zur Extraktion von Entailments (Fortsetzung)

E. Anwendungssysteme

Im Folgenden werden einige auf MultiNet basierende Anwendungssysteme vorgestellt, die von einer gut ausgebauten Wissensbasis profitieren.

E.1. Der Lesbarkeitsüberprüfer DeLite

Im Folgenden soll der Lesbarkeitsüberprüfer DeLite [vor09a, vH09, vHH08b, vHH08a, vHL08, HHLO06, GHH⁺06b, JHHO06] kurz beschrieben werden, zum einen als weiteres System, das sowohl auf dem MultiNet-Formalismus aufbaut sowie den tiefen semantisch-syntaktischen Parser WOCADI verwendet, zum anderen als ein System, das auch von einer gut ausgebauten Wissensbasis profitieren kann. Das DeLite-System wurde gemeinsam von Tim vor der Brück, Johannes Leveling, Sven Hartrumpf, Ingo Glöckner, Rainer Osswald und Constantin Jenge entwickelt. Das ursprüngliche System wurde im Rahmen dieser Arbeit weiterentwickelt. Dabei wurden u. a. die vorher nicht vorhandenen Merkmale *Negation* (siehe Abschnitt E.1.2), *Analysequalität des Parsers* (siehe Abschnitt E.1.2) und *Konnektivität von Diskursentitäten* (siehe Abschnitt E.1.2) eingeführt. Zusätzlich wurde die grafische Oberfläche um Markierungen zweiter Art erweitert (siehe Abschnitt E.1.1).

Ein Lesbarkeitsüberprüfer hat zwei grundlegende Verwendungsmöglichkeiten. Eine Möglichkeit besteht darin, diesen einzusetzen, um einfach lesbare Texte zu finden. Beispielsweise sucht man zuerst mit einer Suchmaschine eine Menge von Texten, die einen bestimmten Suchbegriff verwenden, und sucht sich aus dieser dann den am einfachsten zu lesenden heraus. In diesem Fall ist vor allem die Lesbarkeitsbewertung, auch genannt Lesbarkeitsformel, von Bedeutung, die für jeden Text einen numerischen Lesbarkeitswert berechnet. Bekannte Lesbarkeitsformeln sind beispielsweise der Flesch-Index [Fle48], der Amstad-Index (aufs Deutsche adaptierter Flesch-Index) [Ams78] oder der Index von Chall-Dale [CD95]. Eine Vielzahl weiterer Lesbarkeitsindizes sind in dem Buch von Klare [Kla63] beschrieben.

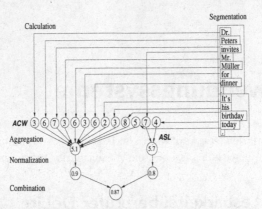

Abbildung E.1.: Lesbarkeitswertberechnung von DeLite

Die zweite Verwendungsmöglichkeit besteht darin, einen Autor dabei zu unterstützen, einfach zu lesende Texte abzufassen. Das heißt, problematische Stellen sollten entsprechend gekennzeichnet und mit einem Hinweis versehen werden, der auf das Lesbarkeitsproblem aufmerksam macht (beispielsweise das Verfahren von Rascu [Ras06]).

DeLite ist für beides geeignet. Es berechnet für jeden Text einen Lesbarkeitswert, wobei die Berechnung auch unabhängig von einer grafischen Oberfläche erfolgen kann, d. h., DeLite ist auch für den Batchbetrieb geeignet.

Zum anderen bietet DeLite auch eine umfangreiche grafische Oberfläche, die mit Webtechnologien implementiert ist und die Benutzung über den Webbrowser erlaubt. Eine Installation auf jedem Rechner, von wo aus DeLite verwendet werden soll, ist daher nicht nötig.

Die Berechnung eines Lesbarkeitswertes erfolgt bei DeLite in mehreren Schritten (siehe Abbildung E.1):

- Analyse: Mithilfe von WOCADI wird ein Text, der auf Lesbarkeit hin untersucht werden soll, analysiert. Das Ergebnis der Analyse ist ein semantisches Netz, ein Dependenzbaum, eine Tokenliste sowie eine Vielzahl weiterer morphologischer und lexikalischer Informationen.

- Segmentierung: Im nächsten Schritt wird das gesamte Dokument in Worte, Phrasen und Sätze unterteilt, wobei auf die von WOCADI bereitgestellte Information zurückgegriffen wird.

- Berechnung: Verschiedene Merkmalswerte (z. B. Wortlänge, Satzlänge) worden jeweils für die Arten von Textpassagen berechnet, für die das entsprechende Merkmal entworfen wurde. Beispielsweise erfolgt die Berechnung des Merkmals *Worthäufigkeit* auf Wortebene, während das Merkmal *Phrasenlänge* auf Phrasen aufsetzt. Das Merkmal *Analysequalität des Parsers* dagegen basiert auf einem ganzen Satz.

- Aggregation: Für jedes Merkmal werden Durchschnittswerte für den ganzen Text berechnet. Für ein Merkmal, das auf einzelnen Wörtern aufsetzt, werden die Merkmalswerte für jedes Wort des Textes aufsummiert und durch die Anzahl der Wörter geteilt.

- Normalisierung: Um Werte verschiedener Merkmale kombinieren zu können, müssen diese Werte erst auf einen gemeinsamen Wertebereich (hier [0;1]) normalisiert werden.

- Kombination: Im letzten Schritt wird ein globaler Lesbarkeitsindex berechnet. Er wird bestimmt durch die gewichtete Summe aus den normalisierten Merkmalswerten, wobei alle Gewichte nichtnegativ sind und sich zu eins (1) aufsummieren.

E.1.1. Markierung von Textsegmenten

Wenn ein Merkmalswert für ein Textsegment einen bestimmten Grenzwert überschreitet, wird das entsprechende Segment farbig markiert. Wenn beispielsweise der Grenzwert für das Merkmal *Anzahl der Konzeptknoten im semantischen Netz* 10 ist, werden alle Sätze mit 11 oder mehr Konzeptknoten farblich markiert.

Allerdings ist diese Information häufig unzureichend. Unter Umständen ist es für ein exaktes Verständnis des Lesbarkeitsproblems notwendig, zusätzliche Textpassagen farblich zu markieren. Wir bezeichnen solche Textpassagen als *Markierungen zweiter Art* im Gegensatz zu den *Markierungen erster Art*, die sich direkt auf ein Lesbarkeitsproblem beziehen. Siehe Abschnitt E.1.2 für ein Beispiel. Zu beachten ist, dass der Segmenttyp einer Markierung zweiter Art nicht übereinstimmen muss mit dem Segmenttyp einer Markierung erster Art.

Im Folgenden werden einige wichtige Lesbarkeitsmerkmale beschrieben. Für mehr Informationen über Lesbarkeit (beispielsweise aus psycholinguistischer Perspektive) siehe [HHO06] und [JHH+05].

E.1.2. Semantisch orientierte Lesbarkeitsmerkmale

Abstrakte und konkrete Nomen

Eine hohe Anzahl von abstrakten Nomen kann die Lesbarkeit eines Textes deutlich verschlechtern [Gro82]. Ein Nomen wird als abstrakt angesehen, wenn es nicht ein sichtbares Objekt bezeichnet. Die Information, ob ein Nomen abstrakt ist oder nicht, ist im semantischen Lexikon HaGenLex enthalten. Die Unterscheidung ist von der Lesart abhängig. Beispielsweise kann das deutsche Wort *Platz* entweder *einen Platz in der Stadt* bedeuten, was ein sichtbares konkretes Objekt ist. Alternativ kann es auch *Platz* im Sinne von *"Im Englisch-Kurs ist kein Platz mehr frei."* bedeuten. Bei einer großen Wissensbasis kann die Sorte *abstraktes* oder *konkretes Objekt* aus der Taxonomie abgeleitet und in HaGenLex eingetragen werden. Ein Hyponym bzw. eine Instanz eines konkreten Objektes ist normalerweise ebenfalls konkret, ein Hyponym bzw. eine Instanz eines abstrakten Objektes ebenfalls abstrakt.

Negation

Das Merkmal *Negationen* profitiert von einer gut ausgebauten Wissensbasis aus Antonymen. Negationen können einen Satz schwer verständlich machen [Gro82]. Daher sollte sie möglichst vermieden werden, wenn auch eine entsprechende positive Formulierung möglich ist. Es gibt viele Möglichkeiten um Negation im Deutschen auszudrücken [Dro95]. Negation kann durch spezielle Wörter wie *nicht, niemals* oder Präfixe wie *un-* (*unmöglich*) ausgedrückt werden. Während negierende Wörter leicht identifiziert werden können, ist dies bei Negationspräfixen nicht so einfach möglich. Zum einen ist ein derartiger Präfix nicht trivial zu erkennen, beispielsweise enthält das Wort *unterirdisch* nicht das Negationspräfix *un-* sondern das Präfix *unter*, das eine völlig andere Bedeutung besitzt. Zum anderen kann ein Wort tatsächlich einen solchen Präfix besitzen, ohne dass er eine Negation ausdrückt, beispielsweise ist das Adjektiv *unheimlich* kein Antonym zu *heimlich*. Wenn allerdings semantische Informationen und eine gut ausgebaute Wissensbasis verfügbar sind, kann dieses Problem leicht behandelt werden. Angenommen, man betrachte ein Wort w, das eine Konkatenation des Präfixes *un-* und eines Worts v ist. Es kann gefolgert werden, dass w ein negiertes Adjektiv ist, wenn w ein Antonym von v ist (d. h., dass im Lexikon eine ANTO(Antonymie)-Relation zwischen v und w definiert ist).

Ein gesonderter Fall der Negation ist die *doppelte Negation*. Ein Satz enthält eine doppelte Negation, wenn eine ähnliche (aber nicht dieselbe) Aussage erreicht werden kann, wenn man die zwei Negationen entfernt. Dieser Effekt tritt dann auf, wenn eine Negation im Bereich einer anderen ist. Es gibt auch Sätze, die dreifache oder vierfache Negationen enthalten. Beispielsweise kommt in dem Satz *"Ich glaube nicht, dass Peter nicht denkt, dass der Film nicht uninteressant ist."* eine vierfache Negation vor. In fast allen Fällen sind diese Negationen redundant und sollten für eine bessere Lesbarkeit vermieden werden. Eine doppelte Negation kann sich auf einen Satz, eine Phrase oder auch nur auf ein Wort beziehen. Der Lesbarkeitsüberprüfer DeLite kann mehrere Arten doppelter Negation erkennen. Beispielsweise liegt auf der Ebene der MultiNet-Analyse eine doppelte Satznegation vor, wenn dem Satzknoten das Layermerkmal *nonreal* zugeordnet und dieser zusätzlich noch mit der Modalität *non.0* durch eine MODL-Kante verbunden ist.

Hohe Synonymanzahl

Die Verwendung von Synonymen als Bezeichnung für die gleiche Entität kann einen Text abwechslungsreicher gestalten. Auf der anderen Seite wird die Verständlichkeit reduziert, da der Leser erkennen muss, dass sich die Synonyme alle auf die gleiche Entität beziehen. Dieses Merkmal zählt die maximale Anzahl von Synonymen, die sich innerhalb einer Synonymmenge im Text befinden. Beispiel: *"Der Computer ist gerade abgestürzt. Ich muss den Rechner wohl neu starten."* Hierbei bezeichnen die Wörter *Computer* und *Rechner* jeweils denselben Begriff. Die maximale Synonymmenge für diesen Text enthält die beiden Begriffe *computer.1.1* und *rechner.1.1*. Die Kardinalität dieser Menge ist zwei.

Merkmale, die sich auf Anaphern beziehen

Mehrere Lesbarkeitsprobleme betreffen Anaphern. Betrachte man beispielsweise den Satz: *"Dr. Peters lädt Herrn Müller zum Essen ein, da er heute Geburtstag hat."* Das Possessivpronomen *"sein"* kann sich entweder auf *Dr. Peters* oder auf *Herrn Müller* beziehen. Für ein besseres Verständnis sollte dieser Satz umformuliert werden, beispielsweise indem entweder *Dr. Peters* oder *Herr Müller* wiederholt wird: *"Dr. Peters lädt Herrn Müller zum Essen ein, da Dr. Peters heute Geburtstag hat."* oder *"Dr. Peters lädt Herrn Müller zum Essen ein, da Herr Müller heute Geburtstag hat.*" Daher wurde ein Lesbarkeitsmerkmal eingeführt, der die Anzahl der möglichen Antezedenten für jede Anapher zählt. In DeLite wird diese Anapher markiert mit einer Markierung erster Art und die möglichen Antezedenten mit einer Markierung zweiter Art, wenn der Merkmalswert die zugehörige Grenze überschreitet (normalerweise eins).

Weiterhin kann eine anaphorische Referenz schwer aufzulösen sein, wenn der Antezedens zu weit von der Anapher entfernt ist. Diese Distanz kann in Wörtern, Sätzen oder (mehr semantisch und psycholinguistisch motiviert) durch die Anzahl der Diskurseinheiten (oder Diskursreferenten) gemessen werden. Schließlich kommt auch ein Merkmal zum Einsatz, um zu bestimmen, ob überhaupt ein mögliches Antezedens für die Anapher (Pronomen) vorhanden ist.

Zurzeit werden nur Referenzen für Pronomen bestimmt. Zukünftig könnten auch Anaphern zwischen beliebigen Wörtern berücksichtigt werden. Um solche Konferenzen aufzulösen, ist eine gut gebaute Wissensbasis erforderlich, da der Antezedens ein Hyponym/Hyperonym oder Synonym der Anapher sein kann.

Analysequalität des Parsers

Der Fall, dass ein semantisches Netz nicht erzeugt werden konnte, oder dass dem analysierten Satz vom WOCADI-Parser eine geringe Qualitätskennziffer zugeordnet wurde, ist häufig dadurch bedingt, dass der zugeordnete Satz syntaktisch oder semantisch komplex oder sogar inkorrekt ist. Daher wird hierfür ein Merkmal eingesetzt. Eine gut ausgebaute Wissensbasis erlaubt eine bessere Einschätzung um bestimmte Analysen wahrscheinlich sind und würde daher die Qualität dieses Merkmals weiter verbessern.

Erkennung von Inkonsistenzen

Weiterhin ist ein Merkmal geplant, das die Konsistenz von Aussagen überprüft. Dazu soll überprüft werden, ob mithilfe von Axiomen mehrere Aussagen eines Satzes einen Widerspruch in der Wissensbasis auslösen. Betrachte man beispielsweise folgende Aussage aus einem Notebook-Verkaufsprospekt: "*Dieses Notebook hält Stürze aus 2 Metern aus. Sie sollten das allerdings nicht ausprobieren. Das Notebook könnte beschädigt werden.*" Die Aussage des dritten Satzes widerspricht der ersten Aussage. Da der Leser nicht weiß, welche Aussage korrekt ist, ist der Text dadurch schwer verständlich. Für dieses Merkmal ist eine große Wissensbasis von enormer Bedeutung, da man sonst kaum Widersprüche im Text aufdecken können wird.

Andere Lesbarkeitsmerkmale

Zusätzlich werden noch einige weitere Lesbarkeitsmerkmale betrachtet. Beispielsweise haben wir die inverse Begriffsfrequenz ermittelt, die auf Lesarten (durch die Word-Sense-Disambiguierung des Parsers bestimmt) anstelle von Wortformen basiert. Dieses Merkmal kann Fälle entdecken, bei denen ein Wort, nicht aber die Lesart selten vorkommt.

Weiterhin wurde ein Merkmal verwendet, der die durchschnittliche Anzahl von Diskursentitäten misst, mit denen ein semantisches Netz verbunden ist (*Konnektivität von Diskursentitäten*), wobei die Diskursentitäten identifiziert werden als Knoten des semantischen Netzes mit der ontologischen Sorte *o* (Objekt) [Hel08]. Für konzessive und kausale Klauseln zählt DeLite die Anzahl der kausalen und konzessiven Relationen hintereinander.

E.1.3. Benutzerschnittstelle

Ein grafisches Benutzerinterface (GUI) wurde für den Lesbarkeitsüberprüfer DeLite [HHLO06] entwickelt, das einen globalen Lesbarkeitsindex angibt und durch Farbe Textpassagen hervorhebt, die gemäß mindestens einem Merkmal schwer zu lesen sind (siehe Abbildung E.2). Wenn der Benutzer den Mauszeiger auf solch eine Textpassage bewegt, wird das Lesbarkeitsproblem kurz erläutert. Ergänzend werden Markierungen 2. Art angezeigt, wenn der Benutzer auf die hervorgehobene Passage klickt. In der rechten oberen Ecke wird der globale Lesbarkeitsindex angezeigt, der durch eine Lesbarkeitsformel berechnet wird, die auf alle Lesbarkeitsmerkmale angewandt wird.

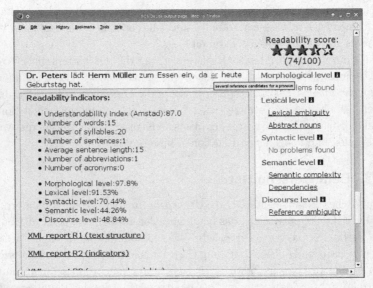

Abbildung E.2.: Screenshot der Benutzerschnittstelle von DeLite, bei dem eine Pronomenambiguität angezeigt wird für den Satz *"Dr. Peters lädt Herrn Müller zum Essen ein, da er heute Geburtstag hat."*

E.1.4. Zusammenfassung

Der DeLite-Index ist eine neue Art von Lesbarkeitsindex, der semantische Merkmale einsetzt, die mehrheitlich direkt auf semantischen Netzen aufsetzen und zumindest teilweise eine Wissensbasis einsetzen können.

E.2. SemDupl

Dieser Abschnitt gibt eine Übersicht über das Duplikats- und Plagiatserkennungssystem SemDupl, das die im Rahmen dieser Arbeit entwickelte Wissensbasis verwendet. Die Architektur von SemDupl ist in Abbildung E.3 angegeben.

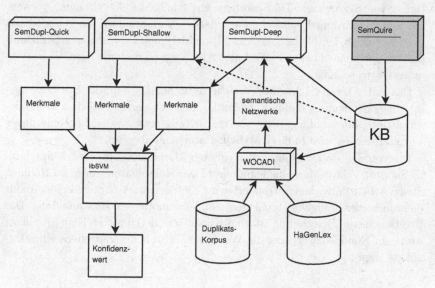

Abbildung E.3.: Architektur der Relationsextraktion von SemDupl

SemDupl [HvE10b, HvE10a] besteht aus den drei Komponenten SemDupl-quick,
SemDupl-shallow and SemDupl-deep. Die Eingabe für diese Verfahren ist ein Textkorpus, der auf Duplikate getestet werden soll.

SemDupl-deep, entwickelt von Sven Hartrumpf, verwendet zur Duplikatsbestimmung eine umfangreiche Wissensbasis aus Hyponymen, Synonymen und Entailments. Für alle Korpustexte, die auf Duplikate geprüft werden sollen, werden mithilfe von WOCADI semantische Netze im MultiNet-Formalismus erzeugt. Die semantischen Netze werden mithilfe der Wissensbasis untereinander auf Ähnlichkeit überprüft, um Duplikate zu finden.

SemDupl-shallow [Eic09] ist ein flaches System zur Duplikatsbestimmung und wurde von Christian Eichhorn im Rahmen seiner Diplomarbeit entwickelt. Dieses System benötigt keinen Parser und operiert direkt auf der Oberflächenebene, was es sehr robust macht. Es verwendet eine große Anzahl von Merkmalen, u. a. n-Gramme und Skip-n-Gramme verschiedener Länge, gemeinsame Schreibfehler zweier Texte, Anzahl gemeinsamer Wörter unter Berücksichtigung von Synonymen. Da Synonyme zur Ähnlichkeitsbestimmung verwendet werden, wird auch auf bei diesem flachen Verfahren auf die Wissensbasis zurückgegriffen. Durch die hohe Anzahl von Merkmalen zeichnet sich SemDupl-shallow durch einen hohen F-Wert aus. Allerdings ist dadurch auch die Berechnungszeit recht lange.

Das mit Abstand schnellste Verfahren ist SemDupl-quick. Die hohe Geschwindigkeit kommt dadurch zustande, dass vor der eigentlichen Duplikatsermittlung eine umfangreiche Vorverarbeitung erfolgt. Das Ergebnis dieser Vorverarbeitung wird in einer MySQL-Datenbank abgelegt.

Die von den drei Verfahren berechneten Merkmalswerte werden durch eine Support-Vektor-Maschine kombiniert (Der Kombinator wurde im Rahmen dieser Arbeit entwickelt). Trainiert wird die Support-Vektor-Maschine dafür aufgrund einer bezüglich Duplikaten manuell annotierten Textsammlung. Das Ergebnis dieser Berechnung ist eine Klassifikation (Duplikat/Kein Duplikat) sowie ein Konfidenzwert, der die Wahrscheinlichkeit des Zutreffens eines Duplikats angibt.

E.3. LogAnswer

LogAnswer (LogAnswer ist die Abkürzung für Logische Antwortfindung) [FGHP10] ist ein von Tiansi Dong, Ulrich Fuhrbach, Ingo Glöckner, Hermann Helbig und Björn Pelzer durchgeführtes Projekt zur logischen Fragebeantwortung, bei dem die hier entwickelte Wissensbasis ebenfalls eingesetzt werden soll. Ein Frage-Antwort-System ist ein System, das für natürlichsprachliche

Benutzerfragen anhand einer gegebenen Textsammlung Antworten erzeugt, LogAnswer erzeugt dazu für verschiedene Korpora u. a. Wikipedia semantische Netze im MultiNet-Format. Für die Frage wird ebenfalls ein semantisches Netz erzeugt. Mithilfe einer lokalen Suchmaschine werden nun mögliche Antwortpassagen gesucht. Anschließend wird nun versucht, die Frage in Form eines semantischen Netzes aus dem semantischen Netz, das die potenzielle Antwort enthält, zu beweisen. Aus der dazu verwendeten Variablenbelegung der Frage kann die Antwort ermittelt werden. Für den Beweis kommen logische Axiome sowie semantische Relationen zum Einsatz. Eine große Wissensbasis ist für eine zuverlässige Fragebeantwortung von großer Bedeutung. In Abschnitt 1.3 sind mehrere Beispiele angegeben, inwiefern eine Wissensbasis eine Fragebeantwortung erst möglich macht.

F. Glossar

Akkuratheit: Die Akkuratheit bezeichnet bei einem binären Klassifikationsproblem die relative Häufigkeit, mit der die Klassifikation in eine der
beiden Klassen korrekt war.

Anapher: Eine Anapher ist ein Ausdruck in einem Satz, der auf einen anderen
verweißt, der kurz vorher im Text vorkommt. Beispiele von Anaphern
sind Pronomen.

Assimilation: Gemäß Helbig [Hel08] besteht die Aufgabe der Assimilation darin, *"neu hinzutretende Bedeutungsstrukturen mit bereits vorhandenen zu
verknüpfen oder mit gleichbedeutenden Wissensbestandteilen zu identifizieren. Außerdem hat die Assimilation in Texten scheinbar vorhandene
'semantische Lücken' durch vorhandenes Hintergrundwissen zu schlie-
ßen."*

Bedeutungsmolekül: Begriff, der mehrere Bedeutungsfacetten besitzt. Jede Facette besitzt eigene semantikorientierte Merkmale (in MultiNet: semantische Merkmale und ontologische Sorte), die denen der anderen Facetten
widersprechen kann. Ein Beispiel eines solchen Bedeutungsmoleküls ist
Schule mit den Facetten Gruppe von Schülern/Lehrern, Schule als Institution und das Gebäude der Schule.
Beispiel für Schule (u=unterspezifiziert):
- Erste Facette (Gruppe von Leuten): sort d, animal -, animate +,
  artif -, axial +, geogr -, human +, info -, instit -, instru -, legper u,
  mental -, method -, movable +, potag +, spatial +, thconc -
- Zweite Facette (Institution): sort io, mental -, animal -, animate -,
  artif +, axial -, geogr -, human -, info -, instit +, instru -, legper u,
  method -, movable -, potag +, spatial -, thconc -
- Dritte Facette (Gebäude): sort d, mental -, animal -, animate -,
  artif +, axial +, geogr -, human -, info -, instit -, instru -, legper -,
  method -, movable -, potag -, spatial + thconc -

Dependenzbaum: Ein Baum, der die grammatischen Abhängigkeiten der Wörter repräsentiert.

flaches vs tiefes Verfahren: Die Sprachverarbeitungsverfahren können bezüglich der verwendeten linguistischen Repräsentationsformen in verschiedene Ebenen unterteilt werden. Die flachste Ebene ist die Oberflächenrepräsentation. Verfahren, die auf dieser Ebene angesiedelt sind, verwenden keinerlei Parsing und werden als flache Verfahren bezeichnet. Die nächsttiefere Ebene ist die Chunkrepräsentation, bei der einzelne Konstituenten ohne Berücksichtigung ihrer inneren Struktur erkannt werden. Ein einzelner Chunk ist eine Phrase, die aus einer inhaltlich deutbaren Gruppe von Wörtern besteht. Beispiele für semi-tiefe Repräsentationsstrukturen sind Dependenzbäume und Konstituentenbäume, die den Satz vollständig in einer syntaktischen Struktur abbilden aber weder nach Lesarten unterscheiden noch semantische Relationen enthalten. Die tiefste Struktur ist die tiefe semantische Repräsentation, die die Bedeutung eines Satzes auf einer logischen Ebene darstellt und auf Begriffen statt auf Wörtern basiert, d. h., es wird nach Lesarten unterschieden. Beispiele für eine solche Repräsentation sind Prädikatenlogik erster oder höherer Stufe sowie semantische Netze.

F-Wert: Der F-Wert (genauer F_1-Wert) ist das harmonische Mittel aus Präzision und Recall [vR75]: $F = 2 * \frac{precision \cdot recall}{precision + recall}$

Fold: siehe Kreuzvalidierung

Gittersuche: Die Gittersuche wird verwendet, um Parameterwerte $p_1, \ldots, p_n$ zu finden, die eine Funktion f maximiert (minimiert) mit $f : D \rightarrow \mathbb{R}$ und Argumenten $(p_1, \ldots, p_n) \in D$. Dazu wird für alle Parameterwerte ein bestimmtes Intervall mit einer bestimmten Schrittweite abgesucht, d. h., man legt ein n-dimensionales Gitter über den abzusuchenden Bereich und berechnet für jeden Gitterpunkt die Funktion f. Diejenigen Parameter, die zu dem höchsten (kleinsten) Funktionswert geführt haben, sind dann annäherungsweise die optimalen Parameter.

Grundbegriff: Der zu einem Kompositum gehörende Grundbegriff ist derjenige Begriff, der dem Grundwort des Kompositums als Bedeutung zugrunde liegt.

Holonymie: Holonymie ist die inverse Relation zu Meronymie. Erklärung siehe Meronymie.

Hyponymie: Hyponymie ist gemäß Bußmann [Buß08] "der *Terminus für die semantische Relation der Unterordnung im Sinne einer inhaltsgemäßen Spezifizierung [...]. Bei Ausdrücken, die eine Extension haben, ergibt sich die Hyponymie-Relation als Teilmengenbeziehung. L_1 ist ein Hyponym* *von L_2 genau dann, wenn die Extension von L_1 enthalten ist in der Extension von L_2"* (MultiNet-Relation für Subordination: SUB0). Beispielsweise ist *Hund* ein Hyponym von *Tier* und *Tier* ein Hyperonym von *Hund.*

in SUB-eingettetes Meronym: Ein Begriff c ist ein in SUB-eingebettetes Meronym von b, genau dann wenn gilt: $\exists a : \text{SUB}(a,c) \wedge \text{MERO}(a,b)$. Üblich ist ein in SUB-eingebettetes Meronym in erster Linie für die Relation PARS, d. h., ein Begriff c ist ein in SUB-eingebettetes Partonym von b, genau dann wenn $\text{SUB}(a,c) \wedge \text{PARS}(a,b)$. Ähnlich kann man diese Relation auch für die anderen Unterrelationen von Meronymie definieren.

Implikatur: Eine Implikatur ist eine Folgerung aus einer Äußerung, bei der das gefolgerte aber nicht direkt aus der Äußerung hervorgeht wie beim Entailment sondern nur durch die Äußerung angedeutet wird. Der Kontext und das Wissen über Personen spielt dabei oft eine wesentliche Rolle.

Instanzrelation: Eine Instanzrelation ist eine Relation zwischen einem Exemplar und der Menge (Oberbegriff), der diese Instanz angehört.

Konfusionsmatrix: Die Konfusionsmatrix ist eine quadratische $n \times n$-Matrix zur Evaluation von Klassikationsergebnissen. Die Zellen der Matrix enthalten die Anzahl der Elemente, für die der vom Klassifierer vorgeschlagene Wert der Spaltenbezeichnung entspricht und der tatsächliche Wert der Zeilenbezeichnung (der umgekehrte Fall wird auch gelegentlich verwendet). Die Spalten und Zeilen sind so bezeichnet, dass in den Diagonalen immer die vom Klassifierer richtig eingeordneten Elemente zu finden sind. In dem hier betrachteten Fall der Hypothesenvalidierung besteht die Matrix aus zwei Spalten und zwei Zeilen. Zudem sind die Spalten und Zeilen so angeordnet, dass die erste Zeile die Anzahl der Elemente enthält, bei denen die untersuchte Hypothese nicht korrekt ist, die erste Spalte die Anzahl derjenigen, bei denen vom Klassifikator geschätzt wird, dass diese Hypothese nicht korrekt ist. Die zweite Zeile enthält dagegen die Anzahl der Einträge, bei denen tatsächlich die untersuchte semantische Relation oder das Entailment vorliegt, d. h., bei denen die Hypothese korrekt ist, und die zweite Spalte die Anzahl der Elemente, bei denen vom Klassifikator geschätzt wurde, dass die Hypothese korrekt ist.

Konstituenten: Konstituenten sind Wortfolgen, die in einem innereren Zusammenhang stehen.

Konstituentenbaum: Ein Konstituentenbaum ist ein Baum, der die Zusammensetzung von Konstituenten aus Unterkonstituenten oder Wörtern beschreibt.

Kreuzvalidierung: Die Kreuzvalidierung ist ein Evaluationsverfahren für über-
wachte maschinelle Lernverfahren. Bei diesem Verfahren wird die gesamte Datenmenge in n Partitionen, sogenannte Folds, unterteilt. Eine dieser
Partitionen wird als Evaluationsmenge ausgewählt, die restlichen $n - 1$
Partitionen werden zum Trainieren verwendet. Dieses Verfahren wird n-
mal wiederholt, wobei jede der Partitionen einmal als Evaluationsmenge
zum Einsatz kommt. Es wird daher die gesamte Datenmenge klassifiziert.
Die am häufigsten verwendete Anzahl von Partitionen ist zehn ($n = 10$).

Meronymie: Meronymie ist die Teil-Ganzes bzw. Menge-Element-Relation. Das
Teil bzw. das Element wird als Meronym bezeichnet, das Ganze bzw. die
Menge als Holonym.

MultiNet: MultiNet ist ein Wissensrepräsentationsformalismus, der auf semantischen Netzen basiert.

ontologische Sorte: Ontologische Sorten bilden eine Basistaxonomie, wobei eine eine ontologische Sorte auch durch mehrere Tokens ausgedrückt werden kann (z. B. *diskretes Objekt*). Jedem Begriff ist / sind eine oder mehrere ontologische Sorte(n) zugeordnet.

Part-of-Speech: Wortart, wie Verb, Substantiv, Adjektiv, etc.

Präzision: Die Präzision bezeichnet die relative Häufigkeit, mit der eine als
korrekt klassifizierte Hypothese auch tatsächlich korrekt ist. Die Präzision kann anhand der Konfusionsmatrix $(k)_{ij}$ berechnet werden:
$precision := k_{22}/(k_{12} + k22$

Recall: Der Recall bezeichnet die relative Häufigkeit, mit der eine korrekte
Hypothese auch tatsächlich als korrekt klassifiziert wurde. Der Recall
kann anhand der Konfusionsmatrix $(k)_{ij}$ berechnet werden:
$recall := k_{22}/(k_{21} + k_{22})$

semantisches Merkmal: Ein semantisches Merkmal ist eine semantische Eigenschaft eines Begriffes, die gesetzt, nicht gesetzt oder unterspezifiziert sein
kann. Beispielsweise ist das semantische Merkmal *animal* für den Begriff
affe.1.1 gesetzt, das Merkmal *human* dagegen nicht gesetzt.

Subkategorisierungsrahmen: Ein Subkategorisierungsrahmen besteht aus den
Phrasentypen und Kasus der Verbargumente. Beispielsweise besitzt das
Verb *geben* drei Argumente, ein Subjekt, ein Objekt im Akkusativ, das
den gegebenen Gegenstand bezeichnet und ein Objekt im Dativ, das den
Empfänger dieses Gegenstandes angibt. Der Subkategorisierungsrahmen

enthält im Gegensatz zum Valenzrahmen keine Aussagen über semantische Eigenschaften der Argumente.

Taxonomie: Unter einer Taxonomie versteht man nach Dörre, Gerstl und Seiffert [DGS01, Seite 440] *ein hierarchisches Klassifikationsschema, das dazu geeignet ist, eine Wissensdomäne inhaltlich zu strukturieren.* Eine Taxonomie enthält dabei ausschließlich Subordinationsrelationen zwischen Begriffen.

Token: Gemäß Evert und Fitschen [EF01] ist ein Token definiert *als eine von Leerzeichen (das umfasst Tabulartorzeichen und Zeilenumbrüche) oder Interpunktion begrenzte Folge von Buchstaben.* Unter Umständen kann es wünschenswert sein, *größere, Leerzeichen übergreifende Einheiten als Token aufzufassen (z. B. 2 000 000 oder 'en passant').*

Valenzrahmen: Ein Valenzrahmen besteht aus den Argumenten eines Verbes, deren Kasus sowie deren semantischen Eigenschaften. Beispielsweise besitzt das Verb *geben* drei Argumente, ein menschliches Subjekt (evtl. auch Tier), ein Objekt im Akkusativ, das den gegebenen Gegenstand bezeichnet und ein menschliches Objekt (oder Tier) im Dativ, das den Empfänger dieses Gegenstandes angibt. Im Gegesatz zum Valenzrahmen enthält der Subkategorisierungsrahmen dagegen keine semantische Eigenschaften der Argumente.

Index

Literaturverzeichnis

[AGAM06] ARPINAR, ISMAILCEM BUDAK, KARTHIKEYAN GIRILOGANA-THAN und BOANERGES ALEMAN-MEZA: *Ontology Quality by Detection of Conflicts in Metadata*. In: *Proceedings of the 4th International Workshop on Evaluation of Ontologies on the Web*, Edinburgh, Großbritannien, 2006.

[AIMO07] ARAMAKI, EIJI, TAKESHI IMAI, KENGO MIYO und KAZUHIKO OHE: *SVM-based Semantic Relation Classification using Physical Sizes*. In: *Proceedings of the 4th International Workshop on Semantic Evaluations (SemEval)*, Seiten 464–467, Prag, Tschechien, 2007.

[Ams78] AMSTAD, TONY: *Wie verständlich sind unsere Zeitungen?* Doktorarbeit, Universität Zürich, 1978.

[BBQ03] BIEMANN, CHRISTIAN, STEFAN BORDAG und UWE QUAST-HOFF: *Lernen paradigmatischer Relationen auf iterierten Kollokationen*. In: *Proceedings of the GermaNet-Workshop*, Seiten 87–94, Tübingen, Deutschland, 2003.

[BBQ04] BIEMANN, CHRIS, STEFAN BORDAG und UWE QUSTHOFF: *Automatic Acquisition of Paradigmatic Relations using Iterated Co-occurrences*. In: *Proceedings of the International Conference on Language Resources and Evaluation (LREC)*, Lissabon, Portugal, 2004.

[BC99] BERLAND, MATTHEW und EUGENE CHARNIAK: *Finding Parts in very large corpora*. In: *Proceedings of the 37th Annual Meeting of the Association for Computational Linguistics (ACL)*, College Park, Maryland, 1999.

[BFP07] BAUMGARTNER, PETER, ULRICH FURBACH und BJÖRN PELZER: *Hyper Tableaux with Equality.* In: *Automated Deduction – CADE-21*, Band 4603 der Reihe *LNCS*, Seiten 492–507. Springer, Heidelberg, Deutschland, 2007.

[BH01] BUDANITSKY, ALEXANDER und GRAEME HIRST: *Semantic distance in WordNet: An experimental, application-oriented evaluation of five measures.* In: *Proceedings of the NAACL Workshop on WordNet and other lexical resources*, Pittsburgh, Pennsylvania, 2001.

[BL03] BARZILAY, REGINA und LILLIAN LEE: *Learning to Paraphrase: An Unsupervised Approach Using Multiple-Sequence Alignment.* In: *Proceedings of the Annual Conference of the North American Chapter of the Association for Computational Linguistics (NAACL)*, Seiten 16–23, 2003.

[BM01] BARZILAY, REGINA und KATHLEEN R. McKEOWN: *Extracting Paraphrases from a Parallel Corpus.* In: *Proceedings of the 39th Annual Meeting of the Association for Computational Linguistics (ACL)*, Seiten 50–57, Toulouse, Frankreich, 2001.

[BM05] BUNESCU, RAZVAN C. und RAYMOND J. MOONEY: *A Shortest Path Dependency Kernel for Relation Extraction.* In: *Proceedings of the Conference on Human Language Technology and Empirical Methods in Natural Language Processing (HLT/EMNLP)*, Seiten 724–731, Vancouver, Kanada, 2005.

[BM06] BOS, JOHANN und KATJA MARKERT: *Recognizing Textual Entailment with Robust Logical Inference.* In: AL., JOAQUIN QUINONERO-CANDELA ET (Herausgeber): *Machine Learning Challenges*, Nummer 3944 in *LNAI*, Seiten 404–426. Springer, Heidelberg, Deutschland, 2006.

[BTF04] BOUGHORBEL, SABRI, JEAN-PHILIPPE TAREL und FRANÇOIS FLEURET: *Non-mercer kernel for SVM object recognition.* In: *Proceedings of the British Machine Vision Conference (BMVC)*, 2004.

[BTW01] BOLEY, HAROLD, SAID TABET und GERD WAGNER: *Design Rationale of RuleML: A Markup Language for Semantic Web Rules*. In: *Proceedings of the Semantic Web Working Symposium*, Seiten 381–401, 2001.

[Buß08] BUSSMAN, HADUMOD: *Lexikon der Sprachwissenschaft*. Kröner, Stuttgart, Deutschland, 2008.

[CD95] CHALL, JEANNE und EDGAR DALE: *Readability Revisited: The New Dale-Chall Readability Formula*. Brookline Books, Brookline, Massachusetts, 1995.

[CGH+94] CHURCH, KENNETH, WILLIAM GALE, PATRICK HANKS, DONAL HINDLE und ROSAMUND MOOD: *Lexical substitutability*. In: ATKINS, BETH T.S. und ANTONIO ZAMPOLLI (Herausgeber): *Computational Approaches to the Lexicon*, Seiten 153–177. Oxford University Press, 1994.

[CGpGSf04] CORCHO, ÓSCAR, ASUNCIÓN GÓMEZ-PÉREZ, RAFAEL GONZÁKES.CABERO und CARMEN SUÁREZ-FIGUEROA: *ODEval: A tool for evaluating RDF(S), DAML+OIL, and OWL Concept Taxonomies*. In: *Proceedings of the 1st IFIP Conference on Artificial Intelligence Applications and Innovations (AIAI)*, Seiten 369–382, Toulouse, Frankreich, 2004.

[CH94] COOK, DIANE J. und LAWRENCE B. HOLDER: *Substructure Discovery Using Minimum Description Length and Background Knowledge*. Journal of Artificial Intelligence Research, 1:231–255, 1994.

[CL01] CHANG, CHIH-CHUNG und CHIH-JEN LIN: *LIBSVM: a library for support vector machines*, 2001.

[Cla98] CLARAMUNT, GERMAN RIGAU: *Automatic Acquisition of Lexical Knowledge from Machine Readable Dictionaries*. Doktorarbeit, Departament de Llenguatges i Sistemes Informàtics. Universitat Politècnica de Catalunya, 1998.

[Cos07] COSTELLO, FINTAN J.: *UCD-FC: Deducing semantic relations using WordNet senses that occur frequently in a database of noun-noun compounds.* In: *Proceedings of the 4th International Workshop on Semantic Evaluations (SemEval)*, Seiten 370–373, Prag, Tschechien, 2007.

[CPSTS05] CIMIANO, PHILIP, ALEKSANDER PIVK, LARS SCHMIDT-THIEME und STEFFEN STAAB: *Learning Taxonomic Relations from Heterogeneous Sources of Evidence.* In: BUITELAAR, PAUL, PHILIPP CIMIANO und BERNARDO MAGNINI (Herausgeber): *Ontology learning from text: methods, evaluation and applications*, Seiten 59–73. IOS Press, Amsterdam, Niederlande, 2005.

[CS04] CULOTTA, ARON und JEFFREY SORENSON: *Dependency Tree Kernels for Relation Extraction.* In: *Proceedings of the 42nd Annual Meeting of the Association for Computational Linguistics (ACL)*, Barcelona, Spanien, 2004.

[Dan09] DANNINGER, CHRISTIAN: *Werkzeug zur Validierung automatisch generierten Wissens.* Diplomarbeit, FernUniversität in Hagen, Hagen, Deutschland, 2009.

[DD06] DAVIS, JASON V. und INDERJIT DHILLON: *Differential Entropic Clustering of Multivariabe Gaussians.* In: *Advances in Neural Information Processing Systems (NIPS)*. MIT Press, Cambridge, Massachusetts, 2006.

[DGS01] DÖRRE, JOCHEN, PETER GERSTL und ROLAND SEIFFERT: *Volltextsuche und Text Mining.* In: *Computerlinguistik und Sprachtechnologie.* Spektrum, Heidelberg, Deutschland, 2001.

[DH90] DITTRICH, SABINE und THEO HERRMANN: *„Der Dom steht hinter dem Fahrrad"- Intendiertes Objekt oder Relatum?, Arbeiten aus dem Sonderforschungsbereich 245, Sprechen und Sprachverstehen im sozialen Kontext.* Technischer Bericht 16, Universität Mannheim, Lehrstuhl für Psychologie, 1990.

[Dij59] DIJKSTRA, EDSGER W.: *A note on two problems in connexion with graphs.* Numerische Mathematik, 1:269–271, 1959.

[DLP97] DAGAN, IDO, LILLIAN LEE und FERNANDO PEREIRA: *Similarity-based methods for word sense disambiguation.* In: *Proceedings of the 35th Annual Meeting of the Association for Computational Linguistics (ACL)*, Seiten 56–63, Madrid, Spanien, 1997.

[dMM08] MARNEFFE, MARIE-CATHERINE DE und CHRISTOPHER D. MANNING: *Stanford Typed Dependencies Manual*, 2008. URL: http://nlp.stanford.edu/software/dependencies_manual. pdf.

[Dro95] DROSDOWSKI, GÜNTER: *Duden - Grammatik der deutschen Gegenwartssprache.* Dudenverlag, Mannheim, Deutschland, 1995.

[Edm97] EDMONDS, PHILIP: *Choosing the Word Most Typical in Context Using a Lexical Co-occurrence network.* In: *Proceedings of the 35th Annual Meeting of the Association for Computational Linguistics (ACL)*, Seiten 507–509, Madrid, Spanien, 1997.

[EF01] EVERT, STEFAN und ARNE FITSCHEN: *Textkorpora.* In: *Computerlinguistik und Sprachtechnologie - Eine Einführung.* Spektrum, Heidelberg, Deutschland, 2001.

[Eic09] EICHHORN, CHRISTIAN: *Automatische Erkennung von Duplikaten in Textbeständen mithilfe flacher Verfahren.* Diplomarbeit, Technische Universität Dortmund, Dortmund, Deutschland, April 2009.

[Fel98] FELLBAUM, CHRISTIANE (Herausgeber): *WordNet- An Electronic Lexical Database.* MIT Press, Cambridge, Massachusetts, 1998.

[FGG97] FRIEDMANN, NIR, DAN GEIGER und MOISES GOLDSZMIDT: *Bayesian network classifiers.* Machine Learning, 29:131–163, 1997.

[FGHP10] FURBACH, ULRICH, INGO GLÖCKNER, HERMANN HELBIG und BJÖRN PELZER: *Logic-Based Question Answering.* KI - Künstliche Intelligenz, 24(1):51–55, 2010.

[Fle48] FLESCH, RUDOLF: *A New Readability Yardstick*. Journal of Applied Psychology, 32:221–233, 1948.

[FRH02] FROMKIN, VICTORIA, ROBERT RODMAN und NINA HYAMS: *Introduction to Language*. Heinle, Frankfurt (Main), Deutschland, 2002.

[GBM06] GIRJU, ROXANA, ADRIANA BADULESCU und DAN MOLDOVAN: *Automatic Discovery of Part-Whole Relations*. Computational Linguistics, 32(1):83–135, 2006.

[GDR03] GÄRTNER, THOMAS, KURT DRIESSENS und JAN RAMON: *On Graph Kernels: Hardness Results and Efficient Alternatives*. In: *Proceedings of the 16th Annual Conference on Computational Learning Theory and 7th Kernel Workshop*, Seiten 129–143, Washington, District of Columbia, 2003.

[Gem04] GEMMAR, PETER: *Kursunterlagen Bildverarbeitung und Mustererkennung - Mustererkennung und -klassifikation*. Ministerium für Bildung, Wissenschaft, Jugend und Kultur, Mainz, Rheinland-Pfalz, 2004.

[GHH06a] GLÖCKNER, INGO, SVEN HARTRUMPF und HERMANN HELBIG: *Automatic Knowledge Acquisition by Semantic Analysis and Assimilation of Textual Information*. In: *Proceedings of KONVENS 2006*, Seiten 36–43, Konstanz, Deutschland, 2006.

[GHH+06b] GLÖCKNER, INGO, SVEN HARTRUMPF, HERMANN HELBIG, JOHANNES LEVELING und RAINER OSSWALD: *An Architecture for Rating and Controlling Text Readability*. In: *Proceedings der KONVENS 2006*, Seiten 32–35, Konstanz, Deutschland, 2006.

[GHH+07] GLÖCKNER, INGO, SVEN HARTRUMPF, HERMANN HELBIG, JOHANNES LEVELING und RAINER OSSWALD: *Automatic Semantic Analysis for NLP Applications*. Zeitschrift für Sprachwissenschaft, 26(2):241–266, 2007.

[GHO05] GLÖCKNER, INGO, SVEN HARTRUMPF und RAINER OSSWALD: *From GermaNet Glosses to Formal Meaning Postulates*. In: FISSENI, B., H.-C. SCHMITZ, B. SCHRÖDER und P. WAGNER

(Herausgeber): *Sprachtechnologie, mobile Kommunikation und linguistische Ressourcen – Beiträge zur GLDV-Tagung 2005 in Bonn*, Seiten 394–407. Peter Lang, Frankfurt (Main), Deutschland, 2005.

[Gli06] GLIOZZO, ALFIO MASSIMILIANO: *The GOD model*. In: *Poster Proceedings of the 11th Conference on the European Chapter of the Association for Computational Linguistics (EACL)*, Seiten 147–158, Trento, Italien, 2006.

[Glö08] GLÖCKNER, INGO: *University of Hagen at QA@CLEF 2008: Answer Validation Exercise*. In: *Results of the CLEF 2008 Cross-Language System Evaluation Campaign, Working Notes for the CLEF 2008 Workshop*, Aarhus, Dänemark, 2008.

[GM98] GOLDSZMIDT, MOISES und SAHAMI MEHRAN: *A probabilistic approach to full-text document clustering*. Technischer Bericht ITAD-433-MS-98-044, SRI International, Stanford University, 1998.

[GMDD07] GIAMPICCOLO, DANILO, BERNARDO MAGNINI, IDO DAGAN und BILL DOLAN: *The Third PASCAL Recognizing Textual Entailment Challenge*. In: *Proceedings of the 3rd ACL-PASCAL Workshop on Textual Entailment and Paraphrasing*, Seiten 1–9, Prag, Tschechien, 2007.

[Gnö00] GNÖRLICH, CARSTEN: *MultiNet/WR: A Knowledge Engineering Toolkit for Natural Language Information*. Technischer Bericht Informatikberichte 278, FernUniversität in Hagen, 2000.

[GP09] GLÖCKNER, INGO und BJÖRN PELZER: *The LogAnswer Project at CLEF 2009*. In: *Results of the CLEF 2009 Cross-Language System Evaluation Campaign, Working Notes for the CLEF 2009 Workshop*, Corfu, Griechenland, 2009.

[Gro82] GROEBEN, NORBERT: *Leserpsychologie: Textverständnis – Textverständlichkeit*. Aschendorff, Münster, Deutschland, 1982.

[Gro09] GROUP, W3C OWL WORKING: *OWL Web Ontology Language Reference W3C Recommondation*, 2009. URL: http://www.w3.org/TR/owl2-overview/.

[Haa05] HAASDONK, BERNARD: *Feature space interpretation of SVM with indefinite kernels*. IEEE Trans Pattern Anal Match Intell, 27(4):482–492, 2005.

[Har68] HARRIS, ZELLIG: *Mathematical Structures of Language*. John Wiley & Sons, New York, New York, 1968.

[Har03] HARTRUMPF, SVEN: *Hybrid Disambiguation in Natural Language Analysis*. Doktorarbeit, FernUniversität in Hagen, Osnabrück, Deutschland, 2003.

[Har04] HARTRUMPF, SVEN: *Question Answering using Sentence Parsing and Semantic Network Matching*. In: PETERS, CAROL und FRANCESCA BORRI (Herausgeber): *Results of the CLEF 2004 Cross-Language System Evaluation Campaign, Working Notes for the CLEF 2004 Workshop*, Seiten 385–392. Springer, Heidelberg, Deutschland, 2004.

[Hau99] HAUSSLER, DAVID: *Convolution Kernels on Discrete Structures*. Technischer Bericht UCSC-CRL-99-10, University of California at Santa Cruz, Santa Cruz, Kalifornien, 1999.

[Hea92] HEARST, MARTI: *Automatic Acquisition of Hyponyms from Large Text Corpora*. In: *Proceedings of the 14th International Conference on Computational Linguistics (COLING)*, Seiten 539–545, Nantes, Frankreich, 1992.

[Hel08] HELBIG, HERMANN: *Wissensverarbeitung und die Semantik der natürlichen Sprache*. Springer, Heidelberg, Deutschland, 2008.

[HF97] HAMP, BIRGIT und HELMUT FELDWEG: *GermaNet - a Lexical-Semantic Net for German*. In: *Proceedings of the ACL Workshop on Automatic Information Extraction and Building of Lexical Semantic Resources for NLP Applications*, Seiten 9–15, Madrid, Spanien, 1997.

[HFH+09] HALL, MARK, EIBE FRANK, GEOFFREY HOLMES, BERNHARD PFAHRINGER, PETER REUTEMANN und IAN H. WITTEN: *The WEKA Data Mining Software: An Update.* SIGKDD Explorations, 11(1), 2009.

[HHLO06] HARTRUMPF, SVEN, HERMANN HELBIG, JOHANNES LEVELING und RAINER OSSWALD: *An Architecture for Controlling Simple Language in Web Pages.* eMinds: International Journal on Human-Computer Interaction, 1(2):93–112, 2006.

[HHO03] HARTRUMPF, SVEN, HERMANN HELBIG und RAINER OSSWALD: *The Semantically Based Computer Lexicon Ha-GenLex – Structure and Technological Environment.* Traitement automatique des langues, 44(2):81–105, 2003.

[HHO06] HARTRUMPF, SVEN, HERMANN HELBIG und RAINER OSSWALD: *Semantic Interpretation of Prepositions for NLP Applications.* In: *Proceedings of the Third ACL-SIGSEM Workshop on Prepositions*, Seiten 29–36, Trento, Italien, 2006.

[Hin90] HINDLE, DONALD: *Noun Classification from Predicate-Argument Structures.* In: *Proceedings of the 28th Annual Meeting of the Association for Computational Linguistics (ACL)*, Seiten 268–275, Pittsburgh, Pennsylvania, 1990.

[HKY99] HEYER, LAURIE J., SEMYON KRUGLYAK und SHIBU YOOSEPH: *A re-examination of text categorization methods.* Genome Research, 9:1106–1115, 1999.

[HSO95] HIRST, GRAEME und DAVID ST-ONGE: *Lexical chains as representations of context for the detection and correction of malapropisms.* In: HELLBAUM, CHRISTIANE (Herausgeber): *WordNet. An Electronic Lexical Database.* MIT Press, Cambridge, Massachusetts, 1995.

[HvE10a] HARTRUMPF, SVEN, TIM VOR DER BRÜCK und CHRISTIAN EICHHORN: *Detecting Duplicates with Shallow and Parser-based Methods.* In: *Proceedings of the 6th IEEE International Conference on Natural Language Processing and Knowledge Engineering (NLPKE)*, Peking, China, 2010.

[HvE10b] HARTRUMPF, SVEN, TIM VOR DER BRÜCK und CHRISTIAN EICHHORN: *Semantic Duplicate Identification with Syntactico-Semantic Parsing and Machine Learning*. In: *Proceedings of the 13th International Conference on Text, Speech and Dialog (TSD)*, Brno, Tschechien, 2010. Springer.

[JC97] JIANG, JAY J. und DAVID W. CONRATH: *Semantic Similarity Based on Corpus Statistics and Lexical Taxonomy*. In: *Proceedings of the International Conference on Research in Computational Linguistics (ROCLING)*, Seiten 19–33, Taipei, Taiwan, 1997.

[JHH+05] JENGE, CONSTANTIN, SVEN HARTRUMPF, HERMANN HELBIG, GABRIELE NORDBROCK und HENRIKE GAPPA: *Description of syntactic-semantic phenomena which can be automatically controlled by NLP techniques if set as criteria by certain guidelines*. EU-Deliverable 6.1, FernUniversität in Hagen, 2005.

[JHHO06] JENGE, CONSTANTIN, SVEN HARTRUMPF, HERMANN HELBIG und RAINER OSSWALD: *Automatic Control of Simple Language in Web Pages*. In: MIESENBERGER, KLAUS, JOACHIM KLAUS, WOLFGANG ZAGLER und ARTHUR KARSHMER (Herausgeber): *Proceedings of the 10th International Conference on Computers Helping People with Special Needs (ICCHP 2006)*, Band 4061 der Reihe *Lecture Notes in Computer Science*, Seiten 207–214, Heidelberg, Deutschland, 2006. Springer.

[JHQ+09] JI, QIU, PETER HAASE, GUILIN QI, PASCAL HITZLER und STEFFEN STADTMÜLLER: *RaDON - Repair and Diagnosis in Ontology Networks*. In: *European Semantic Web Conference (ESWC)*, LNCS, Seiten 863–867. Springer, Heidelberg, Deutschland, 2009.

[JS07] JOHO, HIDEO und MARK SANDERSON: *Document Frequency and Term Specificity*. In: *Proceedings of the International Conference On Adaptivity, Personalization and Fusion of Heterogeneous Information Organized (RIAO)*, Pittsburgh, Pennsylvania, 2007.

[KD96] KNOTT, ALISTAIR und ROBERT DALE: *Choosing a Set of Cohe-rence Relations for Text Generation: A Data-Driven Approach.* In: *Trends in Natural Language Generation An Artificial Intelligence Perspective*, Nummer 1036 in *LNCS*. Springer, Heidelberg, Deutschland, 1996.

[KL51] KULLBACK, SOLOMON und RICHARD LEIBLER: *On information and sufficiency.* Annals of Mathematical Statistics, 22(1):79–86, 1951.

[Kla63] KLARE, GEORGE R.: *The Measurement of Readability.* Iowa State University Press, Ames, Iowa, 1963.

[KPSH05] KALYANPUR, ADITYA, BIJAN PARSIA, EVREN SIRIN und JAMES HENDLER: *Debugging Unsatisfiable Classes in OWL Ontologies.* Journal of Web Semantics, 3(4):268–293, 2005.

[KRTS05] KASHYAP, VIPUL, CARTIC RAMAKRISHNAN, CHRISTOPHER THOMAS und AMIT P. SHETH: *TexaMiner: An Experimentation Framework for Automated Taxonomy Bootstrapping.* International Journal of Web and Grid Services, 1(2), 2005.

[LC98] LEACOCK, CLAUDIA und MARTIN CHODOROW: *Combining local context and WordNet similarity for word sense identification.* In: *WordNet. An Electronic Lexical Database*, Seiten 265–283. MIT Press, Cambridge, Massachusetts, 1998.

[Lee99] LEE, LILLIAN: *Measures of distributional similarity.* In: *Proceedings of the 27th Annual Meeting of the Association for Computational Linguistics (ACL)*, Seiten 25–32, College Park, Maryland, 1999.

[Lev65] LEVENSHTEIN, VLADIMIR I.: *Binary codes capable of correcting deletions, insertions, and reversals.* Doklady Akademii Nauk SSSR., 163(4):845–848, 1965.

[LFL98] LANDAUER, THOMAS K., PETER W. FOLTZ und DARRELL LAHAM: *An Introduction to Latent Semantic Analysis.* Discourse Processes, 25:259–284, 1998.

[LH01] LEVELING, JOHANNES und HERMANN HELBIG: *DFG Projekt NLI-Z39.50 – Abschlussbericht und Evaluation*. Technischer Bericht, Intelligente Informations- und Kommunikationssysteme, FernUniversität in Hagen, September 2001.

[Lin93] LIN, DEKANG: *Principle-Based Parsing Without Overgeneration*. In: *Proceedings of the Workshop of Computational Terminology*, Seiten 57–64, Montreal, Kanada, 1993.

[Lin98] LIN, DEKANG: *An information-theoretic definition of similarity*. In: *Proceedings of the 15th International Conference on Machine Learning (ICML)*, Madison, Wisconsin, 1998.

[LMP01] LAFFERTY, JOHN, ANDREW MCCALLUM und FERNANDO PEREIRA: *Conditional random fields: Probabilistic models for segmenting and labeling sequence data*. In: *Proceedings of the 18th International Conference on Machine Learning*, Pittsburgh, Pennsylvania, 2001.

[LP01] LIN, DEKANG und PATRICK PANTEL: *DIRT - Discovery of Inference Rules from Text*. In: *Proceedings of the ACM Conference on Knowledge Discovery and Data Mining (KDD)*, Seiten 323–328, San Francisco, Kalifornien, 2001.

[Lyo95] LYONS, JOHN: *Linguistic Semantics. An Introduction*. Cambridge University Press, Cambridge, Großbritannien, 1995.

[LZHST02] LI, YAOYONG, HUGO ZARAGOZA, RALF HERBRICH und JOHN SHAWE-TAYLOR: *The Perceptron Algorithm with Uneven Margins*. In: *Proceedings of the 19th International Conference on Machine Learning*, Seiten 379–386, 2002.

[Mar13] MARKOV, ANDREI A.: *An example of statistical investigation in the text of 'Eugene Onegin' illustrating coupling of 'tests' in chain*. In: *Proceedings of the Academy of Sciences*, Seiten 153–162, St. Petersburg, Russland, 1913.

[MC91] MILLER, GEORGE A. und WALTER G. CHARLES: *Contextual correlates of semantic similarity*. Language and Cognitive Processes, 6(1):1–28, 1991.

[MFP00] McCallum, Andrew, Dayne Freitag und Fernando Pereira: *Maximum entropy Markov models for information extraction and segmentation*. In: *Proceedings of the 7th International Conference on Machine Learning*, Seiten 591–598, Stanford, Kalifornien, 2000.

[Mil90] Miller, George A.: *Nouns in WordNet: A Lexial Inheritance System*. International Journal of Lexicography, 3(4):245–264, 1990.

[Min74] Minsky, Marvin: *MIT-AI Laboratory Memo 306: A Framework for Representing Knowledge*. Technischer Bericht, MIT, 1974.

[Mit97] Mitchell, Tom M.: *Machine Learning*. McGraw-Hill Companies, New York, New York, 1997.

[MJ04] Morin, Emmanuel und Christian Jaquemin: *Automatic Acquisition and Expansion of Hypernym Links*. Computers and the Humanities, 38(4):363–396, 2004.

[MS99] Manning, Christopher D. und Hinrich Schütze: *Foundations of Statistical Natural Language Processing*. MIT Press, Cambridge, Massachusetts, 1999.

[PP06] Pantel, Patrick und Marco Pennachiottti: *Espresso: Leveraging Generic Patterns for Automatically Harvesting Semantic Relations*. In: *Proceedings of the 21st International Conference on Computational Linguistics (COLING) and 44th Annual Meeting of the Association for Computational Linguistics (ACL)*, Seiten 113–120, Sydney, Australien, 2006.

[PR04] Pantel, Patrick und Deepak Ravichandran: *Automatically labeling semantic classes*. In: *Proceedings of the Human Language Technology Conference and the Conference of the North American chapter of the Association for Computational Linguistics Annual Meeting (HLT/NAACL)*, Seiten 321–328, Bosten, Massachusetts, 2004.

[PSK05] Parsia, Bijan, Evren Sirin und Aditya Kalyanpur: *Debugging OWL Ontologies*. In: *Proceedings of the International*

Conference on the World Wide Web (WWW), Seiten 633–640, 2005.

[QHFC04] QUAN, THANH THO, SIU CHEUNG HUI, ALVIS CHEUK MING FONG und TRUE HOANG CAO: *Automatic Generation of Ontology for Scholarly Semantic Web*. In: *The Semantic Web - ISWC 2004*, Band 4061 der Reihe *LNCS*, Seiten 726–740. Springer, Heidelberg, Deutschland, 2004.

[Ras06] RASCU, ECATERINA: *A Controlled Language Approach to Text Optimization in Technical Documentation*. In: *Proceedings of KONVENS 2006*, Seiten 107–114, Konstanz, Deutschland, 2006.

[RDH⁺83] RINALDI, FABIO, JAMES DOWDALL, MICHAEL HESS, DIEGO MOLLÁ, ROLF SCHWITTER und KAAREL KALJURAND: *Knowledge-Based Question Answering*. In: *Proceedings of the 1st Conference on Applied Natural Language Processing*, Seiten 73–80, Santa Monica, Kalifornien, 1983.

[Res95] RESNIK, PHILIP: *Using Information Content to Evaluate Semantic Similarity in a Taxonomy*. In: *Proceedings of the 14th International Joint Conference on Artificial Intelligence (IJCAI)*, Seiten 448–453, Montréal, Kanada, 1995.

[RG65] RUBENSTEIN, HERBERT und JOHN B. GOODENOUGH: *Contextual correlates of synonymy*. Communications of the ACM, 8(10):627–63, 1965.

[RH02] RAVICHANDRAN, DEEPAK und EDUARD HOVY: *Learning Surface Text Patterns for a Question Answering System*. In: *Proceedings of the 40th Annual Meeting of the Association for Computational Linguistics (ACL)*, Seiten 41–47, Philadelphia, Pennsylvania, 2002.

[Ris89] RISSANEN, JORMA: *Stochastic Complexity in Statistical Inquiry*. World Scientific Publishing Company, Hackensack, New Jersey, 1989.

[RKP09] REICHARTZ, FRANK, HANNES KORTE und GERHARD PAASS: *Dependency Tree Kernels for Relation Extraction from Natural*

Language Text. In: *Proceedings of the European Conference on Machine Learning (ECML)*, Bled, Slovenien, 2009.

[Rug97] RUGE, GERDA: *Automatic detection of thesaurus relations for information retrieval applications.* In: *Foundations of Computer Science: Potential - Theory - Cognition*, Band 1337 der Reihe *Lecture Notes in Computer Science (LNCS)*, Seiten 499–506. Springer, Heidelberg, Deutschland, 1997.

[SBO07] SOCHER, RICHARD, CHRIS BIEMANN und RAINER OSSWALD: *Combining Contexts in Lexicon Learning for Semantic Parsing.* In: *Proceedings of the 16th Nordic Conference of Computational Linguistics*, Seiten 175–182, Kopenhagen, Dänemark, 2007.

[SC03] SCHLOBACH, STEFAN und RONALD CORNET: *Non-Standard Reasoning Services for the Debugging of Description Logic Terminologies.* In: *Proceedings of the 18th International Joint Conference on Artificial Intelligence (IJCAI)*, Acapulco, Mexico, 2003.

[SD07] SZPEKTOR, IDAN und IDO DAGAN: *Learning Canonical Forms of Entailment Rules.* In: *Proceedings of the Conference on Recent Advances in Natural Language Processing (RANLP)*, Seiten 151–170, 2007.

[SHK06] SUH, SANGWEON, HARRY HALPIN und EDAN KLEIN: *Extracting Common Sense Knowledge from Wikipedia.* In: *Proceedings of the Web Content Mining with Human Language Technologies Conference*, Athens, Georgia, 2006.

[SHO+08] SHIMIZU, NOBUYUKI, MASATO HAGIWARA, YASUHIRO OGAWA, KATSUHIKO TOYAMA und HIROSHI NAKAGAWA: *Metric Learning for Synonym Acquisition.* In: *Proceedings of the 22th International Conference on Computational Linguistics (COLING)*, Seiten 793–800, Manchester, Großbritannien, 2008.

[SJN05] SNOW, RION, DANIEL JURAFSKY und ANDREW Y. NG: *Learning syntactic patterns for automatic hypernym discovery.* In: *Advances in Neural Information Processing Systems 17*, Seiten 1297–1304. MIT Press, Cambridge, Massachusetts, 2005.

[SM07]   SUTTON, CHARLES und ANDREW MCCALLUM: *An introducti-on to Conditional Random Fields for Relational Learning.* In: GETOOR, LISE und BEN TASKAR (Herausgeber): *Statistical Relational Learning,* Seiten 93–127. MIT Press, Cambridge, Massachusetts, 2007.

[SS02]   SCHÖLKOPF, BERNHARD und ALEXANDER J. SMOLA: *Learning with Kernels - Support Vector Machines, Regularization, Optimization and Beyond.* MIT Press, Cambridge, Massachusetts, 2002.

[SSG03] SUDO, KIYOSHI, SATOSHI SEKINE und RALPH GRISHMAN: *An Improved Extraction Pattern Representation Model for Automatic IE Pattern Acquisition.* In: *Proceedings of the 41th Annual Meeting of the Association for Computational Linguistics (ACL),* Seiten 224–231, Sapporo, Japan, 2003.

[STDC04] SZPEKTOR, IDAN, HRISTO TANEV, IDO DAGAN und BONAVENTURA COPPOLA: *Scaling web-based acquisition of entailment relations.* In: *Proceedings of the Conference on Empirical Methods in Natural Language Processing (EMNLP),* Seiten 41–48, Prag, Tschechien, 2004.

[TAS07] TARTIR, SAMIR, BUDAK ARPINAR und AMIT P. SHETH: *Ontological Evaluation and Validation,* 2007. online available: http://bit.ly/95lfnP.

[Tv10]   TIM VOR DER BRÜCK, HERMANN HELBIG: *Validating Meronymy Hypotheses with Support Vector Machines and Graph Kernels.* In: *Proceedings of the 9th International Conference on Machine Learning and Applications (ICMLA),* Seiten 243–250, Washington, District of Columbia, 2010. IEEE Press.

[uCE01] CORNELIA ENDRISS, CHRISTIAN EBERT UND: *Methoden.* In: *Computerlinguistik und Sprachtechnologie - Eine Einführung.* Spektrum, Heidelberg, Deutschland, 2001.

[Vap79] VAPNIK, VLADIMIR: *Estimation of Dependencies Based on Empirical Data [in Russian].* Nauka, Moskau, Russland, 1979. English translation: Springer, Berlin, 1982.

[Vap98] VAPNIK, VLADIMIR N.: *Statistical Learning Theory*. John Wiley & Sons, New York, New York, 1998.

[vH07] VOR DER BRÜCK, TIM und SVEN HARTRUMPF: *A Semantically Oriented Readability Checker for German*. In: *Proceedings of the Language and Technology Conference (L&TC)*, Seiten 270–274, Posen, Polen, 2007.

[vH09] VOR DER BRÜCK, TIM und SVEN HARTRUMPF: *A Readability Checker Based on Deep Semantic Indicators*. In: VETULANI, ZYGMUNT und HANS USZKOREIT (Herausgeber): *Human Language Technology. Challenges of the Information Society*, Band 5603 der Reihe *Lecture Notes in Computer Science (LNCS)*, Seiten 232–244. Springer, Heidelberg, Deutschland, 2009.

[vH10] VOR DER BRÜCK, TIM und HERMANN HELBIG: *Retrieving Meronyms from Texts Using An Automated Theorem Prover*. Journal for Language Technology and Computational Linguistics (JLCL), 25(1):57–81, 2010.

[vHH08a] VOR DER BRÜCK, TIM, SVEN HARTRUMPF und HERMANN HELBIG: *A Readability Checker with Supervised Learning using Deep Indicators*. Informatica, 32(4):429–435, 2008.

[vHH08b] VOR DER BRÜCK, TIM, SVEN HARTRUMPF und HERMANN HELBIG: *A Readability Checker with Supervised Learning using Deep Syntactic and Semantic Indicators*. In: ERJAVEC, TOMAŽ und JERNEJA ŽGANEC GROS (Herausgeber): *Proceedings of the 11th International Multiconference: Information Society - IS 2008 - Language Technologies*, Seiten 92–97, Ljubljana, Slovenien, Oktober 2008.

[vHL08] VOR DER BRÜCK, TIM, HERMANN HELBIG und JOHANNES LEVELING: *The Readability Checker DeLite*. Technischer Bericht 345-5/2008, Fakultät für Mathematik und Informatik, FernUniversität in Hagen, 2008.

[vL07] VOR DER BRÜCK, TIM und JOHANNES LEVELING: *Parameter Learning for a Readability Checking Tool*. In: *Proceedings of the*

LWA 2007 (Lernen-Wissen-Adaption), Workshop KDML, Seiten 149–153. Gesellschaft für Informatik, Halle (Saale), Deutschland, 2007.

[vor09a] VOR DER BRÜCK, TIM: *Approximation of the Parameters of a Readability Formula by Robust Regression*. In: *Machine Learning and Data Mining in Pattern recognition: Poster Proceedings of the International Conference on Machine Learning and Data Mining (MLDM)*, Seiten 115–125, Leipzig, Deutschland, 2009.

[vor09b] VOR DER BRÜCK, TIM: *Hypernymy Extraction Based on Shallow and Deep Patterns*. In: CHIARCOS, CHRISTIAN und RICHARD ECKART DE CASTILHO (Herausgeber): *From Form To Meaning: Processing Texts Automatically, Proceedings of the Biennial GSCL Conference 2009*, Seiten 41–52, Potsdam, Deutschland, 2009.

[vor10a] VOR DER BRÜCK, TIM: *Hypernymy Extraction Using a Semantic Network Representation*. International Journal of Computational Linguistics and Applications (IJCLA), 1(1):105–119, 2010.

[vor10b] VOR DER BRÜCK, TIM: *Learning Deep Semantic Patterns for Hypernymy Extraction Following the Minimum Description Length Principle*. In: *Proceedings of the 29th International Conference on Lexis and Grammar (LGC)*, Seiten 39–49, Belgrad, Serbien, 2010.

[vor10c] VOR DER BRÜCK, TIM: *Learning Semantic Network Pattern for Hypernymy Extraction*. In: *Proceedings of the 6th Workshop on Ontologies and Lexical Resources (OntoLex)*, Seiten 38–47, Beijing, China, 2010.

[vR75] RIJSBERGEN, CORNELIS JOOST VAN: *Information Retrieval*. Butterworths, London, Großbritannien, 1975.

[vS10] VOR DER BRÜCK, TIM und HOLGER STENZHORN: *Logical Ontology Validation Using an Automatic Theorem Prover*. In: *Proceedings of the 19th European Conference on Artificial Intelligence (ECAI)*, Seiten 491–496, Lisbon, Portugal, 2010.

[Wat86] WATERMAN, DONALD A.: *A guide to expert systems*. Pearson, Cambridge, UK, 1986.

[WCH87] WINSTON, MORTEN, ROGER CHAFFIN und DOUGLAS HERMANN: *A taxonomy of part-whole relations*. Cognitive Science, 11(4):417–444, 1987.

[WP94] WU, ZHIBIAO und MARTHA PALMER: *Verb Semantics and Lexical Selection*. In: *Proceedings of the 32nd Annual Meeting of the Association for Computational Linguistics (ACL)*, Seiten 133–138, Las Cruces, New Mexico, 1994.

[WWM04] WEEDS, JULIE, DAVID WEIR und DIANA McCARTHY: *Characterizing Measures of Lexical Distributional Similarity*. In: *Proceedings of the 20th International Conference on Computational Linguistics (COLING)*, Seiten 1015–1021, Genf, Schweiz, 2004.

[Yu01] YU, HONG: *Automatic Extraction from Scientific Abstracts of Synonyms for Proteins and Genes*. In: *Proceedings of the Annual Symposium of the American Medical Informatics Association*, Seite 1066, 2001.

[ZG05] ZHAO, SHUBIN und RALPH GRISHMAN: *Extracting Relations with Integrated Information Using Kernel Methods*. In: *Proceedings of the 43rd Annual Meeting of the Association for Computational Linguistics (ACL)*, Seiten 419–426, 2005.

[ZM06] ZANZOTTO, FABIO MASSIMO und ALESSANDRO MOSCHITTI: *Automatic learning of textual entailments with cross-pair similarities*. In: *Proceedings of the 21st International Conference on Computational Linguistics and the 44th Annual Meeting of the Association for Computational Linguistics (ACL)*, Seiten 401–408, Sydney, Australien, 2006.

[ZZL07] ZHAO, SHIQI, MING ZHOU und TING LIU: *Learning Question Paraphrases for QA from Encarta Logs*. In: *Proceedings of the 20th International Joint Conference on Artificial Intelligence (IJCAI)*, Seiten 1795–1800, Hyderabad, Indien, 2007.

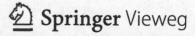